Philosophie in Selbstdarstellungen II

AF191905

PHILOSOPHIE
IN SELBSTDARSTELLUNGEN

Herausgegeben von

Ludwig J. Pongratz

Band II
mit Beiträgen von

Gotthard Günther, Dietrich von Hildebrand,
Ludwig Landgrebe, Bruno Liebrucks,
Franziska Mayer-Hillebrand, Walter Schulz,
Wilhelm Weischedel, C. F. von Weizsäcker

FELIX MEINER VERLAG
HAMBURG

PHILOSOPHIE IN SELBSTDARSTELLUNGEN

BAND I: Mit Beiträgen von E. Bloch, J. M. Bochenski,
A. Dempf, H. Glockner, H.-E. Hengstenberg, P. Jordan, W. Marx,
J. Pieper, H. Plessner. BoD-Nachdruck der Ausgabe von 1975.
X, 316 S. mit 9 Bildtafeln. ISBN: 9783-7873-0341-0

BAND II: Mit Beiträgen von G. Günther, D. v. Hildebrand,
L. Landgrebe, B. Liebrucks, F. Mayer-Hillebrand, W. Schulz,
W. Weischedel, C. F. v. Weizäcker. BoD-Nachdruck der Ausgabe
von 1975. VI, 399 S. mit 8 Bildtafeln. ISBN: 978-3-7873-0342-7

BAND III: Mit Beiträgen von J. Ebbinghaus, H.-G. Gadamer,
H. Heimsoeth, E. Heintel, F. Kaulbach, H. Kuhn. BoD-Nach-
druck der Ausgabe von 1977. IV, 292 S. mit 6 Bildtafeln.
ISBN: 978-3-7873-0397-7

Weitere Informationen zu unserem BoD-Programm unter:
www.meiner.de/bod.

Bibliographische Information der Deutschen Nationalbibliothek

Die Deutsche Nationalbibliothek verzeichnet diese Publikation
in der Deutschen Nationalbibliographie; detaillierte bibliographische Daten sind im Internet über ‹http://portal.dnb.de› abrufbar.
ISBN 9783-7873-0342-7
ISBN eBook: 978-3-7873-2776-8

INHALT

Gotthard Günther * 1900

Selbstdarstellung im Spiegel Amerikas

Der Autor dieser Selbstdarstellung (von jetzt ab nur noch: ›der Autor‹) wurde im Jahre 1900 und in einem ländlichen Pastorenhaus in Schlesien im Riesengebirge geboren. Beide Umstände sind bedeutsam für sein späteres Leben gewesen. Daß die Pastorenhäuser mit Recht als Horte der klassischen deutschen Bildung gelten durften, ist ja nicht ganz unbekannt. Und daß ein in Ostdeutschland in diesen Zeitläufen Geborener genügend Gelegenheit hatte, den Geist des Preußentums einzuatmen, ist selbstverständlich. Diese konservativ-preußische Atmosphäre begann das Kind schon zu formen, bevor es als knapp sechsjähriges in die dörfliche Volksschule eintrat. Was das Stichwort Patriotismus dann betraf, so bezeichnete das Wort Deutschland in den Jugendjahren nur ein vages Nebelgebilde, aber Preußen, das war eine physische sowohl wie spirituelle Realität, die man verehren oder hassen konnte. Der Autor hat ihre Idee zeitlebens verehrt. Eine wohl notwendige Voraussetzung, wenn man später die Tiefen und Schwächen der Kantischen Ethik verstehen will.

Der Konflikt mit dem Leben begann für ihn zeitig. Er war und ist auch heute noch ein extrem langsamer Lerner und war schon dem Lerntempo einer dörflichen Volksschule nicht gewachsen, was zur Folge hatte, daß sein Vater ihn bald herausnahm und zur Vorbereitung auf das humanistische Gymnasium in eine Privatschule schickte, in der sich einige Kinder der umliegenden Dörfer sammelten, weil sie bessere Vorbedingungen für die sogenannte höhere Schule zu geben schien und eine individuellere Behandlung des einzelnen versprach.

Nachdem der etwa 10jährige endlich die Aufnahmeprüfung in das Hirschberger Gymnasium bestanden hatte, wurden die Dinge nicht besser. In ihm vereinigte sich eine intensive Begier zu lernen mit einer eher noch steigenden Unfähigkeit, das im Tempo der Lehrpläne des Gymnasiums zu tun. Seine Lehrer beurteilten ihn als faul, aber im Elternhaus brachte es seine Mutter kaum fertig, ihn von den Büchern aller Art wegzutreiben und dazu zu bringen, in den Garten zu gehen und zu spielen. Das erschien ihm, gebürtiger Rationalist, der er war, eine sinnlos vergeudete Zeit, und diese Abneigung gegen das Spiel jeglicher Sorte bis hin zum Schachspiel ist ihm auch bis heute geblieben. Nur eine Leidenschaft hatte er von Kind auf, die ihn auch gegenwärtig noch anfeuert und die sich im Alter eher noch verstärkt hat. Als Fünfjähriger hatte er seine ersten Skier bekommen, und wenn man ihn auch im Sommer mit keinen Mitteln hinter den Büchern hervorlocken konnte, in den wenigen Skimonaten des Winters war das anders. Dieser Leidenschaft kam entgegen, daß er in sich von klein auf eine seelische Affinität zur Winterlandschaft spürte und außerdem im Skilauf zum ersten Mal das Problem der Technik in einer ihn faszinierenden Weise erlebte. Aber auch hier kam das Buch wieder ins Spiel. Sein Interesse an Ski-Konstruktion und an Skilauf-Technik war unstillbar, und er darf wohl ohne Übertreibung sagen, daß er so ziemlich alles, was über die Welt des Skis von etwa 1910 ab bis in die letzten Jahre erschienen ist, gelesen hat, soweit es in deutscher oder englischer Sprache zugänglich war. Die Zahl der Langlauf-, Slalom-, Abfahrts- und Sprungskier, die er in seinem Leben besessen hat, geht fast bis 100. Abgesehen von Büchern war es das einzige, wofür er willig Geld ausgab.

Wem es merkwürdig erscheint, daß die Selbstdarstellung eines Gelehrten mit so viel Sätzen über eine Sportleidenschaft berichtet, für den sei hier schon vorweggenommen, daß sein Lebenslauf für eine Periode von ungefähr 11 Jahren aus der Philosophie heraus und in die Computer-Abteilung einer ingenieurwissenschaftlichen Fakultät in Amerika geführt hat. Diese Berufung verdankte er einigen Abhandlungen, die er nie hätte schreiben können, wenn ihm nicht seine ziemlich eingehende Erfahrung mit Ski-Konstruktion und Ski-Technik, zu der später auch noch Flug-Technik sich gesellte (der Autor ist Inhaber des Internationalen Leistungsabzeichens für Segelflug Nr. 123, wozu später in Amerika auch noch ein Motorflugführerschein

kam), zur Seite gestanden hätte. Das entwickelte einen Sinn für das Mechanische, der sich später generell auf Maschinentheorie ausdehnte.

Doch vorläufig sind wir in der Betrachtung seiner geistigen Entwicklung noch auf der Ausbildungsstufe des Gymnasiums und, wenn er auch da ein miserabler Schüler war, so war ihm doch schon gegen Ende der Obertertia die fundamentale geistige Bedeutung der Antike für die Gegenwart und besonders als unabdingliche Voraussetzung für ein Gelehrtendasein aufgegangen — eine Überzeugung, die ihn in seinen späteren Lebensjahren nur noch mehr durchdrungen hat. Um diese Zeit stand sein Entschluß schon fest, einmal Gelehrter und nichts anderes zu werden, wenngleich sein Interesse noch stark zwischen dem Geschichtlichen und dem Systematischen hin und her schwankte. Da kam ihm ein Werk zu Hilfe, das er in der reichhaltigen Bibliothek seines Vaters entdeckt hatte und dessen Einfluß ihn nachhaltig durch sein ganzes Leben begleitet hat. Es war ein von dem Theologen *Karl Heim* geschriebenes Buch »Das Weltbild der Zukunft« mit dem Untertitel »Eine Auseinandersetzung zwischen Philosophie, Naturwissenschaft und Theologie«. Berlin 1904. Dieses Werk beginnt mit der für den jungen Leser damals höchst erstaunlichen These, daß die Geschichte der Philosophie heute zu Ende ist. Das philosophische Denken hat seine Wurzel in dem reflexiven Abstandnehmen des Subjekts von der Welt, und damit produziert es eine über alle Maßen gehende Entwicklung des Subjektivismus, in dem heute *alle* auf diesem Boden möglichen Fragestellungen gestellt und *alle* überhaupt möglichen Antworten im Rahmen der bisherigen Geschichte der Philosophie gegeben worden sind. Schon auf S. 7 las damals der angehende Untersekundaner: »Wenn alle Antworten, die man auf eine Frage geben kann, in gleich unlösbare Schwierigkeiten verwickeln, so gibt es nur noch einen Weg, den man einschlagen kann, um aus dem Labyrinth herauszukommen. Man kann die Frage selbst, die zu so unbefriedigenden Antworten geführt hat, einer Prüfung unterziehen. Vielleicht stellt sich heraus, daß sie falsch ist, daß sie auf falschen Voraussetzungen beruht. Dann ist es kein

Wunder, wenn alle Antworten sinnlos ausfielen, die man auf diese Frage zu geben versuchte.«

Von *Karl Heim* also hörte der Gymnasialschüler, ehe er überhaupt recht mit der Geschichte der Philosophie in Berührung gekommen war, daß Philosophie ein Irrweg des Menschen und die »Selbsteinkerkerung« des menschlichen Bewußtseins in seinen Subjektivismus bedeutet, aus dem die »falsche« Fragestellung entspringe. Und mit einem zwiespältigen Gefühl, von dessen Gründen er sich vorerst keine Rechenschaft geben konnte, las er dann 10 Seiten weiter: »In 1000 Jahren, wenn die Menschheit der Philosophie entwachsen sein wird, wird man sich vielleicht diese merkwürdige Geschichte von der Selbsteinkerkerung und Wiederbefreiung des Menschengeistes, die wir jetzt als die Geschichte des menschlichen Tiefsinns bewundern, als ein unglaubliches Märchen erzählen.« Um es kurz zu machen: Es wird, so *Karl Heim*, nachdem sich die Philosophie selbst ad absurdum geführt hat, an ihre Stelle wieder die Theologie treten!

Die Zwiespältigkeit, die der Lesende spürte, stammte aus zwei sich kraß widersprechenden, von ihm freilich nur erfühlten Ansichten, deren Zusammenklang ihm erst Jahrzehnte später aufgegangen ist. Die eine instinktiv begriffene Überzeugung war die, daß von einem Ende der Philosophie heute oder in 1000 Jahren ganz unmöglich die Rede sein könne und daß schon im Wesen der Philosophie die Unmöglichkeit angelegt sei, daß sie sich selbst je überwinden könne.[1] Der andere Eindruck, der sich ebenfalls schnell zu einer felsenfesten Überzeugung verdichtete, war der, daß die dem Menschen bisher zugängliche Philosophie in der Tat mit »falschen« Fragestellungen arbeitete, die zu den bisherigen Ergebnislosigkeiten (?) geführt hätten. Dieser Eindruck des jungen Lesers, daß in dem Grundsätzlichen dieses Buches etwas goldrichtig und etwas anderes ebenso radikal falsch sei, hat ihn dann bis zu dem letzten Satz dieses bemerkenswerten Werkes begleitet. Freilich ahnte

---

[1] Diese Formulierung entstammt selbstverständlich nicht den Gymnasialjahren. Sie läßt sich ca. bis zu den dreißiger Jahren zurückdatieren.

er damals noch nicht, daß er mit diesem Eindruck den Leitstern seiner späteren Lebensarbeit entdeckt hatte. Deren Resultat? Nun, es läßt sich in kürzester Fassung folgendermaßen wiedergeben: die klassische Logik ist strukturell (morphogrammatisch) als Basis der Philosophie unvollständig. Ihre philosophischen Möglichkeiten sind ausgeschöpft. Ergo, *Heim* hatte insofern recht, als die auf dieser Logik ruhende Periode der Philosophie unvermeidlich ein frühes Ende haben muß. Ihm muß aber widersprochen werden, wenn er das Verschwinden einer philosophischen Epoche mit dem Tode der Philosophie überhaupt gleichsetzt. Ein solcher Gedanke aber lag der fin-de-siècle-Stimmung des angehenden 20. Jahrhunderts sehr nahe. Erschien doch um 1917 das tiefste Werk, das diese Stimmung hervorgebracht hatte: der erste Band von *Oswald Spenglers* »Der Untergang des Abendlandes«, dessen Fazit *Spengler* selbst in einer etwas späteren Veröffentlichung folgendermaßen resümierte: »Die faustische, westeuropäische Kultur ist *vielleicht* nicht die letzte, *sicherlich* aber die gewaltigste, leidenschaftlichste, durch ihren inneren Gegensatz zwischen umfassender Durchgeistigung und tiefster seelischer Zerrissenheit die tragischste von allen. Es ist möglich, daß noch ein matter Nachzügler kommt, etwa irgendwo in der Ebene zwischen Weichsel und Amur und im nächsten Jahrtausend. Hier aber ist der Kampf zwischen der Natur und dem Menschen, der sich durch sein historisches Dasein gegen sie aufgelehnt hat, *praktisch zu Ende geführt worden.*«[2]

Spengler war das nächste große philosophische Werk, das der Autor in seinen letzten Schuljahren las, und diesmal war der Eindruck noch faszinierender, noch tiefer. Aber wieder ergriffen ihn dieselben widerstreitenden Gefühle wie bei *Heim*. Er fühlte, daß ihm hier etwas unbestreitbar Wahres und zugleich etwas weit in die Irre Gehendes begegnete. Erst jetzt in den Abendstunden seiner Lebensarbeit glaubt er die Lösung gefunden zu haben: für *Spengler* sind die Hochkulturen, in denen

---

[2] Oswald Spengler: »Der Mensch und die Technik«. C. H. Beck, München 1931; S. 63.

das menschliche Dasein gipfelt, metaphysische Zufälle allerhöchsten Ranges.».. . es war ein Zufall, daß die Geschichte des höheren Menschentums sich in der Form großer Kulturen vollzieht, und Zufall, daß eine von ihnen um das Jahr 1000 in Westeuropa erwachte.«[3] Aber jeder dieser Zufälle verschwindet nach relativ kurzem Dasein wieder, und das menschliche Dasein sinkt auf das Niveau der primitiven Kultur zurück. Die Seele verliert »müde, verdrossen und kalt, die Lust am Dasein und sehnt sich . . . aus tausendjährigem Lichte wieder in das Dunkel urseelenhafter Mystik, in den Mutterschoß, ins Grab zurück«.[4]

Eine solche Rückkehr, die dem Heimschen Ende der Philosophie entspricht, scheint notwendig, eben weil die hohen Kulturen selbst — so *Spengler* — *nicht mit Notwendigkeit* aus dem Urseelentum hervorgehen. Es ist *Spengler* infolgedessen unmöglich zu sehen, daß seine Hochkulturen in einem bestimmten Sinne eine Fortsetzung und einen Übergang zu einer historischen Dimension dritter und noch höherer Ordnung bilden können. Gemäß einer solchen — nicht von ihm vertretenen — Auffassung wären die sogenannten regionalen Hochkulturen nichts anderes als Liquidationsprozesse des primitiven Seelentums, das in ihnen zu Ende gekommen ist und von dem der Mensch sich jetzt befreit. Damit ist der Zusammenhang mit dem, was historisch vorher war, gegeben und zu gleicher Zeit eine Garantie erworben, daß die Seele nicht mehr in den mütterlichen Boden der Ur-Geschichte zurückkehren kann, sondern zu einem Wege nach vorwärts verdammt ist.

Solche ihn heute beschäftigenden Gedanken lagen dem Autor in seiner Jugendzeit aber noch fern, und bei seinem Eintritt in die Universität begleitete ihn nur ein geistiges Unbehagen und ein sich immer mehr verstärkender Zweifel an den Denkgewohnheiten seiner Umwelt. Anlaß zu Zweifel und Kritik war auch sonst genug. Sein Vater, der auch vom akademischen

---

[3] Oswald Spengler: »Der Untergang des Abendlandes«. C. H. Beck, München 1923; I, S. 188.
[4] a.a.O., S. 144.

Standpunkte aus mehr als gewöhnliche Bildung besaß, hatte ihm in den Jahren seiner Schulzeit ein Bild der Universität und des Gelehrtendaseins entworfen, das mehr ideal als realistisch war und ihn in den letzten Jahren etwas mit der Humboldtschen Universitätsidee vertraut gemacht. So erschien ihm die Institution der Universität als eine Einrichtung, in der man nach der Wahrheit frei von allen und jeden Nützlichkeitsrücksichten zu suchen hatte und daß die Erziehung eines Studenten nur darin zu bestehen hatte, abgesehen von der Vermittlung des bis dato erreichten Wissenschaftsbestandes, ihn am Gottesdienst der reinen Wahrheit teilnehmen zu lassen. Fiel dabei auch noch etwas für eine spätere Berufsbildung ab — um so besser; aber wesentlich für den Charakter der Universität war das nicht und sollte es auch nicht sein. Ebenso gehörte es für ihn zum Wesen der Universität und der Gedeihlichkeit ihres Betriebes, daß sie ganz wie der Vatikan extraterritorialen Charakter haben müsse. Es erfüllte ihn mit Erbitterung, daß die Wirklichkeit diesem Ideal nicht im entferntesten entsprach. Daß der damals etwas ahnungslos in die Universität eintretende junge Mann wenigstens nicht ganz allein mit solchen Ideen stand, das wurde ihm erst ganz kürzlich bestätigt, als ihn ein fast gleichaltriger Kollege fragte, ob er auch damals, als er ins Kolleg ging, dasselbe Gefühl hatte, wie wenn man sonntags sich auf den Kirchgang begab. Er konnte das nur bestätigen.

So desorientiert, wie ihn die *Spengler*-Lektüre gelassen hatte, war er aber nicht, als es sich um die Frage handelte, mit welchen Vorlesungen er beginnen sollte. Das wußte er schon längst. Da die Entwicklung der indischen Kultur um ungefähr 400 Jahre vor der griechischen angesetzt werden muß und er die Geschichte der Philosophie chronologisch beginnen wollte, war es für ihn ganz selbstverständlich, sich vorerst mit den Anfängen der indischen Philosophie zu beschäftigen. Außerdem hatte ihn ein Passus bei *Karl Heim* nachhaltig beeindruckt, der ihn schon auf der dritten Seite seines »Weltbilds der Zukunft« wissen ließ: »Wer ... einmal auch nur kurze Zeit außerhalb unserer ganzen westlichen Gedankenwelt seine geistige Nahrung suchte, sich etwa in die Vedanta-Philosophie versenkte oder sonst aus den Bechern altindischer Weisheit trank, der weiß, daß es jenseits unserer westlichen Weisheit noch ganz andere, weit größere Länder des Gedankens gibt, dem erscheint die ganze Geistesreihe von *Thales* bis auf *Wundt* wie eine winzige zusammengehörige Denkerfamilie, in der es zwar nie an Familienzwist gefehlt hat, wie dies beim engen Zusammenwohnen auf einem beschränkten Raum nicht anders zu erwarten war, die aber fast zwei Jahrtausende im selben urväterlichen Hause zusammenwohnte, ohne einen radikalen Umbau notwendig zu finden. Was unser westliches Denken am meisten von der indischen Gedankenwelt unterscheidet, das ist das zähe Festhalten an einigen grundlegenden Unterscheidungen, die wie unerschütterliche Steinwände die innere Einteilung unseres Weltgebäudes ein für allemal bestimmt haben.«

Damit war der Studienanfang ohne weiteres gegeben. Latein und Griechisch waren ja schon in einem sehr bescheidenen Maße vorhanden. Also mußte jetzt Sanskrit dazukommen und eine Vorlesung über die Geschichte der indischen Philosophie. Die letztere war zwar im Augenblick nicht zu haben, dafür aber wurde ein Pāli-Kurs angeboten mit einer Einführung in das Vinayapitaka. Dazu kam dann im nächsten Semester ein Anfängerkurs für klassisches Chinesisch. Im dritten Semester türmte der arbeitswillige junge Mann, der auf die Studentenverbindungen herabsah, weil sie so viel kostbare Arbeitszeit verschwendeten, darauf noch das Studium der abendländischen Philosophie. Und hier entdeckte er dann, was für ihn die asiatische Philosophie langsam in den Hintergrund treten ließ, das Streben nach einer Exaktheit, die er, ohne daß ihm das bisher allzu deutlich geworden war, in der indischen und chinesischen Philosophie vermißt hatte. Langsam wurde ihm klar, daß nur diese Eigenschaft des abendländischen Denkens eine Entwicklung des bisherigen Wissensstandes in eine mit neuen Gedanken trächtige Zukunft garantieren konnte. Dabei war die asiatische Philosophie nicht im Rennen. Gemessen an einem Ideal aber war auch das europäische Denken noch lange nicht exakt genug; und sein Studium wandte sich deswegen immer mehr und mehr der Logik und der an sie gebundenen Metaphysik zu. Da mit Logik aber in den ersten Jahren seines Studiums nicht viel Staat zu machen war — die Vorlesungen von *Heinrich Maier* darüber fand er langweilig und philosophisch enttäuschend —, besuchte er, mehr der Not gehorchend als dem eigenen Triebe, die geisteswissenschaftlichen Vorlesungen von *Eduard Spranger*. Zuerst ahnte er nicht, was das für ein Glück für ihn war. Bisher war er in den Bannkreis von *Kant* gekommen, dessen relativ strenge Methodik er bewunderte, und die Kritik der reinen Vernunft hielt er für den Gipfelpunkt aller Philosophie überhaupt. Für *Hegel* hatte er zu dieser Zeit wenig übrig. Er hatte etwas in der Hegelschen Logik herumgelesen, sie höchst unverständlich gefunden und dabei *Hegels* polemische Passagen gegen den Formalismus entdeckt. Das war für ihn so etwas wie Gotteslästerung, und er schob irrtümlich seinen Mangel an Verständnis auf diesen Mangel bei *Hegel*. Wie unreif sein Urteil war, das zu erkennen war er damals weit entfernt.

Eduard Spranger war ein faszinierender akademischer Lehrer, und dieser Rückblick muß bekennen: er war es, der die entscheidende Wende in der geistigen Entwicklung des Autors herbeiführte und ihn in eine Richtung lenkte, die weder dieser selbst noch sein akademischer Mentor damals antizipieren konnten. *Spranger* wußte wie kein anderer den Problemkern der Hegelschen Philosophie und ihre geistesgeschichtliche Bedeutung darzulegen. In seinen Vorlesungen endlich begriff der immer noch sehr grüne Student, daß der Weg der Philosophie unweigerlich über *Kant* hinausführt, und er erinnert sich noch deutlich an eine Bemerkung *Sprangers* in einem Seminar über die Theorie des objektiven Geistes, daß alle zukünftigen Problemstellungen in der Philosophie von der Hegelschen Logik auszugehen hätten. Zwar war bei *Spranger* von Formalismus auch nicht die Rede, aber hier sank dem Studenten der magische Ausdruck von einer Logik der Geisteswissenschaften ins Herz.

Damit begann die erneuerte Lektüre *Hegels*, der gegenüber bald alles versank: Erst die »Phänomenologie des Geistes« und dann die Hegelschen Logiken. Dank *Spranger* war der

Autor jetzt in der Lage, *Hegel* mit ganz anderen Augen zu studieren und damit ging ihm eine neue Problemwelt auf, mit der die erste Periode seines Studiums sich ihrem Ende zuneigte. Die äußere Frucht dieser Periode waren zwei kleine Veröffentlichungen, die 1926 und 1927 unter den Titeln »Bemerkungen zu einem Problem der Strukturdifferenz der orientalischen und abendländischen Psyche« und »Individualität und Religionsgeschichte« erschienen.[5]

Schon nach etwa einjähriger Lektüre *Hegels* war dem jetzt schon nicht mehr ganz jungen Studenten klar, daß er fortan sein eigenes Denken und seine Problemsuche mehr an *Hegel* als an *Kant* orientieren müsse. Die Arbeit an *Hegel* ging nun noch mehrere Jahre fort in einer Form des Studiums, die bestimmt nicht in den Rahmen der absurden Forderung der Gegenwart gepaßt hätte, ein Studium in 6 Semestern zu beenden. Als ihr Resultat erschien 1933 im Felix Meiner Verlag — damals noch in Leipzig — sein erstes Buch: »Grundzüge einer neuen Theorie des Denkens in Hegels Logik«. Was den Titel anbetraf, so fragte damals *Nicolai Hartmann* den zum Kandidaten für den Doktortitel vorgerückten Studenten, ob die Zweideutigkeit im Titel bewußt gesucht worden sei, es sei nämlich nicht klar, ob der Verfasser seine eigene neue Theorie oder die logische Theorie *Hegels* als neu gegenüber der bisherigen Tradition bezeichne. Den Autor freute diese Frage (es scheint, daß seither niemandem weiter diese Zweideutigkeit aufgefallen ist) und er antwortete, daß diese Zweideutigkeit eine beabsichtigte sei. Er muß hinzusetzen, daß es ihm auch heute noch, nach mehr als 44 Jahren ganz unmöglich ist, den Anteil *Hegels* an der Theorie von seinem eigenen sauber zu trennen.

Die Grundthese des Buches läßt sich in kürzester Formulierung etwa wie folgt zusammenfassen: die logische Tradition, die von *Aristoteles* bis zum deutschen Idealismus geht, irrt,

---

[5] Der erste Artikel in Ztschr. f. Missionskunde u. Religionswissenschaft 1926, Bd. 41, S. 100—126. Der zweite Band ebenda, 1927, Bd. 42, S. 337—356, und Bd. 43, S. 232—247.

wenn sie glaubt, bereits den ganzen Umfang der Rationalität zu besitzen, deren ein menschliches Gehirn fähig ist, und daß es noch tiefere und weitere Dimensionen der Rationalität gibt, die bisher unentdeckt geblieben sind. Ihre Anfänge sind im deutschen Idealismus und speziell bei *Hegel* und in seinem Problem der Vermittlung zu suchen. *Hegel* könne erst dann verstanden werden, wenn diese neue exakte Rationalität entdeckt worden sei.

Es hat noch Jahre und Jahre gedauert, bis dem Autor dämmerte, in welchen unversöhnlichen Gegensatz er sich damit zum philosophischen Zeitgeist gesetzt hatte. Ein Gegensatz, der ihn immer weiter und weiter von der Kathederphilosophie abtrieb, und heute im Rückblick scheint ihm ein sehr gradliniges und folgerichtiges Schicksal darin zu liegen, daß er seine letzten zehn bis elf Berufsjahre bis zur Emeritierung als Professor für Biologische Komputerlogik im Department of Electrical Engineering an der Staatsuniversität von Illinois (USA) zugebracht hat. Zwei Aufforderungen in diesen Jahren, wieder in den akademischen Bereich der Philosophie zurückzukehren, lehnte er ab. Er hatte sich inzwischen die typische Haltung der amerikanischen Kybernetik gegenüber der Philosophie angeeignet, die ein unbesiegbares Mißtrauen gegenüber Begriffen involviert, »die nicht in machbaren Modellen realisiert werden können«.[6] Und zwar geht es darum, daß diese Nicht-Machbarkeit eine ganz prinzipielle sein muß. Wer solchen methodischen Grundsätzen huldigt, ist auch heute noch ein Fremder in den philosophischen Fachbereichen. Doch damit greifen wir sehr viel Späterem vor.

Vorerst fühlte sich der junge Autor in trügerischer Sicherheit ganz im Rahmen der zeitgenössischen philosophischen Tendenzen, und er glaubte, seine eigene Tätigkeit im Umkreis jener philosophischen Bemühungen verankert zu sehen, die unter dem Titel einer Logik der Geisteswissenschaften ringsumher ausgeübt wurden. Auch der mangelnde Widerhall auf

---

[6] W. R. Beyer: Das Sinnbild des Kreises im Denken Hegels und Lenins. Anton Hain, Meisenheim/Glan 1971, S. 32, Anm. 12.

sein Buch machte ihm am Anfang keine Sorgen. Es kamen
zwar ein paar laue Anerkennungsworte, aber auch nicht einem
der damals bestbekannten Namen in der *Hegel-Interpretation*
fiel es ein, sein eigenes *Hegelbild* ernsthaft in Frage zu stellen
für den Fall, daß es wirklich so etwas wie eine bisher unent-
deckte transklassische Rationalität gäbe. Und als der Autor
sehr viel später, nämlich im Jahre 1959 — wieder im Verlag
Felix Meiner — den ersten Band von »Idee und Grundriß einer
nicht-Aristotelischen Logik« veröffentlichte und in diesem
neuen Werk über Logik bekannte, daß er auch heute *Hegel* im
Grunde genommen nicht verstehe, ließ sich die Reaktion darauf in der Bemerkung eines Kritikers summieren, daß das
zwar als privates Bekenntnis ganz richtig sein möge, aber daß
der Autor von »Idee und Grundriß ...« kein Recht habe, von
seinem eigenen intellektuellen Mangel auf die Verständnis-
fähigkeit anderer zu schließen. Außerdem legte das Buch eine äußerst bequeme Ausrede nahe, daß man sich nicht ernsthaft mit ihm zu beschäftigen brauche, weil ja bereits im Vorwort gesagt wurde, daß dies nur der erste Band eines größer
angelegten Werkes sei. Daß das jedoch nur als bloßer Vor-
wand anzusehen wäre, ist leicht erkennbar, denn als z. B. die
erste Hälfte von Heideggers »Sein und Zeit« erschien, dachte
niemand daran, dieses Werk zu ignorieren. Im Falle von »Idee
und Grundriß« hält der Autor diese Ausflucht jedenfalls für
ganz unberechtigt, denn der philosophische Standpunkt, von
dem aus gesehen die Logik in ihren fundamentalsten Voraussetzungen reformbedürftig war, war bereits im ersten Band
voll und ganz dargelegt worden. Hier war die begriffliche
Basis einer neuen Philosophie präsentiert, die diskutiert werden
konnte und die, wie der Verfasser auch heute noch glaubt,
den geistigen Durchbruch zu einer transklassischen Rationalität
bedeutet. Demgegenüber konnte der zweite Band nur die
subalterne Rolle einer technischen Implementierung des bereits Gesagten bedeuten.

Es war gut, daß später äußere Umstände des Lebens in
Amerika die endgültige Durchführung des zweiten Bandes
verhinderten. Der Autor — nach kurzer Assistentenzeit an

der Universität Leipzig, wo ihn das tiefgründige Werk *Arnold Gehlens* »Theorie der Willensfreiheit« intensiv beeindruckte — war schon im Jahre 1937 (mit seiner Frau, die Jüdin ist) nach Südafrika und als Carnegie-Dozent an die Universität Stellenbosch gegangen, die er nach zweijähriger Lehrtätigkeit auf eigenen Wunsch verließ, weil es ihn nach den Vereinigten Staaten zog. (1940 wanderte er dort ein.) Er glaubte — mit Recht, wie es sich später herausstellte — nur dort seine Forschungsarbeiten weiter fortsetzen zu können. Freilich machten die äußeren Lebensumstände ihm anfänglich einen Strich durch seine Rechnung, ein Forscherdasein zu führen. In den Vereinigten Staaten begann seine akademische Tätigkeit erst mit philosophischen Vorlesungen am Colby College im Staate Maine, die ihm bald höchst zuwider wurden, weil man ihm zumutete, 12 Stunden in der Woche zu lesen, respektive Seminare abzuhalten. Und als sich eine geringe materielle Chance bot, auch anderweitig existieren zu können, begab er sich nach Cambridge in Massachusetts, wo er im wesentlichen an der Widener Library der Harvard Universität arbeitete und nebenbei in sehr mäßigem Umfang am Cambridge Adult Education Centre Vorlesungen hielt.

Es war eine geistig sehr rege Zeit. Aber keine allzu glückliche für emigrierte europäische Gelehrte, die neue Positionen suchten. Leute wie *Brüning* hatten es natürlich leicht. Es war doch etwas, einen früheren deutschen Reichskanzler als Fakultätsmitglied zu haben. Aber nicht alle, die sich schon früher einer internationalen Reputation erfreuten, waren in gleich günstiger Lage. *Ernst Cassirer* kam auf seiner Wanderschaft einmal vorbei; seine Gastprofessur an einer kanadischen Universität (es war wohl McGill) ging gerade zu Ende und er mußte sich eine neue Lehrtätigkeit beschaffen. Es blieb bei der flüchtigen Visite. Schließlich fand allerdings fast jedermann einen Platz, sofern er nur irgendwie brauchbar war. Es fragte sich nur, was für einen. Und da ließ sich leicht folgende Beobachtung machen: Mathematiker und Naturwissenschaftler fügten sich schnell und organisch in das akademische Leben Amerikas ein; jene Gelehrten aber, die aus der europäischen geisteswissenschaftlichen Tradition herkamen, blieben auch dort, wo sie schließlich permanent in die entsprechenden Departments aufgenommen wurden, im Grunde genommen doch immer Fremdkörper im amerikanischen Geistesleben. Ein bißchen Charakterschwäche war für europäische Emigranten dabei von unschätzbarem Vorteil. Einer, dem man diesen »Vorzug« nicht nachsagen konnte, war *Ernst Bloch*, der damals ebenfalls ganz im Abseits in Cambridge (Mass.) lebte, und der nie in einer amerikanischen akademischen Institution heimisch wurde. Amerika war für ihn nur eine Eisenbahnstation in einem Zug, dessen Anfangs- und Endstation Europa war. Der gegenwärtige Autor kannte die Bloch'schen Schriften, besonders den »Geist der Utopie« schon seit seiner frühen Studentenzeit, und das Gefühl des Respekts, den er für diesen Mann längst besaß, wandelte sich bei näherer Bekanntschaft zu dem der Bewunderung mit einem Pris'chen von Verehrung, das auch dadurch nicht beeinträchtigt wurde, daß *Bloch* und er auf philosophischem Gebiet fast auf entgegengesetztem Boden standen. Für *Bloch* bedeutete die exakte Logik nichts. Wenn man sich gelegentlich sah, wurde von allem andern gesprochen, nur nicht von dem, was die Philosophie — nach des Autors Meinung — heute eigentlich tun solle.

Was das letztere betraf, so war der Autor endgültig zu der Überzeugung gekommen, daß eine philosophische Erneuerung der Logik und nicht ein bloß technisches Verbessern der bisherigen Denkgewohnheiten, wie sie die zeitgenössische Logistik anstrebte, auf das Tagesprogramm zu setzen sei. Eine Beziehung zur Logistik war dabei für ihn nur insofern gegeben, als er einsah, daß eine Erweiterung der philosophischen Logik zu einer technischen Erweiterung des Logikkalküls durch Übergang zur Theorie der Mehrwertigkeit führen müsse. Dazu lagen von mathematischer Seite seit 1920 schon allerhand Untersuchungen vor. Wir wollen hier nur die Namen *Emil Post* und *Jan Łukasiewicz* nennen. Gegen das rein technische Element dieser Vorstöße in logisches Neuland war selbstverständlich gar nichts einzuwenden — was aber die philosophische Interpretation des Zugewonnenen anging, so kann man nur sagen, daß sie völlig unzureichend, wenn nicht überhaupt nicht-existent war. Man versuchte verzweifelt, die mehrwertigen Formeln, die einem in die Hände gefallen waren, mit den Mitteln klassischer Philosophie, also lediglich in dem philosophischen Fundamentalrahmen des traditionellen Weltbilds zu deuten. In diesem Sinne schrieb noch kürzlich ein Logiker in einem kurzen Abriß über Mehrwertigkeit, daß die Bedeutung einer mehrwertigen Logik darin läge, »Korrektive in logische Theorien einzuführen, dem Sinn nach verwandte logische Zeichen zu unterscheiden und neue Zeichen zu definieren«. Es handele sich also letzten Endes nur darum, den Erkenntniswert der bisher akzeptierten Logik »zu verschärfen«.[7] An eine Revision des philosophischen Sinns von dem, was man bisher unter Logik überhaupt verstand, daran wurde von denjenigen Gelehrten, die bisher in dem Felde der Mehrwertigkeit tätig gewesen waren, überhaupt nicht gedacht.

Als sich etwa um 1945 der Autor selbst an die Bearbeitung dieses Problems machte, lag eine radikal neue Lösung insofern bereits nahe, als alle bisherigen Interpretationen auf unübersteigbare Schwierigkeiten gestoßen waren. Es machten sich auch schon die ersten Anzeichen einer gewissen Müdigkeit in der Bearbeitung von generellen Fragen der Mehrwertigkeit bemerkbar. Fest stand bereits, daß im Falle der Dreiwertigkeit bei notwendiger Einführung von 3 Variablen es ausgeschlossen war, die Zahl der Funktoren, die den 16 binären Funktoren der traditionellen Logik gegenüberstanden, im Sinne einer Wahrscheinlichkeit oder Modaltheorie zu interpretieren. Diese Zahl beläuft sich auf 7625597484987 siebenundzwanzigstellige Wertfolgen! Im Falle einer vierwertigen Logik wird die Angelegenheit noch hoffnungsloser, da wir jetzt mit 10^{123} analogen Funktoren zu rechnen haben. Man machte nicht einmal den geringsten Versuch, eine philosophische Theorie zu entwickeln, die in der Lage gewesen wäre, aus solchen ungeheuerlichen Quantitäten beliebige Funktoren nach systematischen Prinzi-

---

[7] A. A. Sinowjew: »Über mehrwertige Logik«. Dt. Verlag d. Wissenschaften, Berlin 1968, S. 118.

pien herauszusuchen und individuell zu identifizieren. Dazu
bedurfte es einer neuen philosophischen Konzeption, die die
mathematisch orientierten Logiker nicht zu entwickeln imstande waren. Man konnte ihnen zugestehen, daß das auch
nicht ihre eigentliche Arbeit war. Mit rein mathematischen
Methoden war hier jedoch nicht weiterzukommen. Um so mehr
war es notwendig, daß sich hier ein Philosoph an die Arbeit
machte, zumal da die schon erwähnte Interpretationsmüdigkeit
immer weiter um sich griff. So konnte *J. M. Bocheński* wenig
später schreiben, daß der *logische* Charakter solcher mehrwertigen Systeme sehr problematisch sei: »gewisse in ihnen
vorkommende Funktoren scheinen keiner logischen Interpretation fähig zu sein und die Fachlogistiker, die einst diese
Systeme mit Enthusiasmus begrüßt haben, stehen ihnen heute
zum größten Teil sehr skeptisch gegenüber«.[8] Da aber die
strukturellen Eigentümlichkeiten mehrwertiger Systeme immer
mehr Fragen berührten, die der Problematik einer sogenannten
Logik der Geisteswissenschaften verzweifelt ähnlich sahen,
wurde der Autor auch von dieser Seite her bestärkt in der
Einsicht, daß es höchst dringend sei, eine neue *philosophische*
Analyse der Frage, was Logik überhaupt sei, durchzuführen.
Es ist gut, daß er nicht ahnte, was ihm bevorstand und auf
welchen Abgrund von Interesselosigkeit er bei den Logistikern
stoßen würde, einen Abgrund, dessen Boden er auch heute
noch nicht ausgelotet hat. So machte er sich denn unter sehr
kärglichen materiellen Bedingungen an diese Arbeit — Bedingungen, die sich erst dann etwas besserten, als ihm ab 1952
die Bollingen Foundation für einen Zeitraum von etwa 9 Jahren zur Seite stand. Herrn *Ernest Brooks,* dem damaligen
Vizepräsidenten der Foundation, dessen ungewöhnliches Verständnis eine solche beharrliche Unterstützung möglich machte,
sei an dieser Stelle noch einmal aus vollem Herzen gedankt.

In dieser Selbstdarstellung darf übrigens nicht vergessen
werden, daß sich der Autor im April 1948 in den Vereinigten

---

[8] J. M. Bocheński: »Der sowjetrussische dialektische Materialismus«. (Dalp Taschenbücher) Leo Lehnen Verlag, München 1956,
S. 132.

Staaten naturalisieren ließ. Ein solcher Schritt wäre schon 2¹/₂ Jahre früher möglich gewesen, aber er war der Ansicht, daß man nicht in einem Lande Bürger werden soll, dessen Lebensrhythmus einem unverständlich bleibt. Es hat bei ihm etwa 7 Jahre gedauert, ehe er diese Verständnislosigkeit überwand. Mit half dazu, daß ihm eines Tages ganz aus Zufall ein amerikanisches Phänomen begegnete, in dem er den ersten Schlüssel zu der tiefen Andersartigkeit des amerikanischen Lebens fand. Es fiel ihm eine amerikanische Science Fiction Anthologie in die Hand und glücklicherweise eine der besten. Er sah sofort, daß das etwas ganz anderes war als etwa Bücher von *Kurd Laßwitz, Hans Dominik, Jules Verne* oder gar »Der Tunnel« von *Bernhard Kellermann*, der neuerdings in Deutschland als Science Fiction Literatur bezeichnet wird. Er interessierte sich dafür, die Leute, die solche Sachen schreiben, kennenzulernen, und es gelang ihm schnell, mit den Spitzenpersönlichkeiten dieser Literaturgattung in Berührung zu kommen. Es gab damals in New York eine regelmäßige Zusammenkunft von allerhand Leuten, die entweder selbst Science Fiction Autoren waren oder sich für diese neue Literaturgattung interessierten. Man traf da nicht nur Literaten, sondern auch Techniker und Wissenschaftler, von welchen viele später bei NASA (der amerikanischen Raumfahrtbehörde) angestellt waren. Mit einigen trat der Autor dann noch in nähere Berührung, die sich über diese Zusammenkünfte hinaus erstreckte. Unter ihnen war *Isaac Asimov*, dessen Buch »I Robot« (Ich, der Robot) der neue Proselyt im Jahre 1952 im Karl Rauch Verlag für das deutsche Leserpublikum herausgab. Eine über 20 Jahre dauernde Verbindung entwickelte sich auch mit *John W. Campbell jr.,* der das führende Science Fiction Magazine »Astounding Science Fiction« publizierte, das später in »Analog« umgetauft wurde. Es war höchst bezeichnend für die philosophische Situation in den Vereinigten Staaten, daß der erste Artikel, den der Autor dort veröffentlichte, unter dem Titel »The Logical Parallax« im November 1953 in *Campbell's* Magazin erschien, nachdem ihn die philosophischen Journale in etwas strengerer Fassung einmütig ab-

gelehnt hatten. Das Thema betraf eine Interpretation der
mehrwertigen Logik, die von den gängigen Interpretationen
(soweit solche überhaupt noch versucht wurden) ganz radikal
abwich. Diesem Artikel folgten weitere in 3 Heften des Jahres
1954, in denen der Autor das Problem der interstellaren
Raumfahrt einmal vom Standpunkt des Logikers untersuchte,
der mit den Mitteln einer mehrwertigen Logik die Kategorien
Raum und Zeit analysierte. *Campbell* sowohl wie *Asimov*
waren vollgültige Wissenschaftler; der letztere war damals
noch Professor der Biochemie an der Universität Boston und
Campbell hätte als Elektro-Ingenieur einem Lehrstuhl in einer
technischen Universität höchste Ehre gemacht. Für den Autor
war es der Kontakt mit der Science Fiction Literatur und
seine spezielle Einführung in diese Literaturgattung durch
Campbell, der ihn zuerst befähigte, sich ein Verständnis für
den Charakter der amerikanischen Geistigkeit zu erwerben —
ein Verständnis, dessen erstes Aufkeimen ihn bewog, die
amerikanische Staatsbürgerschaft zu erwerben. Er hat diesen
Entschluß nie bereut; um so weniger, als sich seine innere Be-
jahung der amerikanischen Mentalität sehr schnell auf andere
Gebiete ausdehnte. Im selben Maße aber wuchs seine Abneigung gegen jene Klasse von Pseudo-Intellektuellen, die sich in
den humanistischen Departments sehr vieler Universitäten breit
machte und deren Interesse für die Spiritualität Europas,
soweit es über die Notwendigkeit hinausging, historische Fakten für den Geschichtsforscher zu registrieren, ihn immer als
tief unecht beeindruckte. *Goethe* in Aspen, Colorado! Aber
ganz wie *Goethe* paßte auch der deutsche philosophische
Idealismus der *Kant, Fichte, Schelling* und *Hegel,* so wie er
sich in Europa verwirklicht hatte und für Europäer zum kost-
barsten Gut des Geistes gehörte, nicht in die Neue Welt. Der
Autor dieses Rückblicks sieht sich genötigt, ausdrücklich zu erwähnen, daß es ihm durchaus bewußt ist, daß es schon bald
nach der Mitte des 19. Jahrhunderts ein *Hegel-Zentrum* in
Missouri gab, an dem ein deutscher Emigrant, *H. Brokmeyer,*
beteiligt war. (Dies nach einem Vorspiel der Ohio-Hegelianer,
1848—1860, dessen bedeutendster Kopf *J. B. Stallo* war.) Zu

Brokmeyer stießen die Amerikaner *William Torrey Harris* und *Denton J. Snider.* Aus diesem kleinen Zirkel ging dann das »Journal of Speculative Philosophy« hervor, das 1867 gegründet wurde. Und es kann auch gar kein Zweifel sein, daß die kaum verstandenen Gedanken *Hegels* trotzdem einen beträchtlichen Einfluß auf die Praxis der amerikanischen Demokratie ausgeübt haben. Und nicht nur das. *Hegel* fand in *Walt Whitman* einen begeisterten Anhänger, der seinem Gedicht »Roaming in Thought« den Untertitel gab »After Reading Hegel«. Der Autor hat auch die Concord Summer School of Philosophy (1877—1887) und den New England Transcendentalism nicht vergessen. Aber das »Journal of Speculative Philosophy« ging 1893 wieder ein und der New England Transcendentalism ist schon lange tot. Es ist ganz selbstverständlich, daß die weißen Einwanderer Amerikas europäische Geistigkeit hinüberzupflanzen versuchten, aber alle Blüten europäischer Spiritualität verdorrten nach einer Weile in dem fremden Boden der westlichen Hemisphäre. Bis zu einem erheblichen, wohl bisher nicht genügend gewürdigten Grade trug die Sprache dazu bei. Es wird bei dem Vergleich zwischen europäischer und amerikanischer »Philosophie« immer wieder vergessen, daß die deutsche Sprache eine Entwicklung durchgemacht hat, an der das Englische nur wenig, de facto fast gar nicht, teilgenommen hat. Beide Sprachen sind einmal durch das Stadium der Aufklärung hindurchgegangen, und soweit hatte ihre geistige Prägung und philosophische Ausdruckskraft viel gemeinsam, und man konnte miteinander philosophieren. In der deutschen Sprache aber wurde diese Entwicklung durch Sturm und Drang, den deutschen Idealismus mit seinem Auftreten des spekulativen Begriffs und schließlich durch die Romantik aus ihrem ursprünglichen Flußbett abgelenkt. Wie ungeheuer stark dieser Einfluß gewesen ist, das kann man an der Distanz messen, die die Sprache der Hegelschen Phänomenologie und Logik gegenüber dem Aufklärungsdeutsch gewonnen hat. Was Romantik und Lyrizismus anbetrifft, ist etwas davon auch nach Amerika gedrungen, aber auf das theoretisch-wissenschaftliche Denken hat das kaum Einfluß gehabt.

Wenn man sich in der geistigen Szene Amerikas zurechtfin-
den will, so darf man eins nie vergessen, nämlich daß man drüben zwei Mentalitäten begegnet, zwischen denen eine Verständigung von Jahr zu Jahr schwerer wird. Man kann das am
besten am Pragmatismus, der einzig echten Philosophie, die
Amerika bis dato hervorgebracht hat, zeigen. Wenn in den beiden Erlebnismodalitäten, von denen wir eben gesprochen
haben, von Pragmatismus gesprochen wird, dann weiß die eine
Seite überhaupt nicht mehr, was die andere meint. Soweit die
Geistigkeit Amerikas noch der Fortführung europäischer Tradition dienen will, so kann auf diesen Pragmatismus noch das
Goethesche Wort angewandt werden: »Was fruchtbar ist allein
ist wahr«. Aber mit seinem Ausspruch hat *Goethe* selbstverständlich nie den spirituellen Wert der griechisch-abendländi-
schen Tradition in Frage stellen und Zweifel an dem inneren
Evidenzcharakter des Wahren anmelden wollen – einem Evidenzcharakter, der seelisch alle Angehörigen eines geschlossenen Geschichtsablaufs miteinander verbindet.

(Es ist notwendig, auf die geistigen Bedingungen der amerikanischen Szene näher einzugehen, weil alle Arbeiten, die der
Autor nach »Idee und Grundriß . . .« geschrieben hat, ganz von
diesem seinem Amerikaverständnis gelenkt und motiviert worden sind.)

Nun gibt es zweifellos in Amerika Literaten und eine relativ
dünne Schicht von Intellektuellen, die sich aus innerer Ratlosig-
keit an die europäische Tradition festklammern, ohne sie wirklich nachvollziehen zu können. Man muß von ihnen sagen, daß,
wie er sich räuspert und wie er spuckt, das haben sie dem
europäischen Denker ganz trefflich abgeguckt. Und darum
geben sie in den größeren und wohl auch den kleineren Universitäten und Colleges, in den Humanities und Social Sciences
immer noch den Ton an. Denn sie können gelehrt reden. Aber
von den metaphysischen Tiefen, in die die Philosophie der östlichen Hemisphäre vorgedrungen ist, davon haben sie keinen
Hauch mehr verspürt. Am krassesten und deutlichsten zeigt
sich das gegenüber dem spekulativen Idealismus. Es ist bezeichnend, was alles von *Fichte* und *Schelling* gar nicht ins

Amerikanische übersetzt ist. Und es hat auch gar keinen Zweck, es zu übersetzen, denn es kann doch nicht mit echtem Verständnis gelesen werden. Es fehlt der historische Erlebnishintergrund. Der Verfasser hat drüben einmal zu einer Zeit, als er noch recht wenig von Amerika wußte, ein Semester lang ein Seminar über *Kants* Prolegomena gegeben, wobei er den englischen Text der Ausgabe von *Paul Carus* zugrundelegte. Er tat das, weil *Kant* ihm für die amerikanische Mentalität noch am zugänglichsten erschien. Trotzdem war für ihn das Fazit seiner Eindrücke: Nie wieder! Und was für *Kant* gilt, gilt für *Fichte, Hegel* und *Schelling* erst recht. Übrigens ist *Bertrand Russell* hier ein unverdächtiger Zeuge. Man kann ihm ja wirklich nicht allzu tiefes Eindringen in die europäische Metaphysik nachsagen, aber höchst bezeichnend ist seine langjährige Fehde mit *John Deweys* Philosophie. Diese Auseinandersetzung war symptomatisch für die Kluft zwischen europäischem und amerikanischem Denken. In *Russell* empörte sich die europäische Geistigkeit gegen das, was er »cosmic impiety« bei *Dewey* nannte. Und wie sehr der Engländer hier in den Kern der Sache getroffen hatte, bewies die Reaktion *Deweys,* der sich in seinem geistigen Habitus tief getroffen fühlte. In *Deweys* gekränkter Emotion kam jener ganz andere *ungoethische* Pragmatismus zur Sprache, der den innersten Kern der amerikanischen Philosophie bildet und in dem Amerika sich geistig von Europa abgeschieden hat. *Das dominierende Motiv dieses Pragmatismus ist ein abgrundtiefes Mißtrauen gegen jene innere Evidenz, die in Menschen entsteht, die durch ein gemeinsames historisches Schicksal seelisch geformt worden sind* und die ihre spirituelle Übereinstimmung aus einer historischen Tradition gemeinsamen Leidens und gemeinsamer geistiger Triumphe beziehen. Wahrheit ist für den Europäer Fruchtbarkeit in immer neuer konkreter Bestätigung dieser Tradition. Das meint das von uns zitierte *Goethe*wort. Der Sinn des amerikanischen Pragmatismus ist davon grundverschieden. Hier wird die Frage gestellt: Was ist Wahrheit für Menschen, die einen solchen gemeinsamen historischen Konsensus der Innerlichkeit nicht besitzen? Wie soll ein geistig verbindlicher Austausch von Information, der über die unmittelbaren praktischen Lebensbedürfnisse hinausgeht, zwischen einem Neger in Kapstadt, einem Parsen in Bombay und einem Eskimo in Alaska möglich sein? Die amerikanische Antwort, die nicht mehr von Europa kommt, läßt sich etwa so formulieren: *Wo die Gemeinsamkeit der kulturellen Tradition fehlt, darf das Evidenzerlebnis für Wahrheit nicht mehr in der inneren Überzeugung, sondern nur noch in dem Objektivierungsvorgang jenes Denkens gesucht werden, das sich in physische Machbarkeit umsetzt.* Es liegt hier ein tiefes Mißtrauen gegen die ganze geistige Welt der östlichen Hemisphäre zugrunde, weil sie gerade dort, wo sie am profundesten ist, mit begrifflichen Konzeptionen arbeitet, die die brutale Prüfung durch die technische Objektivierung noch nicht bestanden haben — oder überhaupt nicht bestehen können. Man kann der Idee, so wie sie von *Plato* konzipiert worden ist, nur soweit trauen, als ihre Säkularisierung bis zu der Forderung der prinzipiellen Machbarkeit vorgeschritten ist. Niemand soll an das glauben, was grundsätzlich jenseits jeder Vorstellung von Machbarkeit steht. Hier öffnet sich eine Gedankenwelt, die von instinktiver Feindseligkeit gegen die bisherige Geistesgeschichte des Menschen beseelt ist.[9]

Niemand wird wohl bestreiten, daß *Thomas Jefferson* zu den geistigen Repräsentanten Amerikas gehört. Aber hören wir, was er zum Thema Philosophie des Abendlandes zu sagen hat. Seine Zielscheibe ist *Plato*: »Plato ... who only used the name of Socrates to cover the whimsies of his own brain« (Plato, der den Namen von *Sokrates* als Mäntelchen für die Launen seines eigenen Gehirns benutzte) und dann weiter: »We must dismiss the Platonists, the Plotinists, the Stagyrites, ... the eclectics, the Gnostics, the scholastics ... with a long train of nonsense« (wir müssen uns der Platoniker, der Plotiniker, der Stagiriten, ... der Eklektiker, der Gnostiker, der Scholastiker ... mit ihrer langen Schleppe von Unsinn entledigen). Und schließlich: »I amused myself with reading seriously

---

[9] »Man sieht ja, wie weit ihr es in Europa gebracht habt«, sagte dem Autor 1942 ein Amerikaner aus der Mayflower-Nachkommenschaft.

Plato's Republic (without really amusing myself) ... While wading through the whimsies, the puerilities and unintelligible jargon I laid it down often to ask myself, how it could have been, that the world should have so long consented to give reputation to such nonsense as this.« (Ich amüsierte mich mit ernsthafter Lektüre von *Platos* Staat — ohne mich wirklich zu amüsieren — ... Während ich durch die launenhaften Einfälle, die Kindischkeiten und den unverständlichen Unsinn watete, legte ich ihn oft nieder, um mich zu fragen, wie es geschehen konnte, daß die Welt so lange willig war, solchen Unsinn zu verehren.) Und wenige Zeilen weiter: »This foggy mind is forever presenting the semblances of objects which, half seen through a mist, can be defined neither in form nor dimensions. Yet this, which should have consigned him to early oblivion, really procured him immortality of fame and reverence. The Christian priesthood, finding the doctrines of Christ level to every understanding, and too plain to need explanation, saw in the mysticism of Plato materials with which they might build up an artificial system which might, from its indistinctness, admit everlasting controversy, give employment for their order, and introduce it to profit, power, and preeminence.« (Sein benebelter Geist präsentiert ewig den Schein von Gegenständen, welche kaum durch einen Dunst gesehen, weder nach Form noch nach Größe bestimmt werden können. Jedoch dieses, welches ihn zu schneller Vergessenheit verdammt haben sollte, erwarb ihm statt dessen unsterblichen Ruhm und Verehrung. Der christliche Klerus, der die Lehren Christi auf der Ebene eines allgemeinen Verständnisses und zu einfach fand, um eine Erklärung zu benötigen, erblickte in dem Mystizismus *Platos* das Material, mit welchem er ein künstliches System errichten konnte, das infolge seiner Unbestimmtheit ewigen Streit erlaubte, ihrem Stand Beschäftigung gab und demselben Zugang zu Profit, Macht und Vorrang gab.)[10]

---

[10] Zitate nach Bernhard Mayo: »Jefferson Himself«. Houghton Mifflin Co., Boston 1942; S. 231, 300 f. Vgl. auch Jeffersons Bewertung einer europäischen Erziehung für einen Amerikaner, S. 120.

· Es ist sehr billig für den Europäer, hier zu sagen, daß *Thomas Jefferson* eine borniert Person war, dem die tieferen und feineren Aspekte der abendländischen Kultur nicht zugänglich waren. De facto finden sich Stellen bei *Jefferson*, aus denen hervorgeht, daß er solche Angriffe erwartete. Er erwähnt dabei allerdings keine Europäer, aber er bezieht sich in einem Passus ausdrücklich auf die Geistlichkeit von New England. In einem übertragenen Sinne war das doch importiertes Europa, das ihn hier abfällig beurteilen würde. Man sollte nicht vergessen, daß der Schlüssel zum Verständnis der amerikanischen Mentalität in dem folgenden Tatbestand zu liegen scheint: Amerika ist von europäischen Einwohnern besiedelt worden, und selbstverständlich brachten sie mit sich einen Glauben und eine Geistigkeit, die ein historisches Produkt der östlichen Hemisphäre waren. Es war nicht leicht zu entdecken, daß diese östliche Mentalität in der westlichen Hemisphäre nicht gedeihen konnte, weil sich in immer neuen Schüben von Einwanderern diese Tradition stets wieder auffrischte und neu belebte, wodurch die Aufmerksamkeit von dem Phänomen abgelenkt war, daß die in den amerikanischen Boden übernommenen Kräfte europäischer Überlieferung schnell hinsiechten und ihre Wirkung einbüßten. An ihre Stelle traten, die Bedeutung dieses Prozesses verschleiernd, immer neue Motive, von dem unaufhörlichen Zustrom aus der anderen Hemisphäre genährt. Was geschah aber mit den Seelen, für die die Übersiedlung in die neue Welt schon Generationen zurücklag und für die die alte Tradition nichts mehr bedeuten konnte? Denker wie *Thomas Jefferson* — und er war nicht der einzige — haben schnell erkannt, daß hier das eigentliche Wesen Amerikas sich bildete, ein Wesen, für das der fremde Zustrom und was derselbe mit sich brachte, mit der vergehenden Zeit weniger und weniger bedeutete. An der atlantischen Küste war die europäische Tradition naturgemäß am stärksten. Im Norden trat sie in der Form des religiösen Puritanismus auf mit aller Unduldsamkeit, deren derselbe fähig war. Im Süden in der Form der Pflanzertradition der Confederacy. Man gewinnt ein verzerrtes Bild von der weltanschaulichen Entwicklung der Vereinigten Staaten, wenn man die

Spannung zwischen den Nord- und den Südstaaten der Ostküste und den Sezessionskrieg zu stark betont. Der Autor, der
selber lange Zeit in Neu England gelebt und fast genau 10 Jahre
in Virginien gewohnt hat, ist sich des Unterschiedes zwischen
Norden und Süden durchaus bewußt, der auch heute noch das
Leben spürbar beeinflußt. Aber dieser Unterschied ist ganz
irrelevant in einer tieferen Schicht des amerikanischen Lebens,
über welche die politischen und kriegerischen Ereignisse nur
wie fliegende Wolken am Himmel entlang zogen. Sowohl für
den Norden wie für den Süden des amerikanischen Ostens galt
für die Entwicklungsperiode, von der wir hier sprechen, daß
sich das intellektuelle Leben vorerst noch ganz an der Alten
Welt orientierte. Zwar hatte man im Faktum der Auswande-
rung Europa wenigstens physisch verlassen; aber die frühe
amerikanische Gefühlswelt und ihre geistige Orientierung war
immer noch den Ufern verhaftet, die auf der anderen Seite des
Atlantiks lagen. Die Mason-Dixon Line machte in dieser Beziehung gar keinen Unterschied. Beide Regionen unterlagen
demselben historischen Schicksal, nämlich einer inneren Aus-
höhlung der europäischen Tradition, von der sie sich ursprünglich nährten. Es ist wahr, daß die Pflanzertradition durch den
Bürgerkrieg zerstört worden ist. Sie wäre aber auch ohne denselben verschwunden und bestimmt noch früher, als die zähere
und tiefer verwurzelte puritanische Tradition der Neu-England-
Staaten. Was das Verkümmern der letzteren anbetrifft, so ist
es keineswegs zufällig, daß der amerikanische Philosoph, der
dem Pragmatismus seine endgültige Formulierung gab, *John
Dewey*, aus Burlington im Staate Vermont kam. In seiner Person war die Abwendung von der Spiritualität Europas — im
Prinzip wenigstens — endgültig vollzogen; und in seiner Philosophie war man sich des entdeckten Abstandes von Europa
um so stärker bewußt, je tiefer man sich vorher der alten Welt
verpflichtet gefühlt hatte. Hier hatte schon der etwa 50 Jahre
vorher geborene *Horace Greeley* der jungen Generation zuge-
rufen: »Go West, young man!«

So kam es, daß das geistige Leben Amerikas sehr bald in
zwei entgegengesetzten Richtungen seine Orientierung suchte.

Thomas Jefferson war wohl der erste oder einer der ersten, der den Abfall von Europa und seine Endgültigkeit zum mindesten gefühlsmäßig voll erfaßte. Am 6. Dezember 1813 schrieb er an *Alexander von Humboldt:* »America has a hemisphere to itself, it must have its separate system of interests which must not be subordinated to those of Europe. The insulated state in which nature has placed the American continent should so far avail it that no spark of war kindled in the other quarters of the globe should be wafted across the wide oceans which separate us from them. And it will be so.«[11]

Von *Jefferson* zu *John Dewey* ist freilich ein langer Weg, und in seiner Länge manifestiert sich die ganze Beharrlichkeit und ungeheure Macht der Tradition der östlichen Hemisphäre, die heute zwar im Prinzip, aber de facto noch lange nicht überwunden ist. Zum Teil wohl deswegen, weil die sich von der alten Welt abwendende Strömung Amerikas noch für erhebliche Zeiträume nichts der europäischen Tradition Ebenbürtiges zu bieten hat. Das ist auch heute, im Jahre 1974, noch nicht viel anders.

Vorläufig aber fehlt in allen Amerikabüchern, die die Ergründung des Wesens dieses Kontinents zum Thema haben, ein adäquates Verständnis für das Neue, das hier keimt, weshalb man immer wieder und wieder die Klage hört, wie schwer es sei, dieses Leben zu beschreiben — denn sagt man, Amerika ist so und so, dann sieht man sich gezwungen, seine eigenen Behauptungen sofort wieder zurückzunehmen, denn es ist mit gleicher Kraft und Eindringlichkeit auch das genaue Gegenteil von dem, was man eben festgestellt hat. Der Historiker *Golo Mann* sagt ganz mit Recht in seinem feinen Amerika-Buch: »In Amerika gibt es einen starken Gleichklang der Lebensbedingungen, man ist dort versucht und beinahe gezwungen, zu leben wie die anderen, man ist Nachbar unter Nachbarn, die sich beobachten, sich helfen, aber auch beengen und quälen — so ist das wohl wahr. Nur, das Gegenteil ist auch wahr. Es gibt in Amerika ebenso viel Käuze wie anderswo; und das Land

---

[11] a.a.O., S. 303.

bietet ihnen bessere Chancen, ihren eigenen Stil zu leben, als Europa ihnen böte. ... Wie stimmen diese beiden Beobachtungen zusammen, jene, wonach Amerika das Land der Konformität, und jene, wonach es das Land der großen Narrenfreiheit ist? Sie stimmen nicht zusammen, aber sie bestehen zusammen.«[12] Diese Beispiele ließen sich in fast unübersehbarer Fülle vermehren. *Golo Mann* liefert noch viele andere, weshalb wir uns hier diese Arbeit sparen können. Aber er gibt keine Auflösung des Rätsels. Die Widersprüchlichkeit beeindruckt ihn intensiv. Wie wenn er z. B. sagt: »Wie trennend tief, wie jeder uniformierenden Beschreibung Hohn sprechend ist nicht der Unterschied zwischen den kosmopolitischen Hafenstädten des Ostens und den Farmgemeinden des Mittelwestens! Und zwar ist es ein kultureller, historischer, geistiger Unterschied, so gut wie ein landschaftlicher und ein wirtschaftlicher. Ein Fischerdorf in Maine ist seinem englischen Gegenüber näher verwandt als einer industriellen Neusiedlung in Kalifornien. Das darf man Amerikanern nicht sagen, weil sie, meistens, ein starkes, leicht verwundbares Gefühl für die Einheit ihres Landes haben, welche Einheit eben gerade auf seiner Gesamtunterscheidung von Europa beruht; wahr ist es trotzdem. Das Land, so lautet der Kernsatz einer bekannten Geschichtstheorie, habe den amerikanischen Menschen und seine Institutionen geprägt. Aber ›das Land‹ gibt es nicht. Mit Vermont hat Alabama kaum mehr gemein als Sizilien mit Schweden.«[13]

Nein, das darf man Amerikanern in der Tat nicht sagen, und zwar weil es grundfalsch ist! Das ist mit den Augen des Europäers gesehen, und für den Europäer ist der Unterschied von — sagen wir Malaga und Hammerfest — ja wirklich relevant und hat spirituelles Gewicht. Für den Amerikaner ist die landschaftliche Differenz zwischen dem Fischerdorf in Maine und einer Neusiedlung in Kalifornien oder zwischen Nome in Alaska und Miami in Florida schlechterdings nichts. Ihre Einwohnerschaf-

---

[12] Golo Mann: »Vom Geist Amerikas«. Kohlhammer Verlag, Stuttgart 1954, S. 6.
[13] a.a.O., S. 5 f.

ten ließen sich beliebig auswechseln. Im Falle von Hammerfest
und Malaga wäre ein solcher Tausch nicht zu empfehlen. Wie
gesagt, es ist das europäische Auge, das hier — und von seinem
Standpunkt aus mit Recht — einen seelisch relevanten Unterschied sieht. Der Verfasser der eben zitierten Zeilen betont das
selbst, denn gleich nach seinen landschaftlichen Reflexionen
gibt dieser Gelehrte folgendes zu: »Persönlich kann ich nicht
sagen, daß ich, was ich als den amerikanischen Glauben zu beschreiben versuchen werde, mir zu eigen gemacht hätte. Noch
immer sehe ich Amerika mit den Augen des Europäers.«[14] An
dieses persönliche Bekenntnis muß der Autor dieser Selbstdarstellung ein gegenteiliges anknüpfen. Er hat 32 Jahre, und
zwar gerade die fruchtbarsten und produktivsten seines Daseins, in Amerika gelebt. Davon entfallen mehrere Jahre auf
New York, ein etwa gleicher Zeitraum auf Boston, reichlich
zwei Jahre auf eine akademische Lehrtätigkeit in Maine, zehn
Jahre in den Südstaaten, reichlich 10 Jahre in Illinois, worüber
noch mehr zu sagen sein wird; und die Monate, die er in
Kalifornien zugebracht hat, summieren sich auf mehr als zwei
Jahre. In diesen Jahren hat er das, was *Golo Mann* »amerikanischen Glauben« nennt, nicht nur wahrnehmen können, sondern auch innerlich bejaht. Weil das geschehen ist, hat er die
amerikanische Staatsbürgerschaft eben nicht nur erworben,
sondern auch fortdauernd bejaht, und wenn er heute aus
speziellen Berufsgründen in Europa lebt, so ist der Grund
darin zu suchen, daß in diesem innerlich zerrissenen und vermutlich zu künftiger historischer Bedeutungslosigkeit verurteil-
ten Erdteil künftige, Rußland involvierende welthistorische Entwicklungen trotzdem noch am besten zu studieren sind. Denn
Europa hat, wie *Hans Freyer* sehr richtig gesehen hat, einmal
seine eigene »Weltgeschichte« besessen. Und was künftig
kommt, wird sich aus einer radikalen Negation jener historischen Lage ergeben, in der historisches Leben in Europa kul-
minierte.

An dieser Stelle kann man nicht anders, speziell wenn man

---

[14]   a.a.O., S. 8.

aus den USA kommt und wenigstens annähernd zu wissen glaubt, was sich dort noch weitgehend im Unterirdischen ereignet, als an *Alexis de Tocquevilles* »De la Démocratie en Amérique« zu erinnern. Das Ende des ersten Bandes dieses groß angelegten Werkes schließt *de Tocqueville* mit der folgenden Beobachtung ab: »There are at the present time two great nations in the world, which started on different points, but seem to tend toward the same end. I allude to the Russians and the Americans. ... Their starting point is different, their courses are not the same; yet each of them seems marked out by the will of Heaven to sway the destinies of half the globe.«[15] (Es gibt gegenwärtig zwei große Nationen in der Welt, die von verschiedenen Ausgangspunkten begonnen haben, aber die sich auf dasselbe Ziel hin zu entwickeln scheinen. Ich meine die Russen und die Amerikaner. ... Ihr Anfang ist unterschiedlich und ihre Wege sind nicht die gleichen; und doch scheint jede vom Willen des Himmels bestimmt zu sein, die Schicksale eines halben Erdballs zu lenken.)

Aber da die Erstausgabe dieses Werkes schon 1835 in Paris erschien, konnte *de Tocqueville* selbstverständlich noch nichts von *Marx, Engels* und *Lenin* wissen und deshalb auch nicht die letzten weltanschaulichen Hintergründe ahnen, die Amerika und Rußland anscheinend in verschiedene Richtungen trieben. Es ist notwendig, hier mit einigen ergänzenden Hinweisen einzugreifen, weil sie auf die gegenseitige Position dieser beiden historischen Gestalten ein zusätzliches Licht werfen. In beiden Fällen geht die Entwicklung des geistigen Habitus von einer Verwerfung der spirituellen Tradition Europas aus, für die der originale *Hegel* als repräsentativ gilt. Im Falle Rußlands ist dies Geschäft von *Marx* besorgt und von *Lenin* fortgesetzt worden. Hier berühren wir weit Bekanntes. Im Falle Amerikas ist die Situation nicht so vertraut und durchsichtig. Wir haben ja schon darauf hingewiesen, wie hier zwei Tendenzen miteinander streiten, ein sehnsüchtiger Rückblick auf Europa, — ganz faute de

---

[15] Alexis de Tocqueville: »Democracy in America«, I und II. Vintage Books, New York 1954, S. 452.

mieux — und das Werden von etwas Eigenständig-Neuem. Man hat eben noch nichts Besseres. Der Intellekt will von Europa fort, aber das Gefühl sträubt sich noch dagegen. De facto ist die Situation so schwer interpretierbar, daß wir uns fast versucht fühlen, das eben Gesagte in sein Gegenteil zu verkehren: Das Gefühl will von Europa fort, aber der Intellekt mag nicht. Ein Ähnliches darf vielleicht auch von Rußland bemerkt werden. Wir wollen *Dostojewski* nicht vergessen. Er läßt seinen Ivan Karamasov sagen: »Ich werde nach Europa fahren, ich weiß es ja, daß ich nur auf einen Friedhof fahre, doch auf den teuersten, allerteuersten Friedhof, das weiß ich auch. Teure Tote liegen dort begraben, jeder Stein über ihnen redet von einem so heißen vergangenen Leben, von so leidenschaftlichem Glauben an die vollbrachten eigenen Taten, an die eigene Wahrheit, an den eigenen Kampf und die eigene Erkenntnis, daß ich, ich weiß es im voraus, zur Erde niederfallen, diese Steine küssen und über ihnen weinen werde.« Auch in Rußland ist die spirituelle Ablösung noch längst nicht geglückt, obwohl die Entwicklung auf sie zustrebt. Man beachte die Ambivalenz in den Worten *Dostojewskis*.

Es ist für die zukünftige Entwicklung der Weltgeschichte von gar nicht abzuschätzender Bedeutung, daß Amerika und Rußland eine in letzte geistige Tiefen reichende Gemeinsamkeit haben. Sie liegt in der Einstimmigkeit ihrer Ablehnung der Tradition Europas, die einem besonderen, beiden Seiten gemeinsamen antimetaphysischen Geschmack entspricht. Beide Mächte suchen mit gleicher Beharrlichkeit das ganze Jenseits schon im Diesseits. In beiden Fällen ist der Idealismus als die letzte Mythologie des Menschen entweder schon entlarvt oder doch in der Entlarvung begriffen.

Als 1955 die Einladung der Universität Hamburg kam, dort im Wintersemester 1955/56 zu lesen, war der Autor zwar sehr überrascht, aber die Abwechslung war ihm willkommen, denn als research fellow der Bollingen Foundation hatte er schon damals einige Jahre im akademischen Abseits gelebt, ganz ausschließlich mit der Abfassung jenes Textes befaßt, der später als »Idee und Grundriß ...« in Deutschland erschien. Kurz nach seiner Ankunft in Hamburg erfuhr er unter der Hand, daß es sich bei dieser Einladung darum handelte, Kandidaten für eine damals vakante Hamburger Professur auszusuchen. Außer ihm hatte *Jürgen von Kempski,* der Herausgeber des Archivs für Philosophie, die gleiche Einladung erhalten, aber wie es sich später herausstellte, machte keiner das Rennen. Warum Herr *von Kempski* damals abgelehnt wurde, weiß der Autor auch heute noch nicht. Aber die Gründe für seinen eigenen Mißerfolg waren ihm schon bekannt, als er im Frühjahr 1956 in die Vereinigten Staaten zurückfuhr. Man hatte ihn gebeten, außerhalb des Rahmens seiner Vorlesung einen allgemeinen Vortrag vor den Mitgliedern der Philosophischen Fakultät zu halten. Er wählte als Thema die philosophische Bedeutung der Kybernetik, ohne zu ahnen, daß damals mehr als die Hälfte seiner Zuhörer das Wort ›Kybernetik‹ nie gehört hatten und sich für die anderen hinter dem Terminus nur die vage Vorstellung einer Sache verbarg, die Ingenieure und Mathematiker angehen mochte, die aber nirgendwo Berührungspunkte mit den Geisteswissenschaften, geschweige denn mit der Philosophie haben könnte. Es soll in dieser Selbstdarstellung nicht verschwiegen werden, daß der abgelehnte Kandidat damals enttäuscht war. Er ahnte noch nicht, welche Wohltat man ihm damit unwissentlich beschert hatte, und daß ihm die eindrucksvollste wissenschaftliche Begegnung seines Lebens und seine besten und fruchtbarsten Gelehrtenjahre in Amerika noch bevorstanden.

Im Jahre 1960 wurde er durch die Vermittlung von Dr. *John Ford,* damals an der George Washington Universität in Washington D. C., mit dem Schöpfer der Kybernetik *Warren Sturgis McCulloch* bekannt. Der Begegnung mit diesem großartigen Menschen und bedeutenden Gelehrten weiß der Autor nichts an die Seite zu stellen. Sie wurde für sein weiteres Leben entscheidend. Dr. *Ford* hatte *McCulloch* einen Sonderdruck der Arbeit »Die Aristotelische Logik des Seins und die nicht-Aristotelische Logik der Reflexion« des Autors gegeben, die im Jahre 1958, also ein Jahr vor dem Erscheinen von »Idee und Grundriß ...« in der Zeitschrift für Philosophische Forschung erschienen war. *McCulloch,* der längst wußte, daß für die künftige Entwicklung der Kybernetik der Übergang zu einer transklassischen Logik unabdinglich sein würde, trat darauf mit dem Autor in Verbindung und forderte ihn auf, sowohl das Institute of Technology in Chicago als auch das Department of Electrical Engineering an der Staatsuniversität von Illinois in Urbana zu besuchen. Man sei dort auf seinen Besuch schon vorbereitet und interessiere sich für seine Arbeiten. Das Resultat dieses Briefes waren zwei Vorträge in Chicago und in Urbana, Ill., denen von beiden Stellen tentative Angebote einer Professur folgten. Der Autor dieser Zeilen entschloß sich, das Angebot in Urbana anzunehmen. Dort wirkte als Direktor der Biologischen Computer Section Prof. *H. von Foerster* und dort war auch der englische Kybernetiker *William Ross Ashby,* der dem Neuankömmling auf Grund seiner internationalen Reputation längst bekannt war und der ihm durch sein Buch »Design for a Brain« außerordentlich imponiert hatte.[16] 1961 geschah dann die Übersiedlung von Richmond, Va., nach Illinois, obwohl der Autor im ersten Jahr dort als Gastprofessor anfing. Insofern erschien die Übersiedlung etwas riskant, aber dann wurde die Gastprofessur um ein weiteres Jahr verlängert und darauf in die Stellung eines associate professor und schließlich in die eines full professor umgewandelt. Es war ein etwas wunderliches Gefühl für einen ehemaligen Assistenten und Dozenten der Philosophie, schließlich als Professor of Electrical Engineering das letzte Jahrzehnt seiner wissenschaftlichen Tätigkeit vor der Emeritierung zuzubringen.

Trotz der Nichtberufung nach Hamburg waren die Beziehungen zu der dortigen Universität sehr freundlich geblieben und resultierten in mehrfachen Gastprofessuren, die immer in den Sommersemestern stattfanden, in denen in Amerika im akademischen Leben so etwas wie saure Gurkenzeit ist. Außerdem war der formell zur Ingenieurwissenschaft übergewechselte Philosoph kaum an Semestergrenzen gebunden, weil seine ame-

---

[16] William Ross Ashby: »Design for a Brain«. John Wiley & Sons, New York 1952.

rikanische Professur als reine Forschungsprofessur ausgestattet war und eine Pflicht, Vorlesungen abzuhalten, nicht bestand. »Idee und Grundriß...« war noch in Richmond, Va., fertiggestellt worden. Und je mehr sein Autor in Illinois und im Department of Electrical Engineering heimisch wurde, desto weniger berührte ihn die unbestreitbare Tatsache, daß die deutsche Philosophie dieses Buch gleichgültig beiseite liegen ließ und auch die später in Europa veröffentlichten Aufsätze zur Theorie einer transklassischen Logik so gut wie nicht zur Kenntnis nahm. Totschweigen ist ja schon immer eine bessere Waffe als Polemik gegen das, was man nicht haben will, gewesen. Heute im Rückblick ist dem Autor diese Ablehnung, die sich übrigens von der deutschen Philosophie bis zu den Vertretern der deutschen Version der Kybernetik erstreckt, besser verständlich. Es ist kein Zufall, daß bereits im zweiten Satz des Vorwortes von »Idee und Grundriß...« der Amerikaner *Oliver L. Reiser* höchst beifällig zitiert wird und im nächsten Absatz *Reisers* Worte: »If the laws of thought should fall, then the most profound modification in human intellectual life will occur, compared to which the Copernican and Einsteinian revolutions are but sham battles.« (Sollten die Gesetze des (bisherigen) Denkens niederbrechen, dann wird es die tiefste Wandlung im intellektuellen Leben des Menschen geben, verglichen mit welcher die kopernikanische und die einsteinische Revolution nur Scheinschlachten sind.) In diesem Satz sind schon die Wolkenkratzer von New York und Chicago, die amerikanische Maschinenkultur und der ›Frontiergeist‹, in dem Europa längst vergessen ist. Kurz, hier spricht schon der neue Glaube Amerikas, und in seinem Geist ist »Idee und Grundriß...« mehr oder weniger bewußt geschrieben worden.

Schon in den Tagen von Manifest Destiny war den Amerikanern klar, daß jene Grenze, die sich von der zuerst besiedelten Ostküste immer weiter nach Westen vorschob, am Pazifischen Ozean schließlich ihr Element der Bewegung verlieren mußte. Damit bestand die Gefahr, daß die Lebenssituation der vorrückenden Grenze, in der sich der amerikanische Charakter gebildet hatte, sich in nichts auflösen würde, wenn nicht der

Begriff der Frontier mit neuem Inhalt erfüllt werden könnte.
Hier lag ein Problem, über das man sich Gedanken machte;
hatte doch *Frederick Jackson Turner,* der Verfasser des weit-
verbreiteten Aufsatzes »The Significance of the Frontier in
American History« 1893 in einem Vortrag höchst pointiert formuliert: »Amerikanische Demokratie ist nicht die Ausgeburt
eines Theoretikers; sie wurde nicht auf dem Schiffe Susan
Constant nach Virginia, nicht in der Mayflower nach Plymouth
gebracht. Kraftvoll in ihrer lebendigen Eigenart entsprang sie
den amerikanischen Wäldern, und sie gewann neue Stärke,
wenn immer sie mit einer neuen Grenze in Berührung kam.«[17]
Der Geist der Frontier brauchte Europa nicht mehr, weder
seine Religion noch seinen Rationalismus. Aber so handfest wie
der Geist Amerikas in dem Faktum der reinen physischen Ausdehnung bis zum Pazifik verankert war, so hatte sich doch hier
schon etwas entwickelt, was über das Physische weit hinausging und die ersten erstaunlich starken Züge eines spezifisch
amerikanischen Spiritualismus enthielt. Aber selbst wenn man
von dieser Geistigkeit berührt worden ist, ist ihr Wesen außerordentlich schwer zu beschreiben, und der Autor ist sich bewußt, daß das, was er dazu sagen kann, den Sachverhalt nur
annähernd und unzureichend umreißt. Die geistige Tradition,
welche die amerikanische Nation zu einer Einheit zusammen-
schloß und als neues historisches Gebilde konstituierte, war
eine solche, daß sie durch ihr Wesen die ideologischen Kämpfe,
die die abendländische Tradition nie zu einer universalen Einheit zusammenwachsen ließ, rücksichtslos ausschloß. Der innere
historische Widerspruch, der nach *Hegel* die Motorik der Weltgeschichte in dauernder Bewegung hält, war dem innersten
Geiste Amerikas unbekannt und fremd. Zwar verdankte die

---

[17]   Zitiert nach Golo Mann, S. 23. Siehe auch Frederick Jackson
Turner: »The Frontier in American History« (1920). Solange man
sich die Details des Vorrückens nach Westen nicht vor Augen hält,
begreift man schwer, was für eine unglaubliche Reprimitivisierung
der weißen Rasse Manifest Destiny erst einmal bedeutet hat. Hier
verschwand Europa so gründlich, wie das überhaupt nur möglich
war. Die Kritik des Historikers Pitrim Sorokim an Turner übersieht
diese Funktion der Frontier.

östliche Hemisphäre diesem Widerspruch ihren fast unvorstell-
baren kulturellen Reichtum, aber derselbe Widerspruch war es,
der *Hegel* zu der Aussage zwang, daß die Geschichte eine
Schlachtbank sei, »auf welcher das Glück der Völker, die Weisheit der Staaten und die Tugend der Individuen zum Opfer
gebracht worden« ist. Hier sind, wie *Hegel* weiter sagte, »die
ungeheuersten Opfer« gebracht worden, die es ausschlossen,
daß der historische Mensch im Bannkreis dieser alten Tradition
je glücklich sein konnte.[18]

An dieser Stelle liegt der tiefste, bis ins allerinnerste gehende
Unterschied zwischen der Seele der alten Welt und der jungen
Seele des westlichen Kontinents, die im Manifest Destiny ihre
ersten Atemzüge tat. Die Seele des Ostens ist durch ihre Geschichte unaufhörlich in ihrem letzten Zentrum bedroht. Der
amerikanische Glaube, der alle drüben eint, aber ist ein solcher, in dem ganz tief empfunden wird, daß *diese* Bedrohung
aus der Vergangenheit aufgehört hat. Im Bereiche dieser Landschaft entwickelt sich das ebenso starke wie überzeugende Gefühl, daß einem hier »historisch« nichts passieren kann. Selbstverständlich starben in der Zeit der Besiedlung Amerikas viele
unter Indianerpfeilen, und selbstverständlich kann, wer heute
lebt, morgen bei einem Autounfall um sein Leben kommen;
von solchen Zufälligkeiten der Einzelexistenz sprechen wir hier
nicht. Aber man fühlt ganz deutlich, daß einem hier nichts passieren kann, was bedrohend in das eigene historische Bewußtsein hineingreift. Sehr richtig bemerkt *Golo Mann* in seinem
Amerikabuch: »Ein Schauplatz leidenschaftlicher ideeller
Kämpfe . . ., die sich in politische umgesetzt hätten, ist Amerika
nicht gewesen. Die *eine* amerikanische Idee war zu stark.«[19]

Als der Autor zuerst nach den Vereinigten Staaten kam,
schien es ihm eine vordringliche Aufgabe, den weltanschaulichen Gegensatz zwischen der demokratischen und republikanischen Partei festzustellen, weil, wie er zu seinem Erstaunen
bemerkte, seine neu gewonnenen amerikanischen Bekannten

---

[18] Hegel (Ed. Glockner) XI, S. 49.
[19] Golo Mann, S. 34.

und später Freunde bei der erbetenen Aufklärung total versagten. Jener weltanschauliche Gegensatz, der in der faustischen Kultur den Idealisten vom Materialisten derart trennt, daß sie zu tödlichen Feinden werden müssen, den konnte er in der Alternative zwischen amerikanischen Demokraten und republikanischen Parteianhängern nirgends finden. Nie ging es um zwei verschiedene Ideen, die ihre antithetischen Wurzeln im Menschsein selber hatten. Es handelt sich vielmehr immer um die praktische Frage, wie etwas, was beide Seiten letzten Endes gleicherweise wollten, am besten durchgeführt werden konnte. Daß dabei gelegentlich auch die Leidenschaften aufkochten und Köpfe blutig geschlagen wurden, kam oft genug vor. Aber nie waren dabei so herzzerreißende Emotionen im Spiel, wie Europäer erfahren mußten, wenn es darum ging, zwischen Glaube und Heimat zu wählen.

An dieser Stelle ist es empfehlenswert, noch einmal daran zu erinnern, daß Beobachter Amerikas immer wieder feststellen mußten, daß man über diesen Kontinent genau entgegengesetzte Aussagen machen kann und daß sie beide irgendwie stimmen. Wir sind jetzt endlich so weit, für dieses Phänomen eine Erklärung geben zu können. Daß es Verfolgungen und sogar Mord um des Glaubens willen auch in Amerika gegeben hat, dafür braucht man nur an das scheußliche Hexentribunal in Salem (Mass.) zu erinnern. Da wir ausdrücklich darauf hingewiesen haben, daß in Amerika immer noch zwei Lebenstendenzen miteinander ringen — eine, die halb sehnsüchtig, halb hilflos nach Europa blickt und eine andere, die unter der Devise von *Horace Greeley* steht, können wir uns jetzt kurz fassen.[20] Die Widersprüchlichkeit der amerikanischen Lebensmanifestationen ist direkt aus diesem Gegensatz abzuleiten. In der bisherigen amerikanischen Entwicklung laufen zwei funda-

---

[20]   Interessant ist, daß selbst der so stark von europäischer Romantik erfüllte Henry David Thoreau in sich etwas von jener Westorientierung fühlte: »Ostwärts gehe ich nur gezwungen, aber westwärts gehe ich freiwillig...«, heißt es auch bei ihm. (Zitiert nach H. G. Dahms: »Geschichte der Vereinigten Staaten von Amerika«. R. Oldenbourg, München 1953, S. 278.)

mentale Ereigniskategorien nebeneinander her. In der einen kommt die absterbende europäische Tradition zu Wort, in der andern äußert sich jener Lebenswille, der Europa längst hinter sich gelassen hat, und der sich einem eigenen zuwendet. Die Salemer Vorgänge sind »europäische« Ereignisse, die sich verspätet auf amerikanischem Boden abspielen. Historisch gehören sie zu den spanischen Autodafés und gar nicht in jene Geschichte, die mit Manifest Destiny beginnt.

Die Weiterentwicklung des amerikanischen Lebensgefühls und Denkens, die für die eigene geistige Produktion des Autors nicht nur bedeutsam, sondern schlechthin entscheidend geworden ist, ist dort zu suchen, wo sich das Frontier-Erlebnis des Amerikaners aus dem Physischen ins Geistige transponierte. Wir haben bereits darauf hingewiesen, daß den Amerikanern bewußt war, daß das westliche Vorwärtsrücken der Grenze ja schließlich einmal ein Ende haben müßte. Der Pazifische Ozean stellte da eine Barriere dar, die dem natürlichen Bewußtsein ganz gemäß erschien. Aber das amerikanische Gefühl sträubte sich dagegen, eine Grenze zu setzen. Die Inseln im Pazifik waren das nächste praktische Ziel. Aber die Schwungkraft der Bewegung ging auch noch darüber hinaus, wie die Parole Asia First andeutet. *Golo Mann* hat mit Recht darauf hingewiesen,[21] daß solche amerikanischen Politiker wie etwa der *Jefferson*-Schüler *Thomas Hart Benton*, die Europa gegenüber Isolationisten waren, sich gar nicht isolationistisch gegenüber der pazifischen Frage benahmen. Aber schon der Vorstoß nach Hawaii hatte geistig nichts mehr zu bedeuten, und zu den klugen Bemerkungen von *Golo Mann* über Amerika gehört auch: »Expansion im schieren Raum war nicht die einzige, die Amerika offen stand.«[22] Zu ihr kam die geistige!

Es ist merkwürdig, daß der vom Autor sonst so geschätzte *Golo Mann* die Stelle nicht sieht, wo der Durchbruch Amerikas in neue intellektuelle Dimensionen sich am penetrantesten, nachdrücklichsten und provozierendsten formulierte. In seinem

---

[21] Golo Mann, S. 26.
[22] a.a.O., S. 24.

ganzen Buch ist weder von Science Fiction noch von der Kybernetik die Rede. Die beiden genannten Phänomene sind aber die genauen kulturellen Orte, wo der Durchbruch gelang und wo die europäische Tradition mehr oder weniger bewußt endgültig desavouiert war.

An dieser Stelle ist es dringend notwendig, einem naheliegenden Mißverständnis vorzubeugen. Sowohl in Amerika wie in Europa versteht man unter Science Fiction eine heute schon ganz enorm angeschwollene Literaturmasse von Kurzgeschichten und Romanen, die sich nicht immer, aber doch sehr häufig Abenteuer im Weltraum zum Thema nehmen. Diese Literaturmasse als solche ist in dem strengen Sinn, in dem wir hier den Terminus gebrauchen, *nicht* Science Fiction. Und es läßt uns auch ganz ungerührt, daß selbst amerikanische Anthologisten einer so weitherzigen Auffassung huldigen, daß sie selbst *Platos* Timaeus, *Lucians* Ikaromenippus, *Keplers* Somnium, *Francis Godwins* »The Man in the Moon« zur Science Fiction Literatur rechnen. Von Gullivers Travels und — um näher an die Gegenwart heranzukommen — von *Edward Bellamys* »Looking Backward«, *Aldous Huxleys* »Brave New World«, *James Hiltons* »Lost Horizon« ganz zu schweigen. Wenn wir hier von Science Fiction als dem literarischen Symptom eines totalen Ausbruchs aus der klassisch-abendländischen Tradition des Denkens sprechen, ist das alles nicht gemeint. Utopische Weltbilder hat es, wie die angegebenen Titel bezeugen, schon immer gegeben. Und die Phantasie ist schon längst in die kosmischen Dimensionen des Weltenraums gereist. Das ist auch in der großen Masse der amerikanischen Science Fiction gar nicht anders und hier setzt sich wieder nur eine ältere Tradition fort. Aber inmitten dieser Literatur, die sehr oft das Niveau der 10-Groschen-Schundliteratur streift, treten Autoren auf, die in ihren geglücktesten Produktionen diese ältere Literatur nur als Sprungbrett zu etwas ganz Neuartigem benutzen. Es sind literarische Schöpfungen, die nicht aus dem eng Terrestrischen ins Kosmische vorstoßen, was letzten Endes nur das übermäßig vergrößerte Irdische ist, es sind auch nicht Gedanken, die die heutige Technik entlang ihren natürlichen Entwicklungslinien ins Utopische extrapolieren oder dasselbe mit sozialen Institutionen tun. In dem, was wir im strengeren Sinne hier als Science Fiction bezeichnen, geht es um unvergleichlich viel mehr.

Es handelt sich nämlich um Ausbrüche aus dem klassisch Kosmischen überhaupt in ein Transkosmisches, das aber alles andere als supernatural ist. Aus dem Bannkreis aller überhaupt erfahrbaren menschlichen Rationalität hinaus bricht hier die Literatur hinein in ein ›Rationales‹, das im unheimlichsten und fürchterlichsten Sinne außer-menschlich in unserem klassischen Sinne ist. Eine der Spitzenleistungen dieser Literatur ist *Lewis Padgetts* »Mimsy Were The Borogoves«.[23] Das Thema der Geschichte ist ein ganz undenkbares Ereignis, das sich in trivialster Atmosphäre, nämlich in der Familie eines College Professors auf einem amerikanischen Campus abspielt. Durch eine Art kosmischen Unfalls fällt eine Kiste mit Spielsachen, die nicht nach Gesetzen irdischer Rationalität gebaut sind, auf die Erde und wird von dem Söhnchen, das gerade in seinen ersten Schuljahren ist, gefunden. Der Junge kann mit seinem Fund nicht allzuviel anfangen, nimmt ihn aber nach Hause und berät sich mit seiner zweijährigen Schwester. Und dieses Kind, das in das Gewebe menschlicher Rationalität noch nicht fest eingefangen ist, findet den Schlüssel zu den Gesetzen außermenschlichen Denkens, das jenes Spielzeug gefertigt hat. Sie belehrt ihren älteren Bruder und, da auch er noch nicht genügend gefestigt in den Bindungen menschlicher Vernunft steht, gelingt es ihr, sein Denken ins Unmenschliche hinüberzulenken. Die Bekehrung ist gelungen, als eines Tages der Vater mit seinem Sohn einen Spaziergang macht. Sie bleiben auf der Höhe eines Hügels stehen und sehen in ein reizvolles Tal hinunter. Das Kind betrachtet die Szenerie mit ernstem Gesicht, und sein

---

[23] Zuerst publiziert in »Astounding Science-Fiction 1943« (Editor John W. Campbell, jr.). Dann abgedruckt in Groff Conklins Anthologie »A Treasury of Science Fiction«, Crown Publishers, New York 1948. Ins Deutsche übersetzt von Otto Schrag und herausgegeben im Karl Rauch Verlag, Düsseldorf und Bad Salzig, 1952, von Gotthard Günther in der Science Fiction Anthologie: »Überwindung von Raum und Zeit«, S. 186—219.

Vater hört es dann sagen: »Irgendwie ist da alles falsch.« Auf
die Frage des Vaters, was es damit meine, kann das Kind nur
gequält antworten: »Ich weiß nicht.« Die besorgten Eltern, die
das rätselhafte Spielzeug eines Tages entdeckt haben, konsul-
tieren einen Kollegen, der Psychologe ist, der zwar etwas ahnt,
aber letzten Endes ebenfalls ratlos bleibt. Auf seine Empfehlung nehmen die Eltern ihren Kindern das gefährliche Spielzeug weg. Aber es ist längst zu spät. Mit beliebigem Unrat, mit
Papierfetzen, Steinstücken, Maschinenteilchen, Kerzenenden
und was sonst so im Haushalt herumliegt, bauen sich die Kinder nach unbegreiflichen Gesetzen einen Weg, der aus diesem
Kosmos herausführt. Den Vater, der plötzlich den Jubelschrei
des einen der Kinder hört, befällt die Ahnung eines Schreck-
lichen. Er stürzt nach dem Kinderzimmer, um gerade noch zu
sehen, wie die Kinder in einer Weise, die ihn in den Wahnsinn
zu treiben droht, aus dieser Welt verschwinden. Das ist Science
Fiction! In jeder der literarischen Produktionen, die diesen Namen verdienen, geht es immer um die elementarsten Grundfragen der Wirklichkeit, wie hier die Frage: Gibt es Sein, dessen Objektivität nicht den Gesetzen menschlicher Vernunft
folgt? In einer anderen Geschichte von *John W. Campbell* ist
es die Frage nach der Identität der menschlichen Seele. Kann
ein Selbst von einem anderen übernommen werden? Eine dritte
Geschichte befaßt sich mit dem Problem: Ist Subjektivität möglich, die totale Anschauung ist, ohne einen begleitenden Willen?
Sie stammt von dem nur 33 Jahre alt gewordenen *Stanley G.
Weinbaum.* Zu den bedeutendsten dieser Autoren gehört auch
der 1912 in Winnipeg geborene Kanadier *A. E. van Vogt.* Er
hat in seinen Büchern und Kurzgeschichten mehrere metaphysische Themen angeschnitten, in denen der Mensch sich Wirklichkeiten gegenübersieht, die nicht da sein können, weil sie
aller Vernunft widersprechen, und die doch da sind. Vielleicht
die aufregendste seiner Produktionen (aber das ist das persönliche Geschmacksurteil des Verfassers) ist »The Search« (Die
Suche), in der der Held der Geschichte seine Ich-Identität gegenüber dem Du in reversiblen Zeitabläufen sucht. Schließlich
soll noch eine Geschichte erwähnt werden, in der dem Men-

schen seine zentrale Stelle im geistigen Kosmos bestritten wird.
Die Erzählung heißt bezeichnenderweise »Desertion« und handelt davon, daß der, der einmal das Wesen des Universums mit allen Sinnen erfahren hat, damit aus der Menschheit desertieren muß und nie mehr Mensch sein will.[24]

Das dürfte genügen, um zu demonstrieren, wo für das Phantasieleben des Amerikaners heute die »Frontier« liegt. Es ist eine Grenze, die keine spezifische Schranke hat, wie einstmals der Pazifik sie gewesen ist.

Freilich ist in der Science Fiction die neue Grenze zum Unbekannten erst in der Phantasie beschrieben; sie tritt aber auch in der Form nüchterner wissenschaftlicher Erprobung auf. Wir meinen die amerikanischen Publikationen zur Kybernetik. Auch an dieser Stelle ist die gleiche Distinktion notwendig, die wir schon im Falle von Science Fiction zu machen hatten. Es gibt da ein Übermaß von Veröffentlichungen, die sich noch ganz in der Ideenwelt der klassischen Tradition ergehen und die ebensogut in Europa geschrieben sein könnten. Das Transklassische ist in der Kybernetik ebenso dünn, ja fast noch dünner gesät als in der Science Fiction. Vermittels dieser traditionellen Komponente hat die Kybernetik auch leicht in Europa Fuß gefaßt, da sie allerhand trivial-technischen Bedürfnissen entgegenkommt, die ganz indifferent gegenüber neuen weltanschaulichen Perspektiven sind. Aber der Schöpfer der Kybernetik, der schon erwähnte *Warren St. McCulloch*, hat viel tiefer gesehen, und es gehört zur Tragik seines allzu früh beendeten Lebens, daß diese tieferen Aspekte auch von seinen nächsten Schülern kaum geahnt, geschweige denn verstanden worden sind. Von denjenigen, die ebenfalls in größere Tiefen geblickt haben als der Wald- und Wiesen-Kybernetiker, ist in erster Linie *Norbert Wiener* zu nennen, den die Öffentlichkeit irrtümlicherweise für den Begründer der Kybernetik hält. Das Geburtsjahr der Kybernetik ist das Jahr 1943, in dem *McCulloch* mathematisch unterstützt von *Walter Pitts* die epoche-

---

[24] Alle eben erwähnten Kurzgeschichten in deutscher Übersetzung in: »Überwindung von Raum und Zeit«. (Siehe Anmerk. 23.)

machende Arbeit veröffentlichte, die unter dem Titel »A Logical Calculus of the Ideas Immanent in Nervous Activity«[25] in kybernetischen Kreisen bekannt ist. Vorläufig blieb die neue Disziplin aber noch anonym. Es war schwer zu sagen, welchem schon bestehenden wissenschaftlichen Feld man sie eigentlich zurechnen sollte. Sie paßte nirgends genau hinein, weil sich in ihr neue logische Motive mit Mathematik, Physik, Neurophysiologie, Ingenieurtechnik, Soziologie und noch anderen Wissensgebieten mischten. *Norbert Wiener* gab dem längst geborenen Kind mit seinem Buch »Cybernetics« im Jahre 1948 endlich einen eigenen Namen und machte für einen weitreichenden Kreis von Interessenten deutlich, daß es sich hier um eine geschlossene Disziplin sui generis handelte, die zwar von anderen Wissenschaftszweigen vielerlei borgte, aber durchaus ihre eigenen und sehr neuartigen Ziele verfolgte. Daß der wissenschaftliche Blick *Wieners* ebenfalls in Problemdimensionen reichte, die dem Durchschnittskybernetiker auch heute noch ein Buch mit sieben Siegeln zu sein scheinen, geht schon daraus hervor, daß er sein eben zitiertes Werk mit einem Kapitel begann, das er »Newtonian and Bergsonian Time« nannte. In diesem Kapitel weist *Wiener* darauf hin, daß für die Kybernetik die Unterscheidung von reversibler Zeit des toten Objekts und irreversibler Zeit des Phänomens des Lebens grundlegend ist. Die Kybernetik hat es sowohl mit Totem als auch mit Lebendigem zu tun. Er fährt dann fort: »... it is a very interesting intellectual experiment to make the fantasy of an intelligent being whose time should run the other way to our own. To such a being all communication with us would be impossible. Any signal he might send would reach us with a logical stream of consequence from his point of view, antecedents from ours. ... *within any world with which we can communicate, the direction of time is uniform.*«[26] (Es ist ein sehr interessantes

---

[25] Erster Abdruck im Bulletin of Mathematical Biophysics, (Chicago Univ. Press) 1943, V, S. 115—133. Dann in: »Embodiments of Mind«, MIT Press, Cambridge 1965, S. 19—39.

[26] Norbert Wiener: »Cybernetics«. John Wiley & Sons, New York 1948, S. 45.

Gedankenexperiment, sich ein intelligentes Wesen vorzustellen, dessen Zeit der unsrigen entgegengesetzt laufen würde. Einem solchen Wesen wäre es unmöglich, sich uns mitzuteilen. Jedes Signal, daß es uns senden könnte, würde uns mit einem logischen Strom von Folgerungen von seinem Standpunkt aus erreichen, die für uns Voraussetzungen wären ... innerhalb jeder Welt, mit der wir eine Kommunikation herstellen können, ist die Richtung der Zeit die gleiche.)

Es dürfte hier angebracht sein, an die Science Fiction-Geschichte »Mimsy Were The Borogoves« zu erinnern. In den einleitenden Zeilen dieser Kurzgeschichte, die sozusagen die Szene für das, was sich dann auf Erden begibt, setzen, wird erzählt, daß das rätselhafte Spielzeug der Kinder von einer Maschine, die durch die Zeit reist, auf unseren Planeten gebracht worden ist. Es liegt also nicht fern zu vermuten, daß die dem Normalmenschen total unverständliche Verhaltensweise des Spielzeugs ihren Grund darin hat, daß das Spielzeug auf dem Hintergrund eines anderen Zeitstroms konstruiert worden ist. Wichtiger aber für uns ist, daß die doppelte Relevanz von Newtonscher und Bergsonscher Zeit für die Kybernetik unsere klassische Unterscheidung von Natur- und Geisteswissenschaft als bedeutungslos überspielt. Als der Verfasser dieser Selbstdarstellung an »Idee und Grundriß ...« schrieb, hatte er sowohl »Mimsy Were The Borogoves« als auch *Wieners* »Cybernetics« gelesen. Und während bei seinem in deutscher Sprache geschriebenen Text *Norbert Wiener* nur einmal erwähnt wird, und zwar anläßlich der Differenzierung zwischen klassischem und transklassischem Mechanismus, nimmt er das Verhältnis von Logik und Zeit ganz ausdrücklich zum Thema in zwei Veröffentlichungen, die beide 1967 erschienen sind. Die eine, englisch geschriebene, ist unter dem Titel »Time, Timeless Logic and Self-Referential Systems«, auf einem internationalen Kongreß zum Zeitproblem in New York vorgetragen und dann in den Annals of the New York Academy of Sciences veröffentlicht worden.[27] Die zweite,

---

[27] Annals of the New York Academy of Sciences, 1967, 138, S. 396—406.

deutsch geschriebene, Arbeit entwickelte sich aus einem Symposion mit dem Autor, das in Düsseldorf stattfand, und erschien dann unter dem Titel »Logik, Zeit, Emanation und Evolution« als Heft Nr. 136 der Arbeitsgemeinschaft für Forschung des Landes Nordrhein-Westfalen. In dem englisch geschriebenen Text wurde dargestellt, daß, falls eine sich allein mit ›zeitlosen‹ Begriffen befassende Logik bereits zwei Werte braucht, das Hinzutreten einer Zeitkomponente allermindestens einen zusätzlichen Wert fordere. Das sei aber nicht genug. Die Mehrwertigkeit überhaupt produziere nur die Oberflächendimension einer transklassischen Logik, und diese könne nicht bestehen ohne eine Tiefendimension, die der Verfasser unter dem Namen Kenogrammatik einführte. Ein ›Kenogramm‹ ist eine Leerstelle, die von beliebigen Werten besetzt sein könnte − oder auch nicht. In der deutschen Veröffentlichung wurde dieser Gedankengang dahingehend weitergeführt, daß die Kenogrammatik eine logisch präzise Unterscheidung von Emanation und Evolution erlaube und daß es ganz unsinnig sei, den einen oder den anderen Begriff isoliert zu gebrauchen, da sie ein genaues Komplementaritätsverhältnis innerhalb einer Theorie der Zeitstruktur darstellten.

Es ist höchst bezeichnend für den Doppelstrom in der Entwicklung der Kybernetik, die einerseits im Rückblick auf Europa den Anschluß an die Tradition darstellte und andererseits jene kybernetische Tendenz, die weg von europäischem Denken in die unbetretenen Gefilde des Transklassischen wollte, daß einer von den Kritikern des Wienerschen Buches sehr herablassend bemerkte, daß dieses Werk auch ohne sein erstes Kapitel über Newtonsche und Bergsonsche Zeit hätte erscheinen können. Daran mag ein minimales Etwas richtig sein, wenn man an der aus der abendländischen Überlieferung stammenden Wesensverschiedenheit von Natur und Geist noch festhalten will. Es gehört aber gerade zu der Grundorientierung der Kybernetik, daß diese Differenz für sie längst gegenstandslos geworden ist. Aber diese Einsicht ist auch heute noch nur einem winzigen Bruchteil der amerikanischen Kybernetiker zugänglich. Das sollte nicht so sein; denn der entscheidende

Schritt, in dem sich die Kybernetik ganz und gar von dem Ge-
dankenstrom platonisch-aristotelischen Denkens abwandte, war
bereits in ihrem Geburtsjahr in der schon erwähnten Schrift
von *McCulloch* und *Walter H. Pitts* getan worden. In diesem
Essay stellen die beiden Autoren die These auf, »*that for any
logical expression satisfying certain conditions, one can find a
net behaving in the fashion it describes.*«[28] (für jeden logischen
Ausdruck, der bestimmten Bedingungen genügt, kann ein
Netzwerk gefunden werden, das sich so verhält wie die logischen Bedingungen angeben.) Es werden dann 10 Theoreme
der Realisationsfähigkeit (realisability) aufgestellt, die die Verbindung zwischen begrifflicher Struktur und technischer Verwirklichung beschreiben. Ohne auf die Bedingungen im einzelnen einzugehen, wollen wir nur kurz mitteilen, daß alles
dasjenige, was sich in finiten und vollkommen eindeutigen
Begriffszusammenhängen sagen läßt, auch in einer kybernetischen Maschine realisiert werden kann. Da man immer
wieder hört, daß Maschinen zwar vieles leisten können, aber
daß es ihnen grundsätzlich unmöglich ist, im schöpferischen
Sinne tätig zu sein, so ist auf Grund der McCulloch-Pittschen
Untersuchung zu sagen, daß, wenn jemand eine solche Behauptung aufstellt und in finiter und präzis eindeutiger Aussage angeben kann, was er unter *schöpferisch* versteht, dann
kann der Ingenieur eine Maschine bauen, die diese Eigenschaft
besitzt. Ist aber der Skeptiker nicht in der Lage, genau anzu-
geben, was er meint, dann ist es ganz unsinnig, vom Kybernetiker zu erwarten, daß er etwas konstruiert, was für ihn ein
undefinierbares Geheimnis bleiben soll. Mystische und mytho-
logische Termini sind in der Maschinentheorie sinnlos. Man
sieht also, die ganze Fragestellung, ob Maschinen Schöpfe-
risches leisten können oder nicht, kann weder im positiven
noch im negativen Sinne entschieden werden, weil die Fragestellung auf dem Boden der Kybernetik überholt ist. Sie ist
aus der klassischen Dichotomie von Stoff und Geist geboren.
Die Kybernetik entscheidet sich hier weder für eine idealistische

---

[28] a.a.O., S. 19.

noch eine materialistische Antwort, sondern sie weist die ganze
Fragestellung als irrelevant ab. Sowohl in Amerika wie in
Europa erscheint die Kybernetik dem, der nicht zu ihrer Eso-
terik Zugang gefunden hat, als eine grob physikalistische
Theorie; so etwa in dem Buch von *Karl Steinbuch* »Automat
und Mensch« oder in dem umfangreichen Werk von *Georg
Klaus* »Kybernetik in philosophischer Sicht«. Demgegenüber
hatte schon *W. Ross Ashby* in seiner »Introduction to Cybernetics« ganz unmißverständlich festgestellt: »*Cybernetics deals
with all forms of behaviour insofar as they are regular, or
determinate, or reproducible. The materiality is irrelevant, and
so is the holding or not of the ordinary laws of physics. . . .
The truths of cybernetics are not conditional on their being
derived from some other branch of science. Cybernetics has its
own foundations . . . cybernetics might, in fact, be defined as
the study of systems that are open to energy but closed to
information and control — systems that are ›information-
tight‹.*« *Ashby* ist der Gesichtspunkt der Irrelevanz der Materialität so wichtig, daß er auf späteren Seiten noch einmal
darauf zurückkommt und wiederholt: *Cybernetics is not
bound to the properties found in terrestrial matter, nor does it
draw its laws from them.*«[29] (Kybernetik beschäftigt sich mit
allen Formen von Verhalten, soweit sie regelmäßig oder re-
produzierbar sind. Die Materialität ist irrelevant, ebenso die
Gültigkeit der gewöhnlichen Gesetze der Physik . . . Die Wahrheiten der Kybernetik sind nicht abhängig von irgendeinem
andern Wissenszweig. Kybernetik hat ihre eigenen Grundlagen . . . De facto könnte man Kybernetik definieren als die
Untersuchung von Systemen, die offen für Energie, aber ge-
schlossen in bezug auf Information und Kontrolle sind . . .
Systeme, die informationsdicht sind. . . . Kybernetik ist nicht
gebunden an die Eigenschaften, die man in irdischer Materie
findet, noch leitet sie ihre Gesetze von ihnen ab.)
Es ist besonders wichtig, auf die indifferente Haltung der

---

[29] William Ross Ashby: »An Introduction to Cybernetics«. John
Wiley & Sons, New York 1965, S. 1, 4 und 60.

Kybernetik gegenüber dem Materialitätsproblem hinzuweisen, weil wir hier erst zum philosophischen Kern der Kybernetik und zu der in ihm implizierten neuen Weltanschauung vorstoßen. Die klassische zweiwertige Rationalität, aus der sich unser bisheriges wissenschaftliches Weltbild entwickelt hat, beschreibt, wie wir gar nicht oft genug betonen können, ausschließlich ein subjektloses Universum, aus dem alle Ichheit und Selbstreflexivität abgezogen ist. Bewußtsein und Geist ist etwas kompromißlos Außerweltliches, sei das die menschliche Seele oder sei das der Geist Gottes. Ihnen steht die materielle Welt als die undurchdringliche Finsternis der Hyle, des bloßen formlosen Stoffs gegenüber, an dem sich das ewige Licht in vielfacher Strahlung bricht, um so − reflektiert von der Hyle − in seine ewige unirdische Heimat zurückzukehren. Nichts anderes bleibt dem ewigen Lichte übrig, denn *die Finsternis hat es nicht begriffen.*

Die Kybernetik aber redet von einem Licht, das die Finsternis begreifen muß und kann, denn Licht und Finsternis sind genau dasselbe, nur in antithetisch-dialektischen Stadien der Reflexion. Wenige verschwebende Ahnungen davon haben die Geistesgeschichte des Abendlandes begleitet. Sie sind bis dato häretische Visionen geblieben, und sie haben auf die Entwicklung des letzten geistigen Produktes der östlichen Hemisphäre, nämlich die abendländische Technik, keine Wirkung gehabt. Hier sei nur an eine einzige jener Ahnungen erinnert, weil ihr in der Zukunft vielleicht doch noch eine Wirksamkeit beschieden sein könnte. Wir meinen den Standpunkt von *Johannes Damascenus*, den er im Ikonoklasmusstreit eingenommen hat. Er sah in der Verwerfung des Bilderdienstes eine *»Verachtung der Materie, die der Gott-Logos doch hypostatisch mit sich geeint hat.«*[30] Hier wird mystisch begriffen, daß mit der klassischen Dichotomie von Geist und Stoff noch nicht das letzte Wort in der Geschichte des Denkens ge-

---

[30] Vgl. »Die Theorie der ›mehrwertigen‹ Logik«, in: Philosophische Perspektiven, Vittorio Klostermann, Frankfurt a. M. (Ed. R. Berlinger und E. Fink) 1971, III, S. 129−131.

sprochen ist. Aber erst in Amerika ist mit dieser Perspektive dort, wo es am härtesten und unbestechlichsten zugeht, nämlich in der Maschinentheorie, ernst gemacht worden. Und während Science Fiction nur vermittels der freischwebenden Phantasie dem Geist der Frontier Ziele steckt, die nie erreicht werden können, hat die Kybernetik die seriöse Aufgabe übernommen, die Frontier Schritt für Schritt mit wiederholbarer Technik und nachprüfbaren rationalen Methoden ins bisher Unbetretene hinauszuschieben.

Es ist alles andere als ein Zufall, daß die Sowjetunion nach anfänglicher Feindseligkeit die kybernetische Weltperspektive übernommen hat.[31] Beide — Amerika sowohl wie Rußland — haben in den tieferen und zukunftsträchtigen Schichten ihrer Existenz nicht nur das Eine gemeinsam: die Tendenz zu einer totalen Abwendung von der bisherigen Geschichte des Menschen. Nein, die Gemeinsamkeit erstreckt sich auch auf das Motiv dazu. *Es ist die auf beiden Seiten erfahrene Enttäuschung über die Unfähigkeit des klassischen Bewußtseins, die Subjektivität aus ihrem supranaturalen Ort des Verbergens zu befreien und sie als Phänomen der Innerweltlichkeit, d. h. des Irdischen, zu begreifen.* Auf beiden Seiten ist der welthistorische Bruch, der sich hier vollzieht, noch in seinen Anfangsstadien, und Amerika und Rußland leiden beide darunter, daß der emotionale Halt, den die klassische Mythologie des Überirdischen dem Menschen bisher gegeben hat, noch nicht durch

---

[31] Die radikalste Formulierung, zu der sich der Marxismus aufgeschwungen hat, ist wohl die: »Die Kybernetik bestätigt den dialektischen Materialismus, die Kybernetik hat den dialektischen Materialismus zur Grundlage, die Kybernetik benötigt den dialektischen Materialismus.« Georg Klaus: »Kybernetik in philosophischer Sicht«. Dietz Verlag, Berlin 1963, S. 51. Die Kehrtwendung ist erstaunlich schnell erfolgt, denn noch 1954 konnte man im »Philosophischen Wörterbuch« (Moisevic Rosental & Pavel F. J. Kratkij, 4. Ed.) der marxistisch-leninistischen Denker lesen: »Die Kybernetik ist eine reaktionäre Pseudowissenschaft, erfunden in den USA...«
Es ist einfach so: der originäre Zugang zu einem neuen Weltbild erfolgt im Russentum durch die Theorie der Dialektik. Die Kybernetik kommt erst an zweiter Stelle. In Amerika ist es umgekehrt. Hier erfolgt der Durchbruch durch die Kybernetik und von einem Verständnis der Dialektik ist man noch weit entfernt.

Neues ersetzt ist. Hier bleibt ein fundamentales Bedürfnis vorerst unerfüllt.

Auf den sehnsüchtigen Blick nach rückwärts, dem man in Amerika immer noch begegnet, haben wir oft genug hingewiesen. Ihm entsprechen auf der russischen Seite komplementäre Phänomene. (Siehe *Dostojewski*.) Es würde den Rahmen dieser Darstellung völlig sprengen, anhand der Aussagen russischer Gelehrter, die sich mit der weltanschaulichen Bewertung der Kybernetik befassen, nachzuweisen, mit wie erstaunlich konservativen Augen der Marxismus die Kybernetik noch betrachtet. Dazu kommt eine, wie es bis dato scheint, nicht überwindbare Furcht, den dialektischen Materialismus über das bisher erreichte Stadium begrifflich weiterzuentwickeln. Das betrifft besonders den Marxismus. Im Leninismus scheint, was die Theorie der Dialektik angeht, die Gewalt der Vergangenheit bereits geringfügig schwächer geworden zu sein. Immerhin sind die traditionellen Bindungen an alte Denkgewohnheiten immer noch kräftig genug zu verhindern, daß die Vertreter des dialektischen Materialismus zu der Einsicht kommen, daß sich bei ihnen in einem ganz anderen geschichtlichen Medium der gleiche Prozeß abspielt, der in Amerika durch Manifest Destiny eingeleitet worden ist. Der angebliche »ideologische Gegensatz« zwischen Amerika und Rußland ergibt sich aus der Tatsache, daß der geistige Ablösungsprozeß von der bisherigen Geschichte des Menschen sich in beiden Fällen mit sehr unterschiedlichen Mitteln vollziehen muß. In Amerika suchte sich dieser Prozeß für sein Auslösestadium eine Weltgegend, die von der östlichen Hemisphäre durch einen Ozean getrennt war und die kaum nennenswert von einer vergangenen Geistesgeschichte belastet sein konnte. Ein kultureller Neuanfang bot sich ganz von selbst an. Bei dem parallelen Ereignis in Rußland aber geht es darum, daß hier die bisherige Geistesgeschichte der östlichen Hemisphäre sich auf ihrem eigenen Boden selbst liquidieren muß. Damit aber ist für das Russentum ein viel intimerer Kontakt mit dem gegeben, was bisher gewesen war. Das mußte zu fundamentalen Unterschieden zwischen der russischen und amerikanischen Entwicklung führen. Und auf sie allein richtet sich das Interesse der »Ideologen«.

Es muß aber mit allem Nachdruck darauf bestanden werden, daß es sich bei jenen Unterschieden vom Standpunkte der Weltgeschichte her um Phänomene der Oberfläche handelt, die sub specie aeternitatis gar nichts bedeuten. In größerer historischer Tiefenlage geschieht in beiden Fällen genau dasselbe: es entwickelt sich eine menschliche Haltung, die ihre Quelle in einer das ganze Dasein umfassenden Enttäuschung in bezug auf sich selbst und auf den ganzen Weltlauf hat. Sie ist den untersten Schichten der beiderseitigen Existenzen gemeinsam, und ihre Folgen vollziehen sich dort mit einer unbarmherzigen Nachdrücklichkeit, von der das beiderseitige Tagesbewußtsein sich noch keine adäquate Vorstellung machen kann. Man will nicht mehr, was der Mensch bisher gewollt hat. Das und nur das ist beiden Seiten vorläufig gemeinsam. Aber da die Identität dieser welthistorischen Tendenz vorläufig auf keiner Seite ins Bewußtsein gehoben ist, werden ihre Symptome falsch gedeutet, und es ist deshalb bisher auch nicht gelungen, eine Philosophie zu entwickeln, in der sich das gemeinsame Ziel in Worte fassen läßt.

Wer die innige Verbindung der klassisch-zweiwertigen Logik mit den metaphysischen Schöpfungen der Vergangenheit kennt, wird sich von selbst sagen, daß sich eine neue sich begrifflich artikulierende Weltanschauung nicht konstituieren kann, ohne zu gleicher Zeit eine neue Logik aufzubauen. Der Autor dieser Selbstdarstellung hat seit Jahrzehnten nachzuweisen versucht, daß der Weg zu einer neuen Logik über das Phänomen der Mehrwertigkeit zu gehen hat. Ja, er hat ursprünglich sogar geglaubt, daß Mehrwertigkeit überhaupt in der Lage ist, die neuen weltanschaulichen Bedürfnisse zu befriedigen. Diesen Standpunkt hat er noch in »Idee und Grundriß . . .« vertreten. Aber schon im Sommer 1960 war dieser, sein Glaube, erschüttert. Und im Oktoberheft 1960 der Grundlagenstudien aus Kybernetik und Geisteswissenschaften veröffentlichte er einen äußerst knapp gehaltenen Artikel von etwa 5 Seiten, der unter dem Titel »Ein Vorbericht über die generalisierte Stellenwerttheorie der mehrwertigen Logik« erschienen ist.[32] Dieser Vorbericht sollte ihm die Priorität einer Entdeckung sichern. Diese Entdeckung befaßte sich mit dem Nachweis, daß es jenseits der Mehrwertigkeit noch eine tiefere Dimension der transklassischen Logik gäbe, zu der die Werte nur eine Vordergrundkulisse bildeten. Er nannte die logischen Erscheinungen, die jenseits der Wertdimension auftreten, damals noch ›Reflexionsmuster‹ — eine Bezeichnung, die nach einer Weile durch den schon erwähnten Terminus Kenogramm ersetzt wurde. Er hätte es mit seinen Prioritätssorgen gar nicht so eilig zu haben brauchen. Die neue Theorie, die nachwies, daß die alte Logik nur ein kenogrammatisches Fragment sei, ist bis heute mit eiserner Beharrlichkeit (den Osten nicht ausgenommen) ignoriert worden.

Von Mehrwertigkeit ist zwar seit 1920 allerhand geredet worden, aber die diesbezüglichen logischen Bemühungen gehen auch heute noch mit vollkommener Selbstverständlichkeit darauf aus, Mehrwertigkeit im Rahmen der klassischen Tradition zu interpretieren.

Es kam niemandem in den Sinn, die mehrwertige Logik als Vehikel einer neuen Weltanschauung einzusetzen, weil der Sinn für den unzerreißbaren Zusammenhang einer gegebenen Logik mit einer bestimmten Weltanschauung heute fast überall verloren gegangen ist. Es ist kindisch zu behaupten, man habe die klassische Metaphysik abgeschafft, solange man die Logik, die aus dieser Metaphysik entsprungen ist, immer noch als das Organon der eigenen Rationalität benutzt. Beharrt man bei der klassischen Logik, bleiben eben die Fragestellungen der alten Metaphysik bestehen, so sehr einem auch die bisher gegebenen Antworten mißfallen. Das ist das gegenwärtige Verhältnis zwischen Idealismus und Materialismus: jede Seite hält die Antworten, die der Gegner auf die Rätselfragen der Philosophie gibt, für falsch; aber keiner Seite fällt es in ihrer Selbstgerechtigkeit ein, sich Rechenschaft dar-

---

[32] Grundlagenstudien aus Kybernetik und Geisteswissenschaft. Stuttgart 1960, I, 4, S. 99—104.

über zu geben, ob nicht vielleicht die ganze Fragestellung, aus der die Unversöhnlichkeit der Antworten entspringt, längst überholt ist. *Eine neue Fragestellung entspringt ausschließlich aus der Konzeption einer neuen Logik.* Aber gerade hier hat die mathematische Logik des späten 19. und des 20. Jahrhunderts hilflos versagt. Zwar ist man längst an die Grenzen des klassischen Denkens vorgestoßen und ist — ohne es zu wissen — mit Transklassischem in Berührung gekommen. Aber dort wo Neues auftauchte, hat man sich verzweifelt bemüht, es im Sinne der älteren Tradition zu deuten und in den ererbten weltanschaulichen Rahmen einzuordnen. Solchen Bemühungen kam — wie der Autor in Vorträgen und Essays oft genug dargelegt hat — eine Eigenschaft des Transklassischen entgegen, die direkt dazu verführte, sich hier auf Irrwege und in Sackgassen zu begeben. Diese Eigenschaft war schon *Kant* bekannt, und er nennt sie in der Abteilung der Kritik der reinen Vernunft, die von der transzendentalen Dialektik handelt, den *transzendentalen Schein,* der seinen Sitz in der reinen Vernunft selbst hat. Es ist tief charakteristisch für die philosophische Leere der symbolischen Logik, die mit erheblicher Arroganz auf die ältere Logik und insbesondere auf die schüchternen Versuche der sogenannten Logik der Geisteswissenschaften herabsieht, daß in ihr von dem Problem des transzendentalen Scheins überhaupt nicht die Rede ist. Auf Grund dieser Kantischen Konzeption hat der Autor von »Idee und Grundriß ...« die Unterscheidung von bona fide und von Pseudo-Objekten eingeführt und darauf bestanden, daß für die Behandlung beider Objektkategorien unterschiedliche Logiken zuständig seien. Die zweiwertige Logik allein — so hat er ausgeführt — wird ausschließlich den bona fide Objekten gerecht; sie versagt aber total gegenüber dem Phänomen der Pseudo-Objektivität, die sich aus dem transzendentalen Schein ergibt. Und es ist gerade die Objektivitätskomponente am Pseudo-Objekt, die immer wieder dazu verführt, logische Eigenschaften der Mehrwertigkeit im klassischen Sinne deuten zu wollen.

Was hier fehlt, ist das spirituelle amerikanische Grenz-

Erlebnis, das dem klassischen Erbe entschlossen den Rücken wendet, aber dessen konsequente Entwicklung, wie wir weiter oben ausführten, durch den ängstlichen Rückblick auf die europäische Tradition vorläufig noch an seiner Entfaltung gehindert ist. Was den dialektischen Materialismus anbetrifft, so zeigt er in seiner logischen Struktur ein deutliches Janusgesicht. Ohne die klassische Logik kann er überhaupt nicht entwickelt werden. Bleibt er aber bei ihr stehen, verscherzt er sich allen Anspruch, in Neuland zu führen. Gerade das aber ist es, was *Hegels* Dialektik suggeriert: ein total Neues! Man fühlt ganz intensiv, daß die Dialektik noch Geheimnisse eines tieferen Weltverständnisses birgt, gegenüber denen die Denkformen der klassischen Logik versagen. Aber auch hier hat ein mehr oder weniger bewußtes Hängen an der Vergangenheit blind gemacht gegenüber theoretischen Mitteln, die vielleicht eine Annäherung an das noch Unerschlossene gewährleisten könnten. In *Marxens* berühmter und bis zum Überdruß zitierter 11. These zu *Feuerbach* verbirgt sich eine unterirdische Angst vor dem Begriff. Man will der Tyrannis des Denkens entfliehen, indem man sich der Handlung und der Weltveränderung zuwendet. Dazu leistet die Tradition der klassischen Weltdeutung eine ganz großartige Hilfestellung. Denn in dieser Tradition ist unermüdlich darauf hingewiesen worden, daß sich das eigentlichste und tiefste Wesen der Welt ewig dem Begriff entzieht und daß man ihm nur in der »Ahndung« begegnet. Von dieser speziellen romantisch mystischen Ausflucht will der Marxismus und Leninismus zwar nichts wissen, aber die in der zweiwertigen Tradition manifestierte Selbstbeschränkung und Selbstbescheidung des Begriffs ist ihm hochwillkommen. Man bleibt vor gefährlichen Wagnissen des Geistes bewahrt. Zu solchen Wagnissen fordert die transklassische Rationalität der Mehrwertigkeit allerdings heraus. Deshalb auch ist eine ernsthafte Analyse der Theorie der Hegelschen Dialektik vermittels mehrwertiger Strukturen in der Sowjetunion nie versucht worden. Ein Beispiel dafür ist das schon erwähnte Büchlein von *A. A. Sinowjew* »Über mehrwertige Logik«. In einer englischen Übersetzung der originalen russi-

schen Version entdeckte der Autor überdies einen Angriff auf
sich. Seine Stellenwerttheorie der Logik, so wie sie in dem
Aufsatz »Die Aristotelische Logik des Seins und die nicht-
Aristotelische Logik der Reflexion« 1958 in der Ztschr. f.
Philosophische Forschung[33] veröffentlicht wurde, könne ignoriert werden, meint der Russe, weil sie den Eigenschaften
bestimmter logischer Funktoren widerspräche. Die erste Auflage des Sinowjewschen Werkes kam in Moskau im Jahre 1960
heraus. Es ist die Ironie der Situation, daß genau in dem
gleichen Jahre vom Autor die generalisierte Stellenwerttheorie
veröffentlicht wurde, in der gezeigt wurde, daß die beanstan-
deten Funktoren sehr wohl in die neue philosophische Interpretation der mehrwertigen Logik passen. Es sind diejenigen
Funktoren, die in dem 1962 veröffentlichten Essay »Cybernetic
Ontology and Transjunctional Operations«[34] dann unter der
neuen Bezeichnung der *Transjunktion* auftreten. Die deutsche
Ausgabe des Sinowjewschen Buches entspricht der russischen
Neufassung von 1968. Der russische Logiker hätte also Zeit
genug gehabt, seine sachlich unrichtige Behauptung von 1960
zu revidieren. Stattdessen findet die Stellenwerttheorie in der
deutschen Ausgabe des russischen Werkes überhaupt keine
Erwähnung mehr. Wir sehen in den eben erwähnten Daten,
wie bereits bemerkt, auch auf östlicher Seite Symptome eines
Nichtloskommenkönnens von einer Jahrtausende alten Vergangenheit, gegenüber der man aber doch das dumpfe Gefühl
hat, daß sie einer abgelebten Weltepoche angehört. Was auf
dieser Seite noch fehlt, ist eine souveräne Kritik des Marx-
Engelschen Erbes, in der man ungefähr den folgenden Standpunkt einnehmen müßte: Das gar nicht zu überschätzende
philosophische Verdienst des Marxismus und Leninismus besteht darin, daß durch ihn die Herrschaft des Idealismus endgültig gebrochen wurde, indem sie zeigten, daß diese letzte

---

[33] Bd. XII, S. 360—407.
[34] Erschienen in »Self-Organizing Systems«. (Ed. M. C. Yovits,
G. T. Jacobi, G. D. Goldstein) Spartan Books, Washington D. C.
1962, S. 313—392.

Mythologie des Menschen eine *Widerspiegelung,* also eine Gegen-Mythologie besitzt. Alle idealistischen Aussagen *Hegels* enthalten implikativ in sich selbst eine materialistische Gegenaussage. Und man begegnet bei *Marx* und seinen Nachfolgern auch dem sehr deutlichen Gefühl, daß hinter dem Schleier dieser Gegenaussage neue Länder des Geistes liegen. Aber darüber redet man nur. So wie Moses das Gelobte Land nur in der Ferne erschaute, ist es der marxistisch-leninistischen Vision bisher nicht gelungen, den philosophischen Weg in jenes Neuland zu finden, das jenseits der philosophischen Alternative von Idealismus und Anti-Idealismus (d. h. Materialismus) liegt. Die Tatsache, daß man es immer noch für nötig hält, den Idealismus aufs heftigste zu bekämpfen, zeigt deutlich, wie sehr man sich mit dem Idealismus bis dato in der ontologischen Fragestellung einig weiß, die man lediglich mit umgekehrten Vorzeichen zu beantworten sucht. Weder auf der amerikanischen noch auf der russischen Seite hat man sich bisher zu der klaren Erkenntnis durchgerungen, daß es hier längst nicht mehr um ein Abweisen alter Antworten geht, sondern um die Einsicht, daß die *Fragen,* nach deren Beantwortung der Mensch der bisherigen Geschichte gedürstet hat, nicht die primordialen Fragen des Daseins sein können, weil sie sich nur an ein kümmerliches Bruchstück der Wirklichkeit — die radikale Objektivität — richten, das irrtümlich für das Ganze der Realität genommen wird.

Weder auf der idealistischen noch auf der materialistischen Seite ist das theoretische Verständnis heute bis zu dem Punkte fortgeschritten, wo man sich deutlich klar darüber ist, daß man — gesehen durch die Brille der klassischen Logik — ein Fragment der Welt für die ganze Welt hält. Im Idealismus darf ein solcher Gedanke gar nicht aufkommen, weil die ontologische Unfertigkeit dieser Welt ja ihr Pendant im überirdischen Jenseits hat, dessen Notwendigkeit so erwiesen wird und das so wunderbar als Obdachlosen-Asyl für alle jene ontologischen Daten dienen muß, die man im diesseitigen Weltfragment nicht unterbringen kann. Die Vertröstung auf das Jenseits schneidet alles ontologische Weiterfragen ab. Im Amerika des

Frontier-Geistes hat das dazu geführt, daß man sich von den
letzten ontologischen Fragen gelangweilt fühlt — sie führen
ja doch zu keiner fruchtbaren Antwort. Aber Mangel an ontologischer Problemsicht ist noch lange keine Überwindung der
klassischen Tradition. Auf der Seite des dialektischen Materialismus muß man dieselbe Abneigung zum ontologischen
Weiterdenken konstatieren. Man ruht auf seinen Lorbeeren
aus, nachdem man den lieben Gott und das Himmelreich abgeschafft hat. Vorläufig jedoch sucht man vergeblich nach der
Einsicht, daß jene Abschaffung für den Materialismus Denkverpflichtungen aufleben läßt, die sich *als* Denkverpflichtungen
bisher nur deshalb nicht zum Worte melden durften, weil sie
das Reservat der göttlichen Weisheit sein sollten. Das wenigstens wollte uns die klassische Tradition einreden. Diese
transzendentale Entlastung und Genügsamkeit des Denkens,
die der Idealismus durch die Berufung auf Gott rechtfertigt,
möchte sich der dialektische Materialismus nun auch leisten,
indem er jene übermenschliche Weisheit des göttlichen Geistes
jetzt der Materie in die Schuhe schiebt. Wenn die Materie alle
Antworten hat und für sich selbst reserviert, besteht auch hier
wenig Anreiz, über Fragen nachzudenken, die das Übermenschliche und Außermenschliche betreffen. Überdies spielt die
Materie dann dieselbe Rolle, die der religiös empfindende
Mensch seinem Gott zuweist. Man hat dann bloß das Wort
gewechselt und folgt einem andern terminologischen Geschmack. Auf dieser gegenwärtigen Stufe liefert der dialektische Materialismus nur die Gegen-Mythologie zum Idealismus.

Tatsächlich aber liegt in der Konzeption des dialektischen
Materialismus ein nur halb begriffenes Bestreben, über den
durch die klassische Tradition diktierten Gegensatz von Idealismus und Materialismus und damit auch über seine ersten
Interpreten hinauszukommen. Das Neue, wonach man sucht,
ist dem alten Geisteserbe so weltfern, daß weder der auf dem
Kopfe stehende noch der auf die Füße gestellte *Hegel* mehr
als ein Eingangstor in das Neuland sein kann. Das ist im
dialektischen Materiebegriff heute schon in schwachen Um-

rissen angedeutet. Wir lesen in dem Philosophischen Wörterbuch, das *Georg Klaus* und *Manfred Buhr* herausgegeben haben: »Die einheitliche Materie existiert nicht als eine selbständige metaphysische Substanz, sondern nur in der Mannigfaltigkeit ihrer unendlich vielen qualitativ unterschiedlichen Entwicklungsformen. Es gibt keine Materie als solche: ›Die Materie als solche ist eine reine Gedankenschöpfung und Abstraktion. Wir sehen von den qualitativen Verschiedenheiten der Dinge ab, indem wir sie als körperlich existierende unter dem Begriff der Materie zusammenfassen. Materie als solche, im Unterschied von den bestimmten, existierenden Materien, ist also nichts bloß Sinnlich-Existierendes.‹ Aus diesem Grunde hat auch ›die Materie als solche ... noch niemand gesehen oder sonst erfahren, sondern nur die verschiedenen, wirklich existierenden Stoffe und Bewegungsformen ... Worte wie Materie und Bewegung sind nichts als *Abkürzungen,* in die wir viele verschiedene, sinnlich wahrnehmbare Dinge zusammenfassen nach ihren gemeinsamen Eigenschaften.‹ (*Marx-Engels* 20, 519, 503)«[35]

Hier wird ganz deutlich und unmißverständlich gesagt, daß Materie nur in Qualitätsunterschieden »existiert«. Andererseits aber wissen wir von der Hegelschen Logik her, daß die Urqualitäten der Welt Sein und Nichts sind. Und weiter wissen wir von *Hegel,* daß beide miteinander in einem symmetrischen Umtauschverhältnis stehen. Was Sein ist, kann als Nichts verstanden werden, und was wir einmal als Nichts erfahren, kann das andere Mal als Sein auftreten.

Diese lange Vorbereitung war notwendig, um den Leser zum Kern der Philosophie des Autors hinzuführen, jener Philosophie, die über seine logischen Arbeiten hinausgeht und in der er seit etwa 1968 seine Weltanschauung entwickelt hat. Schon seit dem Anfang der 60er Jahre hat er entdeckt, daß ihn sein Denken immer weiter vom Idealismus weggetragen hat, und er hat sich selbst gelegentlich als dialektischen Materialisten be-

---

[35] Philosophisches Wörterbuch (Ed. Georg Klaus und Manfred Buhr). VEB, Leipzig 1969, S. 701 f.

zeichnet — allerdings immer mit dem Proviso, daß dieser
Materialismus, so wie er heute in den besten und tiefsten
Köpfen verstanden wird, nicht mehr als ein Durchgangsstadium
zu einer Philosophie sein könne, die den heutigen Gegensatz
zwischen dem idealistisch und dem materialistisch interpretierten *Hegel* weit hinter sich gelassen und alles Interesse an
dieser Kontroverse verloren hat. Jeder, dem diese Problematik
noch relevant erscheint, bleibt unrettbar in der klassischen
Tradition stecken, gleichgültig ob er sie orthodox oder häretisch
bewertet. Ein Philosoph kann sich in tiefem Irrtum über seine
eigenen letzten Ziele befinden, und der Autor gesteht, daß das
bei ihm ein langes Leben der Fall gewesen ist. Als er sein
erstes Buch »Grundzüge einer neuen Theorie des Denkens in
Hegels Logik« schrieb, war er ganz überzeugter Idealist, und
als er mit den Arbeiten für »Idee und Grundriß ...« begann,
glaubte er es auch noch zu sein, — freilich bereits in einer
modifizierten Form. Es hatte sich bei ihm schon die Überzeugung durchgesetzt, daß der Idealismus in der tradierten
Form, die auch *Hegel* und *Schelling* noch einschloß, nicht
lebensfähig mehr sei, aber er traute dem Idealismus damals
noch eine Wandlungsfähigkeit und unausgeschöpfte Reserven
zu, die ihn über die gegenwärtige Krise hinwegtragen könnten.
Wenn wir sagen, daß der Idealismus sich bisher in zwei Stadien entwickelt hat — nämlich erst auf der Platonisch-Aristotelischen Stufe und dann in einer zweiten Version als trans-
zendental-spekulativer Idealismus des Viergestirns der *Kant,
Fichte, Hegel* und *Schelling* — so schien es nicht ganz unberechtigt zu hoffen, daß dem Idealismus die Kraft innewohnen
könnte, eine dritte Geistesgestalt aus sich zu entwickeln. Der
Autor weiß heute, daß diese Hoffnung ihn getäuscht hat. Der
Idealismus hat sich im Übergang zum dialektischen Materialismus selbst liquidiert. Denn der letztere ist nicht etwas, was an
den Idealismus von außen her herangetragen worden ist,
sondern eine systemimmanente Notwendigkeit, die in der
Hegelschen Logik und in der Altersphilosophie *Schellings*
deutlich zutage tritt, und die wohl von *Lenin* am schärfsten
gesehen worden ist. Der Autor muß gestehen, daß er zuerst

blind gegen diese Konsequenzen war, obwohl ihn seine eigene Arbeit an der Logik hätte eines Besseren belehren können. Was dem Idealismus die Lebensfähigkeit über die erste Platonische Stufe hinaus sicherte, war die Kontinuität der logischen Tradition durch das Zweiwertigkeitsprinzip, das sich auch im transzendentalen Idealismus unangetastet erhielt. Man darf ruhig sagen: Idealismus ist identisch mit der Definition von Rationalität als Zweiwertigkeit. Und in diesem Sinne ist der *Marxismus* und *Leninismus,* da er an dieser Definition von Rationalität noch immer verzweifelt festhält, theoretisch nichts weiter als ein Idealismus mit negativem Vorzeichen. Der Autor hält das nicht unbedingt für ein abschätziges Urteil. Der materialistische Gegen-Idealismus ist ein historisch unbedingt notwendiges Stadium des Denkens, in dem demonstriert wird, daß eine philosophische Weiterentwicklung nur dort möglich ist, wo man begriffen hat, daß sich die idealistischen Denkformen *noch einmal,* also im dialektischen Materialismus, wiederholen müssen. Und eben in diesem Wiederholungscharakter weist der dialektische Materialismus, so wie er heute existiert, zwangsläufig über sich hinaus. Er ist als ein Vehikel zu neuen Ufern zu betrachten, aber man wird das Vehikel verlassen, wenn das neue Gestade erreicht ist. Der Autor von »Idee und Grundriß ...« hätte das eigentlich nach der Vollendung des ersten (und einzigen) Bandes wissen müssen, denn das zentrale Thema seiner dortigen Ausführungen gipfelte ja in der Forderung, von der klassisch-zweiwertigen zu einer mehrwertigen Logik fortzugehen. Damit aber war das idealistische Thema automatisch erledigt und auch schon impliziert, daß das materialistische Gegenthema, *soweit es sich ebenfalls der zweiwertigen Logik bediente,* nur als vorübergehender Träger der Philosophie amtieren könne.

Eine ganz andere Frage ist freilich, wie weit der dialektische Materialismus seine gegenwärtige Gestalt abstreifen und sich dadurch in transklassischen Formen entwickeln könnte, daß er die durch die platonisch-aristotelische Logik suggerierten ontologischen Motive hinter sich läßt. Sein allzu langes Zögern, sich einer mehrwertigen Logik in dem Sinne zu bedienen, wie

er vom Autor in »Idee und Grundriß . . .« und späteren Schriften dargelegt worden ist, deutet darauf hin, daß man sich vor
zu radikalen Schritten scheut, weil man ahnt, daß die Konsequenzen nicht mehr beherrschbar sein würden. Und doch
liegen in der dialektischen Materialismustheorie die Ansätze
zu einem radikal neuen Weltbild. Wir begegnen hier einer
parallelen geistigen Zwiespältigkeit, wie sie die geistige Situation Amerikas beherrscht.

Was im dialektischen Materialismus auf ein neues Weltbild
zudrängt, und zwar das gleiche, auf das sich Amerika hinbe-
wegt, ist die Qualitätstheorie der Materie. Für die klassische
Theorie hat alles Irdische und Sinnliche eine einzige metaphysische Qualität, und es ist insofern *mono-kontextural*. In
andern Worten: seine Rationalität formt ein ontologisches
Kontinuum, in dem keine Abbrüche auftreten können. Das
Irdische ist qua Irdisches im Prinzip überall gleich zugänglich.
Es verstößt gegen den Sinn des Irdischen, daß es unzugängliche
ontologische Orte besitzen könnte. Ontologische Unzugänglich-
keit ist vorerst äquivalent mit der Idee eines supranaturalen
Jenseits. Nur unter Termini wie Himmel und Hölle verstehen
wir im Idealismus das Kontexturfremde. Wenn das Irdische in
seiner Gesamtheit die erste metaphysische Qualität darstellt,
so erscheint hier das Jenseits als die zweite, die der Welt total
entrückt ist. Es gehört nach klassischer Auffassung zu der
gegenseitigen Relation dieser ontologischen Universalkontexturen, daß sie ein Rangverhältnis bilden; d. h. sie sind nicht
vertauschbar. Andererseits zeigt sich das Verlassen des klassischen Weltbildes bei *Hegel* darin an, daß er die beiden
Universalkontexturen, die am Anfang seiner Logik stehen, ausdrücklich als vertauschbar erklärt. Sein und Nichts formen
kein Rangverhältnis, wie man erwarten könnte, sondern dieser
Philosoph der Dialektik erklärt dieselben ausdrücklich als ein
Umtauschverhältnis. Weder steht die Qualität des Seins höher
als die des Nichts, noch hat das Nichts ein größeres meta-
physisches Gewicht als das Sein, wie die negative Theologie es
einstmals wahrhaben wollte. Wenn nun der dialektische Materialismus postuliert, daß uns die Objektivität der Welt nicht

als Kontinuität von Materie gegeben ist, sondern nur in der Vielheit der materiellen Qualitäten, so bedeutet das — wenn man diesen Gedanken konsequent verfolgt — nichts anderes, als daß die Wirklichkeit nur *poly-kontextural* begriffen werden kann. Jede Qualität verhält sich zu jeder anderen als Universalkontextur. In anderen Worten: um die Grenze des absolut Unzugänglichen zu erfahren, brauchen wir uns nicht an jenen Abgrund zu begeben, der Zeitlichkeit und Ewigkeit voneinander trennt; die Erfahrung des Unzugänglichen ist vielmehr eine, die ganz und gar innerweltlichen Charakter hat und der nichts Supranaturales anhaftet! Schon das Diesseits enthält ontologische Orte, die von einer gegebenen Position her genauso unerreichbar sind, wie für den Gläubigen der Thron Gottes eine Unnahbarkeit bedeutet, zu der im Zeitlichen nirgends ein Weg hinführt.

Eine monokontexturale Welt ist eine tote Welt, und der Tod ist das überall Zugängliche: ein anderer Ausdruck dafür, daß alles Lebendige sterben muß. Das Phänomen des Todes bedeutet vom Standpunkt des Logikers nichts anderes als den Übergang aus der Polykontexturalität in das Monokontexturale.

In diesem Augenblick, an dem der Autor an seiner Selbstdarstellung arbeitet, ist das letzte von ihm publizierte Essay ein kurzer Text mit dem Titel »Life as Poly-Contexturality«.[36] Leben und kontextureller Abbruch im Wirklichen sind nur zwei verschiedene Ausdrücke für denselben Sachverhalt. Was jenseits dieses Abbruchs liegt, ist schlechterdings unzugänglich. Was hier gemeint ist, muß jedem sofort deutlich werden, wenn wir auf eine ganz alltägliche Erfahrung hinweisen. Für jedes erlebende Ich ist die innerste Privatheit der Du-Subjektivität ein ebenso unzugänglicher Raum wie die mythologischen Dimensionen, in denen die himmlischen Heerscharen schweben. In beiden Fällen stehen wir am Rande eines Konturabbruches, der in keinem Fall größer oder geringer ist als in

---

[36] Erschienen in der Festschrift für Walter Schulz: »Wirklichkeit und Reflexion«. Günther Neske, Pfullingen 1973, S. 187—210.

dem anderen. Der Gegensatz von Ich und Du bedeutet eine Qualitätsdifferenz, was nichts anderes als einen Kontexturabbruch bedeutet.

In dieser letzten transzendentalen Perspektive vereinigen sich die weltanschaulichen Tendenzen Amerikas und Rußlands. Auf beiden Seiten ist der Glaube an ein monokontexturales Weltbild im Verschwinden begriffen. D. h. auf beiden Seiten ereignet sich ein radikaler Säkularisierungsprozeß der Subjektivität, die immer mehr in der Welt des Zeitlichen aufgesogen wird. Es ist evident, daß damit die Idee eines supranaturalen Jenseits als Heimat der Seele mehr und mehr überflüssig werden muß.

Ein heute schon möglicher Rückblick zeigt, wie überreich an Gefühl, aber wie begrifflich arm dieses vergehende Weltbild gewesen ist. In seinem Denkbereich gingen nur zwei Urqualitäten ein, die sich allerdings in einer unabsehbaren Vielheit von sprachlichen Varianten bemerkbar machen. Die kompromißloseste Formulierung ist die Hegelsche von Sein und Nichts. Aber auch in dem Gegensatz von Seele und Ding, von Sinn und Sein, von Zeit und Ewigkeit, von Intensität und Extensität u.a.m. verbirgt sich der Gegensatz dieser beiden primordialen Qualitäten, wobei die eine immer als absolute Transzendenz jenseits eines kontexturalen Abbruchs gegenüber der anderen fungiert.

Das neue transklassische Weltbild unterscheidet sich von dem verflossenen im wesentlichen dadurch, daß die fundamentale ontologische Qualitätsdifferenz, mit der das Denken zu rechnen hat, sich nicht mehr auf zwei Qualitäten beschränkt, sondern daß postuliert wird, daß solche primordialen Abstürze, wie wir sie zwischen Sein und Nichts als eindrücklichste innere Erfahrung erleben, in der uns umgebenden Wirklichkeit in unbeschränkter Anzahl auftreten. Wenn das der Fall ist, dann ist es eben unmöglich, die Unterscheidung von Sein und Nichts als einen Rangunterschied zwischen einer vergänglichen niederen und einer unvergänglichen höheren Welt zu deuten. Der universale Kontexturabbruch der klassischen Metaphysik, der eine Welt des Irdischen von einer hypostasierten Welt des

Überirdischen trennt, verliert damit den ungeheuren emotionalen Wertakzent, den er einstmals besessen hat. Das eben Gesagte läßt sich auch anders ausdrücken: Der Übergang von der klassischen Metaphysik zu einem transklassischen Weltbild beruht auf der erwachenden Einsicht, daß wenn wir nach den letzten Gründen des Daseins suchen, wir nicht einem primordialen Rangverhältnis — wie dem von Welt und Gott —, sondern urphänomenalen Umtauschverhältnissen, also Qualitätsabbrüchen begegnen. Unter einem Qualitätsabbruch verstehen wir dabei eine Grenze, an der die arithmetische und logische Darstellbarkeit der intra-kontexturellen Bestimmungen eines Bereiches aufhört. Fragen wir, was jenseits dieses Bereiches ist, so können wir nur noch sagen: es ist anders. Und auf die Frage: inwiefern anders? werden wir in Verlegenheit kommen und vielleicht ungeduldig sagen: ja, das sieht man doch! es ist einfach anders. Und wer dem nicht zustimmen kann, dem ist halt nicht zu helfen. Eine solche Unterscheidung, deren wir uns ganz gewiß sind, aber über deren Grund wir keine Rechenschaft geben können (wir stoßen hier auf die Kontingenz des Objektiven), nennt man eben eine qualitative Unterscheidung. Das strukturelle Kriterium eines Qualitätsunterschiedes ist, daß sich schlechterdings nichts ändert, wenn man die Relationsglieder umstellt. *Hegel* hat großen Wert darauf gelegt, das für die Qualitätsdifferenz von Sein und Nichts zu betonen.

Wenn wir von der Kontingenz des Seins sprechen, so können wir dieser Aussage gar keinen anderen logischen Sinn beilegen, als daß wir uns einem Umtauschverhältnis von völlig ebenbürtigen Relationsgliedern gegenübersehen, von denen statt des einen ebenso gut das andere uns als Aktualität entgegentreten könnte. Warum gerade dies? darauf gibt es keine Antwort. Diese Antwortlosigkeit ist Kontingenz. Sie bedeutet, daß wir in den letzten Gründen des Daseins nie Randordnungen, sondern Entscheidungssituationen begegnen, also einem Freiheitsraum. Objektivität ist nur ein anderes Wort für eine vollzogene Entscheidung. Sein ist gewesene Freiheit, heißt es bei *Schelling*.

Konfrontieren wir zwei Qualitäten wie etwa »süß« und »scharf«, so ist es ganz unsinnig, nach einem elementaren Rangverhältnis zwischen ihnen zu fragen. Und doch hat die Frage nach dem Rang der Dinge tiefste Lebenswurzeln in uns. Der Autor hat noch lebhafteste Kindheitserinnerungen, in denen er bittere Enttäuschungen erlebte, weil ihm keiner der Erwachsenen sagen wollte, was eigentlich »besser« sei: ein Veilchen, ein Krokodil oder eine Wolke. Noch heute ist ihm das intensive emotionale Bedürfnis nach einer universalen Rangordnung der Dinge in der Welt in der Erinnerung geblieben. Dieses Verlangen nach einer metaphysischen Hierarchie in den Eigenschaften des Seins hat die Kontinuität der bisherigen Geistesentwicklung des Menschen vorwärtsgetrieben und auf gleichem Gleise gehalten. Eine solche Hierarchie ist ausschließlich dort denkbar, wo mit der bewußten oder unbewußten Voraussetzung gearbeitet wird, daß der Gegensatz der Urqualitäten von Sein und Nichts von höchster nicht zu übertreffender Singularität ist. Nur dann darf das Denken ungestraft die Relation zwischen Sein und Nichts als ein Rangverhältnis deuten. Um die jeweils andere Seite zum Absoluten zu stempeln, muß die eine Seite als monokontexturales Diesseits begriffen werden. Aber das Prinzip der Einmaligkeit ist schon bei *Hegel* verletzt, wenn er neben Sein und Nichts weitere Urqualitäten setzt. Verfolgt man die Hegelsche Logik über das Symmetrieverhältnis von Sein und Nichts hinaus, so entdeckt man, daß immer neue fundamentale Qualitäten (z. B. Wesen) auftreten, an denen sich der dialektische Prozeß fortbewegt. Sie alle haben an der ihnen gebührenden Stelle das gleiche ontologische Gewicht wie Sein und Nichts. Daraus läßt sich nun folgender Schluß ziehen: die primordialen Qualitäten sind ontologische Schnittpunkte ebenso vieler zweiwertiger Universalkontexturen wie wir Qualitätsdifferenzen zählen können. Jede ist von der gleichen Allgemeinheit und Durchgängigkeit wie die monokontexturale Welt des klassischen Universums. Jede hat ihre eigene Objektivität; und zwischen je zweien klafft immer wieder der gleiche ontologische Abgrund wie zwischen dem einmaligen Diesseits und dem supranaturaien Jenseits der älteren Philosophie. Der Anspruch der klassischen Logik, die Objektivität der Welt als eine einzige bruchlose Universalkontextur, jenseits der nur das Absolute west, zu verstehen, wird damit ein für allemal bestritten. Die Wirklichkeit, in der wir leben, besitzt keine solche ungebrochene Kontinuität. An jeder Kontexturschranke erlischt ein Gültigkeitsbereich der klassischen Logik, aber in jeder neuen Universalkontextur tritt er mit *verändertem Positionswert* wieder auf. Eine transklassische Logik hat es im wesentlichen mit der Veränderung dieser Positionswerte zu tun.

Diese Positionswerte definieren unsere Welt als einen *polykontexturalen* Wirklichkeitszusammenhang, in dem die Objektivität einer Kontextur einen gleichwertigen Objektivitätsanspruch einer anderen ausschließt. Objektive Wirklichkeit ist infolgedessen nicht etwas, was als an sich existierend festgestellt werden kann, sondern was als Resultat eines *Deutungs*prozesses erscheint, während der klassische Begriff der Realität aller Deutung enthoben ist. In der Tradition ist Wirklichkeit etwas, was hingenommen, anerkannt und als faktisch registriert werden muß. Wenn es in einem Gedicht von *Agnes Miegel* heißt:

Sieh, keine Antwort find ich in den Psalmen!
Erbarmer aller Welt, sprich: was ist Schein?

so kann dazu nur gesagt werden, daß darauf die Psalmen in der Tat keine Antwort geben. Der Schein besitzt keinen konkurrierenden Realitätsanspruch, wie ihn die Ballade suggeriert.[37]

Darum hat auch im dialektischen Materialismus ›Materie als solche‹ überhaupt keine ontologische Bedeutung mehr. Materie als solche bedeutete ja Monokontexturalität. Ihr Platz wird jetzt von der Vielheit der Qualitäten eingenommen, in denen sie sich allein — polykontexturell — realisiert. Die Frage nach der Wirklichkeit hat sich damit aus einem Rangverhältnis von Schöpfer und Geschaffenem in ein Umtauschverhältnis von qualitativem Sosein und Anderssein verwandelt. Dieses neue

---

[37] Agnes Miegel: »Balladen und Lieder«. Eugen Diederichs, Jena 1907, S. 25—28.

Weltbewußtsein ist in einem amerikanischen Science Fiction-
Roman »What Mad Universe« in sehr eindrücklicher Weise
dargestellt. In dieser Erzählung belehrt ein übermenschlicher
Computer den Helden, daß die hergebrachte Vorstellung von
der Einzigkeit des Universums irrig sei. Es »existiere« eine unendliche Anzahl (monokontexturaler) Universen, die relativ
zueinander alle in einem Umtauschverhältnis von Wirklichkeit
und Unwirklichkeit stünden. Von einem gegebenen ontologischen Ort her gesehen, der ein aktuelles Universum markiert,
sei ein anderes Universum nicht real, weil dimensionslos. Wir
lesen wörtlich auf den letzten Seiten des Romans: »Dimension
is merely an attribute of a universe having validity only *within*
that particular universe. From otherwhere, a universe — itself
an infinity of space — is but a point, a dimensionless point . . .«
Vom Realitätsstandpunkt des einen Universums ist ein anderes
nur ein Phantasiebild. Gesehen aus dem Realitätsbewußtsein
des zweiten Universums aber, sinkt das erste auf das Niveau
der Vorstellung herunter. Das könnte noch mit klassischen
Ideen zusammengehen; der entscheidende Punkt aber ist —
und darüber wird der Romanheld ausdrücklich belehrt — daß
es sich hier nicht um ein *einziges* Umtauschverhältnis handelt,
sondern um eine unendliche Anzahl solcher Wechselverhält-
nisse zwischen Realität und Irrealität. »There are an infinite
number of coexisting universes« sagt der Computer an einer
andern Stelle. Und an einer dritten Stelle: »All conceivable
universes exist.«[38] Das letzte Zitat ist besonders bemerkens-
wert, weil hier Vorstellung und Vorgestelltes völlig gleich-
gestellt wird, während die klassische Tradition in diesem Fall
ein ontologisches Gefälle registrieren will.

Es ist nicht leicht, sich die Konsequenzen eines solchen Weltbildes klarzumachen. Für die klassische Tradition ist Sein überhaupt ein Ausdruck, der nur im Singular gebraucht werden
kann. Aus einer solchen metaphysischen Haltung folgt, daß sich
Subjektivität für immer und ewig der Anerkennung als Wirk-

---

[38] Fredric Brown: »What Mad Universe«, E. P. Dutton & Co.,
New York 1949, S. 238.

lichkeit im Irdischen entzieht und uns nichts anderes übrig bleibt, als ihren Existenzbereich in ein supranaturales Jenseits zu projizieren. Subjektivität als Sein mit gleichberechtigter ontologischer Verwurzelung in dieser Welt *neben* bona fide Objekten ist mit unserer traditionellen Logik schlechthin nicht denkbar. Schreibt man dem Geist aber eine »höhere« Realität zu als den handfesten Dingen, dann versinkt für uns die Welt der empirisch erfahrbaren Dinge als Maya, als wesenloser Schein, wie das die indische Philosophie mit besonderer Eindringlichkeit lehrt. Dieser Schluß der theoretischen Reflexion aber wird durch den Willen und sein Bedürfnis nach Handlung widerlegt. Damit kehrt sich das Wertgefälle um, und der dialektische Materialismus erhebt einen legitimen Gegenanspruch. Beide Positionen vertragen sich ausgezeichnet — wie schon oft bemerkt — mit den isomorphischen Eigenschaften der klassischen Logik. Sie sind invers äquivalent.

Nichts in dem Aufbau der klassischen Logik berechtigt uns, die Relation zwischen Positivität und Negation, die der von Objekt und Subjekt entspricht, als Rangverhältnis zu deuten. In der klassischen Negationstafel konstituieren die beiden Werte ein gegenseitiges Umtauschverhältnis.

Die hartnäckigen Ansätze zur Abwendung vom klassischen Weltbild, die wir in der amerikanischen und russischen Entwicklung beobachten können, haben ihre Wurzeln in der gemeinsamen Ahnung, daß jedes künftige Weltbild des Menschen auf den Glauben und die Hoffnung verzichten muß, es ließe sich im tiefsten Grunde der Welt das Geheimnis einer Rangordnung von Subjekt und Objekt entdecken. In dieser Ahnung liegt der Schlüssel zum Verständnis der Dialektik. Aus dem Mangel an Rangordnung stammt ihre ewige Bewegung, und aus Mangel an Rangordnung bewegt sie sich nirgends auf ein summum bonum hin. Dasselbe transklassische Weltgefühl sucht in der Science Fiction einen Ausdruck. Und hier führt es zu einer überraschenden technischen Wendung des Gedankens: Nur dann, wenn Subjekt und Objekt ontologisch ebenbürtige Seiten eines Systems von primordialen Umtauschverhältnissen sind, kann der Mensch in gleicher Weise technischen Zugang zu bei-

den haben. Postuliert man hingegen, wie das der Idealismus
tut, eine höhere Rangordnung für die Subjektivität, dann bedeutet das unweigerlich, daß man sie allem technischen Zugriff
entrückt. *Warren McCulloch* hat einmal in einem Nachtge-
spräch dem Autor bestätigt, daß er in der Kybernetik eine im-
plizite Widerlegung des Idealismus sähe. Er tat das mit dem
Hinweis darauf, daß organischen Systemen die Idee eines summum bonum fehle. Und er fügte hinzu: Ich habe das schon seit
1945 gewußt.[39]

Solange die Idee eines Rangverhältnisses zwischen Geist und
Materie das philosophische Denken beherrschte, war die Idee
der technischen Machbarkeit »subjektiver« Ereignisse absurd.
Nur »tote« Objektivität lag dem technischen Zugriff offen. Subjektivität besaß einen Status der Unantastbarkeit, der überhaupt nicht erlaubte, bestimmte Fragestellungen zu entwickeln.
Die Kybernetik ist der radikalste und konsequenteste Ausdruck
dafür, daß die weltanschaulichen Instinkte in einer tiefgehen-
den Verwandlung begriffen sind. Der Glaube an ein metaphy-
sisches Rangverhältnis ist im Verschwinden begriffen, und
wenn Subjekt und Objekt gleichwertige Momente am Wirklichen sind, dann ist nicht einzusehen, warum es nicht auch
technische Zugänge zur Subjektivität geben soll. Die neue Idee
von der Ebenbürtigkeit von Subjekt und Objekt und die Einsicht, daß der gegenseitige Realitätsanspruch von Seele und
Ding ein ontologisches Umtauschverhältnis darstelle, liegt der
Entwicklung der transklassischen Logik, an der der Autor sein
Leben lang gearbeitet hat, zugrunde. Die Lösung des Problems
der sich widersprechenden Realansprüche von Subjekt und Objekt ist in der Theorie der Universalkonturen zu suchen. Die
Wirklichkeitssuggestion eines beliebigen Weltdatums, sei es
»subjektiv« oder »objektiv«, kann sich immer nur auf diejenige
Universalkontextur beziehen, in der das Erfahrungsdatum auf-
tritt. Jenseits der kontexturalen Grenze sind alle ontologischen

---

[39] Vgl. A Heterarchy of Values Determined by the Topology of
Nervous Nets. Bulletin of Mathematical Biophysics. Chicago Uni-
versity Press 1945, VII, S. 115—133. Auch in: Embodiments of Mind,
MIT Press, Cambridge 1965, S. 41—45.

Ansprüche nichtig. Sein und Nichts am Anfang der Hegelschen
Logik sind solche Universalkontexturen; wenn eine Bestimmung in der einen Kontextur als Wirklichkeit auftritt, so ist sie
in der anderen Nichts — und umgekehrt.

Aus der Verneinung einer möglichen metaphysischen Rangordnung von Objektivität und Subjektivität ergeben sich nun
ganz erstaunliche und sehr umwälzende Konsequenzen. Solange
wir z. B. unsere Rechensysteme in einer monokontexturalen
Welt entwerfen, folgen für die natürlichen Zahlen nur jene
Additions- und Subtraktionsregeln, die uns allen aus dem Ele-
mentarunterricht bekannt sind. Diese Zahlen folgen einander
in einem Gänsemarsch, dem wir entweder von der kleineren
zur größeren Zahl oder umgekehrt von der größeren zur kleineren folgen können. Die Idee einer seitlichen Abweichung hat
dabei überhaupt keinen angebbaren Sinn. Aber schon vor etwa
20 Jahren hat der amerikanische Mathematiker *J. Barkley Rosser* die Vermutung geäußert, daß, wenn man die Reihe der
natürlichen Zahlen statt auf die klassische zweiwertige Logik
auf ein mehrwertiges logisches System abbilde, sich dann eine
Art von ›Seitwärtsbewegung‹ der natürlichen Zahlen ergeben
müsse.[40] Es ist dem Autor geglückt, diese Vermutung zu bestätigen. In seiner vorletzten Veröffentlichung, die unter dem
Titel »Natural Numbers in Trans-Classic Systems« im Journal
of Cybernetics, dem Publikationsorgan der American Society
for Cybernetics, erschienen ist,[41] hat er den Gedanken entwickelt, daß die Reihe der natürlichen Zahlen sich immer auf
eine gegebene Universalkontextur bezieht und in dem Charakter ihres Ablaufs nur für jene Kontextur gültig ist, in der wir
sie gerade vorfinden. Da die klassische Welttheorie annimmt,

---

[40] American Journal of Physics, IX, 4, 1941. Bildet man nach
Rosser die natürlichen Zahlen auf eine mehrwertige Logik ab, so
ändert sich selbstverständlich in der Größenordnung nichts. »They
merely have some sidewise motion, so to speak.« (Sie haben nur,
sozusagen, eine Seitenbewegung) S. 212.

[41] Bd. I, II (1971), S. 23—33 und I, III (1971), S. 50—62.
Scripta Publishing Co., Washington, D. C. Siehe auch »Natürliche
Zahl und Dialektik«. In: Hegel-Jahrbuch 1972, Anton Hain, Meisen-
heim 1972; S. 15—32.

daß sich alle Wirklichkeit hierarchisch in eine einzige Universalkontextur einordnet, ergibt sich damit auch nur jene Zahlenfolge, mit der man uns als Schulanfänger bekanntmachte. Gehen wir von einem monokontexturalen zu einem polykontexturalen Weltbild über, dann müssen wir feststellen, daß sich diese klassische Zahlenfolge in jeder neuen Universalkontextur, die wir unserem Weltbild hinzufügen, nach gleichen Gesetzen wiederholt. Damit aber ergibt sich ein eigenartiges, dem klassischen Zahlbegriff unbekanntes neues Problem. Wir können nämlich fragen: Wie verhält sich eine Zahlenangabe in einer Universalkontextur zu einer beliebigen Zahlenangabe in einer anderen? Oder zu einer Zahlenangabe, die sich nicht auf Bestimmungen innerhalb einer Universalkontextur bezieht, sondern vermittels der wir Kontexturen selber zählen? Hier stoßen wir auf die Situation, die *J. Barkley Rosser* im Auge hatte, wenn er von einer Seitwärtsbewegung der Zahlen sprach.

Die sogenannten transklassischen Zahlenfolgen ergeben sich dadurch, daß wir uns fragen, in welcher Weise eine Zahl in einer zweiten Kontextur einer Zahl in einer ersten Universalkontextur entspricht, wenn wir dort den Zählprozeß bis zu einer gewissen Quantitätsgrenze vorgetrieben haben. Die Beantwortung dieser Frage erlaubt uns nicht nur, in einem geschlossenen Kontexturzusammenhang zu zählen, sondern auch eine Zahlenfolge zu entwickeln, die aus einer Kontextur in eine andere übergeht. Nach klassischen Vorstellungen dürfte das nicht möglich sein. Denn wenn ich — sagen wir im Sein — Gegenstände zähle, so ist es ganz unsinnig zu erwarten, daß man diesen Prozeß auch im Kontexturbereich des Nichts weiterführen könnte.

Was hier wirklich geschieht, kann im Rahmen dieser Selbstdarstellung unmöglich präzis erläutert werden. Zu diesem Zwecke müßten wir die wichtige Unterscheidung zwischen Elementarkontexturen und Verbundkontexturen und noch andere Hilfsbegriffe einführen. Der Autor kann aber nicht der Versuchung widerstehen, auf eine kindliche Vorahnung dieses Problems aufmerksam zu machen, die ihm einstmals eine schlechte Rechennote in der Arnsdorfer Volksschule eintrug. Er hatte damals in der Schule gelernt, daß eine Kirsche und eine Kirsche zwei Kirschen ausmachten, und daß zwei Berge plus zwei Berge vier Berge ergäben. Der Lehrer wies dabei zwecks Illustration auf die Aussicht in den Schulfenstern, durch die einige Bergkuppen des vertrauten Riesengebirges hereinblickten. Schon für die kindliche Vorstellung lag also der Gedanke nahe, daß ein Zusammensein von mehreren Bergen ein Gebirge ergäbe, und eine Anzahl von Kirschen einen Kirschenhaufen. Das war eigentlich selbstverständlich, aber auf die Dauer auch sehr, sehr langweilig. Da er aber von dem Moment an, in dem er zum ersten Mal in Kontakt mit Buchstaben und Zahlen kam, eine ans Religiöse grenzende Ehrfurcht vor solchen Schöpfungen des menschlichen Geistes empfand, konnte es nicht ausbleiben, daß er sehr schnell auch eine gewisse Enttäuschung über die eben beschriebenen Operationen mit Kirschen und Bergen empfand. Die Arithmetik mußte ganz anderes und Wunderbares leisten können, weshalb er an seinen Lehrer die Frage stellte: Wenn das Zusammensein von vielen Bergen ein Gebirge ergab, was ergäbe dann zahlenmäßig das Zusammensein, wenn man eine Kirche zu einem Krokodil addierte und dazu noch seine Mutter und obendrein ein Zahnweh. (Es ergab sich nämlich, daß gerade zu diesem Zeitpunkt seine Mutter an Zahnschmerzen litt.) Das erschien ihm als eine der Arithmetik würdige und hochinteressante Aufgabe. Als man ihm mitteilte, daß man die vier angeführten Daten eben nur als verschiedene Sachen zusammenzählen könne, hielt er das zuerst für ein Mißverständnis und bestand darauf, daß er keine Sachen, sondern eben Kirchen, Krokodile usw. addieren wolle. Und was ändere sich am Addieren, wenn man das Krokodil durch einen Löwen ersetze? Daß sich dann nichts ändere, wollte er nicht glauben. Später vergaß er das Problem. Er mußte fast 60 Jahre alt werden, bis es für ihn in der biologischen Computer-Theorie in neuer Gestalt wieder auftauchte.

Was weder er noch sein Arnsdorfer Volksschullehrer wissen konnten, war, daß es sich hier in der Tat um ein längst nicht völlig durchdachtes Problem des klassischen Denkens handelte, nämlich des Verhältnisses von Quantität und Qualität. Selbst als er später begann, *Hegel* zu lesen und von dem dialektischen Umschlag von Quantität in Qualität und von Qualität in Quantität erfuhr, blieben ihm die Konsequenzen jenes Problems, auf das er ahnungslos in seiner Kindheit gestoßen war, noch fast gänzlich verborgen. Heute, im Endstadium seiner wissenschaftlichen Produktion hofft er, eine annähernde Vorstellung wenigstens von dem Umfang jenes Fragenkomplexes zu haben, und er beabsichtigt, diese Selbstdarstellung, in der er versucht hat, so weit wie möglich hinter das Bild seiner Umwelt zurückzutreten, damit abzuschließen, daß er noch kurz die Frage nach dem logischen Verhältnis von Quantität und Qualität in seiner Bedeutung für die gegenwärtige Wissenschaftslage erörtert.

Als er als Kind seine Frage nach der Addition von Kirchen, Krokodilen usw. — also nach der quantitativen Zusammenfügung von unterschiedlichen Qualitäten mit der unklar begriffenen Bedingung stellte, daß der Unterschied der Qualitäten in der Addition erhalten bleiben müsse, da hätte ihm sein Lehrer das Folgende antworten können:

»Mein Kind, die Frage, die du stellst, ist unter den logischen Voraussetzungen unseres klassischen Weltbildes überhaupt nicht sinnvoll formulierbar und deshalb kann sie auch nicht beantwortet werden. Du hast diese Voraussetzungen noch nicht verstanden. Wir leben auf dem Boden einer geistigen Tradition, auf dem Quantität und Qualität derartig radikal voneinander getrennt sind, daß es kein »arithmetisches« Verbindungsglied zwischen beiden geben kann. Um die von dir genannten Objekte zu addieren, müssen wir erst von ihren qualitativen Differenzen abstrahieren, da dieselben für die arithmetische Prozedur total irrelevant sind.«

In dieser Antwort ist die ganze Misere einer Wissenschaftslage beschlossen, in der sich noch immer rechnende und messende Naturwissenschaften von der Pseudo-Wissenschaftlichkeit der sogenannten Geisteswissenschaften abgrenzen müssen — von Geisteswissenschaften, die mit dem fundamentalsten Produkt des Geistes, der Zahl, schlechterdings nichts anzufangen wissen, obwohl manche heute in einer dem Geiste wesensfremden Form, mit Tabellen und Statistiken hantieren. Daß aber ein philosophischer Hermeneutiker mit Arithmetik arbeiten könnte, das wird als der Gipfel des Unsinns gewertet. Und doch wäre hier etwas von *Plato* und seiner ἀόριστος δυάς, der unbestimmten Zweiheit zu lernen gewesen. Hinter dieser Idee verbirgt sich nämlich die Ahnung, daß Zahlen genau wie andere Produkte des Geistes mehrdeutig sein können. Und diese Mehrdeutigkeit beginnt mit der Zahl 2. Nur die 1 ist davon ausgenommen, denn sie ist selbst das Symbol der Eindeutigkeit; sie ist der arithmetische Ausdruck für die Monokontexturalität des klassischen Seins, das immer ein und dasselbe ist. Überdies sind in einem monokontexturalen Universum alle natürlichen Zahlen als Quantitätsangaben eindeutig, weshalb sie auf klassischem Boden auch keine hermeneutische Funktion besitzen. Hier ist also der Unterschied von Natur und Geist, soweit das rechnende Denken in Betracht kommt, relativ berechtigt. Zählen wir aber in einem polykontextural begriffenen Universum auch nur bis 2, so ergibt sich sofort die Frage, ob sich dieser Prozeß innerhalb einer gegebenen Universalkontextur abspielt oder einen Übergang von einer Kontextur in die andere andeutet. Damit wird die 2 also eine im hermeneutischen Sinne relevante Größe. Sagen wir schlechthin »2«, so haftet dieser Angabe im transklassischen Denken eine Unbestimmtheit an, die schon in den frühesten Stadien des Denkens geahnt worden ist. Die Idee der Mehrdeutigkeit der Zahl ist in einem sich monokontextural verfestigenden Denken mit einem gewissen Recht bekämpft worden, weil sie in dem klassischen Weltbild nur als Störfaktor auftreten konnte. Wenn ein grober Vergleich mit den arithmetischen Kindheitsphantasien des Autors erlaubt ist, so können wir vielleicht sagen, daß es sich bei dem monotonen Addieren von immer der gleichen Qualität — sei dieselbe durch Kirschen oder Berge repräsentiert — um eine monokontextural zu verstehende Zahlenfolge handelte; bei dem Versuch aber, Kirchen, Krokodile, Personen usw. zu summieren, an den Zählprozeß Anforderungen gestellt wurden, die nur in einem polykontextural verstandenen Universum sinnvoll sind, in dem man in der Tat nach einer *Mathematik der Qualitäten* fragen könnte.

Wie man sieht, handelt es sich hier um Bemühungen, die sehr radikal aus der geistigen Tradition des Abendlandes hinausführen und in denen der Autor die spirituelle Entwicklung aufzufangen versucht, die sich heute sowohl in Amerika wie in Rußland in ersten Konturen abzuzeichnen beginnt. Der Autor betrachtet diese Entwicklung deshalb als eine tiefgehende Abwendung von der bisherigen geistigen Entwicklung der Menschheit, weil, wie es scheint, dieser Bewußtseins- und Geistesgeschichte eine innere Grenze gesetzt ist, die heute vielleicht schon hinter uns liegt. In Amerika wurde das Hinausschieben dieser Grenze ursprünglich ganz naiv als Ausdehnung der Zivilisation in ein fast leeres und geschichtsloses Land begriffen. Amerikanische Historiker haben anschaulich beschrieben, in welch penetranter Weise das Vordringen bis an die pazifische Küste emotional erfahren wurde. Dieses Grenzerlebnis hat sich längst sublimiert. Seine ursprüngliche Naivität erhält sich heute noch in den Vorstellungen und Zielen der Raumfahrt; aber die tiefer begreifenden Geister wissen längst, daß es überhaupt nicht mehr um astronomische Räume geht, sondern um die Eroberung dessen, was einstmals als der alleinige Bereich der Seele galt.

Was Rußland anbetrifft, ist der Sprengstoff, der die bisherigen weltanschaulichen Grenzen zerbricht, weniger die Kybernetik als die Dialektik, die über die alte Logik eines subjektlosen Universums hinausgeht. Auch für die Dialektik gibt es kein Jenseits mehr.

Hier stehen wir an der Schwelle neuer historischer Entwicklungen; und dem Geist, der sich in ihnen verwirklichen will, hat sich der Autor dieser Selbstdarstellung ganz und gar verschrieben.

Vom Autor getroffene Auswahl seiner Veröffentlichungen

1) Bemerkungen zum Problem einer Struktur-Differenz der orientalischen und abendländischen Psyche. In: Ztschr. f. Missionskunde und Religionswissenschaft, 1926; 41, 100—124.

2) Individualität und Religionsgeschichte. In: Ztschr. f. Missionskunde und Religionswissenschaft, 1927; 42, 337—356 und 1928; 43, 232—247.

3) Grundzüge einer neuen Theorie des Denkens in Hegels Logik. Felix Meiner Verlag, Leipzig 1933.

4) Wahrheit, Wirklichkeit und Zeit, die transzendentalen Bedingungen einer Metaphysik der Geschichte. In: Travaux du IX. Congrès International de Philosophie, Herman & Cie, Paris 1937; 8, 105—113.

5) Logistik und Transzendentallogik. In: Tatwelt, Junker & Dünnhaupt, Berlin 1940; 14.

6) Die philosophische Idee einer nicht-aristotelischen Logik. In: Trauvaux du XI. Congrès International de Philosophie, North-Holland Publ. Co., Amsterdam 1953; 5, 44—52.

7) The Logical Parallax. In: Astounding Science Fiction, Street & Smith Publ., New York 1953; 52, 123—133.

8) Achilles and The Tortoise. In: Astounding Science Fiction, Street & Smith Publ., New York 1954; 53 (5), 76—128; 53 (6), 85—146 und 54 (1), 80—147.

9) Seele und Maschine. In: Augenblick. Agis Verlag, Krefeld 1955; 3/1, 1—16.

10) Metaphysik, Logik und die Theorie der Reflexion. In: Archiv f. Philosophie. Kohlhammer Verlag, Stuttgart 1957; 7/1.2, 1—44.

11) Die aristotelische Logik des Seins und die nicht-aristotelische Logik der Reflexion. In: Ztschr. f. philos. Forschung, A. Hain, Meisenheim 1958; 12, 360—407.

12) Die gebrochene Rationalität. In: Augenblick, Agis Verlag, Krefeld 1958; 3/3, 1—26.

13) Idee und Grundriß einer nicht-aristotelischen Logik. Bd. I, Felix Meiner Verlag, Hamburg 1959.

14) Analog-Prinzip, Digitalmaschine und Mehrwertigkeit. In: Grundlagenstudien aus Kybernetik und Geisteswissenschaft. Stuttgart 1960; 1/2, 41—50.

15) Schöpfung, Reflexion und Geschichte. In: Merkur, Dt. Verlagsanstalt, Stuttgart 1960; 149, 628—650.

16) Ein Vorbericht über die generalisierte Stellenwerttheorie der mehrwertigen Logik. In: Grundlagenstudien aus Kybernetik und Geisteswissenschaft, Stuttgart 1960; 1/4, 99—104.

17) Cybernetic Ontology and Transjunctional Operations. In: Self-Organizing Systems 1962, Spartan Books, Washington D. C., 1962; 313—392.

18) Das Problem einer Formalisierung der transzendental-dialektischen Logik. In: Hegel-Studien, Beiheft 1, Bouvier & Co, Bonn 1962; 59—123.

19) Information, Communication and Many-Valued Logic. In: Mem, del XIII. Congreso Internat. de Filosofia, Mexico 1963;

19a) Das Bewußtsein der Maschinen. Agis Verlag, Krefeld u. Baden-Baden 1963.

19b) Das Problem einer trans-klassischen Logik. In: Sprache im technischen Zeitalter. Kohlhammer, Stuttgart 1965; 16, 1287—1308.

20) Time, Timeless Logic and Self-Referential Systems. In: Interdisciplinary Perspectives of Time. New York Academy of Science, New York 1967; 396—406.

21) The Logical Structure of Evolution and Emanation. (With H. v. Foerster) In: Annals of The New York Academy of Sciences, New York 1967; 138, 874—891.

22) Logik, Zeit, Emanation und Evolution. Westdeutscher Verlag, Köln und Opladen 1967.

23) Strukturelle Minimalbedingungen für eine Theorie des objektiven Geistes als Einheit der Geschichte. In: Transaktionen des dritten internationalen Hegelkongresses in Lille. 1968. Assoc. des Publications de la Faculté des Lettres et Sciences Humaines de Lille 1968; 159—205.

24) Kritische Bemerkungen zur gegenwärtigen Wissenschaftstheorie. In: Soziale Welt. O. Schwarz & Co, Göttingen 1968; 19/34, 328—341.

25) Many-valued Designation and a Hierarchy of First Order Ontologies. In: Akten des XIV. Internat. Kongresses f. Philosophie. Herder Verlag, Wien 1968; III, 37—44.

26) Die Theorie der ›mehrwertigen‹ Logik. In: Philosophische Perspektiven. Klostermann, Frankfurt (Main) 1971, III, 110—131.

27) Natural Numbers in Trans-Classic Systems. In: Journal of Cybernetics, Scripta Publ., Washington D. C. 1971; I, 2; 23—33 und I, 3; 50—62.

28) Life as Poly-Contexturality. In: Wirklichkeit und Reflexion. Festschr. f. Walter Schulz. G. Neske, Pfullingen 1973; 187—210.

Dietrich von Hildebrand * 1889

Ich wuchs in einer schönen, in jeder Hinsicht glücklichen Umgebung auf. Ich war das jüngste Kind von *Adolf von Hildebrand* und seiner Frau Irene. Ich war umgeben von der Liebe meiner Eltern und meiner fünf älteren Schwestern.

Die philosophische Atmosphäre in meinem Elternhaus war stark von *Kant* gespeist. Aber während meine Mutter auch *Kants* Ethik liebte, huldigte mein Vater eher einem Relativismus in ethischer Hinsicht.

Ich ging aber trotz der großen Liebe zu meiner ganzen Familie ganz meinen eigenen Weg. Als ich 14 Jahre alt war machte ich mit meiner ältesten Schwester einen Spaziergang, und sie versuchte mir auf dem Weg zu erklären, daß sittliche Gebote relativ seien und je nach der Zeit wechseln würden. Ich protestierte heftig und suchte ihr die absolute Gültigkeit von sittlich gut und böse zu zeigen, ihre absolute Unabhängigkeit vom Wandel der Zeiten. Als wir nach Hause kamen, trafen wir meinen Vater und meine Schwester sagte zu ihm: »Es ist unglaublich, daß er nicht einsehen will, daß alle sittlichen Gebote relativ sind!« Worauf mein Vater sagte: »Du vergißt, daß er erst 14 Jahre alt ist.« Und ich erwiderte ihm darauf: »Wenn Du kein anderes Argument hast, meine These zu widerlegen als den Hinweis auf mein Alter, so ist dies eine sehr schwache Position.«

Ich beginne die Selbstdarstellung mit dieser Erzählung, weil sie für zwei Züge meiner Philosophie sehr charakteristisch sind: Meine innerste Überzeugung von der Existenz und Erkennbarkeit der objektiven Wahrheit und meine Unbeeinflußtheit durch meine Umgebung und durch Ideen, die gleichsam in der Luft liegen.

Als ich mit 15 Jahren die Dialoge von *Plato* las, entdeckte ich meine Berufung zur Philosophie. Ich entdeckte, daß mich nichts so anzieht wie die Erforschung der Wahrheit und zwar der Fragen, auf die nur die Philosophie eine Antwort geben kann.

Ich kam mit 17 Jahren auf die Universität und studierte Philosophie bei *Theodor Lipps* und *Alexander Pfänder* in München. Die »Logischen Untersuchungen« von *Husserl* hatten auf die Schüler von *Lipps* einen entscheidenden Einfluß. Auch mich begeisterte die objektivistische, antipsychologistische und antirelativistische Philosophie des frühen *Husserl* tief. Sie schien mir ein verheißungsvolles Morgenrot in dem damaligen Tiefstand der Philosophie in Deutschland. Ich ging darum auch im Sommersemester 1909 nach Göttingen, um bei *Husserl* zu promovieren. Aber als *Husserl* seine »Ideen« im Jahr 1913 publizierte, sah ich — wie auch *Adolf Reinach* — mit großem Schmerz, daß *Husserl* sich von den großen Entdeckungen in der ersten Auflage der »Logischen Untersuchungen« ganz abgewandt hatte und daß seine Philosophie ganz immanentistisch wurde und einen radikalen Transzendentalismus darstellt. Der Terminus Phänomenologie, wie der spätere *Husserl* ihn verstand und wie ihn viele heutige Phänomenologen verstehen, hat mit dem, was ich als Phänomenologie bezeichne, nichts zu tun.

Hingegen spielten zwei Gestalten in meiner Studienzeit eine große Rolle und zwar in sehr verschiedener Weise: *Adolf Reinach* und *Max Scheler*. *Adolf Reinach* lernte ich um Ostern 1907 kennen. In ihm traf ich den Philosophen, der mich zutiefst beeindruckte durch seine unbedingte Liebe zur Wahrheit, seine geistige Kraft, seine Gründlichkeit, seine einzigartige Klarheit. Die Aussprache mit ihm über viele philosophische Fragen waren für mich ein großes Geschenk. Er wurde später in Göttingen 1910 mein einziger Lehrer.

Bei einer Abschiedsfeier für den Dozenten *Moritz Geiger*, mit dem ich mich sehr angefreundet hatte, lernte ich im Juli 1907 *Max Scheler* persönlich kennen. Ich hatte schon einen Vortrag von ihm gehört, der mich nicht sehr befriedigt hatte. Aber dies war das erste Mal, daß ich ein langes Gespräch mit ihm hatte. Wir saßen nebeneinander und sprachen den ganzen Abend nur miteinander. Er war ungeheuer liebenswürdig mit mir und öffnete die Schleusen seines genialen Geistes in generösester Weise. Wir sprachen über die verschiedensten Themen, nicht nur philosophische, auch über Literatur, über Menschen usw. Es war für mich ein geistiges Bankett und ich war entzückt von seiner Persönlichkeit. Es war ein ganz anderes Erlebnis als die Begegnung mit *Reinach*. *Reinachs* edle, wahrhaftige Persönlichkeit gewann meine grenzenlose Achtung und weckte mein unbedingtes Vertrauen in ihn und seinen Geist als Philosoph. *Scheler* hingegen berauschte mich durch die Fülle und Anregendheit seiner Gedanken und den Charme seiner Persönlichkeit.

In den folgenden Jahren besuchte ich vor allem *Schelers* Vorlesungen und Seminare, die ein großer Genuß für mich waren. Meine Freundschaft mit ihm entwickelte sich mehr und mehr und ich verbrachte unzählige Abende mit ihm in Cafés in philosophischen Gesprächen. Nie war *Scheler* langweilig. Jede Bemerkung, die er machte, war interessant, viele auch tief und wahr. Was ich ihm an Inspirationen verdanke, ist unermeßlich. Aber ich nahm seine Ideen durchaus nicht kritiklos an. Im Gegenteil, ich widersprach ihm oft und wir hatten heftige Diskussionen. *Scheler* lebte von Einfällen. Was ihm einfiel — und es fiel ihm ungeheuer viel ein — schrieb er nieder. Er hatte seinen eigenen Einfällen gegenüber eine kritiklose Einstellung. Er drang nie zu einer letzten Konfrontierung dieser Einfälle mit dem Gegebenen vor — in langsam fortschreitender, unerbittlicher Herausarbeitung des Gegebenen. Darum finden sich auch unzählige Widersprüche in seinen Schriften, z. B. seinem Hauptbuch »Der Formalismus Kants und die materiale Wertethik«. Aber wie gesagt, alle seine Einfälle waren interessant und anregend, manchmal genial, oft aber waren sie in Widerspruch mit dem Seienden, also falsch, ja manchmal gefährlich. Er selbst genoß seine Einfälle und seine Liebe zur Wahrheit war nicht derart, daß er ihnen gegenüber eine kritische Haltung aufbrachte, daß er sie in mühsamer Arbeit mit dem Seienden konfrontiert hätte. Als ich ihm im Jahr 1920 sagte, ich hätte so viele Widersprüche in seinem Werk über Ethik gefunden, sagte er: »Wie schade, daß Du es mir nicht früher sagtest, gestern gingen die Druckbogen für die neue Auflage ab.« Aber die Frage, ob ihm philosophische Fehler un-

terlaufen seien, regte ihn nicht sehr auf. Bei ihm war die Leidenschaft zu philosophieren, seinen reichen genialen Geist zu
entfalten, noch stärker als die letzte ehrfürchtige Liebe zur
Wahrheit.

Er war darin das Gegenteil von *Adolf Reinach,* der in gründ-
lichster Weise das Seiende erforschte und der nur von der
brennenden Liebe zur Wahrheit motiviert war.

Ich verdanke *Scheler* ungeheuer viel, aber sein Schüler war
ich nicht — weder in bezug auf die Art und Methode des
Philosophierens, noch in bezug auf den Inhalt seiner Philosophie. Meine enge Freundschaft mit *Scheler* dauerte von 1908
bis 1921. Ich liebte ihn zutiefst und ich glaube, daß er mich
in dieser Zeit als seinen nächsten Freund betrachtete. Auch
unzählige Situationen des gemeinsamen Lebens und Erlebens
gehören zu meinen kostbaren Erinnerungen. Ich habe in drei
Aufsätzen über ihn versucht, dieser großartigen, zerrissenen,
tragischen Gestalt gerecht zu werden.

*

Wenn ich in meiner fast sechzig Jahre währenden Pilger-
fahrt zur Wahrheit einen Moment innehalte und auf mein großes Liebesabenteuer mit der Philosophie zurückblicke, so sind
es die folgenden Einsichten, die mir als Höhepunkt auf meinem Weg erscheinen.

Ich beginne mit dem Gebiet der Erkenntnistheorie. Als
erstes möchte ich die Unterscheidung der drei verschiedenen
Bedeutungen von *a priori* anführen. In der Geschichte der
Philosophie sind meist drei verschiedene Probleme mit dem
Begriff *a priori* verbunden worden, die objektiv nicht zusammengehören. Erstens die Existenz höchst intelligibler, wesensnotwendiger Sachverhalte, die wir mit absoluter Sicherheit erkennen können. Solcher Art ist z. B. die Tatsache, daß
$2 \times 2 = 4$ ist; oder daß moralische Werte nicht an apersonalen
Gebilden haften können, wie an Tieren, Pflanzen, Steinen,
sondern nur an Personen; oder wie die Tatsache, daß Verantwortlichkeit notwendig Freiheit voraussetzt; oder die Ge-

setze der Logik. Sie unterscheiden sich deutlich von allen nicht wesensnotwendigen, nur tatsächlichen Sachverhalten, die wir nicht mit absoluter Sicherheit, sondern nur mit höchster Wahrscheinlichkeit erkennen können — sei es ein individueller konkreter Sachverhalt wie: Heute regnet es, oder ein Naturgesetz wie: Wärme dehnt die Körper aus. Die notwendige Unterscheidung dieser zwei Grundtypen von Sachverhalten und der Art, wie sie uns gegeben sind, sowie der Art der Erkenntnis, in der wir sie erfassen, ist die große Entdeckung in *Platos* »Menon« und »Theätet«.

Plato behauptet mit Recht, daß die Erkenntnis der wesensnotwendigen Sachverhalte von der Erfahrung (in unserem irdischen Leben) unabhängig ist, während die nicht wesensnotwendigen Sachverhalte aus der Erfahrung stammen.

Und hier, mit dieser Behauptung, tritt ein ganz neues Problem auf: die Unabhängigkeit von der Erfahrung in der irdischen Existenz.

Das Wesentliche ist für uns aber die klare Unterscheidung der zwei Fragen. Erstens: Gibt es eine absolut sichere Erkenntnis höchst intelligibler wesensnotwendiger Sachverhalte, die sich von der nur im besten Fall höchst wahrscheinlichen Erkenntnis nicht wesensnotwendiger Sachverhalte unterscheidet? Zweitens: Gibt es eine von aller Erfahrung unabhängige Erkenntnis?

Bevor wir dazu fähig sind zu verstehen, ob diese zwei Probleme notwendig zusammengehören, müssen wir die zwei Bedeutungen des Begriffes Erfahrung erfassen: erstens Soseinserfahrung und zweitens Daseinserfahrung.

Wenn jemand blind ist, so kann er nicht wissen, was rot oder blau ist. Diese Qualität ist ihm in ihrem Sosein unbekannt, weil er sie nie wahrnehmen kann. Ihm fehlt die Soseinserfahrung. Wenn hingegen jemand sagt: Ich weiß nicht, ob es Rosen im Garten der Villa Medici in Rom gibt, denn ich war nie dort — so fehlt ihm die Daseinserfahrung. Er kennt wohl das Sosein von Rosen, aber er hat nie Gelegenheit gehabt, festzustellen, ob in diesem Garten Rosen vorkommen. Das ist eine Unwissenheit, die sich auf den konkreten individuellen Sachverhalt der Existenz von etwas an Ort und Stelle bezieht. In der Wahrnehmung ist uns sowohl das Sosein wie die Existenz desselben gegeben. Aber obgleich die Wahrnehmung der Ausgangspunkt für die Kenntnis des Soseins und des Daseins von etwas ist, so müssen doch beide Arten von Erfahrung unterschieden werden. Wenn sich die Daseinserfahrung als ungültig erweist – z. B. wenn ich feststelle, daß es ein Traum oder eine Halluzination war – so bricht damit die Soseinserfahrung nicht notwendig zusammen. Nehmen wir an, daß jemand eine Farbe, z. B. lila zum ersten Mal in einer Halluzination kennenlernen würde, so würde er, trotzdem die Wahrnehmung eine Halluzination war, diese Farbe zum ersten Mal in ihrem Sosein kennengelernt haben.

Daß die Erkenntnis wesensnotwendiger Sachverhalte wie: Verantwortlichkeit setzt die Freiheit des Willens voraus, unabhängig ist von der Daseinserfahrung, ist nicht schwer zu erfassen. Sowohl die Feststellung individueller Sachverhalte, wie die auf Beobachtung und Induktion aufgebaute Erkenntnis von Naturgesetzen spielt bei der Einsicht in die wesensnotwendigen Sachverhalte keine Rolle. Aber die Frage kann sinnvoll gestellt werden: Gibt es eine Erkenntnis, die auch von aller Soseinserfahrung unabhängig ist? Haben wir z. B. das Wesen der Einheit oder die Urantithese von sittlich gut und böse einmal in einem konkreten Akt der intellektuellen Intuition kennengelernt, oder sind sie uns bekannt selbst vor aller Soseinserfahrung? So interessant diese Frage an sich ist, sie darf nicht mit der Frage der Existenz einer absolut sicheren Erkenntnis wesensnotwendiger Sachverhalte verbunden werden. Beide sind unglücklicherweise oft in dem Begriff des *a priori* als notwendig zusammengehörig angesehen worden. So hat *Plato* bei seiner großen epistemologischen Entdeckung für die Erkenntnis der wesensnotwendigen Sachverhalte nicht nur die Unabhängigkeit von Daseinserfahrung, von Beobachtung und Induktion eingeschlossen, sondern auch die von jeder Soseinserfahrung in dieser unserer irdischen Existenz. Auf dieser Forderung ist ja die ganze Schau der Wesenheiten in einer Praeexistenz der Seele und der Anamnese aufgebaut.

Ebenso sind bei *Descartes* die zwei Fragen verknüpft: Die absolut sichere Erkenntnis, die uns die *idées claires et distinctes* gewähren, ist mit der *ideae innatae* verknüpft.

In Wahrheit sind die Fragen: Gibt es eine apriorische Erkenntnis im Sinn einer absolut sicheren Erkenntnis wesensnotwendiger Sachverhalte und: Gibt es eine von aller Soseinserfahrung unabhängige Erkenntnis, zwei von einander unabhängige Probleme. Weder setzt die apriorische Erkenntnis diese Unabhängigkeit von aller Soseinserfahrung voraus, weder fordert sie das Vorhandensein der *ideae innatae,* noch würde die Existenz der *ideae innatae* die Möglichkeit apriorischer Erkenntnis irgendwie »erklären«.

Es gibt aber noch eine dritte Frage, die unrichtigerweise mit der apriorischen Erkenntnis im Sinn der absolut sicheren Erkenntnis wesensnotwendiger Sachverhalte verbunden wurde, nämlich: das für die Erfahrung Vorausgesetztsein. So sind z. B. die logischen Prinzipien für alle Art der Erfahrung vorausgesetzt. Nicht nur jeder Induktionsschluß, sondern jede empirische Feststellung setzt den Satz vom Widerspruch voraus. Die Frage des Aufbaus der Erkenntnis, welcher Sachverhalt von einem anderen vorausgesetzt ist, ist gewiß ein sehr interessantes Problem, aber es ist offenbar etwas ganz Neues gegenüber der absolut sicheren Erkenntnis wesensnotwendiger Sachverhalte und ihrer Unabhängigkeit von aller Daseinserfahrung und Induktion.

Bei *Kant* ersetzt es unseligerweise die absolute Wahrheit der apriorischen Erkenntnis. Aus der Würde des in seiner Wahrheit unbezweifelbaren Sachverhaltes, der in seiner Evidenz über alle Beobachtung und Induktion erhaben ist, wird eine bloße Unwiderlegbarkeit durch die Erfahrung, weil alle Erfahrung diese Sachverhalte schon voraussetzt.

Die Vorausgesetztheit für alle Erfahrung, für alle empirische Erkenntnis, ist bedingt durch den formalen Charakter gewisser Sachverhalte, wie z. B. der logischen Wesensgesetze. Aber dieser formale Charakter muß scharf von der evidenten Wesensnotwendigkeit eines Sachverhaltes getrennt werden. Es gibt

viele evidente, höchst intelligible, wesensnotwendige Sachverhalte, die nicht den formalen Charakter der logischen Gesetze
haben wie z. B. die Tatsache, daß die Qualität orange der Ähnlichkeit nach zwischen rot und gelb liegt, oder daß 2 + 3 = 5
ist.

Nicht die Vorausgesetztheit der logischen Gesetze für alle
Erfahrung garantiert ihre Wahrheit, sondern die Tatsache, daß
diese logischen Gesetze evident sind, wesensnotwendig und
darum mit absoluter Sicherheit erkannt werden können. Wenn
die formalen Voraussetzungen sich nicht als solche als evident
in ihrem Bestand ausweisen würden, könnten sie auch falsch
sein trotz ihrer Funktion, von aller Erfahrung vorausgesetzt
zu werden. Die Unentthronbarkeit durch irgend eine neue Erfahrung ist in einem Fall von der Evidenz der wesensnotwendigen Sachverhalte begründet. In dieser absoluten Sicherheit
des Bestandes eines wesensnotwendigen Sachverhaltes ist auch
die Tatsache begründet, daß sie keiner Bestätigung durch die
Erfahrung im empirischen Sinn bedarf. Die bloße Vorausgesetztheit für alle Erfahrung auf Grund ihres formalen Charakters hingegen bewirkt nur, daß die Erfahrung den vorausgesetzten Sachverhalt nicht widerlegen kann. Sie könnte aber
auch ein geistiger Astygmatismus sein, der alles verfälscht.
Offenbar klafft zwischen dem Begriff *a priori* und der bloßen
Unwiderlegbarkeit durch die Erfahrung ein Abgrund.

Nach der Trennung der drei Fragen, die verkannt und im
Laufe der Geschichte der Philosophie oft nicht unterschieden
wurden — bei *Kant* sogar so weit verwechselt wurden, daß die
Frage der Wahrheit mit der der Vorausgesetztheit in aller Erfahrung gleichgesetzt wird — bleibt die Frage übrig: Woher
kommt es, daß wir in vielen Fällen nur empirische Wahrheiten
von hoher Wahrscheinlichkeit erreichen können, in anderen
hingegen absolut gewisse, wesensnotwendige Sätze? Dieser
Unterschied ist in der Art des Objektes begründet.

Es gibt radikal verschiedene Soseinsarten. Der erste Typus
ist völlig zufälliger Natur, ein willkürliches, unregelmäßiges
Raumgebilde (im Unterschied zu einem Dreieck oder Viereck),
ein Schutthaufen. Hier können wir nicht einmal von einer

Spezies sprechen. Die zweite Art der Soseinseinheit ist eine sinnvolle – wie ein Lindenbaum, ein Löwe, ein Metall wie Gold usw. Hier können wir schon von einem Genus und einer Spezies sprechen. Ich nannte diese Art von Soseinseinheiten morphische. Und endlich gibt es eine Art von Soseinseinheit, die eine innere Notwendigkeit besitzt, eine ganz neue Stufe der Intelligibilität – die echten Wesenheiten, wie die Zahl zwei, die Farbe rot, die Gerechtigkeit, die Liebe, die Freiheit des Willens usw.

Auf die zwei ersten Stufen von Soseinseinheiten und ihre Erkennbarkeit bin ich in »What is Philosophy?« eingegangen. Ich begnüge mich daher, auf den Passus von S. 100–110 hinzuweisen. Ich bin aber in diesem Buch noch viel ausführlicher auf die echten Wesenheiten eingegangen. Doch ist der Aufweis der echten Wesenheiten und ihrer Intelligibilität ein so wichtiges Thema, daß ich auch hier kurz auf die Eigenart der echten Wesenheiten und warum sie die Grundlage aller apriorischen Erkenntnis im ersten Sinn dieses Terminus darstellen, hinweisen muß.

Diese echten Wesenheiten sind unerfindbar. Sie erschließen sich unserem Geist, sind seinsautonom, sie stehen auf eigenen Füßen. Die in ihnen fundierten Sachverhalte sind notwendig, sie *sind* nicht nur einfach, sie *müssen* so sein. Sie besitzen eine einzigartige Intelligibilität. Wir stellen sie nicht nur fest – wir sehen sie ein. Hier gilt die Thomistische Interpretation des Wortes *intelligere: »Intima rei intus legere«*. So ist der Sachverhalt: Sittliche Werte können nur an Personen haften und nicht an Apersonalem – in dem Wesen der sittlichen Werte und der Person gegründet; oder: $7 + 5 = 12$ – im Wesen dieser Zahlen gegründet; oder: Verantwortlichkeit setzt Freiheit des Willens voraus – im Wesen der Verantwortlichkeit und der Freiheit fundiert. Sie alle sind in ihrem Bestand evident gegeben. An der absoluten Sicherheit und Seinsautonomie scheitert jeder Relativismus; sie sind unbezweifelbar. Das Argument: Wenn unser Verstand verbogen wäre, wenn wir verrückt wären, so könnten auch die Sachverhalte ein bloßer Schein sein – verfängt hier nicht. Die Erkenntnis dieser evidenten, wesensnotwendigen Sachverhalte braucht nicht durch die Natur unseres Verstandes legitimiert zu werden. Ganz im Gegenteil, sie bilden in ihrer sinndurchwirkten Notwendigkeit und Intelligibilität die Garantie für die Gültigkeit und Richtigkeit unserer Erkenntnis. Die lichtvolle Einsicht in sie beweist eindeutig, daß wir nicht verrückt sind, daß unser Verstand nicht verbogen ist.

St. Augustinus sagt von diesen in notwendigen Wesenheiten gegründeten Sachverhalten: Unser Verstand ist nicht der Richter über ihren Bestand, wie bei empirischen Sachverhalten, sondern sie sind die Richter über unseren Verstand (»De libero arbitrio«).

Der radikale Unterschied zwischen einem solchen notwendigen Wesensgesetz und einem Sachverhalt — sei es eine einzelne empirische Feststellung, sei es ein Naturgesetz — tritt besonders klar hervor, wenn wir bedenken, daß die Entdeckung einer neuen Pflanzen- oder Tierart, oder eines früher unbekannten Gebirges alle Bedeutung verliert, wenn sie sich als bloß geträumt herausstellt. Ein wesensnotwendiges Merkmal, das mir im Traum aufgehen würde — z. B. der Unterschied von der Kausalität und einer bloßen notwendigen Zeitfolge — würde seine Bedeutung und Gültigkeit nicht verlieren dadurch, daß er nur geträumt ist.

An dieser absolut sicheren Erkenntnis von notwendigen Sachverhalten, die in echten Wesenheiten fundiert sind, zerschellt aller Relativismus und aller Skeptizismus. Diese Sicherheit in ihrer Seinsautonomie und völligen Unabhängigkeit von unserem Geist ist uns eindeutig und unbezweifelbar gegeben. Sie ist ein Archimedischer Punkt in unserer Erkenntnis.

Leibniz erkannte den Unterschied von *vérités de raison* und *vérités de fait*. Aber er zerstörte, ohne es zu bemerken und erst recht ohne es zu intendieren, die Einsicht in die wahre Natur der notwendigen Wesensgesetze, indem er sie aus dem Satz vom Widerspruch ableiten wollte. Er interpretierte sie damit als bloß analytische Sätze im Sinne *Kants*, d. h. als tautologische Sätze. Wenn die Wahrheit eines Satzes, der ein Wesensgesetz feststellt, ausschließlich von dem Satz des Widerspruchs lebt, so muß in dem Subjektbegriff *e definitione* schon das Prädikat enthalten sein — wie z. B. in dem Satz: Jeder Vater hat ein Kind, oder: Jede Wirkung hat eine Ursache. Das sind wertlose Sätze, da sie tautologisch sind und keine neue Einsicht darstellen.

Unglückseligerweise werden aber — wenn auch aus ganz anderen Gründen als bei *Leibniz* — von den Positivisten aller Art inklusive der logischen Positivisten alle Wesensgesetze für tautologisch erklärt. Diesen fundamentalen Irrtum habe ich in meinem Buch »What is Philosophy?« widerlegt. Schon *Kant* hat dies für Wesensgesetze der Euklidischen Mathematik dargetan. In dem Satz $12 = 7 + 5$ ist das Prädikat durchaus nicht *e definitione* im Subjekt enthalten. 12 ist auch gleich $6 + 6$, oder 3×4. Aber unglücklicherweise beschränkt er diese synthetischen Sätze *a priori* auf die Euklidische Mathematik. In Wahrheit sind aber alle echten notwendigen Wesensgesetze nicht tautologischer Natur. Der Satz: Moralische Werte können nur an Personen haften und nicht an impersonalen Gebilden ist in keiner Weise tautologisch. In dem Subjekt moralische Werte ist das Prädikat in keiner Weise *e definitione* enthalten. Wir vergleichen Wertqualitäten wie demütig, gerecht mit ästhetischen Qualitäten wie schön, lieblich und stellen fest, daß die ersteren wesenhaft eine Person als Träger voraussetzen, die letzteren hingegen nicht. Felsen, Pflanzen, Tiere können auch schön sein, aber nicht demütig oder gerecht. Hier ist von Tautologie keine Rede.

Auch die logischen Gesetze sind nicht tautologischer Natur. Der Satz vom Widerspruch — die Tatsache, daß ein Sachverhalt nicht zugleich bestehen und nicht bestehen kann — ist selbst in keiner Weise tautologisch, sondern eine fundamentale neue Erkenntnis. Die Tatsache, daß die tautologischen Sätze ausschließlich eine Anwendung dieses Satzes darstellen und ihn notwendig für ihre Wahrheit voraussetzen, macht ihn selbst in keiner Weise tautologisch. Die Unverträglichkeit von Sein und Nicht-Sein ist ein fundamental sinnvoller Sachverhalt, dessen Urevidenz uns nicht annehmen lassen darf, daß er tautologischer Natur sei.

Die absolute Widerlegung alles radikalen Skeptizismus findet sich schon in *Platos* »Theätet«. Indem ich die Möglichkeit der Erkenntnis, bzw. die Wahrheit leugne, nehme ich im selben Atem für diese meine These absolute Wahrheit und Gültigkeit in Anspruch.

Aber der oben aufgeführte Aufweis der absolut sicheren Erkenntnis von wesensnotwendigen Sachverhalten geht weit über den inneren Widerspruch in jedem radikalen Skeptizismus hinaus. Es ist der positive Aufweis einer absolut sicheren Erkenntnis auf allen Gebieten, in denen das Sosein des Objektes nicht eine bloß morphische Einheit, sondern eine echte notwendige Wesenheit ist. Die Möglichkeit einer solchen apriorischen Erkenntnis im Unterschied von aller empirischen ist im Objekt der Erkenntnis der echten Wesenheit fundiert. Das ist der erste Archimedische Punkt für eine absolut sichere Erkenntnis.

Aber es gibt auch eine unbezweifelbare Erkenntnis einer individuellen Realität. Nicht nur die Wesensgesetze sind unzweifelbar, sondern auch die reale Existenz eines Seienden. Dies hat der *hl. Augustinus* klar und ein für allemal gesehen und in seinem berühmten »*si fallor — sum*« zum Ausdruck gebracht.

Wenn wir uns täuschen — sei es in einer Halluzination, sei es in einem Traum — so stellt sich zwar das Objekt als bloßer Schein heraus — aber die Realität der eigenen Person, die metaphysische Realität der Person ist kein Schein, sondern voll gültig erhalten. Ja, die Existenz eines Scheines setzt wesenhaft ein reales Bewußtsein voraus, dem es so scheint. Wenn es keine Personen gäbe, kein bewußt Seiendes, dann könnte es auch keinen Schein geben. Sachverhalte würden entweder bestehen oder nicht bestehen. Aber im Schein liegt wesenhaft eine Beziehung zu einem voll realen Bewußtsein, das seinerseits wesenhaft eine Person voraussetzt.

Dies ist der zweite Archimedische Punkt unserer Erkenntnis. Von hier aus führt der Weg zu der absolut sicheren Erkenntnis der Existenz der Außenwelt, der absolut sicheren Erkenntnis der Existenz fremder Personen und vieles andere.

An diesen zwei Archimedischen Punkten zerschellen auch alle Formen eines transzendentalen Idealismus und Relativismus.

Metaphysik

Der größte Unterschied innerhalb des Seienden — abgesehen von dem von unendlichem und endlichem Sein, von dem absoluten Sein und dem kontingenten Sein — ist der von personalem und apersonalem Sein.

Die unerhörte Verschiedenheit von dem bewußt Seienden, dem sinnvoll durchleuchteten Seienden, dem bewußt vollzogenen Seienden und dem apersonalen Seienden ist zum ersten Mal klar von *St. Augustinus* gesehen worden. Gewiß, im täglichen Leben war sich jeder irgendwie dieser radikalen Verschiedenheit bewußt. Immer, wenn man jemanden etwas frug, wenn man überhaupt einen Menschen sah und in irgend eine Gemeinschaft mit ihm trat, war die absolute Verschiedenheit des bewußt vollzogenen personalen Seins von allem apersonalen Sein vorausgesetzt. Dies ist eine vorphilosophische Kenntnis, in der etwas stillschweigend als selbstverständlich hingenommen wird, und in der auch keinerlei »Sich-Wundern« (θαυμάζειν) zu finden ist. So war natürlich die Verschiedenheit der *causa efficiens* und *causa finalis* jedem irgendwie bekannt, längst bevor *Aristoteles* die volle *prise de conscience* dieser metaphysischen Relationen vollzogen hat. Aber wir müssen uns darüber klar sein, daß der Weg von einer stillschweigenden Voraussetzung eines Sachverhaltes im praktischen Leben bis zu einer vollen philosophischen Herausarbeitung dieses Sachverhaltes ein weiter ist. Es gibt viele Stufen in der *prise de conscience*. Der entscheidende Schritt ist, daß man sich »wundert« und daß die philosophische Erkenntnis dieses Tatbestandes thematisch wird. Aber auch wenn man in die philosophische Erkenntnishaltung von der pragmatischen übergegangen ist, gibt es noch viele Stufen der *prise de conscience*. Man kann in der Konzentration auf einen Sachverhalt andere implicite voraussetzen. Dieses implicite Voraussetzen ist zwar dann schon ein Schritt weiter gegenüber der stillschweigenden Vorausgesetztheit im praktischen Leben. So setzt *Aristoteles*, wenn er von »ausgezeichnet«, »göttergleich« spricht, den Wert, das In-sich-Bedeutsame voraus, obgleich er den Wert nie ausdrücklich vom objektiven Gut für die Person getrennt hat.

In diesem Sinn können wir sagen, daß *Plato* selbstverständlich in seinen Dialogen das personal Seiende vorausgesetzt hat, nicht nur in dem Sinn einer vorphilosophischen, stillschweigenden praktischen Voraussetzung — wie es jeder Mensch tut —, sondern in seinem Begriff der Seele es ausdrücklich voraussetzt. Aber der Unterschied von Seele und Leib ist besonders im Unterschied von Geist und Materie gesehen. Das Hauptgewicht liegt in seiner Erkenntnis der Seele auf ihrer Geistigkeit und nicht auf der ganz neuen individuellen Realität des personal Seienden, das — wie die Scholastik sagt — sein Sein selbst besitzt, oder wie wir sagen würden, das allein ein erwachtes Sein ist, dem gegenüber alles apersonale Sein gleichsam schläft. Dieses erleidet gleichsam sein Sein. Bei der Person aber wird das Sein vollzogen. Auch bei *Aristoteles* wird die *anima* als *forma* gefaßt, als das formende geistige Prinzip eines Gegenstandes; daher sein berühmter Satz: »*anima forma corporis*«. Selbstverständlich setzt er in seiner »Nikomachischen Ethik« die Person in ihrer einzigartigen Form des Seins und ihre Existenz voraus, aber da bildet sie nicht das Thema.

Bei *St. Augustinus* finden wir eine ganz neue Stufe in der *prise de conscience* des personalen Seins, vor allem in den »Confessiones« und in »De Trinitate«. Durch den Dialog mit dem personalen Gott tritt bei *Augustinus* die völlig neue Dimension des Seins in der Person gegenüber allem apersonalen Sein ganz in den Vordergrund. Das Sich-Wundern über dieses erwachte, viel reichere, viel potentere Sein wird thematisch, besonders in dem 10. Buch der »Confessiones«.

Bei *Descartes* finden wir wieder eine Stufe der *prise de conscience* der bewußten Seinsdimension in seiner Unterscheidung der *res cogitans* und *res extensa*.

Mir lag vor allem daran, durch die Heraushebung der zweifachen Bedeutung des Begriffes »geistig« die Eigenart des personalen Seins klar herauszuarbeiten.

Dietrich von Hildebrand

Der Begriff geistig enthält den Unterschied zu allem Materiellen, Körperlichen. Aber sowohl eine Wesenheit, ein literarisches Kunstwerk, ein Satz, eine Wissenschaft sind nicht materielle oder körperliche Gebilde, und doch sind sie erst recht keine personalen Gebilde, kein personal Seiendes. Die Person teilt mit den geistigen und personalen Gebilden nicht nur die Immaterialität, sondern auch das positive Charakteristikum des Sinnerfüllten, Artikulierten, Differenzierten, Präzisen — aber andererseits ist sie ein voll reales, individuelles Gebilde und teilt diese reale Existenz nicht nur mit einem Stein, einer Pflanze, einem Tier, sondern übertrifft sie alle in bezug auf die reale individuelle Existenz. Ich sage nicht, daß das personale Sein mit dem geistigen Sein apersonaler geistiger Gebilde gleichgesetzt worden ist. Aber es ist nicht ausdrücklich bei *Plato, Aristoteles* und der ganzen aristotelischen Schule als radikal verschiedene Seinsform unterschieden worden. Die Eigenart der Person, ihrer einzigartigen Seinsform, tritt auch in der Tatsache klar hervor, daß sie die höchste Art der Substanz ist. *Aristoteles* wies bei der Entdeckung des Unterschiedes von Substanz und Akzidenz auf die Inseität oder Perseität als das konstitutive Merkmal der Substanz hin. So groß und wichtig diese Einsicht ist, so besitzt das von ihr mit Substanz gemeinte Seiende noch weitere Seinsvollkommenheiten außer der Inseität.

Es ist erstens der seriösere, eigentlichere Teil des Seienden. Aber vor allem: Es ist ein wahrhaft von dem übrigen Sein als ein Individuum Verschiedenes. Die Substanz ist nicht nur kein Teil von etwas anderem, sondern auch kein Element eines »*continuum*«. Und diese Vollkommenheit: ein wahrhaft seriöses Gebilde »in sich« zu sein, ist in den Substanzen in den verschiedenen Seinsbereichen sehr verschieden realisiert. Ein bloßes Stück unbelebter Materie, z. B. ein Stein, ist nur räumlich von dem Fels getrennt, dessen Teil er vorher war. Sein »für sich« Sein, sein Individuumscharakter ist sehr schwach und peripher. Bei dem Organismus liegt hingegen schon ein viel eigentlicheres Individuum vor — es ist eine viel seriösere Absonderung von allem es umgebenden Sein. Es ist ein ausgesprochenes in sich geeintes Gebilde, nicht mehr ein bloßer Teil eines größeren Ganzen.

Aber wenn wir zur Person kommen, so erreicht dieser Individuumscharakter einen Höhepunkt. Hier ist das Personsein mit dem Ein-Individuum-Sein wesensnotwendig verknüpft. Der Gedanke einer Verschmelzung zweier Personen in einer Person ist ebenso unsinnig, wie der Gedanke einer Teilung der Person in zwei Personen oder der Gedanke eines nicht individuellen Allgemein-Bewußtseins. Aber die menschliche Person, die die vollkommenste Substanz — wenn auch eine kontingente, endliche Substanz — ist und in diesem Sinne wahrhaft eine Welt für sich darstellt, ist zugleich zur Gemeinschaft fähig und bestimmt. Sie ist vor allem, wie *St. Augustinus* sagt: »*Fecisti nos ad Te, Domine*«, zur Gemeinschaft mit Gott bestimmt. Sie ist aber auch zur Ich-Du-Gemeinschaft mit anderen Menschen fähig und bestimmt, so wie dazu, Mitglied einer Gemeinschaft zu sein. Und der liebende Ineinanderblick der Seelen, bei dem jede ihre volle Individualität bewahrt, ist eine viel tiefere Vereinigung als sie bei einer Fusion von materiellen Substanzen vorliegt.

Der Unterschied der geistigen Person — diesem individuellen, bewußten, ein Ich besitzenden Seienden — und einem apersonalen geistigen Gebilde — einer Wesenheit, einem metaphysischen Sachverhalt und in anderer Weise einem Satz, einem Gebäude von Sätzen — liegt auf der Hand.

Ein weiterer, viel verbreiteterer Irrtum, der sich durch die Geschichte der neueren Philosophie hindurchzieht, ist die Vorstellung, daß dieses sinnvoll bewußt Seiende, die Person, kein Objekt der Metaphysik sei. Man glaubt, daß sobald man auf die Erforschung von geistigen Akten der Person eingeht, man sich in der Psychologie und nicht mehr in der Metaphysik befindet. Man vergißt, daß das »*ens a se*«, Gott, Person ist, gewiß, die absolute Person, von der die menschliche Person nur eine ferne Analogie ist. Aber die menschliche Person ist doch das einzige geschaffene Seiende, das wir aus Erfahrung kennen, das nicht nur ein »*vestigium*«, sondern eine

»*imago Dei*« ist. Sobald wir zu der philosophischen Analyse der menschlichen Person kommen, gelangen wir in das Herzstück der Metaphysik und zu dem Teil des natürlich Seienden, das Gott, dem absolut Seienden, am nächsten ist.

Mit diesem Irrtum, der glaubt, daß wir uns mit philosophischer Analyse der Person von der objektiv seienden Welt in den Innenraum des Bewußtseins zurückziehen, hängt ein anderer zusammen: Man macht aus dem *arbor porphyricus* eine hierarchische Stufenleiter. Man behauptet: Je abstrakter etwas ist, desto höher steht es, desto umfassender ist es. In Wirklichkeit aber ist mit der Stufe der Abstraktion keine metaphysische Allumfassendheit und Seinsfülle verbunden. Diese logische Umfassendheit ist unlöslich mit einer metaphysischen Leere verbunden. Sie ist weder ein Merkmal der Höhe des Wertes, noch der metaphysischen »Weite« und Fülle. Die Verwechslung der logischen mit der metaphysischen Umfassendheit hängt auch mit der oben erwähnten Äquivokation von geistig zusammen. Sobald wir in das Reich der Abstraktion eingehen, verlassen wir die viel höhere Stufe der Existenz, die die reale individuelle Substanz besitzt, und die in der Person, in dem bewußt personal Seienden ihre höchste Form erreicht.

Gott ist die absolute Person und Seine absolute, höchste Form von Existenz ist unvergleichbar mit der idealen Existenz der höchsten apersonalen Wesenheit. Ausdrücklich muß betont werden: Die Abstraktion führt uns nicht in die »Höhe«, nicht zu der metaphysischen Allumfassendheit. In die Höhe führt uns der Wert eines Seienden – und Gott ist der Inbegriff und die Fülle aller Werte. Die metaphysische Allumfassendheit ist nicht die logische Allumfassendheit des abstraktesten Begriffes, sondern die absolute Fülle des Seins, das Enthalten alles Seienden *per eminentiam,* die *causa exemplaris* alles Seienden.

Die volle philosophische *prise de conscience* der metaphysischen Relationen von *causa materialis, causa formalis, causa efficiens, causa finalis* in dem ersten Buch der »Metaphysik« von *Aristoteles* ist eine der großen philosophischen

Entdeckungen, obgleich er die *causa exemplaris* übersehen hat.
Leider wurden in der Scholastik die 4 *Aristotelischen causae*
— zu denen bei vielen die *Platonisch-Augustinische causa exemplaris* hinzukam — für die einzigen metaphysischen Relationen
gehalten. Es gibt aber noch andere, ebenso wichtige und fundamentale.

Da ist erstens die Relation der Hierarchie. Es gehört zum
Wesen der echten Werte (des In-sich-Bedeutsamen), daß es ein
objektives Höher und Niedriger gibt. So steht die ganze
Familie der moralischen Werte — wie gerecht, rein, gütig,
großmütig, dankbar — höher als die der intellektuellen
Werte — geistig bedeutend, Schärfe des Verstandes, begabt —
und wiederum steht innerhalb der moralischen Werte die
Demut und Reinheit noch höher als die Verläßlichkeit. Die
Relation des wertmäßig Höherstehens ist eine zentrale metaphysische Urbeziehung, die sich scharf als etwas von den
4 *causae* von *Aristoteles* ganz Verschiedenes, Neues abhebt.

Dasselbe gilt für die Relation der Antithese von gut und
böse, schön und häßlich, tief und platt. In der Antithese von
Wert und dem entgegengesetzten Unwert handelt es sich nicht
um einen kontradiktorischen Gegensatz. Das Böse ist nicht
nur der Wegfall des Guten, es ist sein gehaltvolles Gegenteil:
ein konträrer Gegensatz. Aber auch diese Antithese im Reich
der Werte ist eine letzte Gegebenheit, eine metaphysische Urrelation, die von der der Hierarchie scharf zu trennen ist. Oft
wurde diese Antithese irrigerweise mit der hierarchischen verwechselt und gut und böse mit hoch und niedrig ersetzt.

Eine weitere metaphysische Urrelation ist die der Superabundanz. Sie ist in gewisser Weise das Gegenteil der Beziehung von Mittel und Zweck, obgleich sie mit dieser oft
verwechselt wurde. Bei der finalen Beziehung ist die *raison
d'être* des Mittels die Funktion den Zweck zu erreichen. Bei
der Superabundanz hingegen liegt eine Beziehung von etwas
vor, das seinen Wert und Sinn in sich hat — aber gleichsam
überfließend auch einem Zweck dient. Eine tiefe Freundschaft
ist etwas in sich Wertvolles und Schönes. Ihre *raison d'être*
ist ihr Wert und das Glück, das sie spendet. Aber zugleich

kann sie die beiden Freunde auch bereichern und sittlich fördern. Diese Art der dienenden Funktion ist Superabundanz im Unterschied von Mittel-Zweckfunktion. In dem Moment, in dem ich die Freundschaft nur als Mittel für meine sittliche Förderung eingehe bzw. ansehe, ist sie keine wahre Freundschaft mehr und kann sie mich auch nicht mehr sittlich fördern. Dieser Dienst an einem Zweck — meine und seine sittliche Förderung — kann die Freundschaft nur erfüllen, wenn sie ein Thema in sich ist. Dieser Dienst durch Überfluß im Unterschied von der instrumentalen Beziehung des reinen Mittels ist das, was wir mit Superabundanz bezeichnen. Diese Beziehung der Superabundanz spielt eine fundamentale Rolle im Kosmos und ist unzweifelbar auch eine eigene Urrelation. Sie ist auch an der Basis aller Kultur im Unterschied von der von der finalen Relation durchwalteten Zivilisation.

Wiederum eine ganz andere Urrelation metaphysischer Art ist die von sittlicher Schuld und Strafe. Der sittlichen Schuld gebührt eine Strafe — die Schuld ruft nach dieser Antwort von Gott. Wenn man das Wesen der Schuld erfaßt, geht einem auch diese ganz eigenartige metaphysische Beziehung auf, die sich auf nichts anderes zurückführen läßt. Man erlebt die »Strafwürdigkeit«. Analog ist auch die Beziehung von Verdienst und Lohn.

Vielleicht die tiefste, geheimnisvollste metaphysische Urrelation ist die Verherrlichung Gottes. Diese Beziehung spielt eine fundamentale Rolle in der katholischen Religion. »Alles zur Verherrlichung Gottes« ist ein Urgrundsatz. Unsere Heiligung verherrlicht Gott. Was liegt vor, auf was zielen wir ab, wenn wir von der Verherrlichung Gottes sprechen? Für den gläubigen Katholiken ist diese Urrelation von höchster Bedeutung, ja sie ist letztlich seine *raison d'être*. Aber uns beschäftigt hier nicht der religiöse Aspekt dieser Beziehung, sondern ihr Wesen, die einzigartige Relation, die zwischen dem Verherrlichenden und dem Verherrlichten besteht. Welche Rolle spielen hier die Werte, welche Rolle die metaphysische Kategorie des »Oben«? Der Weihrauch, der nach oben steigt, ist ein Symbol der Verherrlichung!

Auch die spezifisch personalen Beziehungen, wie die von Subjekt und Objekt, und eine ihrer bedeutsamen Unterarten: die Intentionalität, die sinnvolle Beziehung von Subjekt und Objekt — im Erkennen, im Wollen, im Antworten auf den Wert — oder auch die Beziehung von Aufblick, von Hingabe — sowie auch die von Besitz und Eigentum — sind objektive metaphysische Relationen, die ihren metaphysischen Charakter, sowie den von »Urphänomenen« nicht verlieren, weil sie eine Person voraussetzen, ein personal Vollzogenes darstellen.

Wir erheben natürlich mit diesem Hinweis auf metaphysische Urrelationen in keiner Weise den Anspruch, alle aufgezählt zu haben. Es gibt sicher noch viele andere.

Die Aufdeckung dieser Beziehungen als metaphysische Urrelationen war mir ein besonderes philosophisches Anliegen — wenn ich auch nicht auf alle so ausführlich eingegangen bin, wie es wünschenswert wäre.

Ethik

Ethik ist vielleicht das Gebiet, auf dem ich am meisten philosophisch gearbeitet habe. Schon meine Dissertation und Habilitationsarbeit handelten von ethischen Problemen.

Die klare eindeutige Herausarbeitung des Wesens des Wertes war mein Hauptanliegen. Wert gehört zu jenen Urgegebenheiten wie Sein, Wahrheit, Erkenntnis, die man nicht leugnen kann, ohne sie stillschweigend vorauszusetzen. *Aristipp*, der in seinem Hedonismus jede andere Norm leugnet, für ungültig erklärt, außer der Frage, ob etwas mir Lust bereitet, setzt doch den Wert voraus, wenn er objektive Normen für das Lusterreichen angibt: wie groß die Lust, wie lange dauernd, ob frei von unangenehmen Folgen und wie mühelos erworben, und sagt: Der vernünftige Mann benützt diese Normen, im Unterschied von dem unvernünftigen, der sich blind von seinen Trieben beherrschen läßt, wie ein Tier. Darin liegt implicite die Anerkennung, daß Vernünftig-Sein besser ist als Unvernünftig-Sein und daß Vernünftig-Sein etwas Wertvolles ist — daß man vernünftig sein sollte.

Aber, wie wir schon erwähnten, es gibt außer der unbewußten, stillschweigenden Voraussetzung viele Stufen der *prise de conscience* von einem Urphänomen.

Bei *Aristipp* ist der Wert als das objektiv in sich Bedeutsame nur stillschweigend vorausgesetzt, wie ihn praktisch jeder voraussetzt. Bevor wir die verschiedenen Stufen der *prise de conscience* von Wert in der Geschichte der Philosophie erwähnen, wollen wir kurz auf unsere Fassung hinweisen.

Zunächst stellte ich den Unterschied von neutral und bedeutsam heraus — der stillschweigend immer vorausgesetzt wurde und wird. Aber dieser Unterschied fand auch eine ausdrückliche Formulierung in der traditionellen Definition des Bedeutsamen *»bonum est quod omnes desiderant«*, die mir aber durchaus unzureichend erscheint.

Mit bedeutsam meinen wir den Charakter an einem Objekt, der imstande ist, meinen Willen oder affektive Stellungnahmen — wie Begehren, Begeisterung, Freude, Trauer, Empörung — zu motivieren.

Zum wahren Wesen des Wertes gelangen wir aber nur, wenn wir verstehen, daß es verschiedene Grundarten von Bedeutsamkeit gibt — oder drei Arten von Bedeutsamkeitskategorien, die unseren Willen und unsere affektiven Stellungnahmen motivieren: Erstens, das bloße subjektiv Befriedigende; zweitens das objektive Gut für die Person — das ist das, was nicht nur subjektiv befriedigend ist, sondern im wahren objektiven Interesse des Menschen gelegen — und endlich drittens, das in sich Bedeutsame, das rein in sich schön, gut, edel ist: der Wert. Das bloß für mich Befriedigende ist vor allem eine Motivationskategorie. Das objektive Gut für die Person und der Wert hingegen sind ein wirklich objektives Charakteristikum eines Seienden. Aber das Wesen des objektiven Gutes für die Person setzt wesenhaft den Wert voraus.

Durch die klare Unterscheidung der drei Bedeutsamkeitskategorien ist der Weg für die Herausarbeitung des Urdatums von Wert ermöglicht.

Aber leider wurden bisher die drei verschiedenen Bedeutsamkeitskategorien nicht klar getrennt.

Aristipp von Kyrene wollte, wie schon erwähnt, nur die Bedeutsamkeitskategorie des subjektiv Befriedigenden gelten lassen im Gegensatz zu *Sokrates*. Bei *Aristoteles* und auch bei *St. Thomas* wurde das objektive Gut für die Person klar erfaßt und von dem bloß subjektiv Befriedigenden unterschieden. Aber das in sich Bedeutsame, der Wert, wurde nicht ausdrücklich erfaßt. Darum sagt *St. Thomas,* daß wir Gott lieben, weil er das höchste Gut für uns ist – ja, daß, wenn er das nicht wäre, sondern nur das höchste Gut in sich, wir keinen Grund hätten ihn zu lieben.

Im Gegensatz dazu hat *Plato* den Wert als das in sich Bedeutsame viel klarer erfaßt. Selbst in dem berühmten Wort von *Sokrates:* »Es ist besser für den Menschen Unrecht zu leiden, als Unrecht zu tun«, das als solches von dem objektiven Gut für die Person spricht, ist eine große *prise de conscience* des Wertes enthalten. Ohne zu verstehen, daß Unrecht tun Träger eines sittlichen Unwertes ist – eines in sich Negativen – während Unrecht leiden nur ein objektives Übel für uns ist, würde der Satz seinen Sinn verlieren. Noch viel weiter geht die *prise de conscience* des Wertes bei *St. Augustinus*. Er sagt, im Unterschied zu *St. Thomas:* Gott ist das höchste Gut in sich und darum auch das höchste Gut für uns. Bei *Kant* liegt ein deutliches Erfassen des Wertes in seiner Eigenbedeutsamkeit vor, wenn er erklärt, der gute Wille sei das einzig Gute in dieser und jeder möglichen Welt. Auch in seiner Antithese von Pflicht und Neigung ist ein, wenn auch nur indirekter, Hinweis auf den Unterschied von Wert und seiner Forderung zu dem bloß für mich Befriedigenden enthalten. Bei *G. E. Moore* wird leider das in sich Bedeutsame des Wertes gegenüber dem Mittel mit der in sich Bedeutsamkeit des Wertes gegenüber dem subjektiv Befriedigenden und dem objektiven Gut für die Person verwechselt, und dadurch wird das Verständnis des Wertes verschleiert. Bei *Max Scheler* finden wir eine ausdrückliche und klare *prise de conscience* von dem Wert. Aber leider wird auch bei ihm das entscheidende Merkmal des in sich Bedeutsamen nicht voll erkannt, was sich auch darin ausprägt, daß er das Angenehme nur als eine niedrigere Stufe des

Wertes einführt. Dadurch wird der Unterschied des Wertes im echten und eigentlichen Sinn nicht von dem objektiven Gut für die Person getrennt.

Durch die Geschichte der Philosophie zieht sich aber auch das Problem der objektiven Gültigkeit der Werte hindurch. Die Sophisten leugnen, daß es einen objektiv gültigen Wert gibt. *Sokrates* hingegen behauptet, daß es objektive Werte gebe. Dieser Gegensatz ist wieder besonders in der neueren Philosophie zu finden. Der Wertrelativismus wird von vielen Positivisten und vor allem den logischen Positivisten vertreten. Ich glaube in meiner »Ethik« und auch in meiner »Ästhetik« die ganz unbewiesene und noch viel weniger evidente Behauptung, daß alle Werte keine Fakten seien, kein objektiv gültiges Datum, sondern der bloße Niederschlag einer subjektiven Reaktion — oder wie bei *Santayana* ein bloßes Gefühl — ein für allemal widerlegt zu haben.

Eine Haupteinsicht in meiner »Ethik« ist die in das Wesen der adäquaten Antwort auf den objektiven Wert eines Objektes oder einer Person, in der wir uns selbst transzendieren und ganz mit dem Wert kooperieren. Ich nannte sie Wertantwort. Die Wertantwort auf gewisse Güter und ihren Wert ist Träger der sittlichen Werte.

Die Seele der sittlich guten Handlung ist der wertantwortende Wille. Viele, unter ihnen auch *Scheler,* haben den sittlichen Unwert einer Handlung darin gesucht, daß man einen niedrigeren Wert einem höheren Wert vorzieht. Demgegenüber habe ich gezeigt, daß das wahre Drama des Sittlichen nicht in einem falschen Vorzug, sondern darin liegt, ob ich mich durch den Wert motivieren lasse oder ausschließlich durch das subjektiv Befriedigende, wobei mich die Frage des objektiven Wertes nicht interessiert. Der Dieb hält nicht den Besitz des Geldes für einen höheren Wert als das Eigentumsrecht des anderen, sondern für ihn ist das Charakteristische, daß er der Wertfrage gegenüber völlig gleichgültig ist und nur für das ihn Befriedigende interessiert ist. Es liegt auf der Hand, wie unsere Auffassung von der *Schelers* radikal abweicht.

Mit der Entdeckung der drei Bedeutsamkeitskategorien und

der Wertantwort ist auch der Unterschied einer bloß finalen Beziehung unseres Willens zu der Verwirklichung eines Gutes von der sinnvollen intentionalen Beziehung von dem Willen der Person zu dem in der Handlung verwirklichten wertvollen Gut ins klare Licht gerückt. Für alle Utilitaristen ist der sittliche Wert einer Handlung nur der eines Mittels für die Verwirklichung eines Gutes, z. B. der Gesundung eines Menschen. *Kant* lehnt mit Recht die Reduzierung des sittlichen Wertes des Willens auf den eines bloßen Mittels für die Verwirklichung eines außersittlichen Gutes ab. Aber er hat leider für nötig gehalten, um dem Utilitarismus zu entgehen, die Rolle eines zu verwirklichenden Gutes auf der Objektseite für den sittlichen Wert der Handlung zu leugnen – außer im Fall der Würde der menschlichen Person –, und sich auf eine formale Ethik zu beschränken. Hätte er aber gesehen, daß der Fehler der Utilitaristen schon darin liegt, die Beziehung unseres Willens zu dem Gut als eine finale zu interpretieren und die ganz anders geartete intentionale Stellungnahme der Wertantwort erkannt, so wäre der unglückselige Formalismus vermieden worden. *Kant* hätte verstanden, daß die Wertantwort nicht nur den indirekten, von dem Zweck erborgten Wert, besitzt, sondern daß in ihr ein ganz neuer Wert, der spezifisch sittliche Wert geboren wird.

In meiner »Ethik« bin ich auch ausführlich auf das Problem der Freiheit eingegangen. Nach einer Widerlegung des Determinismus, der klaren Trennung von Freiheit und Willkürlichkeit und einem, wie mir scheint, eindeutigen Aufweis der unleugbaren Tatsache der Freiheit des Willens, bin ich auf den Unterschied von direkter und indirekter Freiheit eingegangen. In unserem direkten Machtbereich liegt die Handlung; Tugenden hingegen nur in unserem indirekten Machtbereich. Innerhalb der direkten Freiheit muß man ferner zwischen der voll aktualisierten und der nur potentiellen unterscheiden. In vielen Fällen machen wir von unserer Freiheit nicht voll Gebrauch: Wir lassen uns mitreißen von anderen – aber es lag in unserer Macht zu widerstehen. Hier ist es von großer Bedeutung zu verstehen, daß die Verantwortlichkeit schon bei der potentiellen Freiheit besteht und nicht erst bei der voll aktualisierten Freiheit. Es gibt aber auch noch eine höchst bedeutsame Freiheit, die wir als kooperative Freiheit bezeichnen. Es ist die freie Fähigkeit, positive und negative Stellungnahmen, die sich von selbst in uns bilden und die als solche jenseits unserer Freiheit liegen, auf der positiven Seite – Freude, Begeisterung – zu sanktionieren, auf der negativen Seite – Schadenfreude, Neid – zu desavouieren. Das Ja der Sanktion ist eine besonders tiefe Aktualisierung unseres freien Personzentrums. Durch die Sanktion wird die Freude, Liebe, Verehrung, die als solche nicht im Rahmen unseres direkten Machtbereiches stehen, umgeformt und nehmen dann in einzigartiger Weise an unserer Freiheit teil. Sie können dadurch volle Träger sittlicher Werte werden. Die Sanktion ist nicht eine Stellungnahme zu diesen Akten, sondern ein einzigartiges Sich-frei-mit-ihnen-Identifizieren.

Ebenso ist die freie Desavouierung sittlich negativer Stellungnahmen – wie Neid oder Schadenfreude – zwar noch keine Entwurzelung und Zerstörung derselben, wohl aber gleichsam ein »Köpfen«. Die stillschweigende Solidarität der Person mit diesen von selbst in ihr aufsteigenden negativen Stellungnahmen wird durch die Desavouierung ausdrücklich aufgehoben. Sie werden ihrer »Gültigkeit« beraubt. Diese Desavouierung, die ganz im Rahmen unserer direkten Freiheit liegt, sollte beim ersten Sich-Regen dieser bösen Stellungnahmen erfolgen. Wenn sie diese Stellungnahmen auch noch nicht zerstört, sondern nur »köpft«, so ist sie doch die unerläßliche Voraussetzung für die im indirekten Machtbereich der Person liegende volle Entwurzelung.

Ich bin aber vor allem auf die zentrale Frage eingegangen, ob unser freier Wille sich auch auf das Ziel oder nur auf die Mittel erstreckt. *Aristoteles* hatte bekanntlich behauptet: Das Ziel, Glück, sei immer vorgegeben, nur die Wahl der Mittel es zu erreichen, sei unserer Freiheit vorbehalten. *St. Thomas* übernahm diese Auffassung von *Aristoteles*. *St. Augustinus* hingegen betont, daß die entscheidende sittliche Frage ist, ob unser Wille nach oben auf Gott gerichtet ist, oder auf uns selbst. Damit erkennt er klar, daß unsere Freiheit sich auf das Ziel erstreckt und in der freien Wahl des Zieles die ganze sittliche Entscheidung liegt. Ich habe versucht zu zeigen, daß in der Wertantwort das Ziel ein ganz verschiedenes ist von dem des Interesses an dem bloß für mich Wichtigen, daß sich ein Hedonist wie *Aristipp* von einem *Sokrates* nicht nur durch die Wahl der Mittel, sondern durch die freie Entscheidung für das Ziel unterscheidet. Durch die Aufdeckung der drei verschiedenen Bedeutsamkeitskategorien und die Frage, durch welche der drei Kategorien ich motiviert bin in meinem Wollen, Handeln, Stellungnehmen — ist auch der sittlich entscheidende Punkt unserer Freiheit klar aufgewiesen. Es ist die freie Entscheidung, durch welche Bedeutsamkeitskategorie ich mich bestimmen lasse, welche derselben mich motiviert. Damit ist die Aristotelische Beschränkung der Freiheit auf die Mittel widerlegt, sowie die irrige Vorstellung, daß alles durch ein einziges Ziel bestimmt werde — unser ganzes Tun und Wollen ein finales Netzwerk sei und wir es in allen konkreten Entscheidungen nur mit der Wahl der Mittel zu tun hätten.

Man bedenke, daß die These, nur die Mittel seien unserer freien Wahl oder Entscheidung vorbehalten, im Grunde die Sittlichkeit in eine bloße Vernünftigkeit und Klugheit verwandelt und alle Unsittlichkeit nur auf einen Irrtum zurückführt. Für die ganz neue, so unerhört wichtige Qualität des sittlichen Wertes und des sittlichen Unwertes — religiös ausgedrückt: die Sünde — bleibt kein Platz. Wenn es so wäre, daß wir nur die Mittel frei wählen könnten, so gäbe es keine sittliche Schuld mehr. Das große sittliche Drama, wie es schon *Plato* im »Gorgias« uns vor Augen stellt, wäre dann ausgeschaltet.

Darum versuchte ich in meiner »Ethik«, Kapitel 16, die völlige Verschiedenheit von Vernünftigkeit und Moralität darzutun. Vernünftig ist ein Verhalten, in dem ich mich der Eigengesetzlichkeit des mich umgebenden Seienden anpasse, in dem ich die neutralen Gesetze der Struktur eines Seienden berücksichtige. Wenn ich eine Maschine bauen will, muß ich mich nach den Gesetzen der Mechanik und Technik richten.

Tue ich dies nicht, so verhalte ich mich ausgesprochen unvernünftig. Der Vernünftige paßt sich den Regeln der Grammatik einer Sprache an, wenn er in dieser Sprache ein Buch schreiben will; er paßt sich der Tatsache an, daß, um Fleisch zu kochen, es eine Zeitlang einer Temperatur von über hundert Grad Celsius ausgesetzt sein muß. Unvernünftig hingegen ist der, der diese vorgegebene Eigengesetzlichkeit der Natur ignoriert und darum sein jeweiliges Ziel nie erreichen kann. Vernünftig ist auch der, der die richtige Balance zwischen Einnahmen und Ausgaben hält. Unvernünftig ist derjenige, der durch zu viele unnötige Ausgaben in Not gerät, oder der, der sich Nichts gönnt aus Angst vor der möglichen Verarmung. Vernünftig ist der, der an die Zukunft rechtzeitig denkt, unvernünftig der, der in den Tag hineinlebt. Aber all diese unvernünftigen Haltungen sind deshalb noch nicht sittlich schlecht. Sie sind nicht Träger eines sittlichen Unwertes. Erst wenn es sich nicht mehr um die hypothetische Forderung der neutralen Eigengesetzlichkeit handelt, sondern um das kategorische Gebot eines sittlich bedeutsamen Gutes, ist die Nichtberücksichtigung dieses Gebotes, dieser Forderung, sittlich schlecht. Und erst recht, wenn ein solch sittlich bedeutsames Gut — wie das Leben eines Menschen, seine äußere Freiheit, das Halten eines Versprechens, das Glück eines anderen Menschen — auf dem Spiel steht, ist die Wertantwort nicht nur vernünftig, sondern Träger eines sittlichen Wertes.

In der Sittlichkeit leuchtet ein ganz anderer Glanz. Verglichen mit ihr ist die sicher wertvolle bloße Vernünftigkeit etwas Hausbackenes. Der Unwert des Unvernünftigen kann einen wohl irritieren und er kann vor allem für den Unvernünftigen selbst ein großes Übel darstellen — aber diese Unvernünftigkeit ist doch durch eine Welt getrennt von der schlechten oder gar bösen Tat. Sobald die Sittlichkeit hereinspielt, sind wir mit einem unvergleichlich Tieferen, ungeheuer Ernsten konfrontiert, einer über dieses Erdenleben hinausreichenden Bedeutung. Nur hier spielt das Gewissen eine Rolle, nur hier ist eine echte Reue möglich. Wenn man versucht die Sittlichkeit aus der neutralen Vernünftigkeit und die Unsittlichkeit aus der Unvernünftigkeit abzuleiten, macht man sich wirklich des großen philosophischen Fehlers schuldig, den *G. E. Moore* »*naturalistic fallacy*« nannte.

In diesem Zusammenhang zeigte ich auch den Fehler, die Sittlichkeit — wie die Stoiker — auf ein *secundum naturam* zurückzuführen. Immer wieder sehen wir, daß nur durch die klare Herausarbeitung des wahren Wesens des Wertes und der besonderen Natur des sittlichen Wertes die wahre Antwort auf die Probleme der sittlichen Sphäre möglich ist.

Es war mir auch ein besonderes Anliegen auf die drei verschiedenen Bereiche im Menschen hinzuweisen, in denen sittliche Werte realisiert werden: das Reich der Handlung, das Reich einzelner Stellungnahmen — wie Liebe, Freude, Verzeihung, Mitleid — und das Reich der Tugenden — wie Demut, Reinheit, Gerechtigkeit. Jeder dieser Bereiche hat seine eigene Bedeutung als Realisierung des sittlich Guten, jeder hat seine eigene Bedeutung für die sittliche Vollkommenheit. Mich beschäftigten sowohl die Fragen: Wie ist der Zusammenhang dieser drei Bereiche? Welches ist die höchste Verwirklichung sittlicher Werte? Für die Antike — *Plato* und *Aristoteles* — waren die Tugenden die eigentliche Heimat des sittlich Guten, für *Kant* war es der Wille und die aus ihm geborene Handlung.

Aber abgesehen von der Tatsache, daß es falsch ist, einen der drei Bereiche als Träger sittlicher Werte zu übersehen, und daß man sehen muß, wie jeder in sich eine eigene Form der Verwirklichung des Sittlichen darstellt, habe ich auch versucht das Wesen der Handlung herauszustellen, sowie die einzelnen sittlich guten und sittlich schlechten Stellungnahmen. Innerhalb der einzelnen Stellungnahmen bin ich vor allem auf das Wesen der Liebe eingegangen. Auf diesen meinen Beitrag zu dem Wesen der Liebe werde ich gleich noch ausführlicher zurückkommen. Hier möchte ich aber noch kurz auf die Tugenden hinweisen. Bei *Aristoteles* sind sie zu sehr als Disposition zu den sittlich richtigen Handlungen gefaßt, während mir daran lag zu zeigen, daß sie voll aktualisierte Eigenschaften der Person sind. Der Demütige ist auch demütig, wenn er ißt, spazieren geht, die Schönheit der Natur genießt, oder liest und nicht nur, wenn er in einer Handlung die Demut aktualisiert. Man muß verstehen, daß eine eigene volle Realisierung des sittlichen Wertes in der dauernden Eigenschaft der Person vorliegt.

Zweitens sehen *Aristoteles* und seine Schüler in der Tugend einen *habitus,* der durch Übung erreicht wird und der uns darum mühelos, gleichsam automatisch das sittlich Richtige tun läßt. Demgegenüber stellte ich klar heraus, daß die Mühelosigkeit des Tugendhaften von dem automatischen Funktionieren eines »Könnens« — sei es ein Harfenspieler, ein Pianist, ein Sportler — scharf getrennt werden muß. Die Mühelosigkeit der Tugend, die eine besondere Schönheit und Geistigkeit enthält, ist nicht das Resultat einer technischen Übung, sondern des Sieges über alle Hindernisse, die sich der reinen Wertantwort entgegenstellen — vor allem die zentralen des sittlich Schlechten in uns, Begehrlichkeit und Hochmut. Das Ausrotten der Hindernisse ermöglicht ein freies müheloses Walten der sittlichen Wertantwort. Aber nie ist das mühelose sittlich richtige Verhalten deshalb gleichsam automatisch wie eine Gewohnheit. Die völlig bewußte, ausdrückliche Antwort auf das sittlich bedeutsame Gut ist bei dem Tugendhaften in höchstem Maß vorhanden. Die Seele der Tugend selbst ist die überaktuelle Antwort auf einen ganzen Bereich sittlich bedeutsamer Werte. In der Wahrhaftigkeit ist es die überaktuelle Antwort auf die Würde der Wahrheit; in der Reinheit die ehrfürchtige schamvolle überaktuelle Antwort auf das Mysterium der sinnlichen Sphäre. Was hier mit überaktuell gemeint ist, wird später klar werden, wenn ich auf meine Beiträge auf dem Gebiet der philosophischen Anthropologie eingehen werde.

Ich habe auch ausführlich die »Mesotes« Theorie von *Aristoteles* widerlegt und dargetan, daß die richtige Mitte für so viele Bereiche des Lebens eine Grundlage der Vernünftigkeit bildet: nicht zu viel und nicht zu wenig essen, schlafen, arbeiten usw., aber daß die sittliche Tugend nicht in der Mitte zwischen Exzeß und Defekt liegt. Geiz und Verschwendung sind vom sittlichen Standpunkt aus sehr ähnlich. In beiden ist das Motiv nur das subjektiv Befriedigende. Aber das sittlich richtige Verhalten zum Geld ist nicht die vernünftige Balance von Einnahme und Ausgabe, nicht die Mitte zwischen Geiz und Verschwendung — sondern die Großmut, die von Geiz und Verschwendung dadurch getrennt ist, daß ihr Motiv der Wert und nicht das subjektiv Befriedigende ist. Sie fließt aus einer Wertantwort; sie stammt aus einem Freigewordensein von den Banden der Begehrlichkeit; sie antwortet auf den Unwert der Not des Nächsten. Hier können wir wieder sehen, welche fundamentale Bedeutung die Erkenntnis des wahren Wesens des Wertes und der Wertantwort für die ganze Ethik hat.

Es lag mir auch besonders daran auf die drei folgenden Zentren in der menschlichen Person hinzuweisen: Erstens das ehrfürchtig liebende, wertzugewandte Ich und die zwei Zentren alles sittlichen Übels: Begehrlichkeit und Hochmut. Diese letzteren sind wohl von mir zum ersten Mal einer strengen philosophischen Analyse unterworfen worden, wobei ihre tiefe Verschiedenheit sowie ihr Kooperieren im Menschen aufgewiesen wird.

Eine große Rolle spielt in meiner Ethik auch der Unterschied von natürlichen Tugenden und übernatürlichen, im Sinne von christlichen Tugenden. Bevor ich auf diesen Unterschied eingehe sei mir ein kurzes persönliches Wort gestattet.

An Ostern 1914 konvertierte ich zur katholischen Kirche. Ich hatte schon mit 5 Jahren in einer ganz liberalen und eher pantheistischen Umgebung zum Glauben an die Gottheit Christi und die Liebe zu Jesu gefunden. Da ich privat erzogen wurde, blieb ich aber ohne allen Kontakt mit der protestantischen Kirche. Der Glaube und die Beziehung zu Christus blieb aber immer bestehen. Mein pilosophisches Studium und meine objektivistische Richtung, meine Überzeugung von der Erkenntnis einer absoluten Wahrheit ebnete den Weg für eine Vertiefung meines Glaubens und für das Entdecken des Antlitzes Jesu in der katholischen Kirche. Das war aber ein langsamer Prozeß, der von 1907 bis 1914 sich hinzog. Durch *Scheler* erfuhr ich viel über die Kirche und die dogmatischen

Unterschiede in der Rechtfertigungslehre von Protestantismus und Katholizismus. *Scheler* war damals durch seine Ehe mit einer geschiedenen Frau außerhalb der Kirche, und wenn er mir davon sprach, geschah es in sehr objektiver Weise und beileibe nicht, um mich zu bekehren. Aber durch ihn hörte ich von den Heiligen, besonders dem *hl. Franziskus von Assisi* und er gab mir die »Symbolik« von *Adam Möhler* zu lesen, die einen großen Eindruck auf mich machte. Sie spielte bei meiner Konversion zur katholischen Kirche eine große Rolle. Meine philosophische Grundstellung wurde aber nicht von meinem Glauben bestimmt, sondern es war eher die philosophische Grundeinstellung, die den Weg für das Aufgenommenwerden in die katholische Kirche ebnete. Der Thomismus spielte aber keinerlei Rolle für meine Konversion und ich bin bei aller Ehrfurcht für den großen Geist des *hl. Thomas* nie ein Thomist geworden, sondern bin in der Philosophie meine eigenen Wege gegangen.

Ich habe mehrere religiöse Bücher geschrieben, in denen natürlich auch viele philosophische Erkenntnisse investiert sind. Aber ich habe diese Bücher ausdrücklich von meinen streng philosophischen Büchern getrennt. Allerdings verläuft bei mir die Trennung religiöser und rein philosophischer Bücher in einer anderen Richtung als bei den Thomisten. Meines Erachtens ist nichts, was uns anschaulich gegeben ist, von einer rein philosophischen Analyse ausgeschlossen, auch wenn es, um real werden zu können, die Offenbarung Christi und den Glauben voraussetzt. Ich halte es für falsch, das Ethos der Heiligen, ihre heroischen Tugenden, aus einer philosophischen Ethik verbannen zu wollen. Ich habe diese meine Auffassung in den Prolegomena meiner »Ethik« folgendermaßen zum Ausdruck gebracht: »Im Geiste unbegrenzter Offenheit für alles Gegebene wollen wir keinen uns zugänglichen sittlichen Wert von unserer Analyse der Moral ausschließen. Ein Heiliger ist die vollkommenste Verkörperung der Sittlichkeit. Die Tatsache, daß diese Sittlichkeit eine neue und unvergleichlich höhere ist, ist für uns kein Grund, sie von einer philosophischen Analyse auszuschließen. Sie wird im

Gegenteil das Urbild für unsere Untersuchung sein, denn offenbar haben wir die höchsten Manifestationen der Sittlichkeit zu wählen, um ihr Wesen als solches zu verstehen.

Selbst der nichtkatholische Philosoph *Henri Bergson* erkannte, daß es unmöglich ist, die *data* der Sittlichkeit der Mystiker zu übergehen. In seinem Werk ›Les deux sources de la morale et de la religion‹ (F. Alcan, Paris, 1932) zeigt er deutlich, daß diese Sittlichkeit sich von jeder anderen ohne Christus unterscheidet und die höchste und echteste ist.« »Diese Tatsache ist in ihrer vollkommen einzigartigen und neuen Qualität jedem vorurteilsfreien und gesunden Geist zugänglich, sogar noch bevor er den Glauben besitzt.« »Obwohl uns nur der Glaube lehrt, daß diese Sittlichkeit von der Gnade abhängt, kann unser Geist ihre Tatsächlichkeit doch mit dem Licht der Vernunft erkennen, und unsere Vernunft vermag die Beziehung zwischen dieser Sittlichkeit und ihrem Gegenstand zu verstehen. Sie kann den Motiven dieser Liebe, dieser Demut, dieser Großmut, dieser Geduld nachgehen und beweisen, daß diese Sittlichkeit die Erfüllung alles moralisch Guten ist und sie zugleich als etwas vollkommen Neues übersteigt.

Wenn wir die Sittlichkeit der Heiligen, diese einzigartige Verkörperung der wahren christlichen Sittlichkeit, in ein philosophisches Werk über Ethik einbeziehen, so wollen wir damit keineswegs Ethik mit Moraltheologie vermengen. Die ethische Forschung gründet auf unseren natürlichen Erkenntnisfähigkeiten und beruft sich nicht auf übernatürliche Tatsachen als Beweisgründe für unsere Erkenntnis. Wenn wir alle uns durch Erfahrung zugänglichen sittlichen *data*, also auch die sich in den christlichen Heiligen manifestierende Sittlichkeit in Betracht ziehen, verlassen wir das Feld des uns ›Gegebenen‹ nicht. Unser Bestreben ist, das Wesen dieser Sittlichkeit und alle ihr Auftreten bestimmenden Faktoren zu verstehen, soweit sie dem natürlichen Licht unserer Vernunft zugänglich sind. Wir müssen darum nach dem Wesen der Güter fragen, die diese Sittlichkeit motivieren. Wir haben die Rolle der Erkenntnis innerhalb dieser Sittlichkeit, ebenso die spezifische Eigenart der auf diese Güter erfolgten Antworten und die dieser Sittlichkeit zugrunde liegende Willensrichtung zu analysieren.

Gewiß setzt ein großer Teil der Tugenden, und gerade die sublimste und bedeutungsvollste, die Liebe, unter anderem auch voraus, daß die Person, die sie besitzt, Kenntnis von der christlichen Offenbarung hat. Sie bedingen eine Auffassung von der Welt, die der Mensch nur durch die christliche Offenbarung erlangen kann. Aber die Ethik fragt hier nicht nach der Wahrheit dieser Offenbarung und beruft sich nicht auf geoffenbarte Wahrheiten als Beweisgründe. Sie zeigt nur das notwendige Verbindungsglied zwischen diesen Tugenden und der christlichen Offenbarung als ihrem intentionalen Gegenstand.«

Anthropologie

Wir haben schon im Vorhergehenden Verschiedenes erwähnt, das in der philosophischen Analyse der menschlichen Person, oder, wie wir auch sagen können, in der philosophischen Anthropologie eine bedeutsame Rolle spielt. Die Herausstellung der ganz neuen höheren Seinsform der Person — das erwachte, sinnvoll bewußte Seiende steht auch hier im Vordergrund. Aber ich bemühte mich vor allem, die wesentlichsten Unterschiede im Reiche der personalen Akte und Erlebnisse herauszuarbeiten. So vor allem die grundverschiedenen Typen von Erfahrung oder Kennenlernen. Die eine ist das Erfassen eines Objektes, bei dem Kenntnisnahme das Thema ist: Ich nehme eine Farbe wahr, ein Haus, einen Baum, einen Sachverhalt z. B. die Ähnlichkeit zweier Dinge. Hier liegt ein deutliches »Bewußtsein von« vor, die frontale Gegenüberstellung von Subjekt und Objekt.

Ganz anders hingegen ist die Berührung mit dem Sachverhalt im Erleben einer Freude, einer Trauer. Die frontale Erfahrung ist dann auf das Objekt gerichtet, dem meine Freude gilt. Ich habe erfahren, daß mein Freund morgen kommt. Dieses Wissen ist ein reines »Bewußtsein von«. Aber meine Freude, die darauf antwortet, ist keine frontale Erfahrung —

ich vollziehe die Freude, ich bin freudig; in ihr ist die Kenntnisnahme nicht das Thema. Das »Bewußtsein von« ist vorausgesetzt für die Motivation dieser Freude. Ich muß wissen, daß der Freund kommt, aber die Freude selbst ist kein »Bewußtsein von«. Wohl lerne ich dabei auch kennen, was Freude ist — aber es ist eine radikal verschiedene Art des Kennenlernens, der Erfahrung: ein im Vollzug eines Bewußt-Seienden gleichsam laterales Kennenlernen. Dieser Unterschied ist von großer Bedeutung und darf ja nicht mit dem traditionellen Unterschied von äußerer und innerer Wahrnehmung verwechselt werden. Ich kann ja auch eine gehabte Freude analysieren, wobei dann die Freude auf die Objektseite verlegt und in einem »Bewußtsein von« betrachtet wird. Aber es gibt vieles, das ich nur in der lateralen Erfahrung kennenlernen kann und die Analyse des Wesens der Freude in einem »Bewußtsein von« — wobei die Freude das Objekt und mein Erkennen derselben Thema wird — ist nur möglich, nachdem mir die Freude durch den Vollzug ihrer selbst bekannt wurde.

Abgesehen von diesem entscheidenden Unterschied lag mir die Herausarbeitung des geistigen Charakters vieler affektiver Stellungnahmen besonders am Herzen.

Für *Aristoteles* waren nur Verstand und Wille der geistige Teil der Person, die ganze affektive Sphäre war für ihn ungeistig: wir teilen sie mit den Tieren. Diese Exkommunikation alles Affektiven aus der geistigen Sphäre des Menschen und seine Verbannung in die biologische Sphäre zieht sich mehr oder weniger durch die ganze Philosophie hindurch. Alles Affektive wurde als bloßes »Gefühl« abgetan. Auch bei *Kant* ist diese Auffassung zu finden, daß — außer der Achtung — nur Verstand und Wille einen geistigen Charakter tragen. Nur bei *St.* *Augustinus* und *St.* *Bonaventura* und später bei *Pascal,* *Soeren Kierkegaard* und *Theodor Haecker* wird dieser Bann des Affektiven gebrochen und gesehen, daß auch affektive Stellungnahmen zum geistigen Teil der Person gehören.

Um die Geistigkeit einer tiefen wertantwortenden Freude — z. B. der von Leonore und Florestan in *Beethovens* »Fidelio« (»O namen-, namenlose Freude«) — oder die Geistigkeit einer tiefen Liebe herauszuarbeiten, versuchte ich eine kurze Analyse der gesamten affektiven Sphäre in meinem Buch »Über das Herz« zu unternehmen. Ich zeigte den Unterschied von körperlicher Lust und körperlichem Schmerz einerseits, und Zuständen von Heiterkeit und Depression andererseits auf. In den körperlichen Schmerzen, die ja bewußt erlitten werden, handelt es sich zwar auch um ein Psychisches, aber um ein nicht nur durch physische Vorgänge Verursachtes, sondern um ein auch als zur körperlichen Sphäre gehörig Erlebtes. Alle körperlichen Gefühle sind meist körperlich lokalisiert; aber auch wenn es Organempfindungen sind, doch eine Stimme des Körpers. In ihnen erleben wir die geheimnisvolle Verbindung von Leib und Seele in besonderer Weise.

Die Lustigkeit, die wir nach einem maßvollen Genuß von Alkohol empfinden oder die Depression im sogenannten »Katzenjammer« sind zwar auch verursacht von körperlichen Vorgängen, aber sie werden als rein psychische Zustände erlebt. Vor allem gibt es ja unzählige emotionale Zustände — wie schlechte Laune, gute Laune, Angstzustände, Unruhe, Entspanntheit usw. — bei denen keine körperliche Ursache vorzuliegen braucht, sondern die auch die Folge einer psychischen Kausalität sein können. Das Wichtige ist, daß auch die psychischen Zustände — wie Lust- und Unlustgefühle, Depression, gute Laune usw. — keinen geistigen Charakter haben. Es fehlt ihnen die intentionale Beziehung zum Objekt, diese sinnvolle Motivation durch ein Objekt, die die Erkenntnis des Objektes voraussetzt. Die Intentionalität, die wir schon in anderem Zusammenhang erwähnten, ist ein spezifisch Sinnvolles und zum mindesten eine Voraussetzung für die Geistigkeit.

Aber erst wenn wir zu den affektiven Wertantworten — wie Freude über die Gesundung eines geliebten Menschen, oder über das sittlich edle Verhalten eines anderen Menschen, oder vor allem zu der Liebe — kommen, können wir deutlich sehen, daß es auch im Reich des Affektiven eine Geistigkeit gibt, die der des Verstandes und Willens in nichts nachsteht. Denn nicht alle intentionalen affektiven Stellungnahmen besitzen diese Geistigkeit. Die Sphäre der Leidenschaften im engeren Sinn des Wortes — sei es ein durch seine Intensität irrational Gewordenes wie eine Wut, bei der man den »Kopf verliert«, seien es dunkle Kräfte wie Ehrgeiz, Habsucht, Haß, Neid, die den Verstand und Willen zwar nicht paralysieren, aber doch beherrschen und gefangennehmen — ist ausgesprochen ungeistig. Leider ist oft die ganze affektive Sphäre unter dem Titel »*passiones*« gefaßt und dann der Stab über alles Affektive gebrochen worden. Die Wut ist zwar oft motiviert und stellt eine Antwort auf etwas dar; sie ist darum intentional — aber noch nicht geistig. Wenn sie durch ihre Intensität in ein »Den-Kopf-Verlieren« ausartet, stellt sie ein radikal Ungeistiges dar. Sie schaltet die Vernunft und auch den klaren Willen aus; sie paralysiert beide. Sie hat dann sogar einen geist-feindlichen Charakter. Bei den mehr habituellen Leidenschaften — wie Habgier, Ehrgeiz u. a. — ist auch eine Intentionalität zu finden; es ist auch hier noch eine sinnvolle Beziehung zum Objekt. Sie sind noch sinnvoll auf den Besitz, auf die Mehrung des Geldes oder auf Einfluß, Macht, Berühmtheit gerichtet. Sie paralysieren unseren Verstand und unsere Willensfreiheit nicht. Der Ehrgeizige kann mit großer Klarheit und Konsequenz sein Ziel verfolgen. Diese Leidenschaften paralysieren also Verstand und Willen nicht — aber sie versklaven sie und tragen in ihrer Qualität etwas Ungeistiges, Geistfeindliches.

Aber das ändert nichts daran, daß die affektiven Wertantworten einen eminent geistigen Charakter haben. Es gibt in der affektiven Sphäre, wie in der intellektuellen, große Höhenunterschiede auch formaler Art. Zwischen einer bloßen Assoziation und einem Syllogismus oder einer tiefen Einsicht gähnt ein Abgrund. Und so gibt es auch in der affektiven Sphäre die größten Unterschiede in bezug auf die Geistigkeit.

Wir müssen darum feststellen: Im Menschen gibt es drei geistige Zentren — den Intellekt, den Willen und das Herz.

Die Herausstellung der Tatsache, daß es auch in der affektiven Sphäre Stellungnahmen höchster Geistigkeit gibt, hat natürlich große Konsequenzen für das Verstehen sittlich so bedeutsamer Akte wie Reue, Mitleid, Barmherzigkeit und vor allem Liebe.

Bevor wir aber auf die Beiträge in bezug auf das Verständnis des Wesens der Liebe eingehen, sei noch ein wichtiger Punkt in der philosophischen Anthropologie hervorgehoben: der Unterschied von aktuell und überaktuell. Schon in meiner Habilitationsschrift »Sittlichkeit und ethische Werterkenntnis« habe ich auf diesen wichtigen Unterschied innerhalb unseres Erlebens hingewiesen, aber in meiner »Ethik« und vor allem in »Das Wesen der Liebe« habe ich diesen Unterschied voll herausgearbeitet.

Es gibt Erlebnisse — wie ein Zahnschmerz, oder ein Schrekken — deren Existenz darin besteht, daß sie im Augenblick voll erlebt oder aktualisiert sind. Wenn ich den Zahnschmerz nicht mehr fühle, ist er als solcher nicht mehr existent, auch wenn die physiologischen Ursachen fortbestehen. Kommt der Zahnschmerz wieder, weil etwa das Aspirin aufgehört hat zu wirken, das ihn aufgehoben hatte, ist er als psychisches Gebilde ein anderes individuelles Gebilde — unbeschadet der Ähnlichkeit der Qualität des Schmerzes und der gleichen Ursache beider. So existiert die Lust, die ich beim Genuß einer guten Speise erlebe, auch nur »erlebnis-immanent«, sie existiert als dieses individuelle psychologische Gebilde nur solange ich sie empfinde. Es gibt viele solche »erlebnis-immanente« Erlebnisse.

Andere Erlebnisse, wie gewisse Stellungnahmen, sind ihrem Wesen nach in ihrer Existenz nicht auf den Augenblick ihrer vollen Aktualisierung beschränkt. Wenn ich jemand wirklich liebe, so lebt diese Liebe überaktuell fort in mir, auch wenn ich mich momentan auf anderes konzentrieren muß und zu einer vollen Aktualisierung meiner Liebe nicht komme. Diese Liebe, besonders wenn es eine zentrale, tiefe, intensive Liebe ist, lebt fort in meiner Seele und färbt alles, auch die Momente, in denen ich nicht fähig bin, sie voll zu aktualisieren z. B. an den Geliebten zu denken, ihm das Wort der Liebe wenigstens geistig zuzurufen. Sie lebt fort als dieses identische geistig-psychische Etwas und in jeder vollen Aktualisierung ist es dasselbe individuelle identische Gebilde. Liebe ist eben nicht erlebnis-immanent wie ein Kopfschmerz oder ein Schrecken.

Die Erkenntnis, daß es überaktuelle Erlebnisse gibt, daß ihre Existenz nicht auf die Tatsache, daß sie unser Bewußtsein momentan ausfüllen, beschränkt ist, ist von entscheidender Bedeutung für das Verständnis des Wesens des Menschen und seines inneren Lebens.

So ist im religiösen Christen der Glaube an Gott, das Wissen um die Erlösung durch Christus, ein überaktuelles Erlebnis, das sein Leben formt und alle Situationen durchstrahlt. Es lebt als dieser individuelle Akt, als diese Stellungnahme fort und existiert nicht nur in den Momenten voller Aktualisierung, wie im Gebet.

Diese Überaktualität findet sich nicht nur bei Stellungnahmen, sondern auch in der Sphäre des Wissens. Ich meine jetzt nicht die »Schatzkammer« des Wissens, in der alles aufgespeichert ist, das ich in irgend einer Form erfahren habe und das sich wie von selbst aktualisiert, sobald es eine Situation erfordert oder ausdrücklich, z. B. in einem Examen. Nein, ich denke an das Wissen von fundamentalen Sachverhalten, das überaktuell fortlebt und eine Grundlage für mein aktuelles Leben darstellt, wie z. B. das Sich-geliebt-Wissen von dem Menschen, den man liebt.

Ganz besonders aber muß betont werden, daß diese Überaktualität nichts mit dem Reich des Unbewußten, Ungewußten zu tun hat, mit dem sich die Tiefenpsychologie beschäftigt. Das ist ein ganz anderes hochinteressantes Problem. Aber der Gegensatz von überaktuell existierend und von nur erlebnisimmanent existierend, sowie von der überaktuellen Existenz vieler geistiger Haltungen und ihrer besonderen Aktualisierung ist davon ganz verschieden. Man ist sich der überaktuellen, in uns fortlebenden Liebe und Überzeugung voll bewußt, sogar in besonderer Weise bewußt.

Es muß noch hinzugefügt werden, daß alle überaktuell fortlebenden Erlebnisse außer ihrer Wirkung auf jede aktuelle Situation, ihr Durchleuchten derselben, auch den Drang in sich tragen, von Zeit zu Zeit voll aktualisiert zu werden. Ja, man könnte sagen: an sich drängen sie ständig auf Aktualisierung, aber der Ablauf unseres Lebens macht dies unmöglich.

Die volle Existenz einer Liebe und zwar als dieses individuelle Gebilde — auch wenn sie momentan nicht aktualisiert werden kann — tritt deutlich hervor, wenn wir an die Fälle denken, in denen eine solche Liebe »stirbt«, oder wenn jemand seinen Glauben verliert. Dies kann ja vorkommen. Aber dann hört dieses individuelle geistig-psychische Gebilde wirklich auf zu existieren. Der Gegensatz zu dem Fall, in dem die Liebe, der Glaube überaktuell fortleben, während mein Bewußtsein, wenigstens in seiner Peripherie von etwas anderem erfüllt ist, liegt auf der Hand.

Natürlich steht in der philosophischen Anthropologie ein ungeheuer reiches und differenziertes Objekt vor uns. An dieser Stelle können nur die entscheidensten Einsichten erwähnt werden, aber ich bin mir bewußt, wie auch die Gesamtheit dessen, was mir hier zu erkennen vergönnt war, nur ein Anfang ist.

Das Wesen der Liebe

Die Erforschung des wahren Wesens der Liebe und aller Typen echter menschlicher Liebe nahm in meinem ganzen Leben eine zentrale Stellung ein.

Meine erste Aufgabe sah ich darin, mit dem weit verbreiteten Vorurteil aufzuräumen, das ich schon erwähnte: es ist die Vorstellung, daß man die metaphysische Ebene verlasse, und auf eine bloß psychologische abgleite, wenn man, um das Wesen der Liebe zu verstehen, von dem personalen Akt der Liebe ausgeht. Wir hingegen gingen in unserer Analyse von diesem personalen Akt der Liebe aus — diesem »Urphänomen der Urphänomene«, wie es *Siegfried J. Hamburger*[1] nennt — und das allein den Namen Liebe verdient.

Ein weiteres Hindernis zum Verständnis des Wesens der Liebe ist, wenn man von der Selbstliebe ausgeht. Ich zeigte,

---

[1] S. J. Hamburger. »Kühnheit der Liebe«. Festschrift für D. v. Hildebrand »Wahrheit, Wert und Sein«, hrsg. von B. V. Schwarz. Habbel, Regensburg 1970.

daß die Liebe zu einer anderen Person, die Hingabe unseres Herzens an sie, nie von der Selbstliebe abgeleitet werden kann. Der Terminus Selbstliebe ist übrigens äquivok. Einmal bedeutet er die selbstverständliche unvermeidliche Solidarität mit uns selbst, die im Wesen unserer Natur fundiert ist. Diese Solidarität ist aber in keiner Weise eine Frucht und Folge einer Liebe, sondern ein unvermeidliches Faktum. Ich brauche meine Beine nicht zu lieben, um unter einem Schmerz in meinem Bein zu leiden. Wenn ich darunter leide, daß ein anderer Mensch Schmerzen in seinem Bein fühlt, so ist dies die Folge meiner Liebe zu ihm. Die Solidarität mit uns selbst hat nichts mit Liebe zu tun und sie existiert in jedem Menschen von selbst. Die andere Bedeutung von Selbstliebe ist hingegen etwas Seltenes. Sie ist die Wertanwort auf meine eigene Seele.

Die erste Selbstliebe ist kein Ausgangspunkt für das Verständnis der Liebe, weil sie keine wahre Liebe ist und mit der Liebe nur die Solidarität gemeinsam hat, die aber in beiden Fällen einen ganz anderen Charakter hat. Das einemal ist sie von selbst ohne Liebe gegeben — das anderemal eine Frucht der Liebe.

Die wahre Liebe ist hingegen immer auf ein anderes Du gerichtet — sie ist eine Wertantwort. Im Falle der Liebe zu Christus und zu Gott ist sie die Wertantwort *par excellence*. In der Liebe zu besonderen Personen ist sie eine Wertantwort, die eine besondere Affinität voraussetzt. Sie geht aber viel weiter in ihrer Hingabe als alle anderen Wertanworten — wie Achtung, Verehrung, Begeisterung. Sie ist durch zwei geistige Grundbewegungen ausgezeichnet: die *intentio unionis* und die *intentio benevolentiae*. In der Liebe liegt die Sehnsucht nach der Vereinigung und Einheit mit dem Geliebten (die *intentio unionis)* und ein letztes Interesse an seinem Glück *(intentio benevolentiae)*. Die Liebe erstrebt nicht nur das Glück des Geliebten, sie wünscht nicht nur, ihn mit Wohltaten zu überhäufen, sondern sie sucht mit dem Hauch ihrer immanenten Güte beglückend in die Seele des Geliebten einzudringen.

Die Liebe variiert in dreifacher Hinsicht. Erstens in ihrer kategorialen Eigenart — z.B. Gottesliebe, Nächstenliebe, Freundesliebe, Elternliebe, Kindesliebe und bräutliche Liebe. Zweitens variiert sie je nach ihrer Qualität — sie kann sublimer, tiefer, geistiger oder mehr vitaler Art sein. Hier ist der entscheidende Faktor der »Name«, in dem sich die Liebenden begegnen, der Wertbereich, in dem ihre gegenseitige Liebe beheimatet ist. Wie viel sublimer und tiefer ist die Liebe der Leonore in *Beethovens* »Fidelio« als die von José zu Carmen in *Bizets* Oper. Welch einzigartige metaphysische Tiefe besitzt die Liebe von Tristan und Isolde und wie erhebt sich die in Jesus gegründete Liebe einer hl. Elisabeth zu ihrem Mann oder eines hl. Franz von Sales zu einer hl. Johanna über alle anderen Lieben. Dies alles betrifft die Qualität der Liebe.

Und drittens variiert die Liebe je nach ihrer Stärke, Intensität, je nach dem Platz, den sie im Leben des Menschen einnimmt, je nach der Glut der Liebe. Dies betrifft den Grad der Liebe.

Es lag mir besonders daran, den Irrtum von *Fénelon* des *amour désintéressé* aufzudecken. Weil bei *St. Thomas,* wie wir sahen, die Liebe zu Gott als dem höchsten Gut für uns gefaßt wird, glaubt *Fénelon,* die wahre letzte Hingabe in der Liebe fordere den Wegfall der *intentio unionis.* Die wahre Korrektur der Thomistischen Interpretation der Liebe ist bei *Duns Scotus* zu finden, der ihren Wertantwortcharakter hervorhebt und betont: Wir lieben Gott nicht nur als unser höchstes Gut, sondern als den Inbegriff aller Heiligkeit und Herrlichkeit, wie es die Liturgie des »Gloria« ausdrückt: *»Gratias agimus tibi propter magnam gloriam tuam!«*

Aber der Verzicht auf die Seligkeit, die in der *visio beatifica* besteht, macht die Liebe nicht »selbstloser«, sondern widerspricht dem Wesen der Liebe, von dem die *intentio unionis* nicht loszulösen ist.

Überdies liegt hier ein äquivoker Begriff der Selbstlosigkeit vor. Einmal bedeutet selbstlos die Antithese zu allem Egoismus, also zu einem sittlich Negativen, den Gegensatz zu dem Menschen, der in allem nur von dem subjektiv Befriedigenden bestimmt wird. Das andere Mal bedeutet sie das Heraustreten aus unserem Eigenleben, das in der Nächstenliebe vorliegt, bei

der die *intentio unionis* hinter der *intentio benevolentiae* zu-
rücktritt.

Und damit berühren wir einen entscheidenden Punkt: den
wichtigen kategorialen Unterschied der Liebe zu Christus und
Gott einerseits und der Nächstenliebe andererseits. Beide sind
qualitativ zutiefst verwandt, aber als Kategorien von Liebe
gänzlich verschieden. Die Liebe zu Gott ist eine anbetende
Liebe und eine volle Übergabe seiner selbst. Sie ist die Wertantwort *katexochen*. In ihr erreicht die *intentio unionis* ihren
Höhepunkt. Sie ist die heilige Liebe, die *caritas*. Die Qualität
und der sublime Wert dieser Liebe rührt von der absoluten
Herrlichkeit des Geliebten her. In dieser Liebe wird der
Mensch in das Reich der heiligen Güte einbezogen.

Die Nächstenliebe hingegen ist ein Spenden aus dem durch
die Gottesliebe in uns erstandenen Schatz heiliger Güte, und
sie tritt dem Nächsten schon entgegen — fängt ihn gleichsam
auf — mit dieser Liebe. Sie wirkt sich zwar auch in einer Wertantwort aus, einer Wertantwort auf die *imago Dei* im Nächsten, aber ihr »Wort«, ihr sublimer Gehalt, ist kein Erzeugnis
des beantworteten Wertes des Nächsten, sondern die Frucht
der Liebe zu Gott und der aus ihr geborenen hl. Güte.

Diese Tatsache ist von größter Bedeutung für das Verständnis des Unterschiedes von *caritas* einerseits und aller natürlichen Liebe andererseits, sowie der Unterscheidung der Qualität der *caritas* von der Kategorie der Nächstenliebe. Das Heraustreten aus unserem Eigenleben, das in der Nächstenliebe
vorliegt, ist eine von der Kategorie dieser Liebe herrührende
Eigenart, aber sie ist in keiner Weise in der *caritas* fundiert.
Sie liegt darum keineswegs in der Liebe zu Gott vor. Diese ist
kein Heraustreten aus unserem Eigenleben, sondern eine letzte
Erfüllung unseres Eigenlebens. In ihr wäre der Wegfall der
intentio unionis ein Weniger-Lieben.

Dasselbe gilt auch für die bräutliche Liebe, die kategorial
der Liebe zu Gott mehr verwandt ist als die Nächstenliebe,
aber qualitativ steht natürlich die Gottesliebe der Nächstenliebe viel näher, weil beide *caritas* sind.

Es wäre aber grundfalsch zu glauben, eine bräutliche Liebe

wäre »selbstloser«, wenn sie nur an das Glück des Geliebten denkt und nicht an das eigene Glück. Das größte Geschenk in dieser Liebe ist ja für den Geliebten, daß er der Quell des Glückes für den Liebenden ist. Eine »Selbstlosigkeit«, wie sie bei der Nächstenliebe ergreifend ist, wäre der Tod für die bräutliche Liebe, die Freundesliebe, die Eltern- und Kindesliebe.

Diese Liebe als ein bloßes Streben nach Glück zu interpretieren, wobei die Liebe und das Geliebtwerden als bloße Mittel zum Glück aufgefaßt werden, ist ein radikales Mißverständnis des Wesens der Liebe. Aber es besteht ein tiefer Zusammenhang zwischen Liebe und wahrem Glück. Sowohl das Lieben selbst ist eine Quelle tiefen Glücks und ebenso die Erwiderung dieser Liebe von seiten des geliebten Menschen. Die Liebe ist ein unerschöpfliches Thema und es ist natürlich hier nur möglich auf gewisse Haupteinsichten hinzuweisen, die ich neben vielen anderen in meinem Buch »Das Wesen der Liebe« behandelt habe.

Aber zweierlei sei noch erwähnt: Alle Kategorien der natürlichen Liebe sind fähig, von der *caritas* durchblutet und verklärt zu werden, ohne dabei irgend etwas von ihrem spezifischen kategorialen Charakter zu verlieren. Ja, sie können nur dann ihren Genius voll entfalten.

Das Zweite ist der Hinweis auf die drei Arten der Hingabe in der Liebe. Die erste ist das Heraustreten aus unserem Eigenleben, wie es in der Nächstenliebe gegeben ist. Es ist die Art der Hingabe, in der mein Eigenleben nicht aufgegeben ist, aber gleichsam schweigt. Man läßt es sozusagen hinter sich, was sich auch darin ausprägt, daß das eigene Glück hier in keiner Weise thematisch ist. Es hat sozusagen nichts mit unserem Glück zu tun — der andere ist ausschließlich thematisch. Es muß dabei ausdrücklich betont werden, daß das Eigenleben in dieser Liebe nicht hingegeben wird, sondern daß man aus ihm heraustritt.

Die zweite Art der Hingabe ist in der Qualität der *caritas* enthalten. Die fließende Güte — der einzigartige Hauch des Sich-Verströmens in Liebe — stellt eine sublime Hingabe dar, die die absolute Antithese zu allem Egoismus, aller Hartherzigkeit, aller Gleichgültigkeit darstellt. Sie geht in der Nächstenliebe mit der ersten Hand in Hand, da ja die Nächstenliebe von diesem Geist der *caritas* lebt. Aber wenn auch die Nächstenliebe ohne diesen Geist der *caritas* nicht auftreten kann, sondern ihn wesenhaft einschließt, so ist doch der Geist der *caritas* nicht wesenhaft mit dem kategorialen Thema der Nächstenliebe verknüpft, sondern kann auch in anderen Kategorien vorkommen, wie wir sahen. Vor allem ist er in der kategorial so ganz verschiedenen Gottesliebe nicht nur vorhanden, sondern hier allein kann er sich konstituieren. Darum müssen wir die Hingabe, die in dem Geist der *caritas* eingeschlossen ist, die Hingabe, dieses Aufgeschmolzen-Werden des Herzens in heiliger Güte von dem Heraustreten aus dem Eigenleben trennen. Diese Hingabe ist kein Heraustreten aus dem Eigenleben, sondern eine Verklärung des Eigenlebens. Sie ist darum deutlich verschieden von der ersten Art der Hingabe.

Endlich gibt es noch eine dritte Art der Hingabe, die sich deutlich von den eben erwähnten abhebt. Es ist die Hingabe des Herzens, des Eigenlebens — in dem Sinne, daß der Geliebte der Mittelpunkt des Eigenlebens wird, daß er der Quell des persönlichsten Glückes wird, daß gleichsam mein Glück von ihm abhängt. Diese Art der Hingabe ist in ihrer höchsten Form in der Gottesliebe zu finden. Sie ist ferner typisch für die bräutliche Liebe. Aber sie findet sich irgendwie in jeder tiefen und intensiven natürlichen Liebe. Sie ist ein Merkmal der Liebe schlechthin, sobald der Geliebte der Mittelpunkt meines Lebens wird, unabhängig von der jeweiligen Kategorie. Diese Hingabe ist von der *intentio unionis* nicht zu trennen. Sie schließt notwendig die *intentio unionis* ein.

Diese Art der Hingabe ist, wie man leicht sehen kann, unverträglich mit der ersten Hingabe, die in dem Heraustreten aus meinem Eigenleben besteht. Aber sie ist nicht nur verträglich mit der zweiten Art der Hingabe, sondern nur, wenn sie mit dieser vereint ist, wenn der Geist der *caritas* diese Art der Liebe verklärt, kann auch diese Hingabe ihre eigentliche Vollendung erreichen.

Es ist von entscheidender Bedeutung, daß wir diese drei

Arten von Hingabe klar unterscheiden, wenn wir in das Wesen der Liebe und der verschiedenen Kategorien der Liebe eindringen wollen. Es ist vor allem wichtig, um ein für allemal den Irrtum der Verwechslung der Selbstlosigkeit mit der kategorialen Eigenart der Nächstenliebe auszuschalten. Es ist auch entscheidend, um zu verstehen, daß Hingabe und *intentio unionis* statt sich auszuschließen, vielmehr eng verbunden sind, insofern die dritte Form der Hingabe die *intentio unionis* notwendig einschließt.

Das Mysterium der Sinnlichkeit

Der philosophische Beitrag, der vielleicht den größten Erfolg hatte, besonders in katholischen Kreisen, ist der Aufweis des Mysteriumscharakters der sinnlichen geschlechtlichen Sphäre. *Freud* glaubte den Schlüssel für das Wesen der Liebe im Geschlechtlichen gefunden zu haben. Ich glaube deutlich gezeigt zu haben, daß er mit dieser These nicht nur das Wesen der Liebe völlig verkannte, sondern auch das wahre Wesen der sinnlichen Sphäre. Denn der Schlüssel zum wahren Verständnis der sexuellen Sphäre ist gerade die bräutliche Liebe. Das Wesen der sexuellen Vereinigung ist eine radikale gegenseitige Selbsthingabe. Sie erfordert nicht nur die gegenseitige bräutliche Liebe mit ihrer einzigartigen *intentio unionis*, sondern auch den feierlichen Konsensus, den freien sozialen Akt der dauernden Bindung aneinander.

Diese meine Analyse der sinnlichen Sphäre unterschied sich aber auch von aller Auffassung, die in dem Sinnlichen als solchem etwas Niedriges, ja Schlechtes erblickte, das in der Ehe nur toleriert werden müsse wegen der Fortpflanzung des Menschengeschlechtes.

Ich versuchte, den ehrfurchtgebietenden Charakter der körperlichen Vereinigung in seiner Tiefe und Schönheit herauszuarbeiten, wenn sie der Ausdruck und die Erfüllung der bräutlichen Liebe ist und den Charakter einer dauernden gegenseitigen Selbstschenkung in der Ehe hat. Dies erhellte einerseits, welch grauenvollen Mißbrauch diese körperliche Vereinigung darstellt, wenn sie statt einer tiefsten dauernden Selbstschenkung eine bloße Befriedigung einer isolierten Sinnlichkeit wird. Nur auf dem Hintergrund der Größe und Schönheit des Mysteriums dieser Sphäre, für die uns allein das Verständnis der Liebe den Schlüssel gibt, kann auch der Horror des Mißbrauchs klar erfaßt werden, die Entsakralisation, die in jeder Unreinheit vorliegt. Nur so kann auch die besondere Eigenart und Sublimität der Reinheit erfaßt werden. Aber wenn man den wahren Sinn dieser letzten Vereinigung versteht, dann sieht man auch, daß die Ehe nicht ausschließlich für die Prokreation da ist, sondern daß in ihr auch die Erfüllung der bräutlichen Liebe und der von ihr intendierten *unio* eine entscheidende Rolle spielt.

Ästhetik

In der »Ästhetik« kam es mir vor allem darauf an, die Objektivität des Wertes der Schönheit klar aufzuweisen. Der Wertrelativismus und Wertsubjektivismus ist vielleicht heute nirgends so allgemein verbreitet wie in bezug auf die Schönheit. Für *Santayana* wie für *Croce* ist es eine feststehende unbezweifelbare Tatsache, daß Schönheit ein bloßes Gefühl ist, und nicht eine objektive Eigenschaft des Gegenstandes, von dem wir Schönheit prädizieren. Selbst *Kant* und *Schopenhauer* sind der Auffassung, daß Schönheit nur etwas im Subjekt Befindliches sei — wenn sie auch die Relativität der Schönheit nicht so betonen.

Aber die These von der Subjektivität der Schönheit ist nie bewiesen worden und noch viel weniger evident. Sie ist im Gegenteil ein reines Vorurteil, d. h. ausgesprochen falsch, wie ich in meiner »Ästhetik« klar nachgewiesen habe. Schönheit ist erstens ein Wert — und damit ein objektiv in sich Bedeutsames und von allem subjektiven Wohlgefallen, das sie erregt, unabhängig. Sie besitzt, wie alle wahren Werte, objektive Gültigkeit und wechselt weder im Wechsel der Zeiten, noch je nach dem Geschmack des Individuums. Das Verständnis für etwas Schönes mag wechseln mit der Zeitepoche und dem Sinn für Schönheit des Individuum, aber nicht die objektive Schönheit des Gegenstandes. Zweitens ist die Schönheit kein »Gefühl«, sondern eine objektive Eigenschaft eines Gegenstandes. Das, was wir vor uns haben, wenn wir etwas schön finden, das was wir mit dem Begriff Schönheit meinen, kann wesenhaft nie ein »Bewußt-Seiendes« sein – wie jedes Gefühl, wie immer man diesen Terminus auch faßt. Die Schönheit bleibt auch in ihrer objektiven Gültigkeit als Wert bestehen, wenn ihr Träger zu dem humanen Aspekt der Welt gehört – wie z. B. Farben und Töne.

Innerhalb der Schönheit wies ich auch auf einen entscheidenden Unterschied von metaphysischer Schönheit und Schönheit des Sichtbaren und Hörbaren hin. Das, was ich metaphysische Schönheit nenne, ist der Duft, der Glanz aller echten Werte. Die sittlichen Werte – wie Reinheit, Demut, Gerechtigkeit – sind auch schön, aber die Schönheit ist hier nicht das Thema; das Thema ist der ganz andere sittliche Wert. Wohl aber ist die Schönheit ein notwendig in diesem sittlichen Wert Fundiertes. Diese Schönheit finden wir auch bei anderen Wertarten – der Wahrheit, der Genialität, der vitalen Fülle. *St. Augustinus* nennt diese Schönheit *splendor veri*. *Plato* hat diese Schönheit häufig betont und ebenso *Plotin* in seiner »Neunten Enneade«.

Von dieser metaphysischen Schönheit – die der Glanz, der Duft der übrigen Werte ist – müssen wir die Schönheit des Sichtbaren und Hörbaren scharf trennen. Die Schönheit eines Felsenberges, des Meeres, einer Zypresse, eines Pferdes, einer Landschaft oder die Schönheit des »Largo« von *Händel* oder des Quartetts Op. 59/I von *Beethoven, Piero de la Francescas* »Der Traum des Konstantin« oder *Michelangelos* »Sterbender Sklave« – ist nicht der Glanz anderer Werte, sondern sie haftet direkt an dem sichtbaren oder hörbaren Gebilde.

Für *Plato* und *Plotin* schien es selbstverständlich – obgleich sie die Schönheit des Sichtbaren und Hörbaren klar erkannten – daß diese Schönheit nie dieselbe Geistigkeit und Sublimität erreichen könne, wie die metaphysische Schönheit einer sittlichen Tugend. Die Tatsache, daß wir diese Schönheit durch unsere Sinne erfassen, daß sie an körperlichen Dingen haftet oder wenigstens an etwas in der Sinnenwelt Vorkommendes wie Musik — schien ihnen die Möglichkeit einer höchsten geistigen Schönheit in der Welt des Sichtbaren und Hörbaren auszuschließen.

Die Antwort auf dieses Problem scheint mir meine wichtigste Einsicht auf dem Gebiet der Ästhetik. Es ist nicht wahr, daß die Schönheit von Sichtbarem und Hörbarem auf eine weniger geistige Schönheit — wir könnten sie Sinnenschönheit nennen — beschränkt ist. Ein Felsenberg in einem besonderen Licht, der Golf von Spezia oder Neapel, die »Neunte Symphonie« von *Beethoven*, »Der wunderbare Fischfang« auf dem Karton von *Raffael*, die »Kreuzabnahme« von *Michelangelo* im Dom von Florenz sind mit einer höchst sublimen Schönheit ausgestattet — ebenso geistig und sublim wie die Schönheit der höchsten Tugenden.[2]

Aber das Verhältnis von Träger des Wertes zum Wert ist in beiden Fällen ganz verschieden. Die metaphysische Schönheit ist ein Duft, eine Ausstrahlung des sie fundierenden Wertes — sie spricht von seinem Wesen und auch von dem Wesen der Person, die mit der Tugend ausgestattet ist.

Bei der Schönheit des Sichtbaren und Hörbaren hingegen, spricht die Schönheit nicht von ihrem Träger, sie ist keine Ausstrahlung desselben — sie erscheint nur an diesem Träger, er ist mehr ein Piedestal, auf dem die geistige Schönheit uns entgegentritt, die von ganz anderen, viel höheren Dingen kündet. Es liegt ein großes Mysterium in dieser Diskrepanz zwischen den unbedeutenden äußerlichen Bedingungen und ihrer ungeheuren Wirkung auf das Erscheinen der sublimen geistigen Schönheit. Die Art, wie eine Melodie abschließt — ob sie höher aufsteigt oder in die Tiefe herabgeht — kann die erhabene Schönheit der Melodie zerstören oder wesentlich zu ihr beitragen. Diese mysteriöse Diskrepanz gibt uns den Schlüssel,

---

[2] Ich sehe hier natürlich von der ganz neuen Dimension der Schönheit des Heiligen und vor allem der hl. Menschheit Jesu ab.

um das Verhältnis von Träger und Getragenem im richtigen Licht zu sehen.

Wenn wir dies verstanden haben, so liegt kein Hindernis mehr vor zu erkennen, daß auch Sichtbares und Hörbares Träger der höchsten geistigen Schönheit sein können — einer Schönheit, die der metaphysischen Schönheit qualitativ viel ähnlicher ist als der ebenfalls im Reiche des Sichtbaren und Hörbaren vorkommenden Sinnenschönheit, womit aber die Sinnenschönheit keineswegs in ihrer Bedeutung herabgesetzt werden soll.

Das Reich der ästhetischen Werte ist ein ungeheuer differenziertes. Ich habe mich bemüht, auf viele Probleme einzugehen: die verschiedenen Stufen der Schönheit, die verschiedenen Dimensionen der Schönheit in der Natur, das Wesen des Kunstwerks, seine ontologische Realität, die verschiedenen Arten der Kunst: vor allem Literatur, Musik, Architektur. Aber es wäre unmöglich in diesem Rahmen auch nur auf alle Einsichten hinzuweisen, die ich in meiner 1000seitigen »Ästhetik« niedergelegt habe, deren 1. Teil im Lauf dieses Jahres im Rahmen meiner »Gesammelten Werke« (Kohlhammer, Stuttgart-Regensburg) erscheinen soll.

*

Es mag von Interesse sein zu erwähnen, welche Rolle in meinem Leben auch die Ausdehnung meiner philosophischen Arbeit auf existentielle Lebensgebiete spielte. Ich meine die etwa 60 Aufsätze, die ich in den Jahren 1933 bis 1938 in der von mir gegründeten Zeitschrift »Der Christliche Ständestaat« in Wien publizierte. Sie stellen eine systematische Auseinandersetzung mit dem totalitären Staat, besonders dem Nationalsozialismus, Rassismus und auch dem Kommunismus dar. Wenn es auch wesentlich aktuelle politische Aufsätze waren, so sind sie doch durchsetzt mit philosophischen Erkenntnissen.

In eine ganz andere Richtung gingen die religiösen Mittwochnachmittage in meinem Haus in München, die von 1925 bis 1930 alle zwei Wochen stattfanden. Das Publikum, bzw. die Gäste setzten sich aus sehr verschiedenen Kreisen zusammen. Zunächst waren etwa 12 Priester anwesend — darunter z. B. Msgr. *Preysing,* der spätere Kardinal von Berlin, Prof. *Martin Grabmann,* Pater *Przywara,* Pater *Kramp* S. J., Msgr. *Bares,* der spätere Bischof von Hildesheim und Berlin. Dann waren viele Mitglieder der Königlichen Familie von Bayern und von Sachsen anwesend, viele bayerische Aristokraten, sowie Erzherzogin *Maria Josefa,* die Mutter Kaiser Karls. Es kam der französische Gesandte Graf *d'Ormesson,* viele Intellektuelle — Professoren, Anwälte, Ärzte und Studenten — aber auch bescheidene Sekretärinnen. Die Voraussetzung war nur, daß sie Katholiken waren oder wenigstens religiös interessiert. Ich sprach über ein religiöses Thema einige Minuten lang als Einleitung der Diskussion. Das ganz unkonventionelle Aufwerfen zentraler religiöser Probleme — z. B. Das Apostolat in unserem täglichen Leben, das Apostolat des Seins, die wahre Teilnahme an der hl. Messe, die Bedeutung der Gewissenserforschung, die Gefahr der Abstumpfung im religiösen Leben — hatte großen Erfolg. Die Diskussion über Dinge, die jeden Christen zutiefst persönlich angehen und über die im allgemeinen nie mit anderen Menschen gesprochen wird, machte solchen Eindruck, daß die Anzahl der Teilnehmer von ursprünglich 60 auf über 160 anwuchs. Es war eine einzigartige Gelegenheit die existentielle Bedeutung philosophischer Erkenntnisse für das Leben des Einzelnen, insbesondere sein religiöses Leben aufleuchten zu lassen. Diese Nachmittage waren ganz dem Programm des *hl. Pius X.* gewidmet: Instaurare omnia in Christo.

Philosophie ist meine große Leidenschaft und die Wahrheit das Motto meines Lebens, aber ich habe ein volles, reiches Leben »gelebt«, voll von höchstem Glück und tiefstem Leid. Die philosophische Erforschung der Wahrheit ist zwar eine Urleidenschaft und die Inspiration zu philosophischen Einsichten ist mehr oder weniger immer zu meiner Disposition. Aber dieses thematische Erkennen wurde nie zu einer Zwangsjacke für mich und hinderte mich nie, auf das völlig andere Thema voll einzugehen, das in der gelebten Berührung mit allen großen natürlichen Gütern und im religiösen Leben vorliegt.

Vom Autor getroffene Auswahl seiner Veröffentlichungen

Von meinen 27 Büchern, von denen einige in 6 Sprachen erschienen sind, erwähne ich die folgenden:

Die Idee der sittlichen Handlung. Jahrbuch für Philosophie und phänomenologische Forschung, Bd. III. Niemeyer, Halle 1916. Sonderdruck ebenda 1930.

Sittlichkeit und ethische Werterkenntnis. Niemeyer, Halle 1921. Neuauflage, in einem Band, siehe unter Wissenschaftliche Buchgemeinschaft, Darmstadt 1969.

Reinheit und Jungfräulichkeit. Benziger, Einsiedeln [3]1950.

Metaphysik der Gemeinschaft. Habbel, Regensburg [2]1955.

Sittliche Grundhaltungen. Habbel, Regensburg [4]1969.

Ethik, Bd. II der Gesammelten Werke. Kohlhammer, Stuttgart-Regensburg [2]1973.

Wahre Sittlichkeit und Situationsethik. In Bd. VIII der Gesammelten Werke. Kohlhammer, Stuttgart-Regensburg [2]1973.

What is Philosophy? Franciscan Herald Press, Chicago [2]1973.

The New Tower of Babel. Kenedy & Sons, New York 1953.

Graven Images: Substitutes for True Morality. McKay, New York 1957.

Über das Herz. Habbel, Regensburg 1967.

Mozart, Beethoven, Schubert. Habbel, Regensburg 1964.

Das Trojanische Pferd in der Stadt Gottes. Habbel, Regensburg [4]1969.

Der verwüstete Weinberg. Habbel, Regensburg [2]1973.

Das Wesen der Liebe. Bd. III der Gesammelten Werke. Habbel, Regensburg-Stuttgart, 1971.

Ästhetik, 1. Teil. Bd. V der Gesammelten Werke. Kohlhammer, Stuttgart-Regensburg 1974.

Umgestaltung in Christus. Bd. X der Gesammelten Werke. Habbel, Regensburg-Stuttgart [5]1971.

Die Menschheit am Scheideweg. Habbel, Regensburg 1955.

Man and Woman. Franciscan Herald Press, Chicago 1966.

Ludwig Landgrebe * 1902

Eine autobiographische Selbstdarstellung eines Philosophen
sollte selbst philosophisch sein. Als solche kann sie ein Beitrag
zum alten Problem des »Anfangs der Philosophie« sein, wenn
dieses nicht bloß als die Frage nach ihrem historischen Ursprung verstanden wird, sondern als die systematische Frage
danach, was einen Menschen bewegen kann, sich von den
Überlegungen und Reflexionen der alltäglichen Praxis zur
philosophischen Reflexion zu erheben. Wenn dabei die Welt,
und das sagt, die geschichtlichen Umstände mit ihren Begegnungen und Einflüssen zu berücksichtigen sind, in denen ein
solcher Anfang geschieht, so bleibt in ihm doch ein unaufklär-
barer Rest. Ein menschliches Leben in seiner individuellen Be-
sonderheit ist mehr als ein Konglomerat von »Zufällen« und
nachrechenbaren Einflüssen und Wirkungen. In all dem, was
es von allen bestimmenden Einflüssen und Eindrücken auf-
nimmt, herrscht ein Prinzip der Selektion, der auf ein Zentrum des Seligierens verweist als ein Zentrum von Grund-
tendenzen und Interessen. Nennen wir dieses Zentrum ein
»Selbst«, so ist damit auf ein letztes Faktum verwiesen, das
keiner weiteren »Erklärung« mehr fähig ist. Nur durch dieses
Faktum gibt es so etwas wie eine Lebensgeschichte und kann
eine Biographie allgemeineres Interesse haben. Das ist der Vor-
behalt, mit dem im folgenden an erster Stelle die Umstände
geschildert werden sollen, unter denen der Autor schon recht
früh zu Gedanken und Reflexionen kam, die, wie naiv und
unvollkommen auch immer, als »philosophische« bezeichnet
werden können. Diesen Umständen muß eine gewisse Aus-
führlichkeit gewidmet werden, denn es dürfte für jedes menschliche Leben gelten, daß in solcher Frühzeit bereits Entscheidungen gefallen sind, die das weitere Leben bestimmen.

I. Jugendzeit und Beginn des Studiums

In Wien am 9. März 1902 geboren, bin ich aufgewachsen in
der Atmosphäre des alten Österreich mit ihrer charakteristi-

schen Mischung von noch halb patriarchalischen und demokratischen Zügen. *Josef Roth* hat sie später im »Radetzky-
Marsch« in unübertrefflicher Weise geschildert. Infolge des
frühen Todes der Mutter bin ich als Einzelkind aufgewachsen
und von der väterlichen Großmutter mit Güte aber zugleich
der spartanischen, am Pflichtbegriff orientierten Strenge der
altösterreichischen Offizierstochter erzogen. Ein gewisser Hang
zur Einsamkeit war von daher mitgegeben. Von der Großmutter, einer ausgebildeten Pianistin, wurde in mir schon früh
das Interesse an der Musik erweckt. Zunächst das Klavier und
später die Geige wurden mir zu einem wesentlichen Lebens-
inhalt. Mit den Symphonien *Gustav Mahlers* und den Auf-
führungen der ersten Werke *Arnold Schönbergs* konnten wir
damals den Übergang zur modernen Musik miterleben. Die
früherwachte Neigung zu großen einsamen Wanderungen, zum
Bergsteigen und die Musik waren die Heilmittel, welche die
Befreiung des Jugendlichen von all seinen Verzweiflungen
brachten und den Weg zur Besinnung freigaben. Daß die Musik den Zugang zu einer Wahrheit vermitteln kann, die durch
keine sprachliche Artikulation einzuholen ist, war eine Einsicht, welche die Neigung zu überschwänglichen Spekulationen
bezähmen konnte.

Seit 1913 besuchte ich in Wien das humanistische Gymnasium, wo schon sehr früh die Geschichte mein höchstes Interesse erweckte, und zwar nicht in erster Linie durch den sehr
gründlichen, aber doch recht trockenen Geschichtsunterricht
am Gymnasium, sondern durch die Lektüre eines Buches des
Publizisten *Paul Rohrbach,* das mir im Alter von 13 Jahren in
die Hände kam. Es schilderte in populärer Weise das Auf und
Ab und das Ineinandergreifen der großen Weltkulturen. Schon
damals stand für mich fest, daß mein künftiger Beruf ein
wissenschaftlicher sein müsse. Zwei Umstände dürften dazu
beigetragen haben. Meinem Vater war aus wirtschaftlichen
Gründen zu seinem großen Kummer das Studium versagt geblieben, und er war gezwungen, den Kaufmannsberuf zu ergreifen. So hoffte er, wenigstens in seinem Sohne die Erfüllung
seines höchsten Wunsches zu erleben. Er wies mich als Vorbild

auf diesem Wege auf seinen Vetter, den österreichischen Hof-
rat und Museumsdirektor *Eduard Leisching* hin. Dieser hatte
in seiner Studienzeit in Wien Philosophie bei *Franz Brentano*
studiert. Einige seiner Nachschriften und Ausarbeitungen der
Vorlesungen *Brentanos* konnte ich aus Familienbesitz dem
Husserl-Archiv in Löwen übergeben. *Leisching* hatte zusammen
mit anderen *Brentano*-Schülern, darunter *Thomas Masaryk* —
später der erste Präsident der Tschechoslowakischen Republik
— und *Edmund Husserl,* auf *Brentanos* Anregung die Wiener
Philosophische Gesellschaft gegründet. Auch die Gründung des
Wiener Volksbildungswerkes »Urania« ging auf seine Initiative zurück. Onkel *Leisching* hatte meinen Werdegang mit
großem Interesse verfolgt. Er war für mich nicht nur das Vorbild eines Gelehrten, sondern auch mehrfach in entscheidenden
Situationen meines Lebens ein hilfreicher Freund.

Als Gymnasiast fand ich für meine Beschäftigung mit der
Geschichte Nahrung in der kleinen Bibliothek meines Vaters,
die nicht nur die Klassiker der deutschen, französischen und
englischen Literatur enthielt, sondern auch etliche historische
Werke. Die sechs großen Lederbände von »Ullsteins Weltgeschichte« waren meine bevorzugte Lektüre. Das Leben und
Sterben der Völker und Kulturen war der erste Gegenstand
meines Nachdenkens. Mit der Frage, »warum es überhaupt
Menschen gibt?«, der ich auf einsamen Spaziergängen nach-
grübelte, fand ich mich hoch erhaben über meine banale und
im Alltag dahinlebende Umwelt und ausgesondert aus ihr. In
einem kleinen Tagebuch, das ich etwas später zu führen begann, notierte ich »hier sitz' ich und schaue am Rande des
Lebens« — eine Distanz, die freilich Hand in Hand ging mit
lebhafter und engagierter Teilnahme an den Ereignissen des
Tages. Der Zusammenbruch der österreichischen Monarchie
im Herbst 1918 vermittelte eine lebendige Anschauung von der
untrennbaren Verflechtung von persönlichem Schicksal und
allgemeiner Geschichte. Es war der Zusammenbruch der Welt,
in der ich als Kind in zwar bescheidenen, aber gesicherten
bürgerlichen Verhältnissen gelebt hatte. In einem Kreise von
Freunden, zu dem auch der spätere Gräzist *Walther Kraus*

(1968/69 Rektor der Universität Wien) und mein jetziger Fakultätskollege in Köln, der Romanist *Fritz Schalk* gehörten, wurde die Frage diskutiert, wohin die Zukunft führen wird und wie ein neuer Anfang gefunden werden soll. *Karl Kraus* war mit seinen kulturkritischen Schriften und Vorträgen sozusagen der Mentor unseres Kreises. Für die ältere Generation galt er vielfach als »Bürgerschreck«. Sie verkannte dabei, daß seine Kritik von einem hohen moralischen Anspruch geleitet war und in die Tradition des Toleranzgedankens der Josefinischen Aufklärung gehörte, die untergründig in der geistigen Atmosphäre Österreichs weiterwirkte.

Ein Entwurf »Über den Zufall in der Geschichte« war das erste philosophische Elaborat, das ich in dem Freundeskreis vortrug. Es war angeregt durch die Diskussionen, die sich an das für uns höchst aufregende Werk *Oswald Spenglers* »Der Untergang des Abendlandes« knüpften, das 1919 erschienen war. Nach einer philosophischen Grundlage suchend, waren mir die Werke *Schopenhauers* in die Hand gekommen, die — offenbar ein Geschenk — ungelesen in der Bibliothek meines Vaters standen. Aber ich bin dadurch nicht der modischen Versuchung verfallen, Schopenhauerianer zu werden, sondern ich fand mich durch diese Lektüre zurückverwiesen auf *Kant* und begann auf eigene Faust die Kritik d.r.V. zu studieren. Meine Randbemerkungen in der kleinen Reclam-Ausgabe von *Kehrbach*, die mir eine Freundin in Leder gebunden hatte, bereiten mir noch heute Vergnügen. In *Kant* glaubte ich einen Boden für meine Bemühungen gefunden zu haben. Aus dieser Perspektive fand ich den Schulunterricht in Philosophie, dessen Themen Logik und Psychologie waren, höchst unbefriedigend und suchte die Lehrer mit Kantischen Argumenten in Verlegenheit zu bringen.

So stand mein Entschluß fest, Philosophie zu studieren, als ich 1921 das Abitur bestanden hatte und die Universität Wien bezog, an der ich die ersten drei Semester verbrachte. In der Philosophie, die dort vertreten wurde, fand ich nicht das, was ich suchte. Die österreichische Aufklärung hatte von Anfang an mehr Affinität zum westlichen Empirismus und Positivis-

mus als zur deutschen Transzendentalphilosophie. So war auch
von den neuen Ansätzen der Philosophie in Deutschland in
Wien nichts zu hören. Auch *Franz Brentano* schien in Wien
mehr oder weniger vergessen zu sein, obwohl seine Schüler die
Lehrstühle anderer österreichischer Universitäten innehatten.
Der »Empiriokritizismus« *Ernst Machs* hatte schon im Ausgang des 19. Jahrhunderts den Boden für die Entfaltung des
Neopositivismus vorbereitet, der dann mit der Berufung *Moritz
Schlicks* nach Wien (1922) dort die stärkste Macht wurde. So
beschränkte ich mich darauf, als eine unerläßliche Grundlage
die philosophiegeschichtlichen Vorlesungen *Robert Reiningers*
zu hören. Im Anschluß an Logik-Vorlesungen von *Wilhelm
Jerusalem* und *Victor Kraft* arbeitete ich mich durch die Logik
J. St. Mills und *Sigwarts*, wenn auch etwas widerwillig hindurch. *Husserls* Kritik daran war in Wien nicht rezipiert worden, aber die Kenntnis dieser Werke war mir später beim
Studium der »Logischen Untersuchungen« sehr nützlich. Im
übrigen las ich auf eigene Faust die Werke *Descartes'* und
Spinozas in den Originaltexten. Wenn auch mangels einer
Anleitung das Verständnis lückenhaft blieb, so prägt sich doch
das, was man im Anfang des Studiums gelesen hat, so ein, daß
man später darüber verfügen kann. Es ist bedenklich, daß heute
die Studenten zu einer solchen breiten Lektüre der »Klassiker«
im Anfang ihres Studiums kaum noch zu bewegen sind. Wenn
nur noch die Gegenwart gilt, sind sie später den in ihr untergründig weiterwirkenden Elementen der Tradition hilflos und
in unkontrollierbarer Weise preisgegeben. Sehr wichtig waren
für mich die glänzenden Vorlesungen des Psychologen *Karl
Bühler*, der eben nach Wien berufen worden war. Er verstand
es, die Einführung in die empirische Psychologie mit der Erörterung ihrer philosophischen Prinzipienfragen zu verbinden.
Ich konnte damals noch nicht ahnen, wie wichtig die Bekanntschaft mit der Psychologie beim Studium der Phänomenologie
werden sollte. Das Studium der Philosophie ließ genug Zeit
für meine beiden anderen Fächer Geschichte und Geographie.
Das berühmte »Österreichische Institut für Geschichtsfor-
schung«, dieses Zentrum der Hilfswissenschaften, blieb dem

Anfänger freilich verschlossen. Meine Lehrer waren *Oswald Redlich,* der Historiograph der Habsburger Kaiser, in dessen Seminar ich im zweiten Semester aufgenommen wurde, und *Alfons Dopsch,* der als einer der ersten die Wirtschaftsgeschichte in die Universalgeschichte einbezog. Im Seminar *Redlichs* lernte ich *Heimito von Doderer* kennen, der gerade seine Dissertation vorbereitete. Er war ein geistvoller und interessanter Gesprächspartner. Leider hatte ich nach meinem Weggang aus Wien die Verbindung mit ihm verloren und wurde erst wieder an ihn erinnert, als er durch seine »Strudlhofstiege« berühmt geworden war. In der Geographie, in der schon das Gymnasium einen ausgezeichneten und vielseitigen Unterricht vermittelt hatte, war noch die große Tradition von *Eduard Süß* (»Das Antlitz der Erde«) lebendig. Philologische, kunstgeschichtliche und sozialwissenschaftliche Vorlesungen liefen nebenher. In *Hans von Arnims* Plato-Kolleg lernte ich die Methode der Wortstatistik kennen. Die Vorlesungen *Othmar Spanns* in der überfüllten Aula waren ein gesellschaftliches Modeereignis. Seine Ganzheitstheorie mit ihren selbsterfundenen »Kategorien« schien mir jedoch suspekt und dilettantisch. Auf der Suche nach neuen Ansätzen in der Philosophie kam mir *Max Schelers* Wertethik in die Hand. Durch *Schelers* Verweisungen auf *Husserls* Schriften wurde in mir der Wunsch geweckt, *Husserl* selbst zu hören.

II. Freiburg (1923–1930)

Im Sommersemester 1923 ergab sich die Möglichkeit, an die Universität Freiburg überzugehen. Mit der bereits stabilisierten österreichischen Währung war auch für einen Österreicher mit seinen bescheidenen Möglichkeiten das Studium in Deutschland erschwinglich. In Wien war es infolge der großen Hörerzahlen für den Anfänger schon damals schwer gewesen, persönliche Kontakte zu finden. In Freiburg kam ich dagegen in eine mit ihren 2000–3000 Hörern überschaubare Universität. Die Professoren thronten nicht als »Hierarchen« in einer un-

erreichbaren Ferne. Die meisten Dozenten und Professoren
luden die Teilnehmer ihrer Seminare regelmäßig in ihr Haus
ein, zum Teil sogar zu einem feierlichen Diner. Manche gingen
an den Wochenenden mit ihren Studenten zum Skilaufen in
den Schwarzwald. Die Seminare, die *Heidegger* gelegentlich
mit nachfolgendem Skikurs im »Feldberger Hof« veranstaltete,
sind mir noch in lebhafter Erinnerung.

Husserl war als Nachfolger *Heinrich Rickerts* 1916 nach
Freiburg berufen worden. Auf Grund einer Empfehlung meines Onkels *Leisching* wurde ich von ihm freundlich aufgenommen. Bei der ersten Einladung in sein Haus hatte ich nach
dem Abendessen in dem berühmten Ledersofa seines Studier-
zimmers Platz zu nehmen und ihm Fragen zu stellen. Die erste
betraf den Begriff der eidetischen Singularität im 1. Kapitel
seiner »Ideen . . .«, der mir große Schwierigkeiten machte. Ich
ahnte freilich nicht, daß in diesem Begriff eine der Aporien
verborgen war, auf die *Husserls* Wesenslehre führt. *Husserl*
antwortete wie zumeist üblich mit einem großen Monolog, in
dem ich zu meinem Kummer bald den Faden verlor. Aber ich
hätte es nicht gewagt, ihn durch Zwischenfragen zu unterbrechen. *Husserl* sagte mir die Aufnahme in sein Seminar zu, verwies mich aber gleichzeitig auf das Proseminar *Heideggers*, der
damals noch sein Assistent war. *Heidegger* las in diesem seinem
letzten Semester in Freiburg eine einstündige Vorlesung über
»Ontologie«, in der er die Grundzüge seiner Analytik des
Daseins vortrug, die später den ersten Teil von »Sein und Zeit«
bildete. Die Spannung in dem kleinen überfüllten Hörsaal, in
dem sich auch zahlreiche Professoren eingefunden hatten, gab
mir das Gefühl, einem großen Ereignis beizuwohnen. Die häm-
mernde Sprache und die expressionistische Diktion, mit der
er seine These »Phänomenologie ist die Hermeneutik der Faktizität des Daseins« entwickelte, und die Verbindung eines ganz
neuen systematischen Beginnens mit einer radikalen Zeitkritik
waren für mich ein ganz neuer Ton in der Philosophie. Von
diesem Augenblick an war ich so sehr von der Philosophie
Heideggers eingenommen, daß ich *Husserls* Gedanken zunächst und noch lange nur noch im Lichte der kritischen Be-

merkungen aufnahm, die *Heidegger* ihnen in Anspielungen
widmete. Auch nach der Berufung *Heideggers* nach Marburg
im Herbst 1923 kamen die Nachschriften seiner Marburger
Vorlesungen nach Freiburg und wurden im Kreise der Mitglieder von *Husserls* Seminar eifrig gelesen und diskutiert. Der
rege Wechselverkehr zwischen Freiburg und Marburg war
durch die immer stärkere Inflation ermöglicht: eine Bahnreise
kostete zeitweise nicht mehr als 1 Pfd. Margarine!

Ich war überzeugt von der Überlegenheit sowohl von *Husserls* Phänomenologie wie von *Heideggers* Gedanken über alle
anderen Positionen und deren Interpretation der Geschichte
der Philosophie. Viele Probleme konnten von daher als Schein-
probleme entlarvt und viele ihrer Aporien aufgelöst werden.
Nicht mit Unrecht kann man *Heideggers* »Sein und Zeit« als
Radikalisierung und Erweiterung der Transzendentalphilosophie lesen. Aber noch lange wollte es mir nicht gelingen, *Husserls* Phänomenologie und *Heideggers* Gedanken in das rechte
Verhältnis zueinander zu setzen. Ich schwankte zwischen beiden hin und her, ohne einen sicheren Boden zu gewinnen. Erst
später kam ich zu der Einsicht, daß es hierfür notwendig ist,
zuerst *Husserls* transzendentale Phänomenologie, in der er sich
bis zuletzt noch als »Anfänger« bezeichnete, bis in ihre letzten
Konsequenzen zu verfolgen, um an den Punkt zu kommen, an
dem sie aus sich selbst heraus auf ihre Grenzen verweist, jenseits derer die Frage der »Metaphysik« beginnt. *Husserl* selbst
hat ihr die »Frage nach dem Faktum«, d. i. der Faktizität zugewiesen, ohne sie weiter ausgeführt zu haben. Erst von daher
dürfte eine sachgerechte Würdigung von *Heideggers* Wendung
vom transzendentalphilosophischen Ansatz in »Sein und Zeit«
zur »Kehre« möglich werden. In *Heideggers* Spätwerk tritt das
Problem der Faktizität unter dem Titel »Ereignis« auf.

Die gründliche Einführung in *Kant* verdanke ich in Freiburg
den Vorlesungen von *Julius Ebbinghaus,* der mit seiner Abhandlung »Kantinterpretation und Kantkritik« (1924) *Kants*
Werk aus der Enge der bis dahin maßgebenden neukantianischen
Interpretation befreit hatte. Als den unermüdlichen Kämpfer
für die Rechtsidee als die Grundlage der menschlichen Gesell-

schaft habe ich *Ebbinghaus* dann immer mehr verehren gelernt.
In Freiburg wirkte damals auch der Begründer des deutschen
Neuhegelianismus *Richard Kroner*. Aber es wäre über meine
Kräfte gegangen, auch seinen Vorlesungen zu folgen. Mit dem
Studium *Hegels* begann ich erst viel später. Die Mitglieder von
Husserls Seminar fanden sich unter dem Patronat von *Oskar
Becker*, der nach dem Weggang *Heideggers Husserls* Assistent
geworden war, zu einer kleinen »Phänomenologischen Gesell-
schaft« zusammen. An ihren regelmäßigen Zusammenkünften
beteiligten sich auch die Schüler von *Ebbinghaus* und *Kroner*,
so daß dort drei Philosophenschulen in lebhaften Diskussionen
aufeinanderstießen.

Neben der Philosophie, die den Schwerpunkt meines Studiums in Freiburg bildete, betrieb ich weiter das Studium der
Geschichte. Ich hörte vor allem die verfassungsgeschichtlichen
Vorlesungen *Georg von Belows* und die Vorlesungen *Heinrich
Finkes* (damals Präsident der Görres-Gesellschaft). An seinem
Seminar nahm ich regelmäßig teil. Eine lebendige Anschauung
vom Mittelalter erhielt ich durch seine großartige Vorlesung
über Bildungssystem und Weltanschauung des Mittelalters. Es
erscheint mir noch heute als ein Verlust, daß er offenbar keinen druckreifen Text von dieser Vorlesung hinterlassen hat.
Seit 1925 trat noch das Studium der Kunstgeschichte hinzu, in
der ich in *Hans Jantzen* einen hervorragenden Lehrer fand.

Im Sommer 1923 hatte *Husserl* einen Ruf an die Universität
Berlin abgelehnt und sich dabei u. a. die Mittel für die Stelle
eines Privatassistenten ausbedungen, die ich im Herbst 1923
erhielt und auch nach der Promotion bis 1930 innehatte. Dadurch war die Fortsetzung und der Abschluß meines Studiums
in Freiburg gesichert. Meine erste Aufgabe war die Nachschrift
und Ausarbeitung seiner Vorlesung über »Erste Philosophie«
im Wintersemester 1923/24.[1] Nach jeder Vorlesung gab mir
Husserl die stenographischen Manuskriptblätter in die Hand,

---

[1] Aus dem Nachlaß veröffentlicht 1956–59 als Bd. VII u. VIII
der »Husserliana«, Nijhoff, den Haag 1950 ff., im folgenden zitiert
als »Hua«.

die er zumeist erst unmittelbar vorher geschrieben hatte. Aus diesen Blättern und meinen eigenen Notizen hatte ich einen zusammenhängenden und von Wiederholungen befreiten Text und den Aufriß des Gedankenganges herzustellen — für den Anfänger eine außerordentlich schwierige Aufgabe, die mich das ganze Semester hindurch vollauf beschäftigte. Zu meinen weiteren Aufgaben gehörte die Übertragung seiner fast ausnahmslos stenographisch entworfenen Korrespondenz in die Schreibmaschine, sowie die Ordnung und teilweise Transkription von Manuskripten, die er als Unterlage für seine Vorlesungen herausgesucht hatte. Schon meine Vorgängerin *Edith Stein* hatte von dem Entwurf zum 2. Band der »Ideen zu einer reinen Phänomenologie . . .« und von den Göttinger Vorlesungen über das Zeitbewußtsein handschriftliche Abschriften gemacht, die ich zu kollationieren und zu verbessern und dann in die Schreibmaschine zu übertragen hatte. Dies sollte *Husserl* als Unterlage für eine völlige Umarbeitung dienen, zu der er aber nie gekommen ist. Nur die Vorlesungen über das Zeitbewußtsein hatte *Heidegger,* der an ihnen besonders interessiert war, später als Geschenk zu *Husserls* 70. Geburtstag im 9. Band von *Husserls* »Jahrbuch . . .« veröffentlicht.

In *Husserls* Seminaren erhielt ich einen lebhaften Eindruck von der internationalen Ausbreitung der Phänomenologie, die schon mit *Husserls* Göttinger Lehrtätigkeit vor dem Ersten Weltkrieg begonnen hatte. Regelmäßig waren amerikanische und japanische Gäste zugegen. Mit *Marvin Farber,* der später die erste phänomenologische Zeitschrift der USA (»Philosophy and phenomenological Research«) begründet hatte, stand ich seitdem in freundschaftlichem Kontakt. Auch *Rudolf Carnap,* der bis zu seiner Habilitation in Wien (1926) in der Nähe von Freiburg lebte, war ein regelmäßiger, sehr lebhafter Teilnehmer. Einige phänomenologische Termini in seinem Werke »Der logische Aufbau der Welt« dürften von daher stammen. Im Sommersemester 1924 legte *Husserl* seinem Seminar *Simmels* »Probleme der Geschichtsphilosophie« zugrunde — ein auch heute in vielem noch lesenswertes Buch! An diesem Seminar nahmen auch der emigrierte russische Kulturphilosoph *Fedor*

Stepun und der Slawist *Dmitrij Tschizewskij* teil. Es war ein
eindrucksvoller Kreis, dessen Diskussionen sich auf einer für
den Anfänger schwindelerregenden Höhe bewegten. Daß Philosophie, mit *Kant* zu sprechen, eine »Herkulische Anstrengung« bedeutet, war mir schon längst klar geworden. Dieses
Seminar war für mich der Anlaß, mich wieder den Problemen
der Geschichtsphilosophie zuzuwenden. Durch das Studium
der Geschichte hatten meine Bemühungen eine breitere historische und methodische Basis erhalten, die ich in der Geschichtstheorie des Neukantianismus vermißte. Bei *Husserl*
fand ich hierfür keinen Anknüpfungspunkt, dagegen jedoch in
Diltheys Analysen der geschichtlichen Welt. Auf *Dilthey*, von
dem ich in Wien niemals etwas gehört hatte, war ich in Freiburg gleich aufmerksam geworden. Von seinen »Gesammelten
Schriften« waren bereits fünf Bände erschienen und wurden
von den Studenten eifrig gelesen und diskutiert. Es gab jedoch
noch keine Darstellung des inneren Zusammenhangs seiner
Theorie der Geisteswissenschaften. Sie wurde das Thema meiner Dissertation. *Husserl* lag dieses Thema damals fern, obwohl
er mit *Dilthey* in den letzten 10 Jahren vor dessen Tod 1911
in regem Kontakt gestanden hatte. *Husserl* hätte es lieber gesehen, wenn ich eine kritische Arbeit über *Meinongs* Gegen-
standstheorie geschrieben hätte, und er war etwas enttäuscht,
daß ich mich nicht dafür erwärmen konnte. Vollauf beschäftigt
mit den Plänen zu einer neuen Einleitung in die Phänomenologie, verwies er mich für die Beratung meiner Arbeit auf *Oskar
Becker*, dessen Vorlesungen ich auch sonst viel verdankte. Als
Philosoph war er ein ebenso hervorragender Philologe wie
auch Logiker und Mathematiker. Auch nach dem Abschluß
meiner Dissertation stand ich mit ihm in anregendem Kontakt.
Die Unterhaltungen mit ihm waren mir in allen meinen philosophischen Verlegenheiten immer eine wertvolle Hilfe.

In der Dissertation versuchte ich *Diltheys* Entwurf einer
geisteswissenschaftlichen Psychologie als der philosophischen
Grundlage der Geisteswissenschaften im Lichte von *Husserls*
phänomenologischen Analysen und *Heideggers* Daseinsanalyse
zu interpretieren. Dieser Gesichtspunkt ist nicht von außen

herangetragen. Er hatte freilich zur Folge, daß dadurch die Bedeutung der Historischen Schule für *Diltheys* Denken nicht genügend berücksichtigt wurde. Andererseits verdankte *Dilthey* die Impulse zu einer Revision seiner früheren Untersuchungen und zur Konzeption des Alterswerkes »Der Aufbau der geschichtlichen Welt in den Geisteswissenschaften« und »Studien zur Grundlegung der Geisteswissenschaften« der Auseinandersetzung mit *Husserls* »Logischen Untersuchungen«, und *Heidegger* wollte »Sein und Zeit« als eine Radikalisierung von *Diltheys* Ansätzen verstanden wissen. 1926 war die Dissertation abgeschlossen, und im Februar 1927 wurde ich von der Freiburger Philosophischen Fakultät zum Dr. phil. promoviert. Die Dissertation hat *Husserl* in den 9. Band seines »Jahrbuchs« aufgenommen. Im gleichen Band erschien auch die Freiburger Habilitationsschrift von *Fritz Kaufmann* über »Die Philosophie des Grafen Paul York von Wartenburg« (des philosophischen Freundes *Diltheys*). *Fritz Kaufmann* habe ich auch viele Anregungen zu verdanken, und er war mit seinem großen und sensiblen philosophischen Ernst und der Würde und Überlegenheit, mit der er später sein schweres Schicksal der Emigration getragen hatte, immer ein Vorbild. Bis zu seinem Tode 1959 stand ich mit ihm in freundschaftlicher Verbindung.

Nach meiner Promotion, für die mir *Husserl* eine weitgehende Entlastung von den Assistentenpflichten gewährt hatte, kehrte ich zur Bearbeitung seiner Manuskripte zurück. Meine nächste Aufgabe war die Zusammenstellung, Ordnung und Transkription von logischen Manuskripten, die *Husserl* in der Zeit zwischen den »Logischen Untersuchungen« und den »Ideen ...« 1901–1913 geschrieben hatte. Die Bedeutung dieser Manuskripte liegt darin, daß sie den Weg *Husserls* zum transzendental-phänomenologischen Programm der »Ideen ...« erhellen können. Es schloß sich daran die Ausarbeitung der Vorlesungen über »Genetische Logik«, die *Husserl* im Beginn der 20er Jahre in mehreren Fassungen gehalten hatte. Der erste Entwurf dieser Ausarbeitung war im Herbst 1928 abgeschlossen. *Husserl* wollte eine Einleitung dazu schreiben und dann den Text selbst noch einmal für den Druck überarbeiten. Aus dieser Einleitung

erwuchs ihm — in wenigen Monaten des Winters 1928/29 niedergeschrieben — die »Formale und transzendentale Logik«,[2]
bei deren Schlußredaktion ich in einer fieberhaften Arbeit auch
mitzuwirken hatte. Mein Entwurf der »Genetischen Logik«
blieb liegen und wurde erst 10 Jahre später abgeschlossen und
veröffentlicht.

1929 hatte ich mit den Vorarbeiten zu einer Habilitationsschrift begonnen und beendete im Frühjahr 1930 meine Tätigkeit für *Husserl,* um mich ganz dieser Aufgabe widmen zu
können. Mein Nachfolger als Assistent *Husserls* wurde *Eugen
Fink,* der trotz aller Anfeindungen von seiten der Nazis bei
ihm ausharrte. Mein Entwurf bewegte sich sozusagen in dem
Dreieck *Husserl—Dilthey—Heidegger.* Mein Ziel war, *Diltheys*
Analysen der geschichtlichen Welt in den Kontext der transzendentalen Phänomenologie einzubringen und dabei über deren
Verhältnis zu *Heideggers* »Fundamentalontologie« Klarheit zu
gewinnen. Ausgangspunkt waren *Diltheys* Begriffe des Erlebnisses und Erlebniszusammenhangs und die aus ihnen folgende
These des »Verstehens aus dem Ganzen«. Leitfaden war dabei
Heideggers Begriff des Ganz-sein-könnens und der existentialen
Möglichkeit sowie die Frage nach dem Verhältnis dieses Begriffs
der existentialen Möglichkeit zu den in der Tradition entwickelten Begriffen von Möglichkeit. *Dilthey* verstand das Ganze des
Erlebniszusammenhangs als ein Werden zur individuellen Gestalt. Zum zentralen Problem wurde daher die Genesis des jeweils individuellen »Selbst« und der Einheit seines Bewußtseins
durch die Unterbrechungen im Schlaf hindurch, in der aller Erwerb der Erfahrung einer »passiven Genesis« ohne Beteiligung
des »wachen Ich« überlassen und verwandelt wird. Index für
dieses Werden ist der Traum und die allbekannte Erwartung,
daß sich nach dem Erwachen »die Dinge in einem neuen Lichte
zeigen werden«. Diese Phänomene zeigen, daß die Genesis
eines individuellen Selbst niemals ausschließlich aus Bedingungen der Umwelt und Gesellschaft abgeleitet werden kann. Mit

---

[2] Bd. 10 des »Jahrbuchs«, 1929, kritische Neuausgabe in den
»Husserliana« [erscheinen]. Bd. XVII, 1974.

diesem Problem der »passiven Genesis« war ein Grundproblem der Husserlschen Konstitutionslehre berührt, das mich später immer weiter beschäftigen sollte. Es war mir damals noch nicht bewußt geworden, daß mein immer mehr angeschwollener Entwurf eine Fülle von Problemen aufwarf, die unmöglich in absehbarer Zeit zu lösen waren, sondern geradezu einer Lebensarbeit bedurften.

Die Jahre 1931/32 verbrachte ich in einem Vorort Hamburgs, der Heimatstadt meiner Frau, der Tochter des Hamburgischen Oberlandesgerichtsrats Dr. *Goldschmidt,* die ich 1933 heiratete. Ohne seine wirtschaftliche Unterstützung, die er mir trotz seiner seit 1933 immer schwieriger werdenden Situation gewährte, wäre mir die weitere Verfolgung meiner Habilitationspläne nicht möglich gewesen. Er wurde 1942 nach Theresienstadt deportiert und gehörte zu den wenigen, die 1945 heil von dort zurückkehren konnten. Über diese Zeit berichtete er in einer kleinen Schrift »Die evangelische Gemeinde in Theresienstadt 1933—1945«[3], die er dort gegründet und als Laien-Seelsorger betreut hatte.

In Hamburg war ich eine Zeitlang Gast im Seminar *Ernst Cassirers* und kam in einen Kreis von jüngeren Philosophen und Wissenschaftlern, dem u. a. *Joachim Ritter, Hermann Noack* und *Siegfried Landshut* angehörten. Landshut hatte damals im Archiv der SPD die »Pariser Manuskripte« von *Karl Marx* entdeckt und in seiner Ausgabe der philosophischen Jugendschriften von *Marx* veröffentlicht. Sie wurden in diesem Kreise Gegenstand vieler Diskussionen. Erst aufgrund dieser Manuskripte ist es möglich geworden, Einsicht in den philosophischen Ausgangspunkt von *Marx* und in sein Verhältnis zur Hegelschen Philosophie zu gewinnen, die ich damals zu studieren begann. Wir konnten noch nicht ahnen, welche Bedeutung die »Pariser Manuskripte« später auch innerhalb der weiteren Entwicklung des Marxismus selbst erlangen sollten. Alle Widerstände gegen den dogmatischen etablierten Marxismus bezogen von ihnen ihre Argumente.

---

[3] Erschienen in der Reihe »Das christliche Deutschland 1933 bis 1945«, Furche-Verlag, Stuttgart 1946.

III. Prag (1933—1939)

Meine Bemühungen, an einer Universität in Deutschland
eine Stelle zu finden, die mir eine Existenzgrundlage und die
Möglichkeit der Habilitation eröffnet hätte, blieben auch trotz
der Bemühungen meines Lehrers *Husserl* erfolglos. Infolge der
Wirtschaftskrise war jede Einrichtung neuer Stellen gesperrt —
Assistentenstellen waren ohnedies äußerst selten — und seit dem
Siege des Nationalsozialismus konnte ich sowohl als Husserl-
Schüler wie wegen der jüdischen Vorfahren meiner Frau nicht
mehr auf eine Habilitation in Deutschland hoffen. So wendete
ich mich auf Anregung des Ästhetikers *Emil Utitz* (damals
Universität Halle) Anfang 1933 nach Prag. An der Deutschen
Universität war die Philosophie damals allein durch den Schüler und Herausgeber *Brentanos, Oskar Kraus* vertreten, und es
war zu erwarten, daß die Philosophische Fakultät die Habilitation eines Philosophen begrüßen würde. Wieder war es die
Empfehlung meines Onkels *Leisching,* die meine Vorstellung
bei *Kraus,* seinem ehemaligen Studienkollegen, ermöglichte. So
wurde ich von ihm freundlich aufgenommen, obwohl er einer
der schärfsten Gegner *Husserls* war. Er hatte ihm Verrat an
der Lehre *Brentanos* vorgeworfen, die von ihm in einer sehr
dogmatischen Weise vertreten wurde. Aber trotz der Schärfe
seiner Polemiken war er persönlich ein gütiger und hilfsberei-
ter Mensch. Es gelang mir allmählich sogar, zwischen ihm und
Husserl trotz aller sachlichen Gegensätze eine Versöhnung her-
beizuführen, so daß *Husserl* 1935 eine Einladung zu Vorträgen
an der Deutschen und der Tschechischen Universität in Prag
annehmen konnte. Diese Vorträge waren die Keimzelle, aus
der sein Spätwerk über »Die Krisis der europäischen Wissenschaften und die transzendentale Phänomenologie« hervorgegangen ist.[4] Für meinen Entwurf einer Habilationsschrift, der
auch mich selbst nicht mehr befriedigte, konnte ich freilich bei
Kraus kein Verständnis erwarten. Aber ich fand in den heute

---

[4] Nur der 1. Teil ist noch von Husserl selbst in der Belgrader
Emigrantenzeitschrift »Philosophia« — in Deutschland konnte er
nicht mehr publizieren — 1936 veröffentlicht worden. Der vollständige Text ist als Bd. VI der Hua 1954 erschienen.

zu Unrecht vergessenen, sehr subtilen und genauen sprach-philosophischen Untersuchungen des Brentano-Schülers *Anton Marty* (1880—1913 Professor in Prag) ein Gebiet, auf dem ich mich sehr wohl mit *Kraus* verständigen konnte. 1934 schloß ich meine neue Habilitationsschrift »Nennfunktion und Wortbedeutung. Eine Untersuchung über *Martys* Sprachphilosophie«[5] ab, mit der ich mich 1935 an der Deutschen Universität in Prag habilitierte. In dieser Schrift suchte ich *Martys* Lehre von den Namen zu korrigieren und zu zeigen, daß im Ursprung der Nennfunktion der Ursprung der menschlichen Rede zu suchen ist. *Emil Utitz* hatte 1934 die Universität Halle verlassen müssen und war auf der Flucht vor Hitler an die Deutsche Universität Prag, seiner Heimatstadt, berufen worden. Als Verehrer *Husserls* unterstützte er meine Habilitation nachdrücklich und war mir auch weiterhin in den schwierigen Jahren meiner Prager Tätigkeit außerordentlich hilfreich. Es hatte damals schon eine Verbesserung der nach 1918 sehr gespannten Beziehungen zwischen Deutschen und Tschechen in der Tschechoslowakei begonnen. Der Regierung gehörten zwei deutsche Minister an, und zwischen deutschen und tschechischen Gelehrten gab es auf vielen Gebieten eine fruchtbare Zusammenarbeit. Durch *Hitlers* Machtergreifung und die wachsende Sympathie der Sudetendeutschen für den Nationalsozialismus wurde diese hoffnungsvolle Entwicklung abgebrochen, und die politische Spannung wuchs von Jahr zu Jahr. Auch die Fakultät war politisch gespalten in Liberale und Nationalisten, welche die baldige »Heimkehr ins Reich« erhofften. Als Deutscher, der dieses Reich verlassen hatte, war ich den Nationalisten verdächtig, und so fand ich meine Freunde mehr unter den Tschechen als unter den Deutschen.

Mein »Marty-Buch« wurde von den Prager Linguisten beifällig aufgenommen, und ich erhielt die Einladung, an den Sitzungen des Cercle linguistique de Prague teilzunehmen. Es war eine ausgezeichnete Gelegenheit, mich über den neuesten Stand der linguistischen Forschung zu orientieren. Auch *Tschi-*

---

[5] Akad. Verlag, Halle 1934.

zewskij traf ich dort wieder. Er hatte eine Professur an der ukrainischen Emigranten-Universität in Prag erhalten. Leiter des Cercle war *Roman Jakobson* (jetzt Harvard). Er hat der von seinem Lehrer *Trubetzkoy* entworfenen Phonologie erst die streng wissenschaftliche Form gegeben. Die »Prager Schule« galt damals neben der Kopenhagener Schule als Zentrum der modernen Sprachwissenschaft.

Rudolf Carnap hatte einen Ruf von Wien an die Prager Universität erhalten. Ich traf mich mit ihm zu vielen langen Diskussionen, in denen ich vergeblich versuchte, ihn von der Notwendigkeit einer transzendental-phänomenologischen Begründung der Logik zu überzeugen. *Husserls* »Formale und transzendentale Logik« fand er »höchst gefährlich« und vermutete in ihr einen Weg zum Irrationalismus.

1934 gründete *Utitz* zusammen mit dem tschechischen Professor *Jan B. Kozák* — einem Freunde des ehemaligen tschechischen Außenministers *J. Benesch* — den »Cercle philosophique de Prague«. Im Gegensatz zum Nationalismus jener Epoche sollte er im Geiste *Masaryks* den Idealen der Humanität dienen und insbesondere ein Ort der Pflege der Phänomenologie werden. Zum Cercle gehörte auch der junge tschechische Philosoph *Jan Patočká*, gleichfalls einer der letzten Husserl-Schüler. Ihm verdanke ich nicht nur unermüdliche tätige Hilfe und Beratung in all den Schwierigkeiten, die meine Situation mit sich brachte, sondern auch reiche Anregung in den nächtelangen Gesprächen, ohne die keine Woche verging. Seitdem bin ich mit ihm in Freundschaft verbunden und verfolgte später mit Bedrückung sein schweres Schicksal. 1936 habilitierte er sich an der tschechischen Universität in Prag. Aber seine Lehrtätigkeit sollte bereits im Herbst 1939 mit der Schließung der Universitäten des Landes — den slawischen Völkern sollten ja nur noch untergeordnete Tätigkeiten erlaubt sein! — ihr Ende finden. Erst 1946 konnte er sie wieder aufnehmen, wurde aber bereits 1948 als Nicht-Kommunist wieder von der Universität ausgeschlossen. 20 Jahre später erhielt der universale Gelehrte und große Kenner der abendländischen, insbesondere auch der böhmischen Geistesgeschichte mit dem »Prager Frühling« endlich den wohlverdienten Lehrstuhl, der ihm aber nach wenigen Jahren wieder genommen wurde.

Meine Vorlesungen in Prag begann ich mit einer »Einleitung in die Geisteswissenschaften«, mit der ich das nachzuholen suchte, was ich in meinem »Dilthey-Buch« übergangen hatte: die Darstellung der Entwicklungslinie des Nachdenkens über die Geschichte, die von *Herder* zu den methodischen Prinzipien der Historischen Schule führt (*Jac. Grimm, Savigny, Ranke*). Diese Linie läuft sozusagen neben der Hauptlinie der Philosophie jener Epoche her, die von *Kant* zum Idealismus führt. *Dilthey* sucht beide zu vereinigen, aber die übrigen Geschichtsphilosophen seit der zweiten Hälfte des 19. Jahrhunderts haben sie wenig bedacht und von dem Weg, auf dem durch die Praxis der Geschichtswissenschaft Geschichte erschlossen wird, zumeist nur recht unzulängliche Vorstellungen gehabt. Weitere Themen meiner Vorlesungen waren der Ursprung der neuzeitlichen Wissenschaft, die Sprachphilosophie und selbstverständlich die Phänomenologie und *Heidegger*.

Im Sommer 1937 nahm ich im Rahmen der tschechoslowakischen Delegation, die vorwiegend aus den Mitgliedern des Cercle philosophique de Prague bestand, am Internationalen Philosophenkongreß in Paris teil. Als »Congrès Descartes« war er zugleich die Dreihundertjahrfeier des Discours de la Méthode. Es war für mich die erste Begegnung mit der internationalen philosophischen Welt. Trotzdem fand ich mich mehr bei den Kunstdenkmälern und Museen von Paris als in den Hörsälen der Sorbonne; denn philosophisch schien mir dieser Jahrmarkt der Meinungen mit den vielfach leeren Deklamationen in den großen Plenarversammlungen weniger interessant. Aber er war ein Seismograph der weltpolitischen Spannungen, die zwei Jahre später zum Kriege führen sollten. Selbstverständlich gab es in den Sektionen neben allerhand Dilettantismus auch ernsthafte Arbeit, vor allem bei den Logikern und Mediaevisten, unter denen *Etienne Gilson* die beherrschende Gestalt war. Von Phänomenologen traf ich wieder *Alexandre Koyré*, einen der ältesten Husserl-Schüler, der eben sein »Galilei-Buch« abgeschlossen hatte. Er war mit *Husserls*

Galilei-Interpretation im »Krisis«-Werk sehr einverstanden. Auch *Gaston Berger* lernte ich kennen; er hatte als einer der ersten die Phänomenologie nach Frankreich gebracht. Gleichzeitig fand in Paris die Internationale Weltausstellung statt als die letzte große Repräsentation der schon brüchig gewordenen Zwischenkriegswelt. Die Ausstellung war architektonisch beherrscht von den einander gegenüberliegenden Mammutbauten des Deutschen Reiches und der Sowjetunion.

1935 konnte ich auf Grund eines *Rockefeller-Stipendiums,* das ich durch die Vermittlung des Cercle philosophique erhalten hatte, zur Arbeit an den Husserl-Manuskripten zurückkehren, die neben meiner Lehrtätigkeit herging. *Husserl* selbst hatte keinen Überblick mehr über die etwa 40 000 stenographischen Blätter seiner Vorlesungen, Buchentwürfe und täglichen Notizen. Mit *Eugen Fink* zusammen entwarf ich bei einem Aufenthalt in Freiburg ein System ihrer Ordnung und Signierung, dessen Prinzipien bis heute für die Ordnung des Nachlasses maßgeblich geblieben sind, und begann in Prag mit der Transkription. Auf Grund eines Vertrages des Cercle philosophique mit *Husserl* wurde ich beauftragt, dem Entwurf der Genetischen Logik, an dem ich bis 1929 gearbeitet hatte, eine endgültige Form zu geben und ihm eine Einleitung voranzustellen, welche das Verhältnis dieser Logik-Texte zur »Formalen und transzendentalen Logik« und zu den Grundgedanken von *Husserls* letztem Werk über die »Krisis . . .« behandelt. Ich konnte noch den Aufriß dieser Einleitung mit *Husserl* selbst besprechen, aber das Buch erschien dann unter dem Titel »Erfahrung und Urteil. Untersuchungen zur Genealogie der Logik« erst ein Jahr nach seinem Tode im Frühjahr 1939 im Prager Verlag »Academia«. Diesen Verlag hatte *Theodor Marcus,* der nach Prag emigrierte letzte Inhaber des Breslauer rechtswissenschaftlichen Verlages Marcus, zusammen mit einem Prager Buchhändler gegründet. Als mir *Marcus* in seinem Prager Büro das erste Exemplar übergeben konnte, rollten schon Hitlers Panzer durch die Stadt, und das Buch interessierte uns bereits weniger als die Frage »Was tun?«. *Marcus* selbst gelang es noch rechtzeitig, das Land zu verlassen und nach Südamerika zu emigrieren. Erst 15 Jahre später konnten wir nach seiner Rückkehr nach Europa ein Wiedersehen feiern. Der Verlag mußte bald aufgelöst werden, und das Buch wurde bis auf eine Anzahl Exemplare, die noch nach England geschickt werden konnten, beschlagnahmt und eingestampft. Sein Neudruck erfolgte erst 1948. Seit der 4. Auflage erscheint es in der »Philosophischen Bibliothek« des Verlags Felix Meiner.

IV. Löwen (1939—1940)

Die Deutsche Universität in Prag wurde schon nach dem Münchner Abkommen im Herbst 1938 »gleichgeschaltet«. Der NS-Studentenbund beherrschte das Feld. Schon Anfang Januar 1939 mußte ich meine Vorlesungen abbrechen, und durch die bald darauf erfolgte Besetzung der Tschechoslowakei durch *Hitler* war auch der Plan gescheitert, *Husserls* Nachlaß in Prag zu bearbeiten. Der Sohn *Husserls, Gerhart Husserl,* hatte schon bei seinem Weggang nach Amerika 1936 mir vorgeschlagen, sich für mich um eine Einladung nach den USA zu bemühen. Ich war aber weniger pessimistisch als er und froh, endlich an einer deutschen Universität habilitiert zu sein. Ich sah auch keine Möglichkeit, in englischer Sprache und in einer Umgebung, die damals für einen Philosophen meiner Richtung kaum Interesse gehabt hätte, dort philosophisch weiterzuarbeiten. Daher hatte ich abgelehnt. Ich habe dies später nie bereut — trotz allem, was mir in den nächsten Jahren noch widerfahren sollte; denn nur so war es mir möglich, die so erfreuliche Zeit des Neubeginns in Deutschland 1945 von Anfang an und aktiv beteiligt miterleben zu können. Im Augenblick freilich wäre in jenem Winter 1938/39 meine Zukunft völlig ungewiß gewesen, wenn nicht zu meiner Überraschung der junge Franziskaner-Pater *H. L. Van Breda* aus Löwen in Prag erschienen wäre und mir eine Einladung nach Löwen überbracht hätte. Er arbeitete damals an einer Dissertation über *Husserl* und war im Spätsommer 1938 nach Freiburg gekommen, um sich bei der Witwe *Husserls* nach unediertem Material zu erkundigen, das für seine Arbeit wichtig sein könnte.

Auch ich war gerade in Freiburg und habe ihn dort zuerst kennengelernt. Er erkannte schon damals — die »Sudetenkrise« kündigte sich bereits an — die bedrohliche Lage und hat im Spätherbst 1938 den Nachlaß *Husserls* vor dem Zugriff der Nazis gerettet und veranlaßt, daß er auf diplomatischem Wege in das Institut Superieur der Universität Löwen gebracht wurde, das dann alle Editionsrechte erwarb. Erst nach dem Kriege konnte dort das *Husserl-Archiv* unter Leitung von *Van Breda* errichtet werden.[6] So sollte ich also, zusammen mit *Eugen Fink* im Frühjahr 1939 nach Löwen übersiedeln — unter den damaligen Umständen ein schwieriges und recht dramatisches Unternehmen — um dort zunächst die Ordnung und Transkription der Manuskripte weiterzuführen. *Van Breda* hat dem Ehepaar *Fink* und meiner kleinen Familie mit einem vierjährigen Sohn mit seiner außerordentlichen Hilfsbereitschaft in Löwen einen höchst angenehmen Aufenthalt bereitet. So hatte ich in ihm, wie in Prag schon in *Patočká*, wieder einen Freund gefunden, der in allen den schwierigen Situationen stets zur Stelle war, die meine Wanderung um das Hitlerreich herum quer durch Europa mit sich gebracht hatte. Schon seit dem Herbst 1939 war dieser Aufenthalt freilich überschattet durch die ständig wieder auftauchenden Gerüchte über einen bevorstehenden Einmarsch *Hitlers* in Belgien.

In dieser Zeit schrieb ich für ein Husserl-Heft der »Revue internationale de Philosophie« die Abhandlung über »Husserls Phänomenologie und die Motive zu ihrer Umbildung«[7], welche die Entwicklung der Phänomenologie in ihren einzelnen Etappen, das Verhältnis zu *Brentano,* zu der Göttinger Schule und die Ansatzpunkte zu ihrer Umbildung durch *Heidegger* behandelte. Für *Farbers* Zeitschrift verfaßte ich den Artikel »World as a philosophical Problem«.[8]

---

[6] Vgl. den ausführlichen Bericht Van Bredas über die abenteuerliche Geschichte der Rettung des Husserl-Nachlasses in Bd. 2 der »Phaenomenologica«, Nijhoff, Den Haag 1959, S. 42 ff.

[7] Jetzt in »Der Weg der Phänomenologie«, S. 9 ff.

[8] Der deutsche Text wurde abgedruckt a.a.O., S. 41 ff.

Mit dem Einmarsch *Hitlers* in Belgien im Mai 1940 fand meine Tätigkeit in Löwen ein vorschnelles Ende. Meine Frau hatte am Tage zuvor unseren zweiten Sohn zur Welt gebracht und lag in der Löwener Universitätsklinik. Ich selbst wurde als Ausländer verhaftet, erlebte die deutschen Luftangriffe auf Löwen in einer Gefängniszelle und kam schließlich nach achttägigem Transport im plombierten Viehwagen in ein Barackenlager in Südfrankreich. Es war mir unverständlich, nicht mehr als Person, sondern nur noch als Nummer einer Kategorie behandelt zu werden, und ich ahnte noch nicht, daß dies bald das Schicksal von Millionen werden sollte. Mit viel Glück überstand ich die zahlreichen bedrohlichen Situationen dieser Reise und konnte schon nach zwei Monaten heil und verlaust nach Belgien zurückkehren. Aber an eine Weiterarbeit war dort nicht mehr zu denken. So kehrten wir nach Hamburg in die Heimatstadt meiner Frau zurück, wo ich eine bescheidene kaufmännische Tätigkeit fand, die ich bis zum Kriegsende ausüben mußte.

V. Hamburg (1945—1946)

Das Ende des Krieges war auch das Ende der Deutschen Universität in Prag. Eine Rückkehr dorthin war nicht mehr möglich. Aber ich erhielt schon im Sommer 1945 eine Dozentur an der Universität Hamburg. Sie wurde im Herbst 1945 als eine der ersten deutschen Universitäten nach dem Kriege wiedereröffnet. Für den Universitätslehrer war diese Zeit besonders erfreulich. Die erste Generation der Studenten nach dem Kriege waren größtenteils Kriegsteilnehmer, die, aus der Gefangenschaft zurückgekehrt, das Bewußtsein um die Notwendigkeit eines ganz neuen Anfangs hatten. Mangelhafte Kleidung und Ernährung und die ungeheizten Hörsäle konnten sie nicht davon abhalten, mit unermüdlicher Aufmerksamkeit den ganzen Tag in der Universität durchzuhalten.

Meine erste Vorlesung behandelte die »Wendepunkte in der Geschichte der Metaphysik«. Mit einem Durchblick auf die Wende von der Antike zum Mittelalter und vom Mittelalter zur Neuzeit sollte der Traditionszusammenhang gezeigt werden, der zu den gegenwärtigen Problemen der Philosophie führt. Von der Phänomenologie war in dieser Zeit in Deutschland kaum noch der Name bekannt, während sie in den westlichen Ländern inzwischen einen großen Aufschwung genommen hatte. So führte ich im Sommersemester 1946 mit einer »Einleitung in die Phänomenologie« die Studenten in ein ihnen völlig unbekanntes Neuland. Gleichzeitig las ich im größten, völlig überfüllten Hörsaal ein Publikum über »Philosophie der Gegenwart«. Einige Grundgedanken meiner damaligen Vorlesungen wurden für eine Vortragsreihe im Norddeutschen Rundfunk »Was bedeutet uns heute Philosophie?« zusammengefaßt.[9] Dieser kleine Text wurde damals als Grundlage für den Philosophieunterricht an den Gymnasien sehr beliebt. 1948 veröffentlichte ich unter dem Titel »Phänomenologie und Metaphysik«[10] eine Sammlung meiner bisherigen Schriften zur Phänomenologie und fügte zur Ergänzung einen neuen Entwurf »Phänomenologische Bewußtseinsanalyse und Metaphysik« hinzu.[11] Es war ein Versuch, den systematischen Ort der alten Frage nach dem Verhältnis von Glauben und Wissen in der Phänomenologie zu bestimmen. Gedanken des Existenzialismus, *Hegels* und *Augustinus* waren dabei maßgebend. Ich empfand aber bald das Unbefriedigende dieses Entwurfs, da in ihm das Problem der Geschichtlichkeit des christlichen Glaubens nicht zureichend bedacht ist. In späteren Vorlesungen und Seminaren suchte ich dieses Problem insbesondere in der Auseinandersetzung mit der »Entmythologisierung« *Rudolf Bultmanns* weiter zu verfolgen. Einige Ergebnisse wurden später kurz zusammengefaßt in einem Vortrag über »Philosophie und Theologie« für die erste

---

[9] Erschienen im Marion von Schröder Verlag, Hamburg 1947.

[10] A.a.O. 1948. Da eine Neuauflage wegen der späteren Auflösung des Verlages nicht möglich war, wurden die Artikel dieses Buches später in »Der Weg der Phänomenologie« und »Phänomenologie und Geschichte« mit aufgenommen.

[11] Jetzt in »Weg der Phänomenologie« S. 75 ff.

Tagung der Deutsch-Skandinavischen Gesellschaft für Religionsphilosophie im Jahre 1962.[12]

VI. Kiel (1946–1956)

Im Herbst 1946 erhielt ich die Einladung zur Vertretung des Lehrstuhls für Philosophie an der Universität Kiel, auf den ich dann im Frühjahr 1947 als Ordinarius berufen wurde. Die Universität Kiel hatte schon ihre bereits zur Legende gewordene »Pionierzeit« auf zwei Schiffen im Kieler Hafen hinter sich und konnte sich in einem Komplex von Fabrikgebäuden einrichten, welche die Besatzungsmacht zur Verfügung gestellt hatte. Die alte Universität war im Kriege völlig zerstört worden und auch die Stadt noch ein Trümmerfeld. Die Improvisation hatte ihre große Zeit. Die erste Tätigkeit der Teilnehmer an meinem Seminar war es, aus den Bücherkisten, die von der Auslagerung der Bibliothek zurückgekommen waren, Tisch und Sitzgelegenheiten herzustellen. Auf dem Schwarzmarkt erstandene Kerzen waren unentbehrlich, wollte man nicht durch Stromabschaltungen in der Vorlesung unterbrochen werden. Die Kieler Universität war damals noch klein und ermöglichte so einen sehr regen Kontakt mit den Kollegen auch aus den anderen Fakultäten. Die Aufgabe, das Studium der Philosophie wieder in Gang zu bringen und dazu fast jedes Semester eine neue Vorlesung zu entwerfen, nahm meine Kräfte einige Jahre völlig in Anspruch. 1954/55 war ich Dekan der Philosophischen Fakultät.

Zu meinen Vorlesungsthemen in Kiel gehörte selbstverständlich die Phänomenologie und die Einleitung in die Philosophie in verschiedenen Fassungen, sowie die Sprachphilosophie. Ein Publikum war dem französischen Existenzialismus gewidmet, der bis 1945 in Deutschland völlig unbekannt geblieben war und auf größtes Interesse stieß. *Sartres* Dramen wurden in jenen Jahren vielfach aufgeführt. Zur Erstauffüh-

---

[12] Erschienen in der »Neuen Zeitschrift f. systematische Theologie und Religionsphilosophie«, de Gruyter, Berlin 1963, S. 1 ff.

rung seines Schauspiels »Le Diable et le Bon Dieu« hielt ich
in Kiel einen einleitenden Vortrag mit anschließender Diskussion, der dann in einigen anderen Theatern wiederholt wurde.
In den systematischen Entwurf einer »Metaphysica specialis«
suchte ich etliche Ergebnisse aus meinem Entwurf einer Habilitationsschrift einzubringen, der seit 1932 liegengeblieben
war. Von einer Einführung in die Geschichtsphilosophie, in
die ich zugleich die Entstehung der Geisteswissenschaften einbezog, wurde nur der erste, historische Teil ausgearbeitet, der
die Geschichte des Geschichtsbegriffs und Geschichtsverständ-
nisses behandelte. Das Material hierzu war schließlich so an-
geschwollen, daß es kaum noch in einem Semester zu bewältigen war. Es fehlte mir leider immer die Zeit, daraus eine
druckreife Darstellung zu machen. Das gleiche gilt für meine
Vorlesung über »Geschichte der Metaphysik«. Sie wurde immer mehr ausgeweitet und der Ursprung der Einzelwissenschaften aus der Philosophie mit einbezogen, so daß sie schließlich den Charakter einer allgemeinen Einführung in die Geschichte der Philosophie erhielt. Vorträge über das gleich
nach dem Kriege höchst aktuelle Problem des Nihilismus und
seiner Genealogie führten mich auf die Bedeutung des Um-
bruchs der Philosophie in der Epoche nach *Hegels* Tod und
damit auf das Verhältnis von *Marx* zu *Hegel*, dem ich ein
Publikum widmete. Seine Grundgedanken wurden zusammengefaßt in einem programmatischen Aufsatz »*Hegel* und *Marx*«[13];
eine Auseinandersetzung mit *Marx* muß sein Werk als die
radikalste Herausforderung der Philosophie aufnehmen und
sie als eine Konsequenz aus der Entwicklung der abendländischen Metaphysik begreifen. Nur vor diesem Hintergrund
kann die Zweideutigkeit seines Programms der Emanzipation
des Menschen verstanden und können die Grenzen der Emanzipation in verbindlicher Weise abgesteckt werden. Die Philosophie muß an *Marx* erst zerbrechen, damit wieder Philosophie

---

[13] Zuerst erschienen in der »Hamburger Akad. Rundschau«
1948, dann aufgenommen in die »Marxismus-Studien«, Mohr, Tübingen, 1. Bd. 1954, S. 39 ff.

möglich wird. Es war damals fast unmöglich, Literatur zu diesem Thema aufzutreiben. Meine eigene Bibliothek mit dem größten Teil meines Hausrats mußte ich 1940 in Belgien zurücklassen. Sie kam erst etliche Jahre später zurück. So war meine Textgrundlage für *Marx* ein halb verschimmeltes Exemplar der Jugendschriften, das ein Bekannter während der Hitler-Zeit in einer Baumhöhle seines Gartens versteckt hatte.

Von weiteren Publikationen aus meiner Zeit in Kiel, sei zunächst die »Philosophie der Gegenwart« genannt.[14] Dieses Buch behandelt in 7 Abschnitten die Problementwicklung in den Hauptthemen der Philosophie vom Ausgang des 19. Jahrhunderts bis zur Gegenwart hin. Es soll zeigen, wie diese Probleme auf dem Boden und unter dem Einfluß der Phänomenologie *Husserls* und der Philosophie *Heideggers* in der Auseinandersetzung mit der Tradition aufgenommen und umgewandelt werden. Mit dieser Darstellung sollten keine neutralen und trockenen Informationen über Philosophen und ihre Werke vermittelt werden. Als ein Versuch, auf Grund einer systematischen Konzeption die innere Logik der Problementwicklung sichtbar zu machen und den Leser zum Mitdenken zu zwingen, fand das Buch viel Anklang.

Neben diesem Buch sind aus diesen Jahren nur einige kleinere Publikationen zu erwähnen. In einem Vortrag von 1952 über »Prinzipien der Lehre vom Empfinden« verfolgte ich die Probleme weiter, die schon *Erwin Straus* in seinem Buch »Der Sinn der Sinne« (1936) in der Auseinandersetzung mit dem Behaviorismus und Physikalismus behandelt hatte. Es wird gezeigt, wie die sensualistische Verkürzung des Begriffs der Empfindung, welche die philosophische und psychologische Bewußtseinstheorie der Neuzeit beherrschte, durch *Husserls* Analysen der Kinästhesen überwunden wird. Sie ermöglicht es, das Empfinden als einen Modus des In-der-Weltseins zu bestimmen und mit der Klärung des Zusammenhangs von Gestimmt-sein und Empfinden *Heideggers* Analyse der »Befind-

---

[14] Athenäum Verlag, Bonn 1952, in die Ullstein-Taschenbücher übernommen 1954, übersetzt in 6 Sprachen.

lichkeit« zu ergänzen. In einem Vortrag »Vom geisteswissenschaftlichen Verstehen« skizzierte ich die Geschichte des Problems der Hermeneutik von *Vico* bis zu *Heideggers* hermeneutischen Prinzipien und die systematische Ordnung ihrer
Probleme.[15]

Ein Vortrag über »Die Geschichte im Denken Kants« für
die »Kieler Universitätstage«[16] ging aus von *Kants* Schrift
»Idee zu einer allgemeinen Geschichte in weltbürgerlicher
Absicht«. Er zeigt, daß *Kants* geschichtsphilosophische Gedanken entgegen der gängigen Auffassung nicht der Geschichtsphilosophie der Aufklärung zuzuzählen sind, sondern sich aus
der Anwendung seiner systematischen Prinzipien auf die Frage
nach der philosophischen Erkenntnis der Geschichte ableiten
läßt. *Kants* teleologische Interpretation der Geschichte ist nicht
eine spekulative Geschichtsdeutung, sondern die Entwicklung
eines »regulativen Prinzips in praktischer Absicht«. Sie folgt
also aus der Anwendung der Prinzipien von *Kants* Moral-
philosophie auf die Erkenntnis der Geschichte, will aber damit
nicht eine »moralisierende« Geschichtsschreibung legitimieren,
sondern nur an das oberste Prinzip der Beurteilung politischer
Handlungen erinnern. Nur von daher sind auch die übrigen
geschichtsphilosophischen Schriften *Kants* zu verstehen. Die
spätere Geschichtsphilosophie hat diesen Entwurf *Kants* nicht
beachtet, aber die Historische Schule ist davon ausgegangen,
Ranke knüpft in seinen Reflexionen und im »Politischen Gespräch« an die Gedanken *Kants* an. Andererseits wird in diesem Aufsatz an die Grenzen von *Kants* geschichtsphilosophischen Gedanken erinnert. Es werden die in *Kants* systema-
tischem Ansatz gelegenen Gründe gezeigt, aus denen die Philosophie *Kants* und der Kantianer nicht in der Lage war, eine
Theorie der empirischen Geschichtserkenntnis zu entwickeln.

---

[15] Beide Vorträge erschienen zunächst in der Zeitschr. f. philos.
Forschung, wieder abgedruckt in »Weg der Phänomenologie«,
S. 111 ff. und »Phänomenologie und Geschichte«, S. 34 ff.

[16] Veröff. in »Studium Generale«, 1954, wieder abgedruckt in
»Phänomenologie und Geschichte«, S. 46 ff.

Für ein Ontologie-Heft des »Studium generale« schrieb ich »Seinsregionen und regionale Ontologien in der Phänomenologie Husserls«.[17] Es ist der erste einer Reihe von Versuchen, *Husserls* Grundbegriff der »transzendentalen Subjektivität« genauer zu bestimmen. »Transzendentale Subjektivität« werden wir selbst genannt, insofern als wir in der systematischen Reflexion auf uns selbst die »konstituierenden Leistungen«, und das heißt, die Funktionen entdecken können, welche, mit *Kant* zu sprechen, die Bedingungen der Möglichkeit der Erfahrung sind. Im 2. Bande der »Ideen« unterscheidet *Husserl* drei Regionen des Seins: die materielle Natur, die »animalische« d. i. die »beseelte« Natur und die Region des geistigen Seins, d. i. der menschlichen Gesellschaft. Diese Regionen liegen aber nicht nebeneinander, sie können auch nicht mit *N. Hartmann* als »Schichten des Seins« verstanden werden. Vielmehr kommt der Region des geistigen Seins, der Personalität ein Vorrang zu: sie ist die Region der vergemeinschafteten, ihrer selbst bewußten Subjekte, aus deren konstituierenden Funktionen auch alle Unterscheidungen von Seinsregionen erst entspringen. Aber zu diesen Funktionen gehören auch die kinästhetischen Bewegungen des Leibes, in denen die Subjektivität Erfahrung von der Natur gewinnt. Dies zeigt, daß die Charakteristik der konstituierenden Funktionen als »geistiger« fragwürdig ist, und daß daher die Phänomenologie als die Wissenschaft von den konstituierenden Funktionen der transzendentalen Subjektivität nicht als ein absoluter Idealismus verstanden werden darf, obwohl *Husserl* mit vielen Formulierungen einer solchen Interpretation Vorschub geleistet hat. Schließlich hat er selbst mehrfach darauf verwiesen, daß auch von Natur mindestens in einem doppelten Sinne gesprochen werden muß, auf der einen Seite als der wissenschaftlich objektivierten Natur, andererseits als »Natur«, die als »passiver Untergrund« zur Subjektivität selbst gehört. Die Probleme, die sich daraus für die Bestimmung des Bereichs des »Tran-

---

[17] Jetzt in »Der Weg der Phänomenologie«, S. 143 ff.

szendentalen« ergeben, sind von ihm selbst nicht endgültig geklärt worden.

1951 wurde ich zur Mitarbeit in der Marxismus-Kommission aufgefordert, die von der »Studiengemeinschaft der Evangelischen Akademien in Deutschland« einberufen worden war. Als ein »team-work« von Wissenschaftlern aus all den Gebieten, die für die Erforschung des Marxismus von Bedeutung sind, hat sie die Aufgabe, seinen Ursprung und seine Entwicklung bis zu seinen heutigen Erscheinungsformen kritisch zu untersuchen und eine begründete Stellungnahme zu den von ihm aufgeworfenen Problemen der Gesellschaft zu erarbeiten. Es gab damals in Deutschland noch keine Stelle, die sich in gleicher umfassender Weise mit der wissenschaftlichen Erforschung des Marxismus befaßte. Auch unter den Marxisten des In- und Auslandes, die zu vorurteilsloser Diskussion bereit sind, hat die Kommission Freunde gewonnen. Nur Dogmatiker blieben ausgeschlossen. Die wichtigsten Ergebnisse werden in den »Marxismus-Studien«[18] veröffentlicht. Nach dem frühen Tode des Begründers und ersten Leiters der Kommission *Erwin Metzke* übernahm ich 1956 gemeinsam mit dem Göttinger Historiker *Richard Nürnberger* den Vorsitz dieser Kommission, die noch bis heute besteht.

Aus einem Vortrag in der Marxismus-Kommission ging meine Abhandlung »Das Problem der Dialektik« hervor.[19] Diese Abhandlung ist dem ungelösten Problem gewidmet, das den Hintergrund der zwiespältigen Wirkungsgeschichte von *Hegels* Philosophie bildet. Sie entwickelt die These, daß die Umbildung der Dialektik durch *Marx* und den späteren Marxismus die Bedeutung einer Verfallsgeschichte hat. Im Übergang *Hegels* von den Reflexionen seiner »Theologischen Jugendschriften« zur späteren Systembildung werden die Bruchstellen aufgesucht, welche *Marx* die Umbildung der Hegelschen Dialektik ermöglicht haben. Diese Schrift ist der Versuch eines

---

[18]   Mohr, Tübingen, seit 1954, bisher 7 Bände.
[19]   Zuerst erschienen in den Marxismus-Studien, Bd. 3, 1960, dann aufgenommen in »Phänomenologie und Geschichte«, S. 80 ff.

phänomenologischen Rückgangs in den Grund der Dialektik. Das Problem des Verhältnisses von phänomenologischer und dialektischer Begriffsbildung ist damit aufgeworfen und steht auch heute wieder mitten in der Diskussion.

VII. Köln (seit 1956)

Im Mai 1956 verließ ich Kiel und folgte einem Rufe an die Universität zu Köln. Zu meinen beiden Söhnen war in Kiel 1948 noch eine Tochter gekommen. Die Familie konnte erst ein Jahr später nachkommen, als wir in Bergisch Gladbach bei Köln ein schönes älteres Haus im Bergischen Stile als Wohnung gefunden hatten. Meiner Frau fiel es schwer, die ihr heimatlichen Gefilde zu verlassen. Ich selbst begrüßte in Köln nicht nur die sehr viel interessanteren Arbeitsmöglichkeiten, sondern auch die zentrale Lage und die größere Nähe zu meinen geliebten Bergen. Auf Initiative von *Van Breda* war in Köln durch einen Vertrag der Universitäten Köln und Löwen ein *Husserl-Archiv* gegründet worden, sozusagen als Tochter des Löwener Archivs. Durch seine Mitwirkung sollte nicht nur die Edition des *Husserl-Nachlasses* beschleunigt, sondern auch in Deutschland ein Zentrum der internationalen phänomenologischen Forschung geschaffen werden. Von der Regierung wurde mir eine großzügige Förderung des *Husserl-Archivs* zugesagt. Dies war für mich einer der wichtigsten Gründe, aus denen ich einen gleichzeitig an mich ergangenen Ruf an die Universität Marburg als Nachfolger von *Ebbinghaus* abgelehnt hatte. Aus dem gleichen Grunde konnte ich auch dem einige Jahre später (1961) an mich ergangenen Ruf an die Universität Freiburg als Nachfolger von *Heidegger* nicht folgen, so verlockend eine Rückkehr dorthin für mich gewesen wäre. In Köln hatte bereits *Walter Biemel* einige Bände des *Husserl-Nachlasses* ediert. Er folgte bald nach seiner Habilitation 1961 einem Rufe an die T. H. Aachen. Durch meine Lehrtätigkeit in Köln fand ich die Gelegenheit, nicht nur weitere Editoren für den *Hus-*

serl-Nachlaß zu gewinnen, sondern sie auch zur Weiterbildung
der Phänomenologie in der Auseinandersetzung mit *Husserl*
anzuregen. Eine ganze Reihe der daraus hervorgegangenen
Dissertationen wurde in die »Phaenomenologica« aufgenommen.

Von 1956–62 gehörte ich als Senator der Deutschen Forschungsgemeinschaft an. Diese Tätigkeit sowie meine Funktion
als Delegierter der Philosophischen Fakultät bei den Fakul-
tätentagen der Bundesrepublik vermittelten dem Philosophen,
der an den Problemen der Wissenschafts- und Bildungspolitik
interessiert war, wichtige Einblicke. Von 1959–1967 war ich
Gutachter und zeitweise Vorsitzender im Fachausschuß für
Philosophie der Forschungsgemeinschaft. Diese Tätigkeit, die
sich hauptsächlich auf Forschungsstipendien erstreckte, war
zwar recht mühsam und zeitraubend, aber sie gab mir die
Gelegenheit, die jüngeren Nachwuchskräfte der Philosophie
und ihre Interessen schon in den frühesten Anfängen kennenzulernen. Von 1961–1963 war ich Dekan der Philosophischen
Fakultät. Es war die Zeit, in der die Zahl der Studenten
immer mehr anschwoll und auch die Mittel zu einer entsprechenden Vergrößerung des Lehrkörpers reichlich flossen. So
mußte ich in diesen beiden Jahren alle wissenschaftliche
Arbeit zurückstellen und zufrieden sein, wenn wenigstens die
Lehrtätigkeit nicht allzu kurz kam.

Zu den Vorlesungsthemen, die ich schon in Kiel behandelt
hatte, kamen in Köln neue hinzu. Der zweite Teil der Vorlesung über Geschichte der Metaphysik wurde ganz auf das
Problem des Ursprungs der Neuzeit und der »scienca nuova«
konzentriert. In einer Zeit, in der die Studenten immer mehr
abgeneigt wurden, sich mit den Problemen der Vergangenheit
zu beschäftigen, wollte ich den Studenten zeigen, was man
von der Geschichte wissen muß, um überhaupt die gegenwärtige Situation und ihre Probleme verstehen zu können.
Die Gründe für diese Abweisung der Vergangenheit liegen
freilich viel zu tief, als daß auch die eindringlichste Vorlesung
viel dagegen ausrichten könnte. Wahrscheinlich werden die
Folgen des Verlustes der Geschichte erst noch viel krasser in

Erscheinung treten müssen, bevor hierin auf eine Wende gehofft werden kann. Inzwischen wird es für den Philosophen gelten, auf einem verlorenen Posten auszuhalten in der Hoffnung, daß ihn die rettende Armee vielleicht doch nicht zu spät erreichen kann. Eine Vorlesung über »Das Ende der Metaphysik und ihre bleibenden Fragen« behandelte den geschichtlichen Prozeß des Endes der metaphysischen Systeme und die kritische Auseinandersetzung mit ihren aus der antik-christlichen Tradition stammenden Voraussetzungen, die im Denken *Husserls* und *Heideggers* begonnen hat. Die Einführung in den Marxismus wurde hineingenommen in den größeren Zusammenhang einer Vorlesung über »Die Vorbereitung der Gegenwart im Denken des 19. Jahrhunderts«. In dieser Vorlesung wurde vor allem die Mitte des 19. Jahrhunderts, die junghegelianische Philosophie und ihre Auseinandersetzung mit *Hegel,* die Auseinandersetzung zwischen der Historischen Schule und der »politischen Historie« und die Geschichte der Entstehung des historischen Relativismus in den Geisteswissenschaften behandelt, um zu zeigen, wie in dieser Epoche fast alle Probleme, die uns heute bedrängen, bereits zum Teil besser als heute formuliert sind. Zu der historischen Einleitung in die Philosophie der Geschichte und der Geisteswissenschaften trat eine systematische Einführung in die Geschichtsphilosophie hinzu. Da das Interesse der Studenten an den Ideen des Marxismus immer größer geworden war, mußte in dieser Vorlesung das Problem der Ideologiebildung und Ideologiekritik, sowie des Verhältnisses von Ideologie und geschichtlicher Wahrheit im Mittelpunkt stehen.

In all den Jahren meiner Kölner Lehrtätigkeit war es mir bei den vielen Ämtern, die ich allmählich übernehmen mußte, und der wachsenden Zahl von Doktoranden nicht möglich, größere Publikationspläne ins Auge zu fassen. Zeit blieb nur für Gelegenheitsarbeiten. 1959 erschien der zweite, systematische Teil von *Husserls* Vorlesung über »Erste Philosophie« (Hua. Bd. VIII). Ein Freisemester gab mir die Möglichkeit, dieses mir schon seit meinen Anfängen in Freiburg wohlbekannte Werk für eine kritische Würdigung in der »Philo-

sophischen Rundschau« erneut zu untersuchen.[20] Die Abhandlung erhielt den provozierenden Titel »Husserls Abschied vom
Cartesianismus« und ist eine genaue Analyse des vielver-
schlungenen und fast unentwirrbaren, teilweise widersprüch-
lichen Gedankengangs dieser Vorlesung. Sie charakterisiert
das Werk als das Bindeglied, das die Motive des Übergangs
von *Husserls* früheren Einleitungen in die Phänomenologie,
die noch ganz aus Cartesianischem Geiste gedacht waren, zu
der geschichtsphilosophischen Begründung der Phänomenologie im Spätwerk über die »Krisis...« verständlich werden
läßt. In dem Text dieser Vorlesung vollzieht sich sozusagen
hinter dem Rücken von *Husserls* eigenem Selbstverständnis
der Abschied von den untergründig weiterwirkenden Cartesia-
nischen Elementen des neuzeitlichen Denkens und der Aufbruch zu einem neuen Boden der denkenden Besinnung. Indem *Husserl* diese Tradition vollenden und erfüllen wollte,
war es ihm gar nicht recht bewußt geworden, wie sehr er sie
bei dem Versuche sprengte, als er mit der terminologischen
Sprache der neuzeitlichen Philosophie einen Gehalt zu fassen
suchte, der sich den Perspektiven und Alternativen dieser Tradition entzieht.

Mit einem Artikel über »Die Phänomenologie der Leiblich-
keit und das Problem der Materie«[21] kam ich zurück auf den
Zusammenhang von Empfinden und Sich-bewegen-können.
War für *Kant* »Materie« der Titel für den unbekannten Grund
der Affektion unserer Sinne, so erschließt sich gemäß *Husserls*
Analysen des kinästhetischen »Bewußtseins« Natur in einer
ursprünglichen Weise in den selbst-gesteuerten und kontrol-
lierten kinästhetischen Bewegungen. Die Gewißheit dieses
Sich-bewegen-könnens geht auch genetisch dem Bewußtsein
»Ich bin« voran. In diesem Können liegt der Ursprung aller
Vorstellungen von wirkenden Kräften und der Grund der
Neigung zu ihrer mythologischen Personifizierung. Das

---

[20] Philos. Rundschau Bd. II, 1962, auch in »Weg der Phän.«
S. 163 ff.

[21] In »Beispiele«, Festschrift für Eugen Fink, Nijhoff, Den Haag
1966, auch in »Phänomenologie und Geschichte«, S. 135 ff.

Hume'sche Problem des Ursprungs der Kausalvorstellung wird damit in einer neuen Weise lösbar. Dies hat seine Konsequenzen für die Präzisierung des Begriffs der »transzendentalen Subjektivität«, deren reflektiver Selbstgewißheit eine Gewißheit um das Sich-bewegen-können zugrunde liegt. Was diese unterste transzendentale Funktion der Subjektivität an Erfahrung der Welt erschließt, ist aller Reflexion darauf voraus, und durch sie niemals vollständig einzuholen und auf Begriffe zu bringen.

Das Problem wird ein Stück weiterentwickelt in einem Artikel über »Merleau-Pontys Auseinandersetzung mit Husserls Phänomenologie«, den ich für eine Vortragsreihe des Norddeutschen Rundfunks über »Phänomenologie in Frankreich« entworfen hatte.[22] Auch nach *Merleau-Ponty* gibt die Weise, wie dem Menschen durch seine leibliche Tätigkeit die Welt primär erschlossen wird, mehr von ihr zu verstehen, als durch die Reflexion auf sein Bewußtsein eingeholt werden kann. Es bleibt also immer ein dunkler Grund seiner Erfahrung, der niemals ganz aufgehellt werden kann. Dadurch ist eine absolute Herrschaft des Menschen über sich selbst ausgeschlossen. *Merleau-Ponty* zieht daraus die Konsequenz, daß *Husserls* Anspruch zurückgewiesen werden müsse, mittels der phänomenologischen Reduktion als der Haltung des »unbeteiligten Zuschauers« die weltkonstituierenden Leistungen der transzendentalen Subjektivität restlos erhellen zu können. Aber mit dieser Kritik ist *Merleau-Ponty* der schon mehrfach erwähnten Unbestimmtheit zum Opfer gefallen, in der *Husserl* den Begriff der transzendentalen Subjektivität belassen hat. In seinem Spätwerk betont *Husserl,* daß die phänomenologische Reduktion nicht bloß erkenntnistheoretische Bedeutung hat. Sie soll vielmehr der Weg sein, auf dem der Mensch seiner selbst als des Subjektes absoluter Verantwortung gewiß wird. Diese Gewißheit ist also viel mehr eine praktische als eine theoretische. Verantwortung setzt voraus ein Abstandnehmen von allen Interessen, von denen wir in unserer alltäglichen Lebens-

---

[22] Phänomenologie und Geschichte, S. 167 ff.

führung geleitet sind, und in diesem Sinne ein »unbeteiligtes
Zuschauen« — aber nicht um des bloßen Zuschauens willen,
sondern um diese Interessen auf ihr Gut-sein hin prüfen zu
können.

Dies führt auf das Problem der Verantwortung. Was der
Mensch zu verantworten hat, ist immer ein Handeln in jeweils
seiner geschichtlichen Situation. Zu diesem Problem habe ich
einige Grundgedanken aus meiner Vorlesung über Philosophie
der Geschichte zusammengefaßt in dem Artikel »Das philosophische Problem des Endes der Geschichte«, einem Beitrag
zu der Festschrift für meinen Vorgänger auf dem Kölner Lehrstuhl *Heinz Heimsoeth*.[23] In Anknüpfung an *Kants* kleine
Schrift über »Das Ende aller Dinge« wird gezeigt, daß die
Frage nach dem Ende, und das will sagen, nach dem Ziel oder
»Sinn« der Geschichte nicht ein bloßes Relikt jüdisch-christ-
licher Tradition ist (so z. B. *Löwith*), sondern daß sie dem
Menschen unausweichlich aufgegeben ist, weil er ein gemäß
der Vorstellung von Zwecken handelndes Wesen ist und sich
daher nicht nur über die Zweckmäßigkeit seiner Handlungen,
sondern auch über ihr Gut- oder Schlechtsein Rechenschaft
geben muß. Daher bleibt die Frage nach Sinn und Ziel der
Geschichte die Grundfrage der Geschichtsphilosophie. Dies
darf nicht als die Aufgabe einer theoretischen Spekulation
oder einer futurologischen Hochrechnung verstanden werden,
sondern ist auf die menschliche Praxis in ihrer jeweiligen
Situation und auf ihre obersten Prinzipien bezogen. Die Philosophie der Geschichte gehört damit zur praktischen Philosophie. Ihre erste Aufgabe ist die Klärung der zeitlichen Struktur des Handelns und von da ausgehend die Bestimmung des
Begriffs der geschichtlichen Zeit.

Zu diesem Problem gehört auch der Vortrag über »Die
Zeitanalyse in der Phänomenologie und in der klassischen
Tradition«. Er bestätigt *Heideggers* kurze Bemerkung in »Sein
und Zeit«, daß die Untersuchung der Zeit von *Aristoteles* bis

---

[23] »Kritik und Metaphysik«, de Gruyter, Berlin 1966, S. 224 ff,
und in »Phänomenologie und Geschichte«, S. 182 ff.

zu *Hegel* keinen Schritt weiter getan hat: in der Tat hat mit Ausnahme von *Augustinus* die Untersuchung der Zeit immer ihren systematischen Ort in der Erörterung des Erkenntnisvermögens behalten, so daß die Zeitlichkeit des Handelns unbefragt blieb. Der Vortrag wurde auf einer *Husserl-Gedenktagung* der Katholischen Akademie Freiburg 1968 gehalten.[24]

Die Frage, ob und welchem Sinne im Wandel der Geschichte konstante Strukturen und in diesem Sinne ein »Apriori der Geschichte« aufgewiesen werden kann, stand im Zentrum eines Vortrags über »Das Problem der transzendentalen Wissenschaft vom lebensweltlichen Apriori«, den ich in einem phänomenologischen Kolloquium über das Problem der »Lebenswelt« auf dem Internationalen Philosophenkongreß in Mexico City 1963 gehalten habe.[25] Es war der systematische Zusammenhang des Problems der Lebenswelt mit dem geschichtsphilosophischen Kontext zu verdeutlichen, in dem *Husserl* das Problem der Lebenswelt in seinem »Krisis«-Werk eingeführt hat. Er betrifft die Frage nach dem Apriori der Geschichte als das zentrale Problem in *Husserls* Spätwerk: die Strukturen der Lebenswelt sollen die Invarianten sein, die in allen geschichtlich verschiedenen Umwelten und Kulturen die gleichen bleiben. Aber jeder Versuch, Begriffe von diesen Invarianten zu bilden, steht wieder unter geschichtlichen Bedingungen. Wie ist es daher möglich, über diese Invarianten, das Apriori der Geschichte, Sätze von unbedingt allgemeiner Gültigkeit aufzustellen? Hierfür müßte eine übergeschichtliche Konstante in der menschlichen Natur vorausgesetzt werden; aber was berechtigt zu einer solchen Voraussetzung? Wie kann daher der Relativismus mit seinen skeptizistischen Konsequenzen überwunden werden?

Das gleiche Problem behandelte ich in Vorträgen an verschiedenen Orten als das Methodenproblem der philosophi-

---

[24] Erschienen im Tagungsbericht »Phänomenologie lebendig oder tot?«, Badenia Vlg., Karlsruhe 1969.
[25] Veröffentlicht im Kongreßbericht und in »Phänomenologie und Geschichte«, S. 148 ff.

schen Anthropologie. Sie ist auf die Ergebnisse empirischer
Untersuchungen angewiesen und macht doch den Anspruch
etwas unbedingt Allgemeines über »den« Menschen auszusagen. Wodurch ist dieser Allgemeinheitsanspruch legitimiert?
Könnten nicht die Menschen in der Zukunft so anders werden, daß wir sie gar nicht mehr als »unseresgleichen« erkennen könnten? Dann wäre aber die Idee einer »Geschichte
der Menschheit« eine Illusion, und unserem Handeln fehlte
jeglicher Leitfaden, da es *als* Handeln immer auf die Zukunft
gerichtet ist; denn es ist geleitet durch die Vorstellung von
dem, was noch nicht ist, sondern erst werden soll. Oder ist
der Mensch seiner »Natur« nach darauf angelegt, sich einmal
selbst abzuschaffen als ein mißlungenes Experiment? Das wäre
aber wohl, mit *Kant* zu sprechen, das »widernatürliche Ende
der Geschichte«. Dies sind keineswegs ausgedachte Spekulationen, sondern die Frage wurde tatsächlich bereits gestellt.

Das Problem der Verantwortung in der Geschichte wurde
wieder aufgenommen in einem Vortrag »Über einige Grundfragen der Philosophie der Politik« in der Rheinisch-West-
fälischen Akademie der Wissenschaften in Düsseldorf, der ich
seit 1966 als Mitglied angehöre.[26] Er erinnert daran, daß die
Philosophie der Politik von *Aristoteles* bis in den Anfang
des 19. Jahrhunderts als ein Zweig der praktischen Philosophie
galt, die freilich in ihrer alten Form nicht mehr erneuert werden kann. Aber diese Ortsbestimmung verweist darauf, daß
der Philosophie der Politik eine Lehre von den obersten Zwek-
ken und Normen politischen Handelns zugrundegelegt werden
muß. Aber weil alles Handeln ein Handeln in seiner jeweiligen geschichtlichen Welt ist, gehört die Philosophie der Politik
in den Kontext der Philosophie der Geschichte. Sie muß sich
mit der Tatsache auseinandersetzen, daß die Welt durch die
moderne Technik zu *einer* Welt allgemeiner Interdependenz
geworden ist, in der nichts, was irgendwo geschieht, die ande-

---

[26] Schriftenreihe der Akademie, Nr. 158, Westdeutscher Verlag,
Köln-Opladen 1969 — erscheint demnächst auch in »Rehabilitierung
der praktischen Philosophie«, Bd. II, Verlag Rombach, Freiburg i. B.

ren Teile der Welt unberührt läßt. Die Politik kann daher grundsätzlich nur mehr *Welt*politik sein. Die Philosophie der Politik hat daher an die oberste Norm zu erinnern, an der sich das Handeln orientieren muß, wenn es dieser Weltsituation gewachsen sein soll.

Dem Problem der Verantwortung war auch der Eröffnungsvortrag »Die Philosophie und die Verantwortung der Wissenschaften« gewidmet, den ich als Präsident der Allgemeinen Gesellschaft für Philosophie auf dem 9. Deutschen Philosophenkongreß in Düsseldorf 1969 zu halten hatte.[27] Mit dem Programm dieses Kongresses sollte dem wiedererwachten Interesse der jüngeren Generation der deutschen Philosophen an der Wissenschaftstheorie Rechnung getragen werden, die in Deutschland seit Jahrzehnten vernachlässigt worden war. Aufgabe war es, die Methoden der Einzelwissenschaften miteinander zu konfrontieren und ihr Verhältnis zueinander zu bestimmen, nachdem die alte globale Unterscheidung von Natur- und Geisteswissenschaften längst überholt ist. Mein Eröffnungsvortrag sollte an die allen Wissenschaften gemeinsam zugefallene Verantwortung erinnern, als Verantwortung für eine Welt, die durch die Wissenschaften völlig umgestaltet worden ist.

Im Frühjahr 1971 veranstaltete das *Husserl-Archiv* in Löwen aus Anlaß einer Feier zur Verleihung des Dr. phil. h. c. an *Eugen Fink* und mich ein Kolloquium, das offenen Fragen in der Phänomenologie *Husserls* gewidmet war. Mit einem Vortrag »Reflexionen zu Husserls Konstitutionslehre«[28] knüpfte ich an die Ergebnisse der Untersuchungen meiner Schüler *Claesges, Held* und *Aguirre* an (Phaenomenologica Bd. 19, 23, 38), um daraus die Konsequenzen für mein altes Problem der Funktionen der passiven Konstitution und die Bestimmung des Begriffs der transzendentalen Subjektivität zu ziehen. Sie

---

[27] Abgedruckt im Kongreßbericht, S. 1 ff. Verlag Anton Hain, Meisenheim/Glan 1972.

[28] Erscheint demnächst in der belgischen »Tijdschrift voor Filosofie«.

muß einerseits als der überpersonale »Lebensstrom« verstanden werden, als das Geschehen, auf Grund dessen wir in Gemeinschaft mit den anderen eine Welt als den gemeinsamen Horizont unserer Erfahrung haben; andererseits muß dieser Strom in sich ein Prinzip der Individualisierung haben, das als absolute Faktizität die Grenze dessen bildet, was durch phänomenologische Konstitutionsanalyse ableitbar ist.

VIII. Chicago und Washington (1971–1972)

Nach meiner Emeritierung im Frühjahr 1971 war ich frei, um eine Einladung nach den USA anzunehmen, und mich auf eine Lehrtätigkeit in der mir ungewohnten englischen Sprache vorzubereiten. Im Herbstsemester 1971 hielt ich als visiting professor an der De Paul University in Chicago zwei Graduate Seminare über das Spätwerk *Husserls* und über die Hauptprobleme der Geschichtsphilosophie. Die Studenten der De Paul University waren durch die Lehrtätigkeit von *Manfred Frings* (jetzt Herausgeber der Werke und des Nachlasses von *Max Scheler*) auf die Phänomenologie bestens vorbereitet. Bei meinen beiden Seminaren war er regelmäßig zugegen, wie auch ich in seinem Seminar über *Heidegger* zu Gaste war. Er war für mich nicht nur in den Fragen des Lehrstils und bei Schwierigkeiten in der Verständigung mit den Studenten und ihrem breiten mittelwestlichen Englisch eine geradezu unentbehrliche Hilfe, sondern auch in allen praktischen Fragen, die sich meiner Frau und mir bei der Einrichtung unseres Haushaltes in der uns ganz neuen Welt einer amerikanischen Suburb stellten. Diesen ur-demokratischen, humanen und gastfreundlichen Lebensstil kennenzulernen, der für gut 40 % der amerikanischen Bevölkerung, der »silent majority« maßgebend ist, war für mich eine wertvolle Erfahrung. Wer nur die großen Städte kennengelernt hat, kann von Amerika nur die Hälfte verstehen.

Dieselben Themen wie in Chicago, freilich mit anderen Akzenten, die den unterschiedlichen Interessen der Hörer entsprachen, behandelte ich im Frühjahrssemester 1972 an der

American University in Washington. Ich stellte das immer mehr anwachsende Interesse der amerikanischen Philosophie-studenten für die deutsche Philosophie, und insbesondere die Phänomenologie, mit großer Befriedigung fest. Es breitet sich vom amerikanischen Osten immer mehr in die Universitäten des mittleren Westens aus und hat in zahlreichen Depart-ments die bisher herrschende analytische Philosophie mit ihren skeptizistischen Konsequenzen mehr oder weniger verdrängt. Ich verstehe dies als ein Zeichen der Krise des amerikanischen Selbstverständnisses, welche die Geschichte als Thema kriti-scher philosophischer Reflexion entdecken ließ. Die kamerad-schaftlichen Umgangsformen, die Fähigkeit zu geduldiger und präziser Argumentation und der große Lern- und Leseeifer der amerikanischen Studenten waren wohltuend nach dem Erlebnis der bedrückenden Zustände in den deutschen Univer-sitäten.

In einem phänomenologischen Kolloquium, das die De Paul University im November 1971 veranstaltete, trug ich die eng-lische Version meines oben erwähnten Vortrags über die Pro-bleme der Konstitution vor.

Im März 1972 fand in Chicago die Jahrestagung des ameri-kanischen Husserl-Cercle statt, bei der mir von der De Paul University der Ll D h. c. verliehen wurde. Ich hielt dort einen Vortrag »A Meditation on Husserls Statement ,History is the Grand Fact of Absolute Being'«.[29] Dieses Wort *Husserls* bildet den Abschluß eines Fragments über »Monadologie«. Es gab mir den Anlaß zu einer Explikation der geschichtsphilosophi-schen Bedeutung des Problems der Individualisierung. Jedes erfahrene Subjekt hat seine Lebensgeschichte. Was es in Kom-munikation mit den anderen erfährt, und wie es diese Erfah-rungen verarbeitet und in dieser Verarbeitung das Neue in der Geschichte entspringt, ist nur aus der Individualität der Lebensgeschichten der in der Geschichte wirkenden Subjekte

---

[29] Erscheint demnächst im »Southwestern Journal of Philoso-phy«, Norman/Oklahoma, der deutsche Text in der belgischen »Tij-schrift voor Filosofie«.

zu verstehen. So entspringt Geschichte aus dem Ineinanderwirken individueller Lebensgeschichten — ein Gedanke, der schon im Zentrum von *Diltheys* Untersuchungen stand. Das Faktum der Individualisierung ist nicht aus der Geschichte abzuleiten, sondern es ist die Voraussetzung dafür, daß es für uns überhaupt das Geschehen gibt, das wir »Geschichte« nennen.

In Washington veranstaltete die Georgetown University im April 1972 eine kulturphilosophische Tagung, für die ich zu einem Vortrag über »Values and Crises« eingeladen war. Dies gab mir den Anlaß, Grundzüge zu einer Theorie geschichtlicher Krisen zu skizzieren. Der Text ist freilich nicht bis zur Publikationsreife gediehen. Er ist vielmehr ein Programm für künftige Arbeit. Auch sonst hielt ich an verschiedenen Universitäten Vorträge über gegenwärtige deutsche Philosophie und insbesondere auch über phänomenologische Themen, wobei ich auch Gelegenheit hatte, in Buffalo meinen ehemaligen Freiburger Studienkollegen *Marvin Farber* nach mehr als 40 Jahren wiederzusehen. Einer dieser Vorträge »The phenomenological concept of Experience« ist in seiner Zeitschrift »Philosophy and phenomenological Research« (XXXIV, 1, 1973), erschienen.

Im Sommer 1972 kehrte ich aus Amerika zurück. Der Abschied von diesem Land mit seinen Menschen, die mich so freundlich aufgenommen hatten, ist mir nicht leicht geworden. Der Vergleich des im großen und ganzen intakten amerikanischen Bildungssystems und seinen Möglichkeiten einer kontinuierlichen Weiterentwicklung mit den verworrenen Zuständen in Deutschland ließ mich skeptisch werden bezüglich der Zukunft der Philosophie in Deutschland. Ist sie nicht so sehr aus dem allgemeinen Interesse verschwunden, daß es überhaupt sinnlos ist, noch weiter für sie zu wirken? Aber die Tatsache, daß sich gerade in der jüngsten Generation wieder ein steigendes Interesse für eine Philosophie zeigt, die nicht Werkzeug der Befestigung von Ideologien ist, scheint mir doch zu einer gewissen Hoffnung Anlaß zu geben. Es wird die Sache der Philosophen sein, diese Chance zu ergreifen.

Vom Autor getroffene Auswahl seiner Veröffentlichungen

Bücher:

Wilhelm Diltheys Theorie der Geisteswissenschaften. In: Jahrbuch für Philosophie und phänomenologische Forschung Bd. 9 und separat. Niemeyer, Halle 1928.

Nennfunktion und Wortbedeutung. Eine Studie über Martys Sprachphilosophie. Akad. Verlag, Halle 1934.

Was bedeutet uns heute Philosophie? Marion von Schroeder, Hamburg ²1954.

Philosophie der Gegenwart. Athenäum, Bonn 1952–1957. In: Ullsteins Taschenbücher Nr. 166, Frankfurt 1957. Übers.: engl., holl., japan., niederl., tschech., serbokroat.

Der Weg der Phänomenologie. Gütersloher Verlagshaus Gerd Mohn, 1969. Übers.: ital., span., Lizensausg. d. Wiss. Buchges., Darmstadt.

Phänomenologie und Geschichte. Gütersloher Verlagshaus Gerd Mohn, 1968. Übers.: ital., span., Lizensausg. d. Wiss. Buchges., Darmstadt.

Über einige Grundfragen der Philosophie der Politik, Nr. 158 der Schriftenreihe der Rh.-W. Akad. d. W. Westdeutscher Verlag, Köln-Opladen 1969.

Herausgeber:

Edmund Husserl. Erfahrung und Urteil. Meiner, Hamburg ⁴1973.

Beispiele. Festschrift f. Eugen Fink. Nijhoff, Den Haag 1965.

9. Deutscher Philosophenkongreß, Düsseldorf 1969. Hain, Meisenheim 1972.

Demnächst erscheinend:

Artikel: Phänomenologie Husserls. In: Historisches Wörterbuch' der Philosophie, ed. Ritter.

Biographischer Artikel: Edmund Husserl in der Neuauflage der Encyclopaedia Britannica.

Artikel: Consciousness. In: Enciclopedia del Novecento, Rom.

Bruno Liebrucks *1911

Das nicht automatisierte Denken

Selbstdarstellungen sind wirkliche Darstellungen, wenn sie in den Räumen von Wissenschaft, Wissenschaftsgeschichte, Kunst oder auch Philosophie auftreten. Unmittelbare Ausdrücke von Individuen oder individuellen Situationen sind nicht darstellbar. Die direkte Intention auf die eigene Person oder die unserer Mitmenschen ist immer schon die Intention auf die Maske.

Wissenschaftliches Denken versteht sich von den Resultaten her, die es erreicht hat. Es schreitet auf dem Berg objektiver Errungenschaften fort. Die Perfektion seiner Darstellung liegt in Richtung auf Prägnanz der Diktion und Einfachheit von Theorien, die schließlich in der Eleganz eines einfachen Symbols enden müßten. Philosophisches Denken reflektiert darauf, ob die Darstellung von Ergebnissen noch im Raum der Perfektion des Wesentlichen liegt, das immer ein logisch Vergangenes ist. Das logisch Vergangene ist auch an der Zeit vergangen, in der wir leben, wenn es auch für sie noch nicht zum Vergangenen gehören mag. Die Selbstdarstellung einer philosophischen Bemühung dürfte daher nur die Darstellung

Bernd Liebrucks

dessen sein, was von der Zeit, in der sie lebt, begriffen ist und so der Zeit nicht mehr nur wesentlich ist.

Wir leben in der Zeit eines automatisierten und sich immer weiter automatisierenden Denkens. Ihre Erfassung kann daher nur als nicht automatisiertes Denken vorgetragen werden. Die nicht zeitgemäße Betrachtung ist unter der Bedingung zeitförmig, daß sie vor Augen hat, was an der Zeit, aber noch nicht für die Zeit ist. Sie muß sich von der direkten, der wissenschaftlichen wie der künstlerischen Darstellung abheben.

Der folgende Bericht liegt in der Spannweite von Kindheitsgeschichten bis zur Logik. Die Geschichten, die von einem Kind handeln, stammen aus einer vergangenen Zeit und einem verschwundenen Land. Der östliche Teil Deutschlands ist nicht nur an sich, sondern auch für das westliche Deutschland verschwunden. Deutschland als west-östliches ist aus dem Bewußtsein der Bundesbürger gelöscht. Das Land, in dem ich meine Jugend verlebt habe, war das Land der *Kopernikus, Kant, Herder* und *Hamann,* die dort gelebt haben. Einige seiner Städte gehörten zu denen der Hanse, die sich von Petersburg bis Ostende erstreckte. Im Bewußtsein der Bundesbürger nach dem Zweiten Weltkrieg war die Bevölkerung, in der ich aufwuchs, eine ungefähre Mischung aus Masuren und Kaschuben. Man war immer gut beraten, wenn man davon schwieg. Die Geschichten sind nicht auf die Person zu beziehen, die sie erzählt. Der Erzähler sieht in ihnen zwar Zeigfelder auf die Wahrheit seines Lebens, möchte aber mit ihnen keine unmittelbaren Mitteilungen über das vergangene Leben gemacht haben. Die Person bleibt, ob sie es will oder nicht, auch in dieser Darstellung maskiert.

Das kleine Stück der hier gezeichneten Lebenslinie hat mit meinem Leben und Denken keine größere Ähnlichkeit als die Grenzlinie zwischen Taunus und Himmel, die man von Frankfurt am Main aus an klaren Tagen sehen kann, Ähnlichkeit mit dem Taunus hat. Nicht immer, aber manchmal ist diese Linie schön. Die Frage, ob eine Lebenslinie wahr ist, könnte heute wohl nur noch in dem Sinn gestellt werden, ob sie als ein Zeichen auf das geschilderte Leben zutrifft. Unter den

Exaktheitsforderungen des automatisierten Denkens dürfte das
kaum feststellbar sein. Sollte jedoch ein Leser, wenn auch nicht
gleich etwas Zutreffendes, so doch Entsprechendes auch für
sein Leben darin finden können, so läge darin wenigstens die
Hoffnung, daß nicht ganz unwahr sein mag, was hier erzählt
wird.

Von den folgenden Geschichten bezieht sich aus meiner
heutigen Sicht die erste auf die Erkenntnis als göttliche Belehrung, die zweite auf die Lebensführung, die dritte auf die
Arbeit, die vierte auf das Gesicht der Landschaft. Den Geschichten werden Erläuterungen in der Form eines Gesprächs
beigefügt.

I.

Göttliche Belehrung

Ein Junge von sieben Jahren befindet sich in einer eigen-
tümlichen Stellung. In der Privatschule, die er in Ruß, nahe
der Memelmündung, besucht, hat das Hochwasser im Frühjahr den Hof überschwemmt. Da ihm einige Wochen vorher
beim zu langen Anblicken der langsam und majestätisch auf
dem Strom dahinziehenden Eisberge die Zehen angefroren
waren, wurden sie in Binden gewickelt und stecken nun in
den großen Schuhen der Mutter, in denen nur sehr langsame
Bewegung möglich ist. In den Pausen dürfen die Schulkinder
nicht in den Klassenräumen oder in den Fluren bleiben. Auf
dem Hof sind über aufgeschichtete Ziegel dicke Holzplanken
gelegt, auf denen die Schüler in den Pausen hin- und herlaufen. Sie tun es mit Vergnügen und Geschrei.

Der in den großen spitzen Schuhen der Mutter steckende
Junge kann an diesem Hin- und Herlaufen nicht teilnehmen.
Er hält sich auf dem Treppenabsatz auf, von dem die erste
Planke über den überschwemmten Hof führt. Der Gang zur
Schule war über die trockenen Dämme, die über die Memel
gespannte eiserne Bogenbrücke und eine gepflasterte Straße
bis zu den über den Schulhof gelegten breiten Holzschwellen
möglich gewesen. Der Treppenabsatz ist etwas breiter als die

Planke. So hat er einen Platz. Der Zugang zum Hof ist ihm durch das Wasser, der Zugang in das Innere des Schulgebäudes durch das allgemeine Verbot der Lehrer, die seine unglückliche Lage nicht bemerkt haben, verwehrt.

Die im Dauerlauf zur Treppe zurückkehrenden Mädchen und Jungen geraten bei seinem Anblick in helles Entzücken. Sie johlen und kreischen. Einige wiehern sogar wie die Pferde im Stall des benachbarten Bauern in Atmath bei Ruß, das gegenüber dem Memelarm der Gilge liegt. Sie zeigen auf ihn mit ausgestreckten Armen, wobei sie nur selbst darauf achten müssen, nicht ins Wasser zu fallen. So sind sie in ihrem Jubel zwar etwas behindert. Aber sie halten sich an dem Spott wie an einer zweiten unsichtbaren Planke als Geländer fest.

Als die Mitschüler zum ersten Mal zurückkamen, tat es noch gar nicht weh. Er war noch damit beschäftigt, auf dem ihm verbliebenen Platz sozusagen Fuß zu fassen und nicht auszurutschen. So erschien es ganz natürlich, daß die anderen lachten. Als das Lachen aber kein Ende fand und die Wiederholungen immer auf die gleiche Stelle trafen, senkte sich der Schmerz von Mal zu Mal immer tiefer in den Leib. Zugleich bemerkte er das.

Er blickte in die Richtung der davonlaufenden und zurückkehrenden Spielgefährten, die jetzt keine Spielgefährten waren. Sie waren es, ohne daß er es damals auch nur ahnen konnte, nur noch wesentlich. Er war allein. Sie liefen davon und kehrten zurück. Eine ganze Viertelstunde lang. So lang waren die Pausen. Die große Pause war noch länger. Aber wir wollen annehmen, daß es nur eine kleine Pause war. Auf dem Weg zur Schule hatte er die große Überschwemmung, das viele Wasser, das nur an einigen Stellen von den Inseln der mehr oder weniger hochgelegenen Bauerngehöfte unterbrochen war, bestaunt. Er war während der Gänge zur Schule durch die Verwandlungen der Landschaft vom sommerlichen dunklen Grün, zum strahlend weißen Schnee unter der Sonne über die Eisdecke des Stroms und nun zum endlosen Wasser wie durch einen Dom hindurchgegangen, obwohl er noch niemals durch einen Dom gegangen war.

Jetzt dagegen sah er nichts. Zwar blickte er geradeaus, sah die Kommenden und wieder Davonlaufenden. Aber er sah sie zugleich nicht. Er hörte die Aufforderungen, doch mitzulaufen, die Bemerkungen über seine Schuhe, die sie U-Boote nannten. Der Ausdruck setzte ihn unterschwellig in Erstaunen, da der Vater sein größtes Paar Schuhe auch so zu nennen pflegte. Darüber vergaß er die ehemaligen Spielgefährten. Zwar liefen sie immer noch hin und her, kamen nun schon laut brüllend zurück, sprachen auch schon in Sprechchören zu ihm, die ihn jedoch nicht mehr erreichten.

Wo waren sie geblieben? Der Schmerz war fast vorbei. Neben ihm stand die Erleuchtung in Form eines lautlosen Blitzes, der auch sprachlos war, aus einer nicht unmittelbar sichtbaren Dimension stammte und mit den Sätzen umschrieben werden kann: »Ich kann nichts tun, muß nur betrachten«, »Ich soll nichts tun und nur betrachten« und schließlich mit dem einfachen Aufforderungsgefüge angeschrieben werden könnte: »Nichts tun und nur betrachten!« Einfach so dastehen, stehen bleiben. Bestehen. Weiter nichts. Von Tun und Betrachten war in der Gestaltwerdung des Blitzes freilich noch keine Rede. Das waren schon Ausdrücke einer späteren Sprache, die er damals noch nicht sprach. Stehen bleiben, still bleiben, nicht böse sein auf die Johlenden. Der Strahl der Einsicht, in dem er stand, machte die Steinplatte, auf der er stand, nicht größer. Aber sie war die Grundlage, auf der ihn die Einsicht getroffen hatte. Eine sehr schmale Grundlage, keine Terrasse, auf der man spazierengehen und sich zerstreuen kann.

Der Strahl der Einsicht war zugleich ein Strahl des Glücks. Er war so glücklich, daß kein Ende des Glücks abzusehen schien. Es war ein wahres irdisches Grundvergnügen im Zentrum der Existenz. Die Mitschüler liefen noch hin und her. Da aber jede Wiederholung langweilig wird, kümmerten sie sich schließlich nicht mehr um ihn. Das Klingelzeichen beendete die Pause.

Als er schon in der Klasse saß, sagte die Lehrerin zu ihm: »Du strahlst ja so«. Die anderen schrien durcheinander, daß er doch die Schuhe seiner Mutter anhabe, seine Füße ange-

froren seien usw. So war er einer Antwort enthoben. Was
hätte er auch sagen sollen?

A. Der Junge, das waren wohl Sie?

B. Das ist schwer zu sagen, weil der Junge, der in die Privatschule ging, noch nicht Ich war.

A. Wann wurde er Ich?

B. Allmählich.

A. Er hat also gar nicht bemerkt, wie es dazu kam?

B. Doch! Eigentlich jeden Tag. Er hatte drei Schwestern, die
um je ein Jahr älter waren als er, und es stellten sich schon
Zweifel ein, ob er überhaupt da sei. So lief er zum Spiegel
vor den Wäscheschrank der Mutter in das Schlafzimmer in
der Erwartung, daß im Spiegel vielleicht nichts zu sehen sei,
wenn er sich vor ihn stellte. Die Erwartung wurde enttäuscht.
Es gab Prägnanzpunkte im Leben, die ihm später, in der
Rückschau, zeigten, daß er schon ein Stückchen weiter gekommen war, ohne daß er das jedes Mal als linearen Fortschritt
für sich gebucht hätte. Es waren Erfahrungen, über die man
nur in der Form von Zustandsquerschnitten als Phasencharak-
teren berichten kann, womit sie schon verfälscht werden. Darauf sollte der Ausdruck »allmählich« hindeuten. In einem
Gespräch kann man ja nicht gut »kontinuierlich« sagen.

A. Warum sprechen Sie von einer göttlichen Belehrung?
In der Geschichte kommt doch gar kein göttliches Wesen vor,
das eine Belehrung erteilt.

B. Die Erfahrung, die das Kind machte, schlug ein wie ein
Blitz, der nicht die Landschaft, sondern das Bewußtsein er-
leuchtete. Zu dieser Erleuchtung gehörte das Bewußtsein
davon, daß es sich um etwas handelte, was anderen Erfahrungen unvergleichbar war und was sich nicht vergißt, wenn es
auch nur mit Worten aus einer späteren Sprachentwicklung
umschrieben werden kann.

A. Warum sagen Sie dann nicht z. B. »Unvergeßliches« oder
auch nur »Unvergessenes«.

B. Das Kind hatte, als es diese Erfahrung machte, keine
Vokabeln, weder für »Unvergeßliches« oder auch nur »Unvergessenes« noch für »Göttliches«. Wenn ich heute nach einem

angemessenen Ausdruck im europäischen Raum dafür suche,
was damals als Josef Königsches »So-Wirken« um den Knaben
herumstand, muß ich es göttlich nennen, weil dieser Ausdruck
heute wenigstens nicht in dem Verdacht steht, unmittelbar
verständlich zu sein, sondern erst nach einem Stufengang der
Erfahrung, die das Bewußtsein als Weltumgang gemacht hat,
auf den Raum zeigt, der als neuer Raum im Alltagsraum des
Kindes eröffnet wurde. Zum Hereinschauen des Himmlischen
gehört die Enge der Plattform, auf der der heute sicher als
allzu gehorsam angesehene Junge stand. Zur Darstellung einer
solchen Erfahrung, die nicht als diese da, aber in anderen
Erfahrungen wesentlich wiederkehrt, bedarf es allerdings der
ganzen bisher gemachten Lebenserfahrung. Diese Darstellung
schlägt ihrerseits die Umwege über die Philosophie ein, soweit
sie uns bis heute in eine Bewußtseinsstufe gebracht hat, von
der aus solche Erfahrungen nicht nur möglich sind, sondern
auch in einer anderen Menschen verständlichen Weise dargestellt werden können. Die Erfahrungen des Kindes setzten die
Zeichen für den weiteren Lebensweg. Diesen Zeichen, von
denen ich hier nur einige prägnante auswähle, bin ich, soweit
es mir möglich war, immer gefolgt. Ihnen gegenüber habe ich
mich um einen Gehorsam bemüht, der m. E. zur Erkenntnis
führt.

A. Zur Erkenntnis?

B. Ein solcher Gehorsam ist als sich aus dem Mythos auf-
richtender Gehorsam vor Gott die einzige Möglichkeit, die
uns aus der selbstverschuldeten Unmündigkeit gegenüber den
Mitmenschen herausführt. Erfahrungen, denen gegenüber ich
gehorsam bleibe, sind nicht beliebige Erfahrungen. Es sind
auch nicht solche, die virtualiter allen Menschen gemeinsam
sind, die in eine von *Max Scheler* so genannte »absolut-natür-
liche Weltanschauung« gehörten oder in eine phänomenologisch asymbolische Schau oder auch in das »Bewußtsein überhaupt» des deutschen Idealismus. Es sind Erfahrungen, die
nicht ein transzendentallogisches Subjekt, sondern nur dieser
Junge, von dem hier die Rede ist, so gemacht hat, wie er sie
gemacht hat, ganz gleich, wie weit ich in der Arbeit der

rationalen Mitteilung von ihnen in meinem Leben gelange. Solche Erfahrung nenne ich deshalb eine göttliche Belehrung, weil es sich in ihr um einen ἐρρωμενέστατον λόγον handelt, der damit noch nicht allgemeingültig sein muß. Es muß genügen, sie in eine Form zu bringen, die sie anderen Menschen mitteilbar macht, damit diese dann in sich nicht dieselben, sondern allenfalls entsprechende Erfahrungen erwecken können.

A. Auf die Form kommt es sicher an.

B. Um zu lernen und auch zu erfahren, was es mit dieser Form auf sich hat, dazu habe ich nicht weniger als die Hegelsche Logik gebraucht. Sagt man von vornherein, wir könnten nur Mitteilungen prinzipieller Art machen, d. h. nur von Haus aus Allgemeingültiges mitteilen, so werden wir keinen neuen Gedanken mehr in die Philosophie einbringen. Wir treiben uns dann nur noch in Selbstversicherungsveranstaltungen mit uns selbst herum. Dieses liederliche Verfahren tritt heute in der Gestalt der seriösen Wissenschaft auf und ist daher gut getarnt. Man wendet hier legitime Tricks an, um der Natur weitere Behandelbarkeit abzulocken. Wenn wir von Deutschland aus noch etwas zum philosophischen Weltgespräch beitragen wollen, so müssen wir uns dazu bequemen, auch etwas von dem Unsrigen auf den Verhandlungstisch zu legen und nicht nur in großbürgerlicher Manier als Reisende einen philosophischen Warenhandel aufzumachen, in dem das Entscheidende bekanntlich darin besteht, »Wesen zu machen«. Philosophie ist nicht die Angelegenheit einer Elite, sondern war schon die Angelegenheit des Knaben, von dem ich erzähle, als er noch nicht einmal ihren Namen kannte.

A. Meinen Sie, daß dem heute noch ein Mensch zuhören kann?

B. Wenn die Welt von uns in Deutschland Lebenden überhaupt noch etwas anderes erwartet als die Verbreitung des Wohlstandes, möchten wohl schon einige zuhören.

A. Die Welt fragt heute nach dem, was sie braucht.

B. Jede Gemeinschaft und auch jede Gesellschaft bedarf eines Göttlichen, ohne das sie in den Tod geht. Das Göttliche bleibt immer das für uns Unerreichbare. So konnten hohe

Berge oder das Meer so lange als göttlich angesehen und erfahren werden, wie man sie nicht zu Fuß oder mit welchen Mitteln auch immer erreichen oder befahren konnte. So konnte der Mond als Luna erfahren werden. Schließlich bemerken wir, daß wir Natur als solche nicht erreichen. Der erreichte Mond ist nicht der göttliche. Das Erreichte erweist sich immer, nicht mehr göttlich zu sein. Aber es erweist sich nicht, nicht göttlich gewesen zu sein. Es ist nur so lange göttlich, wie es für uns als Leidende nicht erreichbar bleibt. In solchem Leiden besteht das menschliche Glück.

A. Dann war ihr Knabe also glücklich?

B. So steht es in der Geschichte.

A. Aber er hat in seinen prägnanten Erlebnissen oder meinetwegen auch Leiden doch etwas erreicht.

B. Er hat eine göttliche Belehrung erhalten, in der er einen Augenblick gestanden hat. In der positivierten Welt gibt es solche noch nicht in logische Strukturen eingefugte Augenblicke nicht. *Plato* nennt den Augenblick das, was in keiner Zeit ist, wobei er die Zeit bereits als positivierte Zeit angesehen haben muß. Dieser Knabe hat ein Maß erhalten, das er zwar nicht als Instrument benutzen, brauchen oder verwenden konnte. Es erinnerte ihn aber immer an das ihm ursprüngliche Formniveau, aus dem er im Verhalten zu anderen Menschen oder später in der Verhältnisbestimmung der Philosophie zu den Wissenschaften nicht mehr herausgehen durfte.

A. Als die Menschen noch nicht schreiben konnten, begann das Göttliche schon hinter dem Großvater.

B. Es scheint uns Menschen näher gewesen zu sein. Vielleicht begann es schon in jedem Wahrnehmungsblick mit rationaler Schärfe, der sich zuerst, wie bei *Homer,* in einer unmittelbaren, dann seit der griechischen Philosophie in einer logisch vermittelten Bildersprache darstellte. Mit einer solchen Konzeption haben wir uns in Religion, Kunst und Philosophie entwickeln können. Die Meinung, daß das für uns zunächst Unerreichbare, weil es sich, sofern es dann doch erreicht wird, als nicht göttlich herausstellt, *also* auch niemals göttlich gewesen ist, übt den Verrat an der menschlichen Erfahrung, die wir dann zugunsten der wissenschaftlichen Erfahrung aufgeben. In ihrem Schatten müssen heute auch die Menschen leben, die noch nicht einmal wissenschaftliche Erfahrungen machen können.

A. Für das, was sie Erfahrung nennen, kann man doch einfach Problembewußtsein sagen.

B. So hat man seit den Tagen der Sophisten, die sich Probleme vorwerfen ließen, getan. Aber es waren nicht die Sophistik, nicht der Skeptizismus, die den Menschen in den menschlichen Schranken hielten, innerhalb derer er seine Kulturen schuf.

A. Wie wollen sie Menschen dazu bringen, das Unerforschliche nicht nur zu verehren, sondern als göttlich anzusehen?

B. Dafür gibt es keine Propaganda. Jede propaganda fidei ist das untrügliche Zeichen darauf, daß wir unsere eigenen Erfahrungen aufgegeben haben.

A. Sie scheinen für eine metaphysische Erfahrung zu plädieren.

B. Die eigene Erfahrung ist immer metaphysikalisch, weil sie logisch ist. Das logische Wesen Mensch ist nicht das nur wesentliche Wesen, sondern der existierende Begriff, dessen Erfahrung die ist, die es als Individuum macht. Das Durchhalten der Individualität im Andrang des Über- und Unterindividuellen, mit denen wir umgehen müssen, ist immer erst noch zu leisten. Heute ist es dem Bestehen von Menschen in einer Hochwasserkatastrophe vergleichbar.

A. Das Individuelle wird angesichts des Göttlichen erreicht, von dem Sie als moderner Mensch doch auch nicht mehr umstandslos behaupten können, daß es sichtbar ist.

B. Weil dem so ist, werden alle Zeiten und Zeitgenossen, die zur Flucht vor uns selbst auffordern, immer auch zur Flucht vor dem Göttlichen auffordern und sich mit so etwas wie einem Problembewußtsein begnügen. Die Bescheidenheit feiert hier Orgien. Den Ausdruck Problembewußtsein habe ich übrigens bei *Nicolai Hartmann* gefunden, der sich als Atheist verstand.

A. Warum sagen Sie nicht, daß er Atheist war, wenn er sich als solcher verstand.

B. Weil wohl kein Mensch Atheist ist, so lange er noch lebt. Allerdings möchte ich hier das freilich sehr Mißverständliche hinzufügen, daß *Nicolai Hartmann* ein Balte war und deshalb vielleicht etwas mehr Kraft in der verzweifelten Neutralität gegenüber Gott aufgebracht haben mag, als hier im Westen üblich ist.

A. Wenn das nicht Nostalgie ist!

B. Es ist vielleicht eher einer gewissen »Schurkerei« vergleichbar, von der *Wittgenstein* einmal gesprochen hat.

A. Wollen wir das besprechen?

B. Lieber nicht.

A. Sie sind wohl schon von Kindheit an — in der Härte einer solchen Umgebung ist das ja selbstverständlich — immer irgendwie einer Transzendenz verpflichtet gewesen.

B. Die Erziehung in meinem Elternhaus war demokratisch und liberal. Wir gingen nicht in die Kirche.

A. Ich versuche ihre Geschichte nicht zu erklären, sondern nur zu verstehen. Wo sollte der Junge sich schließlich hinwenden, wenn alle Ausgänge verschlossen waren?

B. schweigt.

A. Es wäre doch liberal und freundlich, wenn Sie darauf antworten könnten.

B. schweigt.

A. Dann sind Sie es, der den Kontakt unterbricht.

B. schweigt.

A. In unaufgeklärten Zeiten wurden diejenigen, die den Kontakt abbrachen, gehaßt. Wir Heutigen dagegen versuchen eine Erklärung oder doch ein Verstehen aus den Umständen. Sie könnten Ihr Schweigen ja auch aus den Umständen des Gesprächs heraus erklären.

B. In den unaufgeklärten Zeiten gab es wohl noch keine Kontakte, die man einschalten oder unterbrechen konnte. Zu erklären ist da nichts. Es ist die Aufgabe meines Lebens gewesen, mich im Gestaltniveau wie im logischen Raum einiger weniger Geschichten zu halten. Die Umstände sind fast immer so, daß die Geschichten einen kaum noch halten können. Das Schweigen ist daher eine Verbeugung vor dem Gesprächspartner, den man nicht mit Worten außerhalb des logisch gewonnenen Raumes abspeisen möchte. Es gibt Umstände, in denen es die einzig mögliche Antwort ist, weil in ihnen solche Geschichten wie diese nur noch peinlich sind.

A. Wie ich Sie kenne, könnten Sie aber auch mit einem emotionalen Ausbruch aus der Festung antworten. Das reinigt manchmal die Luft.

B. Bei den sogenannten Heutigen nicht mehr. Mit vollem Ernst habe ich das zum letzten Mal in einer Kommissionssitzung getan, in der wieder einmal einer aus der Konsumtionsbranche habilitiert werden sollte. Meine Warumfrage entsetzte die Mitglieder der Kommission keineswegs. Sie brachten eine Menge guter Gründe für die Habilitation bei, von denen sie doch wußten, daß sie in der Ebene des Gesprächs keine Gründe waren. Ich vergaß mich schließlich, blieb nicht in meinem Formniveau, während die anderen das ihrige sehr gut festzuhalten wußten. So sagte ich schließlich, daß wir, nachdem die Herren Kollegen mich nun »zusammengeschlagen« hätten, auseinandergehen könnten, was ich natürlich sofort bereute. Solch ein Ausdruck hätte nicht hingenommen werden dürfen. Aber man überhörte ihn einfach. Man war gut integriert.

A. Seitdem sehen Sie ein, daß emotionale Ausbrüche zu nichts führen?

B. So ist es. Sie haben zwar manchmal einen über die dunkle Landschaft hinausweisenden Leuchtcharakter. Aber in der Situation stiften sie unmittelbar nur Schaden an.

A. Ich vermag Ihre Geschichte nur als den Ausdruck eines subjektiven Erlebnisses anzusehen, nicht als eine gültige Erfahrung. Der Junge wuchs in einer sehr harten Zeit auf.

B. Was man so hart nennt. Halten Sie unsere Zeit für weniger hart?

A. Zu einem Pauschalurteil über die Gegenwart möchte ich mich nicht versteigen.

B. Vorsichtige Diktionen hinterlassen immer einen guten Eindruck.

A. Wie war das nun mit der Ichwerdung des Knaben?

B. Das zu sagen, ist nur zwischen den Zeilen möglich. Das Individuum spricht zwar immer als Ich. Dieses ist aber objektiv nicht nur aus theoretischen, sondern vor allem aus unmittelbar praktischen Gründen niemals unvermittelt aussagbar. Wenn Ich sich aussprechen könnte, träte es aus sich heraus. Das tut es zwar im Gespräch immer. Aber dort bleibt es unmerklich. Nur so ist es erträglich.

A. Als Weltumgang tritt Ich doch immer schon aus sich heraus.

B. Dieses Heraustreten ist nicht schon die Leistung des Einzelnen, sondern seine Leistung auf dem Berg der Geschichte, hinter dem der Gesprächspartner das Ich in den meisten Fällen nicht sieht.

A. Dennoch sollten Sie davon erzählen, was erzählbar ist. Wenn man heute unter dem Etikett des Philosophen firmiert, muß man doch wenigstens sagen können, inwiefern man sich als Ich versteht.

B. Unter einem solchen Firmenschild müßte ich sagen, daß Ich nur die erste Unmittelbarkeit des Menschen als Weltumgang ist. Auf diese Unmittelbarkeit stößt die Hegelsche Logik am Anfang des dritten Teils. Die Rückkehr zum Sein läuft über Ich und den menschlichen Weltumgang.

A. Was ist davon in der Weise des Gesprächs erzählbar?

B. Nichts direkt. Aber da war der 3. September 1939. Ich muß vorausschicken: Ich hatte im I. R. 1 in Königsberg dienen müssen, wohnte damals in Berlin und wurde von dort aus zum Kriegsdienst eingezogen. Auf der Fahrt von Prerow nach Berlin stellte ich mir vor, daß ich schon am nächsten Tag in Polen fallen könnte. Nicht einmal für Deutschland, sondern für ein System, das ich nicht für deutschfreundlich hielt. Ich bin zunächst als Ausbilder in Berlin-Ruhleben, dann in Meseritz und schließlich in Holland verwendet worden, den ersten Teil der Zeit als Schreiber. Am 3. September 1939 also ging der inzwischen 28jährige durch die U-Bahnsperre auf dem damaligen

Adolf-Hitler-Platz. Der Schaffner teilte ihm mit, daß England und Frankreich den Krieg erklärt hätten. Auf sein starres Gesicht hin sagte er: »Das hätten Sie wohl nicht gedacht«. Der 28jährige wurde emotional und erwiderte: »Das denke ich schon seit sechs Jahren«, entfernte sich dann aber schnell.

Auf demselben Platz, der nunmehr Reichskanzlerplatz hieß, gingen 1946 amerikanische Soldaten spazieren. Dort stand auch der inzwischen von seiner Verwundung genesene und aus englischer Kriegsgefangenschaft zurückgekehrte entlassene Wehrmachtsleutnant als Mann von nun beinahe schon 35 Jahren und bot seine Armbanduhr zum Verkauf, d. h. gegen Zigaretten an. Da er als Soldat keinen Handel getrieben hatte, war das einigermaßen aufregend. Schließlich ging er mit einer mit Zigaretten angefüllten Ledertasche die Treppe zur U-Bahnstation hinunter. Da es dort etwas dunkel war, bemerkte er nur, daß er geradeaus gehend plötzlich den Boden unter den Füßen verlor und auf den Schienen der U-Bahn landete. Ausgemergelte Leute saßen auf Bänken, rührten sich aber nicht. So stieg er einigermaßen langsam wieder zum Bahnsteig empor. In diesem Augenblick fuhr die U-Bahn ein. Beinahe wäre er also doch, wenn auch nicht im Krieg, »gefallen«. Zwischen diesen beiden Erfahrungen wurde der Jüngling Ich. Aber das erforderte ein Buch, daß ich wohl niemals schreiben werde. Für wen auch?

A. War das Ihre zweite Geschichte?

B. Nein, es war nur der Versuch einer Antwort auf Ihre Frage.

A. Dann erzählen Sie doch die zweite.

Der Jahrmarkt

Tante Anna — sie wurde 90 Jahre alt — führte den Jungen in Ruß auf den Jahrmarkt. Er lag zwischen der Schule und dem Pfarrhaus, in dem er später Lateinstunden erhielt. Auf die Frage der Tante, was er sich wünsche, entgegnete er: »den ganzen Tisch«, womit eine Süßwarenauslage gemeint war. Der

Jahrmarkt war ein Jahrmarkt wie viele andere. Heute würde er einen ärmlichen Eindruck machen, vielleicht auch nur einen ländlichen. Aber ein Karussell war schon damals ein Karussell. Der Ausrufer vor einem Vorhang ließ mit den Worten »Hier sehen Sie die Dame ohne Unterleib« schon Beträchtliches ahnen, wenn auch nichts Realistisches. Den ganzen Tisch konnte die Tante nicht kaufen. Sie resignierte nicht, sondern wiederholte ihre Frage vor den Luftschaukeln. In diesem Augenblick fiel ihm etwas ein, und er sagte, ohne eigentlich angeben zu können, wie es aus ihm herauskam: »Wenn du mir etwas schenkst, ist es gut, wenn du mir nichts schenkst, ist es auch gut.« Dieses Mal waren es die eigenen Worte, die ihn wie ein Donnerschlag trafen. Da war auch wieder das große, unbeschreibliche, weil doch unerreichbar-unendliche Glück. Er hatte keine Vergleiche, z. B. einen solchen, der ihm zu sagen erlaubt hätte, er fühle sich frei wie ein Vogel oder gar einen so schönen, wie ihn ein Mitschüler in der Prima hervorzuzaubern wußte, der von einem See als dem »Auge« der Landschaft schrieb. So etwas stand weder damals noch später zu Gebote. Er wußte nur, daß er diese seine Antwort niemals vergessen würde, obwohl da nichts mitteilbar war, wie übrigens auch von der Hochwassergeschichte nicht. Er erhielt schließlich in einer Buchhandlung außerhalb des Jahrmarkts ein Buch, in dem etwas von den Guelfen und Ghibellinen stand, was er zwar lesen konnte, aber nicht verstand. Das schien freilich bedenklich, wie er auch bei Gesprächen der doch deutschsprechenden Eltern manchmal glaubte, eines Tages müßte es ja herauskommen, daß er ihre Sprache nicht verstand. Nur einen Vers in italienischer Sprache behielt er aus dem Buch: una sera in Peschiera, bis er nach vielen Italienreisen schließlich den Ort dieses Namens am Gardasee entdeckte. Für das, was auf dem Jahrmarkt geschah, haben wir nicht einmal das Wort der fremden Sprache. Es war nicht einmal eine Fulguration.

A. Wenn da weiter nichts zu sagen ist, können Sie ja gleich die dritte Geschichte erzählen, die sich, wie Sie sagen, auf die Arbeit bezieht.

Arbeit

Ein kleiner Junge steht auf einem Fußbänkchen vor dem Herd und wäscht das Geschirr von dem Mittagessen einer siebenköpfigen Familie ab. Da es sich unter anderem um Porzellan handelt, das die Mutter geerbt hat, muß er dabei sehr vorsichtig sein.

Vorher hatte er damit begonnen, die Küche aufzuräumen. Das fing in der linken Ecke an, wo unmittelbar neben der Tür, die in den großen Keller führte, die Brottrommel stand. Die Trommel für das von der Mutter gebackene Brot muß man sich als einen Zylinder vorstellen, der beinahe so hoch ist, wie der Junge. Er muß von außen abgerieben werden. Dann kommt der Tisch an die Reihe, auf dem das Geschirr steht, von den Kochtöpfen bis zu den Teelöffeln. Er wird abgeräumt, das Geschirr kommt auf die Herdplatte. Damals waren die Herde noch so groß, daß das ganze Mittagsgeschirr auf ihnen Platz hatte. Dann wird der Tisch abgewischt. Es folgt das Aufräumen des Küchenschrankes, was mit ein paar Handbewegungen getan ist. Er wendet sich zu der anderen Außenseite, die ein Fenster hat, dessen Fensterbrett wiederum abgewischt werden muß, um an einen Stuhl zu gelangen, auf dem vielleicht etwas steht, was dort nicht hingehört. Es folgt die »Schlafbank« der Emma, ein Ausziehbett des damals so genannten Dienstmädchens, die tagsüber als Tisch dient und aufgeräumt und gereinigt werden muß. Der Steinfußboden wird gefegt und gewischt. Dann geht es an das Abwaschen, das Trocknen und Einstellen des Geschirrs. Als alles fertig war, stellte sich das bei solcher Gelegenheit erstmals deutlich erfahrene Gefühl nach getaner Arbeit ein. Bei späteren Wiederholungen gewinnt die Arbeit einen leicht zeremoniellen Charakter. Vergleichbares habe ich nach dem Zweiten Weltkrieg in den Nachrichten vom Zen-Buddhismus gefunden.

Davon hätte ich wohl nichts verstanden, wenn meine Mutter mir nicht, obwohl ich drei ältere Schwestern hatte und auch die Emma, das Dienstmädchen, da war, in sehr früher Kindheit Gelegenheit gegeben hätte, solche Erfahrungen zu machen, die man später nicht mehr einholt. Diese Erfahrungen sind hier nicht zu beschreiben. Sie kehrten wieder beim Holzhacken, während mein Vater mir, vom Fenster her, zuschaute. Auch die Feldarbeit tat das Ihrige dazu. Unmöglich war es jedoch, beim Holzsägen die dazu nötige Geduld aufzubringen. Das war einfach nur langweilig, wie übrigens auch das Rübenausnehmen im Herbst. Geeigneter zu solchen Erfahrungen war schon das Kühetränken, selbst wenn es im Winter geschah, wo immer je zwei Eimer Wasser von der Pumpe im Garten über die vereisten Wege in den Stall getragen werden mußten. Wenn zwei Kühe zehn Eimer ausgesoffen hatten, weil das Heu gesalzen war, wußte der Junge, was er getan hatte. Außerdem konnte er sehen, wie Kühe saufen.

Ohne diese frühkindlichen und späteren Arbeiten, die sich bis zum Abitur fortsetzten, wäre ich niemals imstande gewesen, bei den Schriftstellern, die von der Arbeit schreiben, des Unterschieds gewahr zu werden, ob es sich bei ihren oft so großen Auslassungen um wirklich Menschenfreundliches oder um eine hohle Nuß handelt.

A. Was sagen Sie dann zu den Angehörigen der jungen Generation in unseren Städten, die solche urigen Landerfahrungen, wie die geschilderten, nicht mehr machen können?

B. Ich behaupte nicht, daß solche Erfahrungen die einzig notwendigen sind, um z. B. vor den Sinn des Wortes »Ausbeutung« zu gelangen. Solche Erfahrungen müssen nicht an das Vorhandensein eines bestimmten Milieus, einer bestimmten gesellschaftlichen Lage oder einer bestimmten Zeit gebunden sein. Ich versuche hier nur zu erzählen, wie ich später an die geistige Arbeit gekommen bin. Hier konnte ich immer unterscheiden, ob das, was ich tat, einer ab ovo aufgeräumten Küche, einer gut geharkten Wiese, richtig gehacktem und richtig aufgestapeltem Holz oder auch einem frisch gefegten Hof glich, in den dann der Himmel hereinschien, oder eine Anmaßung war. Das galt auch für die Übungen auf dem Klavier, die zwischen der körperlichen und geistigen Arbeit stehen. Bei *Günther Eich* wird der hundertste Name Allahs in den Glanz einer Treppe übersetzt. Hakim fegt sie und fordert einen Jüngling auf, einen Besen zu nehmen und ihm dabei zu helfen. Es ließen sich manche Stellen aus der Dichtung wie aus der Philosophie angeben, die in meinem Leben eine bedeutende Hilfe waren.

A. Könnten Sie ein Beispiel aus der geistigen Arbeit geben?

B. *Hölderlin* hat in seiner Übersetzung griechischer Tragödien Fehler gemacht. Diese Fehlübersetzungen verdunkelten den Philologen lange die Einsicht, daß es sich dabei vielleicht, wie manche heute vermuten, um die größte nachgriechische Dichtung gehandelt hat. Wir dürfen niemals bewußt Fehler machen, was in die Arbeitsweise einer schlecht aufgeräumten Küche gehört. Dennoch gehören die Fehler, die immer wieder unterlaufen, zur Signatur unserer menschlichen Arbeit. Sollten Maschinen fehlerlos arbeiten können, so gehören sie logisch in die objektive Reflexion, die *Hegel* als objektive entdeckt hat und die nicht mit dem Begriff verwechselt werden darf. Hätte ich an den Kindheitserfahrungen mit guter Arbeit nicht festhalten können, so hätte ich nicht die Geduld aufgebracht, des Unterschieds der Hegelschen Logik und des Platonismus ansichtig zu werden. Darin werden wieder Fehler stecken, auf die sich dann diejenigen stürzen können, die der Erkenntnis dieser Unterschiede ausweichen und sich im Nachweis der Fehler dazu legitimiert sehen. Zu solchen Berichtigungen muß man auch dann schweigen können, wenn das Schweigen an die Ehre geht. Man muß sich nur bemühen, entsprechende Fehler nicht noch einmal zu machen. Der Müßiggang und die Schludrigkeit können aller Laster, wie alles Geistes, Anfang sein. Dieses nur dann, wenn man immer bemüht bleibt, keine Fehler zu machen. Fehlerlosigkeit ist der Grenzwert der Integration in die Konventionalität. Wenn man bemerkt, daß man in der Erkenntnis, im Ethos und im Angesicht der Landschaft nicht konventionell sein kann, muß man sich doch immer in Richtung auf diesen Grenzwert umsehen, ohne ihn doch schon mit dem Begriff und dem Begreifen der Sache zu verwechseln. Er steht als Wächter neben uns, dem wir unsere dauernde Reverenz erweisen müssen wie einem Portier. Nur unter dieser Bedingung gelangen wir zum Nichtkonventionellen, das nicht

etwas Wahres, sondern die Wahrheit ist. Ob sie Öffentlich-
keitscharakter gewinnt, ist eine Frage, um die wir uns unmittelbar so wenig zu ·bemühen haben wie der kleine Junge, der auf
dem Fußbänkchen stand und Geschirr spülte. Er hatte es insofern noch leichter, als er noch nichts von der Öffentlichkeit
wußte, die als ein zweiter Cerberus immer vor uns steht. Er
wollte noch nicht einmal in die antichambre der Philosophie.
    A. Was verstehen Sie unter dem Gesicht der Landschaft?

Das Gesicht

    Auf der Memel, die in Rußland den Namen Njemen trägt,
fuhren das Dienstmädchen, die Emma Baltuttis, und der Junge
in einem Kahn zu einer Insel. In dem Kahn standen außerdem
zwei Stärken (junge Kühe), die zur Insel gebracht wurden,
damit sie dort für einige Wochen eine Weide am Tag und in
der Nacht hätten. Emma Baltuttis ruderte entsprechend vorsichtig, während der Junge die Schönheit des Stromes und der
Insel sah. Meiner Erinnerung nach war es die erste Erfahrung,
die er davon machte, daß das Wasser, die Waldstücke auf der
Insel, die Ufer, das Gras und der Himmel darüber ganz so
waren, wie sie immer waren und doch: ganz anders, totaliter
aliter. Umsprechend kann es das irdische Grundvergnügen genannt werden, das zugleich himmlisch ist. Diese Erfahrung war
so individuell, daß sie in keiner der vielen Naturerfahrungen,
die ich während meines bisherigen Lebens gemacht habe, wie-
derkehrte. Diese waren der Grunderfahrung zwar verwandt,
aber niemals in nur identitäthafter Verknüpftheit mit ihr.
Außerdem schiebt sich zwischen die Erfahrung des Jungen und
dem späteren Philosophie- und Literaturstudenten die solche
Erfahrung teils bestätigende, teils von ihr geschiedene Welt der
Bildung. Als ich später Dichtungen lesen lernte, fand ich Entsprechendes, niemals dasselbe. Die größte Nähe fand ich in
einem Stich von *Claude Lorrain,* auf dem Kühe in das Wasser
gehen, dabei trinken, während ein Hirt dahinter steht. Alle
Dichtung, Malerei, selbst Musikstücke erinnerten an entsprechende Grunderfahrungen. Damals jedoch, als die Kühe über

den Strom gebracht wurden, dachte der Knabe, daß er allein von einem solchen Gesicht umgeben war. Dichtung und Malerei bestätigten ihm etwa seit den Jahren in der Sekunda, daß er mit dieser Erfahrung nicht allein sei. Sie rührten immer an die eigene Individualität und trugen immer die Aufforderung zu einer produktiven Antwort in sich. Darin scheint ihr Sinn zu bestehen. Während der Kahnfahrt erfuhr der Knabe diese Aufforderung jedoch nicht, sondern nur die Unbeschreiblichkeit und die Unaussagbarkeit eines Glücks, das mich z. B. für mein Leben an das Werk *Hölderlins* gebunden hat. Jeder wirkliche Blick in die Natur bleibt unaussprechbar und unbeschreiblich. Jene aber schenken die Eudaimonia, ohne die ich den langen Gang durch die Erörterungen von »Sprache und Bewußtsein« nicht gemacht hätte, um schließlich in den Stand zu der Frage zu gelangen, was das Werk *Hölderlins* wohl mit der menschlichen Erkenntnis zu tun hat.

Später gab es dann noch ein zweites Gesicht. Als Primaner fuhr der 16jährige von Kulinowen nach Nikolaiken (Masuren) in einem Kahn, den er selbst ruderte. Er fuhr mit dem Rücken gegen die untergehende Sonne und hatte im Angesicht die silberne Sichel des Mondes und die sich im Wasser spiegelnden schwarzen Wälder. Um an das Ziel (Nikolaiken) zu gelangen, brauchte er sich beim Rudern nicht umzublicken. Die vor ihm liegende Spitze des Kahns mußte nur mit der Sichel des Mondes in einer Linie gehalten werden. So bewegte er sich auf die untergehende Sonne zu, blieb aber im Anblick des zweiten Lichts. Dieser Anblick garantierte die gute Fahrt, die doch in Richtung des ersten Lichts ging. Die Wälder und ihr Spiegelbild standen ruhig da. Sie gaben zugleich die Einheit von Wirklichkeit und Bild. Dabei schien das Bild nicht in der Wirklichkeit, sondern die Wirklichkeit im Bild zu sein. So ging er später als Student über die Wasserpfützen der Hohenzollernstraße im Münchener Schwabing, in denen sich der Himmel und die Wolken spiegelten, wie im Raum eines Bildes zwischen Himmel und Erde, wobei der Fußboden einem dünnen Teppich glich. Den über das Bild und die Wirklichkeit des Masurischen Sees ausgegossenen Glanz habe ich nur noch in

den von *Dilthey* so genannten »Hymnen an die Ideale der
Menschheit« von *Hölderlin* gefunden.

Zu dem, was ich hier als das Gesicht bezeichnet habe, gehört
auch das wunderbare Rauschen des Meeres, dem ich eine Nacht
lang auf der Dachkammer des Pestalozzihauses in Rauschen
(einige 30 km von Königsberg entfernt) als Student zugehört
habe. So oft ich auch das Meer aufgesucht habe, dieses Rauschen habe ich niemals wieder gehört. Dabei würde ich um die
Welt fahren, um es nur noch einmal hören zu können. Damit
waren unverlierbare Maßstäbe im Anblick von Natur und im
Anblick von Kunstwerken gegeben. Aber auch für die Verhältnisbestimmung der Hegelschen Logik, zu einer Logik, die
sich als rein und formal versteht. Die formale Logik gibt nicht
das erste, sondern das zweite Licht. Vielleicht hat *Goethe* im
ersten Vers von »An Luna« davon etwas gesehen, in dem er
Luna »Schwester von dem ersten Licht« nennt. Solche Untersuchungen gehörten schon in eine immer noch ungeschriebene
Logik der Kunst, die an die Stelle der Ästhetik zu treten hätte.
Ist es ein Zufall, daß in der Computersprache »Rauschen« nur
noch einen pejorativen Sinn hat?

Augenblicke

Die Suche nach der verlorenen Zeit ist immer die Suche nach
den göttlichen Augenblicken, die in Religionen mit sehr unterschiedlichen Geschichten von Geschehnissen beschrieben werden können. Sie werden wohl am ehesten im sermo humilis
von Gleichnissen mitgeteilt. Dabei erreichen sie uns als Ange-
schriebene, wie Menschen an uns geschrieben haben, ohne uns
doch gleich »angeschrieben« zu haben. Solche Augenblicke
können wie der in einem Kampfgeschehen bei *Homer* sein,
aber auch wie der des Jünglings, der zu einem Mädchen fährt,
das er gerade seine Liebste nennt, und beim Heraustreten aus
dem Haus in der Hundrieserstraße in Königsberg, in der Nähe
des alten Lizentbahnhofs, den tiefblauen Himmel über sich
und der schmalen dunklen Straße sieht. Der Jüngling wußte in
diesem Augenblick zugleich, daß der ganze Sonntag am Meer,

der auf ihn folgen sollte, nur ein schwacher Abglanz der Intensität dieses Augenblicks sein würde — wie er viele Jahre später, im Lazarett in Winchmorehill (London) liegend, nach drei Monaten den ersten Blick aus dem Fenster hinaus als solch einen Augenblick erfahren konnte, weil zufällig über den großen immer geschlossenen Milchglasfenstern eine kleine Scheibe im darüber liegenden Bogen geöffnet war. Dort war ein schneebedeckter Zweig zu sehen. Dieser Augenblick gab den ganzen Winter, sozusagen als pars pro toto. Er ließ Monate dauernden physischen Schmerz vergessen. Ohne ihn wäre er nur ein beliebig kleines Intervall gewesen. Wir leben aus solchen Augenblicken. Sie sind es in Wahrheit, denen wir durch ganz Europa nachjagen und glauben, es handele sich um eine Frau, um Kunstwerke, alte Städte, das Meer usw. Jeder Mensch hat sie, solange er einen bestimmten Grad von Vitalität besitzt und solange es ihm weder zu schlecht noch zu gut geht. Die höchsten Augenblicke haben wir immer am Rand des Abgrunds. Erst in der geistigen Dimension der Logik im zweiten Teil der Hegelschen Logik kann man das *Durchschreiten* des Abgrunds einüben. Die Götter blicken zwar nur in die geöffneten Fenster der Reichen hinein, in einen Raum mit entsprechend dicken Mauern. Aber die Reichen sind erblindet. Sie sehen sie nicht, sondern bis heute eher ein Armer, der zufällig daneben steht. Der Philosoph kann sich zwar in der Nähe berühmter Männer ansiedeln. Er muß aber dafür sorgen, daß er seinen Platz im Schatten behält. Die Distanz zum *Caesar* behält er nur, wenn er nicht so dumm ist, der Erste, und sei es auch nur in einem Dorf, sein zu wollen.

Dagegen sind die πολλοί *Platos* in verschiedenen Bewußtseinsstufen immer up to date. Sie schwatzen heute von und praktizieren Revolutionen, die immer Scheinrevolutionen bleiben. Das größte Unglück, das eine Gesellschaft treffen kann, ist diese Halbbildung, die die Senkrechtstarter hochträgt. Sie hat in ihrem Gefolge die Not derer, die sich an den Hochsteigenden berauschen, nicht das Glück des neben den Reichen im Schatten stehenden Armen. Selbst die Erwachten haben noch Angst davor, ohne Ideologie durch das Leben zu gehen. Der religiöse Glaube aller Zeiten tritt bei den Menschen immer in Entsprechung dazu auf, wie weit sie es in Darstellung, Sprache und Bewußtsein gebracht haben. Sollten die Löwen auch etwas Entsprechendes wie einen solchen Glauben haben, so haben sie ihn in Entsprechung zu ihren physiologischen Gegebenheiten. Von den wieder und wieder eintretenden Verspottungen der Religionen, die immer Verspottungen des Christus sind, gilt das gleiche. Keiner von uns wagt es, diesem Christus nicht auszuweichen.

Die Mathematiker wissen vielleicht, daß solche Geschichten immer unzeitgemäß, im Sinn der Auffassung der Zeit als eines Gleichstroms, sind. Es sind Geschichten aus der Unendlichkeit. Sie bestrahlen nicht eine unendlich vorhandene Fläche, sondern gleichen Leuchttürmen, die in die Unendlichkeit hinausstrahlen. Die aktuale Unendlichkeit des Begriffs, der der ewige Augenblick ist, der als uns immer begleitender Anfang durch unser Leben zieht, haben vielleicht nur *Plato* und *Hegel* gekannt. Nichts scheint so schwer wie das Leben im Augenblick, obwohl der Augenblick die Quelle ist, aus der Erkenntnis und Leben fließen. In der Wüste, in der wir leben, halten wir von diesem köstlichen Wasser nur von Zeit zu Zeit einen kleinen Schluck in der aufgehaltenen Bettlerhand. Benetzen wir unsere Augen damit, so leuchtet Natur wie alles, was wir sehen. In dem Grad, in dem solches Leuchten im Gespräch ist, hören wir. Die Hegelsche Logik ist ein einziges Hinhören auf den Begriff. Die Mitteilung, die er davon machen konnte, geschah mit der Sprache der *Kant* und *Fichte,* wie der Sprachen aus der ihm bekannten Tradition. Bis heute sieht man nur die Technik dieser Mitteilung, die als ein verschrottetes Gerät erscheint, dessen Klappern man noch in den Ohren hat.

A. Weshalb haben Sie die Geschichten erzählt?

B. Es sind ja nur einige. Sie mögen genügen, da die Vielen sowieso von ihnen verschont bleiben möchten und die im Denken Lebenden sie an sich kennen, da sie die ihrem Leben entsprechenden erfahren haben. Die Geschichten sollten zeigen, daß Erkenntnis nur dort stattfindet, wo sie in der Form der göttlichen Belehrung auftritt. Ferner sollten sie auf das Ethos, die Arbeit und das Gesicht der Landschaft hinweisen, unter denen ich mein Leben zu führen versuche. Man darf dem Tyrannen, sei er nun persönlich oder anonym, von Zeit zu Zeit schmeicheln. Die philosophische Existenz versucht, es nicht zu tun. Wer es einigermaßen ausgehalten hat, darf es wenigstens aussprechen. Er kann es nur, wenn er früh belehrt worden ist, daß es in den schlimmsten Lagen immer noch ein Bestehen gibt, daß es keine noch so große Macht gibt, der wir Menschen nicht wenigstens eine Weile standhalten können. Was dann geschieht, liegt nicht bei uns. Aber es scheint nicht gleichgültig zu sein, wie lange wir ausgehalten haben. Schließlich können wir es vielleicht etwas besser unter dem Geschenk des Bildes der Natur. Dieses Geschenk erhalten wir um den Preis der heiligen Nüchternheit *Hölderlins*. In Europa ist es nur unter dem signum des christos kyrios erreichbar, unter dem auch *Hegel* gestanden hat, vor dem sich die Knie *Hölderlins* gebeugt haben. Das Beugen der Knie ist die Aufrichtung des Menschen in der Logik, in der Ethik und in der Kunst. Die Emanzipation der Kunst ist nicht ästhetisch. Sie will logisch geleistet werden. Jeder einzelne und jede Gesellschaft müssen eines Tages aus der angemaßten Mündigkeit gegenüber Gott heraus. Nur dadurch erlangen sie die Befreiung aus der selbstverschuldeten Unmündigkeit des Menschen im Gebrauch seines Verstandes. Nur als Kinder Gottes behalten wir unseren freien Verstand, das wache Herz und die Seele im Weltumgang, der wir sind. Das habe ich im zwar immer noch nur wesentlichen Ausdruck »Sprachlichkeit« zusammenzuhalten versucht. Ich verfolge es in der Antwort auf bestimmte Texte wie auf die Hegelsche Logik und im Versuch einer angemessenen Darstellung des Werkes von *Friedrich Hölderlin*. Dazu hat mir in erster Linie der Umstand verholfen, daß ich von frühester Kindheit an zur Arbeit erzogen wurde.

II.

A. Als demokratisch und liberal Erzogener werden Sie vielleicht ein anderes Verhältnis zu den von *Plato* so genannten »Vielen« haben als er. Könnten Sie daher sagen, was auf der

Schule und der Universität für Sie von entscheidendem Einfluß
war?

B. Auf der Schule natürlich die humanistische Bildung, die
so weit ging, bis man am Lernen griechischer Vokabeln Freude
empfand. So weit muß sie schon getrieben werden, da man
sonst immer im Ressentiment gegen diesen Schultypus hängen
bleibt, vor dem er heute zu verschwinden hat.

A. Es gibt aber gute Gründe dafür, daß wir die technische
Bildung in den Vordergrund rücken.

B. Schon um uns am Leben zu erhalten, verfahren wir so.
Gefährliche Dinge geschehen immer aus den guten Gründen,
die hinter ihnen stehen.

A. Wie steht es mit dem Einfluß, den Sie auf der Universität
erfuhren?

B. Ich habe in Königsberg, München, Göttingen und Berlin
studiert. Vom Philosophiestudium ist nicht viel zu berichten.
Neben diesem, das ich vom ersten Semester an ununterbrochen
betrieben habe, wäre eine Vorlesung von *Iwand* über den
Römerbrief zu nennen, das Studium der mittelalterlichen Geschichte bei *Baethgen,* ein Bismarckseminar, das *Rothfels* in
seinem letzten Semester in Königsberg hielt, Kunstgeschichte
bei *Worringer,* der Parzival von *Wolfram von Eschenbach,* den
ich für mich übersetzte, *Goethe,* den ich zur Vorbereitung des
Rigorosums im Nebenfach ein Jahr hindurch las und studierte.
Ebenso entscheidend war die Erfahrung der Dichtung *Stefan
Georges* durch *Paul Hankamer* in Königsberg, die die Augen
für den Charakter der Dichtkunst öffnete. Schließlich hat mich
ein Seminar bei *Walter F. Otto* über den Demeterhymnus vor
das Problem geführt, was es wohl mit der Wirklichkeit der
griechischen göttlichen Gestalten auf sich haben mag. In München war es die Meereskunde bei *v. Drygalski,* ein Proseminar
bei *Rehm* über *Thomas Mann,* ein Seminar über *Kants* »Kritik
der Urteilskraft« bei *Huber;* in Göttingen einige Vorlesungsstunden bei *Josef König* (1937/38). In Berlin mußte ich für meinen Lebensunterhalt sorgen, gab Lateinstunden und arbeitete
schon an den Platostudien zur Habilitation. Gebildet hat mich
eine Italienexkursion, die ich als Neunzehnjähriger von Mün-

chen aus unter der Leitung des Theaterwissenschaftlers *Kutscher* unternahm. Gebildet hat mich auch die Rekrutenzeit in Königsberg im Jahr 1936/37, wenngleich mehr im Sinne der Bildung zum Realitätsbewußtsein, wie ich dieselbe auch in den Kriegsjahren als Soldat erfuhr. Hier handelte es sich nur um herausgegriffene prägnante Situationen innerhalb des Studiums. Wenn ich jedoch etwas über die augenblickliche Lage sagen soll, so muß das alles im Hintergrund bleiben. Es ist dann besser, wir stürzen uns à corps perdu mitten in die philosophische Diktion.

A. Das verstehe ich.

Zur formalen Logik und ihrer Metaphysik

B. Alle formallogisch gebildeten Propositionen wie $A = A$ sagen, als *Inhalte* genommen, nichts. Dagegen machen sie als Anhalte die Welt behandelbar. Macht Euch die Erde untertan.

A. Müssen Sie denn immer gleich aus der Philosophie herausspringen?

B. Das liegt nicht an mir, sondern an der wirklichen Entwicklung von Philosophie und Logik. Fangen wir mit *Plato* an. Bei ihm ist im Dialog »Parmenides« das Eine als Eines ($A = A$) weder erkennbar noch aussagbar. Wenn wir »$A = A$« sagen, haben wir weder erkannt, noch menschlich gesprochen. Wir sprechen schlechthin nur in der Methexis des Einen mit dem Sein (2. Position im Dialog »Parmenides«). Wir sprechen nur im Hegelschen Begriff, weil wir als Einsen, denen zugleich Existenz zukommt, sprechen. Vielleicht hat *Anselm von Canterbury,* indem er Gott als Wesen dachte, dem Existenz nicht fehlen kann, diesen Gott auf dem Umweg über uns Menschen als sprachliche Wesen gedacht, als welche wir gleichfalls in eine Existenz gehören, die nicht als nichtseiend vorgestellt werden kann. Nur als nicht nichtsein-Könnende sind wir Ebenbilder Gottes.

Nur das existierende Eine, das zugleich formallogisch bestimmt und »unendlich bestimmt« (*Leibniz)* ist, ist das Eine,

das wir bei Gelegenheit der menschlichen Erfahrung im Phänomen von Regelmäßigkeit finden. Jede figura zeigt, indem sie
auf wirkliche Dinge zeigt, zugleich auf Gott. Wir existieren als
das Eine im Plural, als existierende Begriffe. Der Mensch existiert nur als menschlich und göttlich zugleich, als Ebenbild
Gottes. Regelmäßigkeit ist immer schon im Begriff und in Gott,
sofern er Spender von Regelmäßigkeit ist. Regelförmigkeit dagegen ist im Begriff und in Gott, soweit die Logik im Begriff
ist und Gott ihr Spender. Unregelmäßigkeit ist das Chaos der
Existenz, die sich nicht von Gott gehalten wähnt. Auch sie ist
von Gott, soweit er der Spender von Unregelmäßigkeit ist. Sie
ist in uns als Chaos, soweit wir uns nicht aus Gott erfahren.
Soweit wir dagegen natürliche Unregelmäßigkeit und wesentliche Unregelförmigkeit als von Gott her erfahren, sind diese
schöpferisch, zum mindesten revolutionierend und rufen sprachliche Antworten hervor. *Heraklit:* »Gott ist Tag, Nacht, Winter, Sommer, Krieg, Frieden, Sattheit, Hunger.« Er war in der
afrikanischen Hitze der Dünen wie im Eisgang des Stromes.
Regelmäßigkeit bleibt dabei eine nur wesentliche Seite und
Weise der Einheit in der Natur.

Die Wohlstandsgesellschaft läßt sich von einer von Menschen
hergestellten Ordnung so weit tragen, wie sie sich von funk-
tionierenden Fahrzeugen und Vehikeln in der Logik tragen
läßt, die sie beide nicht mehr lenkt. Sie wird unschöpferisch
und stirbt. Gott ist »Sattheit—Hunger«. Wir wissen nicht, wieviel Wohlstand den Menschen fördert und wieviel er davon
verträgt.

Nicht Gott ist transzendent, sondern der Satz »A=A«.
Diese Transzendenz ist eine dem Menschen zur Beherrschung
von Mensch und Natur gegebene. Die Mathematik ist gerade
in ihren mit der Natur nicht kongruenten Maßen anwendbar.
Sie bieten den Anblick des rein Theoretischen und könnten
doch gerade um der Anwendbarkeit willen in einer Transzendenz zur Natur konzipiert sein. Gott dagegen ist nicht nur
transzendent, sondern der Erhabene, der die göttliche Demut
des Herabneigens geübt hat, damit wir wissen, wie es mit uns
bestellt ist, wenn Wahrheit erscheint. Er ist in der Hölderlini-

schen »Innigkeit« der Vertauschung von Subjekt und Objekt erfahrbar.

A. Könnten Sie, bevor Sie solche, offenbar aus Ihren »logischen« Untersuchungen stammende Resultate vortragen, nicht zuerst einmal mit dem Verhältnis von Sprache und Bewußtsein anfangen?

B. Der Raum der Logik muß immer erst auf dem Weg über die Wissenschaft der Erfahrung des Bewußtseins gewonnen werden. Das absolute Wissen bei *Hegel* erscheint nicht als imperatorischer Donnerschlag, sondern in der Erkenntnis der Zerrissenheit, in der die erste Kategorie der Logik, das Sein, nichtssagend ist.

A. Fangen Sie doch mit dem Verhältnis von Sprache und Bewußtsein an!

B. Das Grundphänomen der Sprache liegt darin, daß ich mir beim Sprechen immer zugleich zuhöre. Ich spreche nicht nur zu einem Partner, sondern immer zugleich auch zu mir. Es gehört daher nicht zu einer Auslassung vorlogischer Art, das Denken als sprachlich und damit zunächst als dialektisch anzusehen. Das heißt nicht, daß man in widerspruchsvollen Sätzen auf Wirkliches zeigt. Zuerst muß die logische Bedeutung des Widerspruchs im logischen Status Wesen erkannt sein. Bei allem, was wir sagen, müssen wir immer den Umweg über formallogisch strukturierte Gestalten nehmen. Aber diese weisen nicht direkt auf Wirkliches, sondern immer nur auf gesetzte Tatsachen hin. Eindeutige Tatsachen sind in bezug auf die Wirklichkeit immer falsch. Der Ausdruck »Vorspiegelung falscher Tatsachen« enthält in sich keine contradictio in adjecto.

Die Unmittelbarkeit einer solchen Einsicht besteht heute im Ausbruch aus der institutionalisierten Bürgerlichkeit eines Daseins in eine sogenannte Emanzipation. Selbst diese Emanzipation ist nur dann auf der Welt wirklich, wenn sie auf dem Umweg über eine sie ordnende Gestaltung ausgesagt und damit lebbar wird. Die Unmittelbarkeit möchte sich in der Kantischen Vielfarbigkeit des Subjekts verlieren. Sie möchte sie verwirklichen und geht daran zugrunde. *Kant* wußte, daß die Ansicht des *Protagoras* auf dieser Erde nicht lebbar ist. Er wußte nicht, daß sie die Unmittelbarkeit einer höheren Stufe des Bewußtseins sein kann. Vielleicht wußte *Nietzsche* davon.

Die Verwirklichung einer höheren Stufe unseres Denkens geschieht nicht dadurch, daß sie unmittelbar gelebt und ausgesagt wird. Sie muß immer die Demut gegenüber der Stufe üben, die sie gerade verläßt, indem sie sich auf dem Weg über die Eindeutigkeiten dieser Stufe zur Geltung bringt. Auch hier ist Bestehen alles. Soweit es bisher überhaupt möglich war, hat nur Kunst die Vereinigung von Leben und Erkenntnis zustandegebracht, die Philosophie hat dem zugesehen wie die Götter den kämpfenden Griechen auf den Reliefs von Delphi. Aber wir Menschen sind als politische Wesen weder Götter noch Tiere. Wir sind weder im Leben noch im Denken autark. Die Ausbrüche in den Anarchismus einer Unterwelt kommen immer aus der Schwäche der Unmittelbarkeit einer gewollten Emanzipation, die an ihrer eigenen Abstraktheit zugrunde geht.

Erkenntnis ist weder objektive Vernichtung des Lebens in gesetzten Konzeptualschemata, noch reines Leben. Sie ist der Zwischenzustand, den *Hegel* das reine Zuschauen genannt hat. Dieses bezog sich bei ihm auf die bisherige Logik, wobei der Ausdruck »reines Zuschauen« immer noch nur platonisierend geriet. Nachdem *Hegel* aber, soweit ich sehe, als einziger in diesem Zwischenaufenthalt gedacht hat, brachte das 19. Jahrhundert in *Feuerbach* und *Marx* zuschlagende Schriftsteller hoch, wie die Politik des 19. Jahrhunderts von der Französischen Revolution über *Napoleon* bis zum Ersten Weltkrieg auf dem Weg über *Metternich* und *Bismarck* sich immer mehr brutalisierte. Die Faszination vor der Unmittelbarkeit der wissenschaftlichen Methoden kam im Aufstieg der Naturwissenschaften gleich zum Zuge. So ist man auch in der Philosophie auf der Flucht zurück zu *Kant* immer um *Hegel* herumgegangen. Man kann die Sprachlichkeit der menschlichen Existenz philosophisch nur gewinnen, wenn man in der Dialektik *Hegels* ihre erste Unmittelbarkeit erkennt. Bisher müssen diejenigen, die den Menschen wirklich helfen wollen und das von ihrem logischen Status her auch können, sich ihre Einsichten von den immer Siegreichen, die stets die herrschende Totschlägerreihe bilden, stehlen. Sie werden sowohl in den Wissenschaften wie in der Politik immer nur von anderen Totschlägern abgelöst, weil den Masochisten nur die Sadisten und den Sadisten nur die Masochisten imponieren. Das Herumgehen um *Hegel* ist nicht die Vermeidung dialektischer Tricks, sondern die uralte Liebe zur Gewalt. So fallen die unmittelbar Emanzipierten wieder in die Eindimensionalität zurück und verkünden, daß das Stehlen in einem Kaufhaus schon der Fortschritt angesichts einer verdorbenen und in ihrer Verdorbenheit auch noch versicherten Gesellschaft sei. Die bürgerlich Gebildeten stehen solchen Kindereien gegenüber ratlos in ihren Sackgassen, die am Anfang der bürgerlichen Emanzipation für sie noch freie Straßen waren. Sie haben nicht gelernt, in immer neue Seitengassen auszubiegen, um aus dem Labyrinth ins Freie zu gelangen. Irgendwo endet zwar für jeden die natürliche Straße in einer Sackgasse, mindestens mit dem Tod. Aber es ist ein Unterschied, ob wir in der ersten Sackgasse bleiben oder inzwischen eine große mannigfaltige Stadt kennengelernt haben. Einige gelangen sogar in eine Landschaft, in der es keine Sackgassen gibt, weil sie nur Straßen hat, die ich so gut entdecke, wie ich sie herstelle. Auf dieser Landschaft sehe ich die beiden Hauptprobleme der abendländischen Philosophie, das der Subjekt-Objektbeziehung und das der Beziehung des Einzelnen zum Allgemeinen als die origo an, in der in unserer Tradition die logische Genese der Sprache aufzufinden ist.

A. An dieser Stelle sollten Sie etwas über Ihre philosophische Entwicklung sagen.

B. Von meiner ersten Studienzeit an habe ich immer diese beiden Probleme vor Augen gehabt. Dem ersten war eine Orientierung gewidmet, die 1931 dem 20jährigen dazu verhelfen sollte, die Frage der Subjekt-Objektbeziehung bei *Kant* zu stellen. *Albert Goedeckemeyer* nahm die als Vorarbeit zur Dissertation gedachten Ausführungen schon als Promotionsleistung an. Darauf habe ich mich dem zweiten Problem bei

Plato zugewandt. Ich übersetzte und kommentierte in den Jahren von 1933 (Promotion) bis 1939 den größten Teil der platonischen Dialoge – mit Ausnahme der Politeia und der Nomoi. Diese Unterlagen, die als Material für ein Buch über das Methexisproblem in der Platonischen Philosophie entworfen waren und seinen Eleatismus auf breiter Grundlage darstellen sollten, sind im Krieg mit allem, was ich außer der Dissertation von 1929 bis 1945 an philosophischer wie schriftstellerischer Arbeit hervorgebracht habe, verloren gegangen. Das war schmerzlich, da ich von 1934 bis 1949 nichts veröffentlicht habe. Man stelle sich heute einen bereits Promovierten vor, dem darüber hinaus noch an einer wirklichen Habilitation gelegen wäre, allerdings mit der Aussicht – die damals noch nicht einmal bestand –, erst nach 15 Jahren wieder etwas schreiben zu können, wenn er dem namentlich oder in seiner Zeit anonym auftretenden Tyrannen weder direkt noch indirekt schmeicheln wollte. 1936 wurde das Leben in einem ausgedehnten Freundeskreis von Germanisten, Juristen und Philosophen jäh unterbrochen. Ein großer Teil von ihnen ist im Krieg gefallen. Später tauchten einige wie *Günter Schulz, Jürgen Seekamp, Hans Deblon* und der Maler *Rudi Bunk* doch wieder auf. Unter den mir Nahestehenden aus der Generation vor meiner möchte ich hier *Nicolai Hartmann, Heinz Heimsoeth* und *Helmuth Plessner* mit Dankbarkeit, ebenso *F. J. Buytendijk, Arnold Gehlen* und *Erich Rothacker*, schließlich *Horkheimer* und *Adorno* nennen, die beiden letzten als sehr angenehme Kollegen in Frankfurt am Main. Ich habe das Glück gehabt, seit 1950 ununterbrochen in freundschaftlichem Verkehr mit immer neu auftretenden Schülern zu stehen. Einige davon sind heute bereits als Ordinarien oder Hochschullehrer tätig. (*Josef Simon, Heinz Röttges, Brigitte Scheer, Dietrich Gutterer, Dimitrios Markis.*) Von Freunden aus meiner und der jüngeren Kollegengeneration zu sprechen ist deshalb schwierig, weil der größte Teil von ihnen angesichts der freundlichen politischen Zustände an den Universitäten der Bundesrepublik von 1945 bis 1968, gegen die wir heftig opponierten, kaum Gelegenheit zur Ausbildung eines politischen Realitätsbewußtseins gefunden hat. Diese Gelegenheit ist heute da, und man kann sehen, was an den einzelnen war und ist. Sie zeigen ihre Tapferkeit oder Erbärmlichkeit.

Im Krieg konnte ich, um wieder an meine verlorenen Arbeiten anzuknüpfen, gerade noch während eines sehr mühsam erworbenen, drei Monate währenden, Habilitationsurlaubs in Berlin das Platobuch schreiben, dem ich nach dem Krieg — allerdings schon ohne meine Unterlage dazu — die Untersuchung über die verschiedenen Positionen des Dialogs »Parmenides« angefügt habe. Ich hatte die Untersuchungen zum Sophistes und Parmenides (Einleitung) *Nicolai Hartmann* erst einmal zeigen wollen. Er erklärte mir, daß ich mich damit in 14 Tagen zum Habilitationsgespräch melden sollte. So kam die Arbeit in den Umlauf, und es ging mir ähnlich wie mit der Dissertation bei *Albert Goedeckemeyer*. Unmittelbar nach dem Colloquium mußte ich allerdings in eine nahe der Universität gelegene Kaserne laufen, da mein Urlaub abgelaufen war und die Möglichkeit bestand, ihn um 24 Stunden zu verlängern, was ein freundlicher Feldwebel dann auch tat. Als die Herren von der Fakultät mit dem Ägyptologen *Grapow* an der Spitze mir die venia legendi verleihen wollten, war ich nicht aufzufinden. Ich traf sie dann doch noch im Hof der Universität und konnte die Gratulationen gerade noch unter dem Auge *Hegels* entgegennehmen, der ja bekanntlich dort draußen stand.

So habe ich auch in der darauffolgenden Zeit immer nur unvorhergesehene Geschenke erhalten. Das gehört in den Prozeß der Ichwerdung. Man muß zwar um der Integration willen die eigenen Erfahrungen in eine eindeutige, logisch auch denen verständliche Sprache übersetzen, die niemals Ich werden. Aber Ordnung und Leben sollten dabei nicht auf einem unmenschlichen Lager nebeneinander liegenbleiben. Das gehört allerdings schon wieder in die Arbeit an der Logik, über die, wie Sie schon bemerkt haben, hier keine detaillierten Mitteilungen gemacht werden können. Nach *Leibniz* ist jedes Ding nicht einfach ein bestimmtes Wirkliches, sondern unendlich bestimmt. Das braucht man aber nur auszusprechen, um zu sehen, daß die Situation zwar immer noch etwas milder ist als

in den Jahren von 1933 bis 1945, daß aber die Philosophie
angesichts der neuen Fluten, die auf uns zubranden, heute in
den Schatten tritt. Da sie von den politischen Zeitläufen immer
den ersten Schlag erhält, weil sie selbst, wenn auch nicht formal, sondern eminent (*Descartes*) politisch ist, muß man lernen, den *Cäsar* einigermaßen in der Distanz zu halten, bevor
man sich zu dem Wagnis entschließt, mit dem Denken anzufangen.

Die Aufnahme meines Platobuches zeigte mir, daß man diese
Untersuchung vornehmlich unter philologischen Gesichtspunkten las. So ließ ich auch den in der ersten Zeit nach dem Zweiten Weltkrieg in Göttingen gefaßten Plan eines Buches über
Aristoteles fallen. Damit wollte ich denn die also Lesenden
verschonen. Die beiden Grundprobleme der Philosophie schienen mir besser und unserem Bewußtseinsstand angemessener
bei *Hegel* als bei den Alten behandelbar. Über *Hegel* konnte
man nicht mehr in der Sprache des Absoluten sprechen, da
unsere Zeit das Organ dafür verloren hat. So bin ich zu der
Thematisierung des Verhältnisses von Sprache und Bewußtsein
gekommen, bis ich schließlich in dem »und« das Problem der
Logik entdeckt zu haben glaube. Seit 1950 arbeite ich daran.
Dabei bin ich so vorgegangen, daß ich in den fünfziger Jahren
in Köln Seminare über die Hegelsche Logik veranstaltete,
schon damals mit dem Ziel, hier die logische Genesis der
Sprache zu finden. Als ich meinen Schülern den inzwischen
entstehenden Plan der Buchfolge vorlegte, rieten sie mir, mit
dem Logikteil zu beginnen. Die Angst vor dem Verdacht, vorphilosophische Untersuchungen vorzulegen, war verständ-
licherweise einigermaßen groß und auch pragmatisch begründet. Ich bin dem gut gemeinten Rat nicht gefolgt, weil ich die
Sprache erst einmal im Erfahrungsbathos unserer Muttersprache
und in solchen Theorien aufsuchen wollte, die ihm entsprechen.
Dabei schien natürlich schon der Ausdruck »Muttersprache«
suspekt. Was war bei uns nicht suspekt und was ist eigentlich
bis heute nicht suspekt geblieben? *Kant* konnte es noch wagen,
einige Sätze über seine Mutter zu schreiben, was englische
Studenten in Liverpool gelegentlich eines Kantvortrags im

Jahre 1949 immerhin noch honorierten. Heute sollte man solche Rede unterlassen.

So habe ich den Untersuchungen einen Band vorangeschickt, der die Spannweite des Problems vor dem Leser ausbreitet. Diese Spannweite reicht dort von *Vico* bis *Karl Bühler*. Sie reicht natürlich von *Platos* Kratylos bis zu neueren Versuchen. Nicht dagegen scheinen mir innerhalb dieser Spannweite die Untersuchungen *Saussures* und die der analytischen Philosophie zu liegen, soweit sie von einem außersprachlichen Standort an die Sprache herangehen. Ich hatte in den fünfziger Jahren nicht vermutet, daß das Sprachthema in Richtung auf die Entsprachlichung des Menschen in der Breite auftreten würde, wie es dann geschehen ist. Das Faszinosum einer exakten, immer schon ausgeführten, d. h. aber logisch vergangenen Wissenschaft herrscht in dem Augenblick, in dem von ihr her die größte Gefahr droht. Der Humboldtband versuchte, die Einsichten *Wilhelm von Humboldts* in bezug auf die Hinsichten vorzutragen, die m. E. bis heute unbekannt geblieben sind. Erst der dritte Band nähert sich philosophischen Problemen direkt. Dazu mußte zunächst der Bereich der Positivität abgesteckt werden, was unter der Führung des jungen *Hegel* geschah. Man muß diesen Anfang kennen, um z. B. zu verstehen, was *Hegel* bei solchen Kategorien wie »das Positive« und »das Negative« im zweiten Teil der Logik vor dem Denkblick hat. Dann war die Frage zu beantworten, wie weit der *Kant* der »Kritik der praktischen Vernunft« und der »Kritik der Urteilskraft« in diesen Umkreis gehört und wie die Hegelsche Rechtsphilosophie durch die Ausschöpfung des positiven Rechts, des Rechts der Moralität und des Rechts der Sittlichkeit es vermocht hat, die Positivität unseres Denkens an den ihr zukommenden logischen Ort zu stellen. Heute fragt man angesichts der Rechtsphilosophie *Hegels* immer noch vornehmlich danach, ob diese Ausführungen als »reaktionär« oder als »fortschrittlich« angesehen werden müßten. Diese Fragestellung verdunkelt die großen Errungenschaften der Rechtsphilosophie, die darin bestehen, daß sowohl das positive Recht, wie das Recht der Moralität und das Recht der Sittlich-

keit in ihren *Grenzen* aufgezeigt werden. Ich habe hier von
den Verbrechen des positiven Rechts, der Moralität, der bürgerlichen Gesellschaft, des Staates, schließlich dessen geschrieben, was *Hegel* das höchste Recht der Weltgeschichte nennt.
Aber auch vom Verbrechen der Wissenschaft ist die Rede. Das
scheint schwer lesbar zu sein, denn ich habe nicht bemerkt,
daß man solche Themen bereits für philosophisch hält.

Vom vierten Band an beginnt die Frage im logischen Bereich. Dazu mußte ich den Sinn der Kantischen Logik als einer
transzendentalen zu eruieren versuchen. Hätte *Hegel* diesen
Sinn als den Sinn einer Logik nicht ernst genommen, so hätte
er seine Logik nicht schreiben können. Der fünfte Band geht
der Wissenschaft der Erfahrung des Bewußtseins nach, ohne
ihn bereits mit logischen Problemen zu befrachten. Man kann
das und wird es nach dem Durchgang durch die Logik sicher
mit größerem Erfolg tun können. Im Augenblick lese ich die
Korrekturen für den 6. Band von »Sprache und Bewußtsein«,
innerhalb dessen ich jedem der drei Bücher der Hegelschen
Logik einen je eigenen Band gewidmet habe. In ihm soll die
Grenze der Wesenslogik aufgezeigt werden, in deren Rahmen
sich die Logik seit *Aristoteles* bis zu den Fortschritten seit dem
19. Jahrhundert, soweit ich sehe, wohl gehalten hat. Jenseits
dieser Grenze liegt die Logik des Begriffs von *Hegel*, die eine
Logik von der Sprache her, nicht eine Logik von der Mathematik her ist. Darüber ist natürlich hier nicht zu berichten.

A. Womit beschäftigen Sie sich heute?

B. Wenn ich davon etwas sagen darf, so möchte ich mit einigen Bemerkungen zur formalen Logik beginnen. Ich werde
darauf in zwei Anläufen einige Ausführungen über das Verhältnis der transzendentalen Logik *Kants* zur Logik *Hegels*
machen.

Die sogenannten analytischen Propositionen zeigen uns, wie
wir Symbole verwenden. Diese Verwendung geschieht aus den
uralten Gründen unserer Erhaltung am Leben. Sie ist daher
selbst als Lebensmittel anzusehen. Insofern scheint die Verwendung von Symbolen zwar ontogenetisch a priori zu sein,
was sie aber phylogenetisch nicht sein müßte. *Plato* sah nicht,

daß die Trennung einer Welt der Phainomena von der Welt der Ideen das Resultat einer politischen Verwendung war. Deshalb sind alle auf formallogischem Weg gewonnenen Tatsachen falsch, wenn sie sich auf Wirkliches beziehen sollen. Sie sind richtig — nicht wahr —, wenn und insofern sie auf die Behandelbarkeit von Wirklichkeit und Menschen abzielen. Der Wittgensteinschüler *Ayer* ist dieser Einsicht nahe. Hierfür nur ein Beispiel: »Sage ich somit ›Kein Teil eines Dinges kann gleichzeitig von verschiedener Farbe sein‹, so sage ich nichts über die Eigenschaften eines wirklichen Dinges; dennoch rede ich keinen Unsinn. Ich drücke eine analytische Proposition aus, die unsere Entschlossenheit festhält, eine farbige Fläche, die sich in ihrer Eigenschaft von einer benachbarten farbigen Fläche unterscheidet, für einen anderen Teil eines gegebenen Gegenstandes zu halten. Mit anderen Worten: Ich mache nur auf die Konsequenzen eines gewissen Sprachgebrauchs aufmerksam« *(Alfred Jules Ayer:* »Sprache, Wahrheit und Logik« Reclam S. 103). An dieser Stelle kann der Umschwung gezeigt werden, der zur Erkenntnis führt, daß die formale Logik ein bestimmter Status innerhalb der Logik ist. Es ist der Status eines bestimmten Sprachgebrauchs, mit Hilfe dessen — wenn auch nicht mit seiner Hilfe allein — wir uns am Leben erhalten. Da wir noch lange Zeit mit solcher Lebenserhaltung zu tun haben werden, wird dieser Status immer eine bedeutende Stelle in unserem Denken einnehmen. Zu ihm gehört die Meinung, daß die Scheidung von Denkvorgängen als nur realen von logischen Relationen als nur idealen oder auch irrealen, vielleicht auch Postulaten, eine der Vorbedingungen zur *Erkenntnis* der Logik sei, die wir immer unbewußt geübt haben. *Das Logische* wird dann als ein Reich angesehen, das unabhängig von psychischen Denkvorgängen in einem Geltungsstatus steht. Aber die Alternative von Dingen und Klassen oder einer nur formal sein sollenden Beziehung zwischen Klassen und dem realiter wirklichen Denken ist nur die Handlungsanweisung, die *hinter* allen Herstellungen steht. Diese Anweisung heißt: trenne das zeitlos Gültige vom real Existierenden als dem Zeitlichen. Dabei bleibt unbeachtet, daß Denkvorgänge nicht nur reale psychische Vorgänge sind. Sie sind insofern sprachlich, als sie immer real und ideal zugleich sind. Als solche ermöglichen sie noch den bestimmten Sprachgebrauch, der Propositionen entweder als analytisch oder als empirisch verifizierbar ansieht.

Daher muß die einfache Trennung des Logischen vom Psychischen, die *Husserl* zu Ehren brachte, dahingehend zurückgenommen werden, daß wir nicht als psychische Subjekte, sondern als sprachliche Weltumgänge denken. Unsere Selbstinterpretation als seiende Subjekte kann nicht erklären, wie wir logische Beziehungen als rein formale und zeitlos geltende überhaupt auffassen können. Werden diese dagegen als die *bestimmte Sprache,* die wir im praktisch-technischen Weltumgang ausgebildet haben, angesehen, so ist der Weg für die Einsicht in den sprachlichen Logoscharakter des Menschen frei, in dem sowohl die formallogische Denkweise wie auch andere, z. B. künstlerische ihren Platz finden.

Sobald wir darauf reflektieren, daß jede Mitteilung an einen anderen Menschen immer auch schon in den praktisch-technischen Weltumgang gehört, werden wir in jeder sprachlichen Mitteilung auch die Unwahrheit, weil nur eindeutige unter den Postulaten der Lebenserhaltung stehende Hingerichtetheit erblicken. Mit dieser Unwahrheit ist jede Mitteilung von Tatsachen belastet. Denn es gibt überall nichts in der menschlichen Welt, worauf das Logische als *rein formales* zutrifft.

Der Platonismus ist der Pragmatismus, mit dem man Institutionen errichtet. Darin besteht die logische Lehre von *Platons* politeia. Dieser Pragmatismus ist von fundamentaler Bedeutung für die Lebenserhaltung wie die Logik als formale. Soweit die Sprache als Institution nicht als Institution der Institutionen angesehen wird, kann sie des falschen Mitteilungsmoments nicht entraten. Warum erscheinen uns die analytischen Propositionen als notwendig und gewiß? Weil sie, wie *Ayer* sagt, »unsere Bereitschaft, Wörter in bestimmter Weise zu verwenden« (S. 110), registrieren. Die bestimmte Weise ist die Konvention, die nicht in geschichtlicher Zeit eines Tages zwischen Menschen getroffen wurde, sondern die Konvention des technisch-praktischen Weltumgangs selbst ist. »Wir können sie (die Propositionen, Zusatz B. L.) nicht leugnen, ohne mit den Konventionen zu brechen, die mit unserer Leugnung selbst vorausgesetzt werden, und so einem Widerspruch zu verfallen« (S. 110). Damit sind wir gegenüber dem technisch-praktischen *Moment* im Mitteilungscharakter der Sprache in der Lage des berühmten Kreters, der plötzlich behauptet, daß alle Kreter lügen. Er bricht mit der Konvention der Kreter, hat aber offenbar einen Raum, in dem er unter Nichtkretern den Bruch zur *Sprache* bringen kann. Diesen Raum haben wir in unserer politischen wie logischen Lage erst noch zu gewinnen. Das wird wohl erst möglich sein, wenn der technisch-praktische Weltumgang nicht mehr den großen, alles überdeckenden Raum einnimmt, wie noch in unserem Leben. Der Satz, »daß alle Kreter lügen«, ist in dem Augenblick unwahr, in dem ein Kreter ihn öffentlich ausspricht. Dazu muß der Satz von dem Satz »daß alle Kreter lügen«, also der Satzessatz wahr sein. Er muß darauf zutreffen, daß der Kreter den Satz öffentlich gesprochen hat. Den Raum des so in der Öffentlichkeit mit Wahrheit sprechenden, sprechend aus der Lüge herausgehenden Kreters haben wir in unserer politischen wie logischen Lage erst noch zu erobern. Dann erst werden wir sehen, daß die formale Logik nur der Ausdruck für eine *bestimmte* Sprache ist. Vielleicht müssen wir auch erst im immer vollständiger werdenden Gebrauch dieser bestimmten Sprache an den Rand des Todes als Menschheit gelangen, um gezwungen zu werden, uns auf das logisch-sprachliche Wesen des Menschen zu besinnen, auf dessen Grund wir auch die analytischen Propositionen zuerst als Anhalt, dann als Inhalt gebildet haben. Die Ausbildung der analytischen Propositionen in der Form von *Inhalten* könnte zu den Schritten gehören, mit denen wir uns zu der Einsicht befreien, daß die formallogischen Richtigkeitsbeziehungen als nur wesentliche Zugeordnetheiten von der Wirklichkeit ausgeschlossen bleiben. Ich halte die Logik *Hegels* für einen, wenn nicht den bedeutendsten Schritt, der bisher in dieser Richtung auf die Wahrheit unseres Weltumganges unternommen worden ist.

Wird dagegen die formale Logik nicht als bestimmter logischer Status angesehen, sondern verabsolutiert, so zeigt sich *heute*, daß diese Verabsolutierung notwendig zur Entsprachlichung führt. Damit gehen wir auf eine bisher nicht dagewesene Krise des Bewußtseins zu. Sie allein kann zeigen, daß diese Verabsolutierung eine Erkrankung des menschlichen Geistes ist, aus der allein auch die *Katharsis* kommen kann. Die Therapie ist nicht gegen die Metaphysik, sondern gegen die verkürzte Bestimmung des Logischen anzuwenden.

Zum Verhältnis der transzendentalen Logik Kants zur Hegelschen Logik 1.

Die transzendentale Logik könnte Voruntersuchungen im Raum von *Husserl* und vor allem *Fichtes* erfahren. Hier soll nur von dem Unterschied der Kantischen transzendentalen Logik von der formalen und der Hegelschen Logik von der transzendentalen die Rede sein.

Um den Kantischen neuen Sinn des Ausdrucks »Logik« zu erfassen, tut man vielleicht gut, auf *Descartes* zurückzugehen. Nach *Descartes* bedarf es keiner Operationen, damit die Dinge im Verstand so sind, wie sie sind. Von ihnen haben wir im Verstand realitates objectivas. Diese geben uns das, was in der Wirklichkeit der Körper formaliter, in Gott dagegen eminenter enthalten ist. Das basiert darauf, daß Gott die Welt nicht gesprochen hat, sondern wie seit den Tagen des Platonischen Timaios so eingerichtet hat, daß wir die Symmetrien und Harmonien der Welt auch erkennen können. *Descartes* hielt arithmetische Operationen nicht für Operationen, sondern für Erkenntnisse, die wir durch den reinen Verstand erhielten.

Kant dagegen sieht, daß wir durch ein sogenanntes reines Denken keine Garantie für Erkenntnis, sowohl im Sinn der adaequatio rei et intellectus, wie auch in seinem Sinn des Bewirkens von Einheit in der Mannigfaltigkeit haben. Dieser neue Sinn von Erkenntnis ist der Sinn der Form, die nicht rein formal, sondern transzendental ist. Bei *Descartes* war die Notwendigkeit der Erkenntnis dadurch garantiert, daß Gott e necessario bewiesen werden konnte und dieser also bewiesene Gott wegen seiner Vollkommenheit kein Betrüger sein konnte. Er schenkt uns *daher* nicht andere Erkenntnisse als die der Körper, die unabhängig von uns als denkende Wesen existieren. Da Gott uns nicht betrügt, gibt er uns auch keine Nachrichten, die anderswoher als daraus stammen, was an den Körpern formaliter wirklich ist.

Kant hielt das für einen Gedankengang, der dem Skeptizismus nicht gewachsen sein könnte. Denn wenn Gott uns anders eingerichtet hätte, so sähe die Welt für uns ganz anders aus, wie wir ja auch im Bann des Zeitgeistes heute annehmen, daß die Welt für uns anders aussähe, wenn uns nun zwar nicht Gott, sondern die gesellschaftlichen Verhältnisse anders eingerichtet hätten. Von 1933 bis 1945 setzte man an die Stelle der gesellschaftlichen Verhältnisse rassische Anlagen, auf Grund derer die einen so, die anderen anders eingerichtet sind. Beide Annahmen sind nach *Kant* skeptische Annahmen.

So fragte *Kant* danach, wie weit wir unserem logischen Denken Erkenntnis verdanken. Notwendigkeit ist in diesem Gedankengang nicht mehr eine Seinskategorie, die der Existenz Gottes zukommt, sondern eine Kategorie der menschlichen Erkenntnis. Darin besteht der Kantische Versuch der Emanzipation des Denkens des Menschen. Es ist die erste Revolution nach der Revolution, die das wissenschaftlich-philosophische Denken gegenüber dem Mythos vorgenommen hatte. Was im griechischen Kolonialland (Elea) gelungen war — *Hölderlin* sagt: Kolonie liebt der Geist — und in der Stadtkultur Athens seinen Ausdruck durch *Plato* und *Aristoteles* gefunden hatte, wiederholte sich auf einer anderen, der Bewußtseinsstufe der modernen Aufklärung, in der Revolution des *Kopernikus* gegenständlich und in der kopernikanischen Wende *Kants* innerlogisch in dem Kolonialland Ostpreußen. Die kopernikanische Wende *Kants* fand in der Hansestadt Königsberg statt. Ich erinnere die westlichen Leser noch einmal daran, daß die Hanseatische Kultur von Petersburg bis Ostende, von *Dostojewski* bis *Thomas Mann* gereicht hat, der nicht nur in München, in Amerika und in der Schweiz, sondern auch in Lübeck und Nidden gelebt hat.

Kant fragte nicht nach der Notwendigkeit eines reinen Denkens, sondern nach der Notwendigkeit der Erkenntnis mit den Mitteln der formalen Logik. Er antwortete, daß die formale Logik nur unter der Bedingung etwas zur Erkenntnis beitragen könne und nicht nur eine Bereitstellung reiner Formen sei, wenn wir den Raum und die Zeit nicht als realiter Seiende, sondern in bezug auf die Erkenntnis, d. h. transzendental als ideal ansähen. Das Hochkarat des Kantischen Denkens liegt nicht darin, daß er etwa behauptet hätte, wir Menschen seien so eingerichtet, daß wir nicht einen, sondern zwei Stämme der Erkenntnis hätten. Er nahm vielmehr eine Revolution nicht des Denkens, sondern der Denk*art*, die er »Denkungsart« nannte, vor. Diese Revolution ist eine »Überlegung«, die darauf zeigt, was in unserem Denken immer schon stattgefunden hat. Wir haben es zu allen Zeiten immer *an der* Erfahrung gewonnen. Es muß im Sinn von Denken liegen, daß es immer nur an der Erfahrung stattfinden kann. Das ist nicht mit der ontologischen Behauptung zu verwechseln, daß wir reine Kategorien und reine Anschauungsformen sozusagen als einen Teil unseres Erkenntnisapparates hätten.

Die Kategorien in Ansehung der logischen Formen geben nicht das Sein. Der Satz: forma dat esse ist insofern einer Revision zu unterziehen, als wir nicht durch die Annahme zur Erkenntnisbestätigung gelangen, Gott habe in seiner Vollkommenheit als Nichtbetrüger uns so eingerichtet, daß wir unsere Raum- und Zeitanschauung wie ihre mathematische Aufbereitung durch die euklidische Geometrie als *die* unmittelbare Nachricht davon ansehen können, was unser Verstand als in den Dingen formaliter enthalten findet. Wir müssen zum Behufe der Erlangung von eindeutiger Erkenntnis vielmehr Raum und Zeit wie auch die Kategorien als *ideale* Entwürfe, oder auch als theoretische Postulate *ansehen*. Ob sie es unabhängig davon *sind*, ist für die Frage nach der Notwendigkeit der Erkenntnis nicht von apriorischem Belang. Damit war z. B. der Raum für die Konzeption anderer Geometrien als die euklidische freigemacht. Das ist jedoch nur eines der Tore, die *Kant* aufgeschlagen hat. Die Folge davon war, daß wir nun annehmen mußten, daß sichere Erkenntnis sich nicht auf die Dinge erstreckt, wie sie unabhängig von unserer Existenz als res cogitans sind, wie *Descartes* ausdrücklich in den Meditationen angenommen hatte, sondern auf Erscheinungen. Der logische Ausdruck »Erscheinung« weist nicht auf etwas hin, zu dem wir bedauerlicherweise nur gerade noch gelangen könnten. Er ist, was die Erkenntnis betrifft, vielmehr von höherem Wert. Aber er bleibt ein *Wert,* wie wir heute von Wahrheits*wert*tafeln sprechen. Dazu müssen wir ferner annehmen, daß es uns Menschen nicht gegeben ist, direkt von Gott als einem seienden höchsten Wesen zu sprechen. In theoretischer Hinsicht können wir über ihn keine Aussagen machen. Die Annahme Gottes ist eine Vernunftforderung, die unmittelbar zwar keine Erkenntnis gibt, aber als Forderung doch immer bestehen bleibt, wenn es überhaupt Erkenntnis geben können soll. Denn an dieser Forderung hängt die Bestimmtheit der Urteile. Es kommt dabei nicht darauf an, ob ein Forscher sich als Theist oder als Atheist versteht, sofern er um eine Selbstinterpretation bemüht ist. Die Annahme des höchsten Ideals in individuo bleibt Idee, deren logischer Ernst nicht dadurch vermindert wird, daß die Bedeutung der »Idee« hier die nominalistische ist. Die Unmöglichkeit der Erkenntnis Gottes stammt nach *Kant* aus der conditio humana. Ihr philosophischer Ernst bei *Kant* liegt darin, daß wir bei direkter Beweisfähigkeit der Existenz Gottes keiner sittlichen Handlung fähig wären, die über die Legalität hinausginge.

Dieses ist nun die Meinung *Hegels* nicht. Nach ihm gibt es für den Menschen die Erkenntnis Gottes. Aber diese ist nur dann möglich, wenn die Revolution in der Logik selbst weitergeführt wird. Deshalb hat *Hegel* die Revolution *Kants* in seiner Logik immer vor Augen. Er stellte sich noch einmal dem alten Erkenntnisbegriff der adaequatio rei et intellectus und fragte, wie eine Logik aussehen müßte, die dem von *Kant* neu eingeführten Erkenntnisbegriff des Bewirkens von Einheit in der Mannigfaltigkeit, d. h. dem transzendentallogischen *Formbegriff* gerecht würde, ohne den alten Form- und Erkenntnisbegriff aufgeben zu müssen. Wenn der Kantische Erkenntnis-

begriff zugleich das Aussprechen der logischen *Form* war, so
mußte ein anderer logischer Begriff von der *Form* an die Stelle
des Kantischen treten, wenn dieser den alten vorkantischen
Form- und Erkenntnisbegriff noch innerhalb seiner selbst
haben sollte. Dazu mußte gezeigt werden, daß der erste Teil
der Hegelschen Logik, vom *Sein* als der ersten logischen
Kategorie bis zur Maßkategorie auf dem Weg über die Inte-
gral- und Differentialrechnung der *Newton* und *Leibniz scheiterte*. Aus diesem Scheitern ging zusammen mit den Untersuchungen des zweiten Teils der Logik bis zur Kategorie
Grund hervor, daß auch noch die Kantische Revolution eine
Reflexion geblieben war, die zwar objektive Reflexion war,
aber dafür gerade *nicht* subjektiv sein, also umstandslos als
meine Vorstellung ausgegeben werden konnte. *Hegels* Forderung besteht darin, die Substanz zugleich als Subjekt denken
zu können. Diese Forderung tritt nicht in der Form der Philosophie als Liebe zur Wissenschaft, sondern als Wissenschaft
der Logik auf. Zur Erfüllung dieser Forderung gehört *Kant*
gegenüber die Lehre, daß wir nicht neben einer bestimmenden
Urteilskraft noch eine reflektierende ansetzen dürfen. Es gehört zur analytischen Durchleuchtung des Kantischen Denk-
duktus, daß dieser im logischen Status: bestimmende Reflexion
steht, was nach *Kant* bereits ein Unbegriff ist. Die bestimmende Reflexion ist von der Voraussetzung ausgegangen, daß
alles Wirkliche von Haus aus bestimmtes Wirkliches sein
müsse. Dieses Müssen steht unter dem Diktat der formallogischen Folgerichtigkeitsforderungen! Alles Wirkliche müsse
daher als die Einschränkung der omnitudo realitatis angesehen werden. *Kant* ist so weit gekommen, daß er nicht sagt,
daß alles bestimmte Wirkliche eine Einschränkung Gottes *ist*.
Hält man an diesem Gedankengang fest und läßt ihn nicht
schriftstellerisch fahrlässig wieder davonlaufen, so ist im weiteren Verlauf der Logik verständlich zu machen, daß die
Dinge nicht etwa »sich« widersprechen, sondern daß sie als in
Reflexionsbestimmungen eingefugte Dinge »an ihnen wider-
sprechend« sind. Erst wenn die innere Widersprüchlichkeit
der Reflexionsbestimmungen selbst eingesehen ist, ist ein onto-

logisches Denken möglich, das weder die großgeartete Naivität vorkantischer Philosophie vorträgt, noch die unmittelbare Reflexion *Kants*. Die Hegelsche Logik enthält beide im logischen Sinn des Wortes »enthalten« in sich. Dazu mußte die Reflexion als eine solche vorgeführt werden, die den Kantischen Objektivitätsforderungen Rechnung trägt. Von ihr aber mußte zweitens, nicht nur für *Kant*, gezeigt werden, daß sie in sich widersprüchlich ist. Von da ab wird in der Kunst der kleinsten logischen Schritte gezeigt, inwiefern das Logische immer in Methexis zur Wirklichkeit steht, sofern diese uns von der Sprache vorgesprochen ist. Die absolute Methode *Hegels* steht unter der Kategorie der Entsprechung. Dazwischen liegt die ganze Untersuchung, die man im Gedanken mitführen muß, um zu begreifen, daß die Hegelsche Logik die ersten Ansätze

1) zu einer logischen Genesis der Sprache vorträgt, die zugleich die sprachliche Genesis der Logik ist, und daß sie

2) auf die heutigen Bemühungen um das Verhältnis von Sprache und Logik insofern ein Licht werfen kann, als in ihr die Bemühungen der *Vico, Herder, Hamann* und *Humboldt* zu ihrem logischen Recht kommen. Dazu muß sie die heutigen Bemühungen um die Logik, für die hier nur die Namen *Wittgenstein* und *Carnap* stehen mögen, in sich enthalten. Wir brauchen diesen neuen Bemühungen nur zuzusehen und uns an der Präzision ihrer Details schulen zu lassen, um zu sehen, daß ihre Wege mit dem *Hegels* konvergieren werden. Nicht jedoch bin ich der Auffassung, daß diese Bemühungen sich dem bei *Hegel* erreichten Formniveau auch nur entfernt vergleichen können. Deshalb habe ich es gewagt, die von mir so genannte zweite Revolution der Denkart in einer Zeit vorzutragen, in der der analytische Teil der Philosophie vom dialektischen abgetrennt wird, weil man der Meinung ist, diese seien voneinander abtrennbar. Daß wir die Hegelschen Hauptwerke immer noch nur paraphrasierend vortragen können, hat seinen Grund darin, daß sie unseren Bemühungen in der Bestimmung des Verhältnisses von Sprache und Logik immer noch so weit voraus sind, daß sie noch keineswegs zum traditionellen Be-

stand der Philosophie gehören. Erst wenn wir imstande sein
werden, sie als logisch vergangene anzusehen, werden wir
logisch gegenwärtig sein. Denn nur die Erkenntnis der wesentlichen Vergangenheit des logisch Vergangenen ist logische
Gegenwart. In ihr stehen wir heute deshalb noch nicht, weil
wir an der Hegelschen Logik vorübergegangen sind, wie ich
schon in der Vorrede zu »Sprache und Bewußtsein« angemerkt habe.

Die logische Vorordnung der Sprache vor das Bewußtsein
soll auch auf das »und« im Titel hinweisen, in dem das Logische des Menschen als Weltumgang liegt. Da das hier nicht
ausgebreitet werden kann, will ich in einem zweiten Anlauf
auf die logische Problematik zwischen *Kant* und *Hegel* hinweisen, um wenigstens anzudeuten, warum die Hegelsche
Logik das Prolegomenon dafür sein könnte, daß eine Logik
sich von der Sprache her versteht. Die Vorordnung der Sprache
vor das Denken macht Denken zwar zu einem Sekundärphä-
nomen, enthält aber in sich keine Abwertung, da Sekundär-
phänomene, wie z. B. das der Schrift, von weltverändernder
Kraft sind. Sie müssen aber immer sprachlich eingeholt werden.

Die *logische* Vorordnung der Sprache vor das Bewußtsein
sieht auch den Umgang der Tiere nicht als einfach biologischen, sondern an ihm selbst sprachlichen an. Ohne den Kantischen Vorgang der ersten Revolutionierung der Logik wäre
eine solche Ansicht allenfalls in hypothetischer Form vortrag-
bar. Wenn das Leben dagegen als an sich seiende Sprache
aufgefaßt werden können soll, muß man durch *Kant* hindurch-
gehend der Hegelschen Logik so weit folgen, bis sie nicht etwa
Erkenntnis im Leben begründet sein läßt, sondern das Leben
in der Erkenntnis. Gelangt man jedoch unvorbereitet vor solch
einen Satz, so kann man ihn nur als metaphysisch im pejorativen Wortsinn ansehen, wobei man nach dem bewährten
Muster vorgeht, alles logisch nicht Verständliche als metaphysisch oder mystisch zu bezeichnen. Angesichts einer solchen
Lage will ich noch einmal auf *Kant* eingehen.

Zum gleichen Verhältnis 2.

Er sieht zu, wieweit unter der Vorordnung der formalen Logik vor der von ihm als Idee ausgesprochenen transzendentalen Logik diese doch als eine Logik etabliert werden kann, die das Logische auf seine Erkenntnisdignität hin befragt. Dazu muß zunächst gezeigt werden, daß die bei *Kant* in der Gegend der Vernunft stationierte Antinomie auch dort stattfindet, wo der Verstand als Vermögen eindeutiger Urteile fungiert.

Man versteht auch heute noch *Kant* größtenteils ontologisch, als habe er gelehrt, wir Menschen seien, sei es nun von Gott oder einem uns unbekannten Sein, so eingerichtet, daß wir im Besitz von apriorischen Anschauungsformen so sind, wie ein Ding im Besitz von Eigenschaften sein soll. Auch das synthetische a priori gibt es nach dieser Auffassung so, wie es in uns ein Vermögen zu Verstandeshandlungen gibt. Die die Logik revolutionierende Konzeption einer transzendentalen Logik hängt dagegen an der Frage, als was wir den Menschen, Gott und die Welt *anzusehen* haben, wenn wir in den Mitteln der formalen Logik nicht nur pragmatische Vehikel innerhalb des Integrationsstrebens in unsere Umwelt sehen, die wir schon dann *gebrauchen*, wenn wir sie nur erwähnen, sondern wenn wir mit Sinn davon sprechen können sollen, daß so etwas wie Erkenntnis dabei stattfindet. Erkenntnis ist nach *Kant* nicht eine leider nur asymptotische Annäherung an die Welt der Dinge an sich. Auch das ist keine ontologische Behauptung. Vielmehr besteht die Konzeption der Logik als einer transzendentalen in der Einsicht, daß wir mit den Mitteln der formalen Logik von Erkenntnis nur dann sprechen können, wenn die Dinge an sich prinzipiell unerkennbar bleiben. Die asymptotische Annäherung war eine Angelegenheit der Integral- und Differentialrechnung. *Ihren* logischen Status hat *Hegel* bestimmt. Diese Bestimmung macht die Kantische Fragestellung insofern noch einmal sichtbar, als sie mit dem logischen Scheitern der vorkantischen Metaphysik zu identifizieren ist. Die Differentialrechnung kann ein Ding wie z. B. die Mo-

mentangeschwindigkeit eines Läufers, der sich in ungleich-
förmiger Bewegung befindet, prinzipiell nicht erreichen. Der
logische Limes, auf den die damalige Differentialrechnung
unbewußt, die heutige dagegen bewußt, zugeht, ist das *Wesen*
mit seinen Relationen, in dessen Status sich jedes streng wissenschaftliche Verfahren befindet. Damit sehen wir schon ein
wenig in die Sinnfülle des Satzes am Anfang des zweiten Teils
der Logik, daß das Sein Schein ist. Damit aber hat *Hegel* auch
die logischen Voraussetzungen dafür geschaffen, auch noch die
Kantische Revolution der Denkart — nicht des Denkens —
logisch zu unterlaufen. Die Kantische Revolution der Logik,
welche die erste nach der Revolution des Logos gegenüber dem
Logos als Mythos gewesen ist, ist an die Voraussetzung gebunden, daß wir alles Wirkliche als von Haus aus *bestimmtes*
Wirkliches ansehen. Das ist die logische Voraussetzung des
wissenschaftlichen Verfahrens. Unter ihm »zerfällt« die Welt
als das, was der Fall ist *(Wittgenstein),* in logische Tatsachen,
wie in Anwendung dieses der Physik eigenen logischen Status
die Welt in Elemente auflösbar ist, die ihrerseits schneller
(Uran) oder langsamer zerfallen. Der Erfolg, den wir im An-
kommen bei dieser physikalisch interpretierten Wirklichkeit
seit den industriellen Revolutionen haben, läßt uns vergessen,
daß es sich dabei um eine bestimmte Interpretation der Wirklichkeit handelt, die ich als systematischen Maßstab an sie an-
legen muß, um sie behandeln zu können. Die Behandelbarkeit
der Welt ist ihre wesentliche Seite. Als solche ist sie in ihrem
eingeschränkten logischen Status nur erkennbar, wenn man
mit Sinn noch von einer begrifflichen »Seite« von ihr sprechen
kann. Die Wirklichkeit als begreifbare ist nur in einer Logik
auffindbar, die das Logische in der Methexis des menschlichen
Denkens mit der Wirklichkeit sieht. Die Logik als eine formale hat m. E. heute eingesehen, daß sie in dieser Methexis
nicht steht. Das ist den Fortschritten der analytischen Philosophie zu danken. Sie bequemt sich allerdings nicht dazu, den
Blick auf *Kant* zu richten, der bereits gesagt hatte, daß wir
unter der Führung der »allgemeinen« Logik den Menschen
nur als logisches Subjekt, nicht dagegen als wirkliches logi-

sches Tier, die Welt und Gott nur als Ideen im nominalistischen Wortverstand ansehen können. Die sich heute als nüchtern ansehenden Wissenschaften sind unter der Autorität des pragmatischen Vehikelcharakters ihres Denkens, von dieser Autorität so fasziniert, daß sie die Trunkenheit der von ihnen erbauten logischen Schiffe nicht sehen. Diese Schiffe sind *als Schiffe* trunken. Auf ihnen befindet sich der Mensch nicht mehr. Sie werden von Systematizitäten als der Substanz der Logik gesteuert, hinter denen der Mensch nicht mehr stehen darf, da unter einer solchen Annahme die Folgerichtigkeitsforderungen der Logik mit ihren Bedeutungspostulaten Schaden leiden würden. Damit ist auf den logischen Nihilismus hingewiesen, von dem sich die Schriftsteller, die von ihm sprachen, kaum etwas träumen ließen. Der Erwerb einzelner Wissenschaften mag so schwer sein wie immer. Prinzipiell sind sie allen Menschen zugänglich. So breitet sich der logische Nihilismus prinzipiell über die Welt aus, während er in der abendländischen Tradition allenfalls von weltgeschichtlichen Persönlichkeiten geübt wurde, denen die Historiker bis auf den heutigen Tag ihre Bewunderung nicht zu versagen pflegen. Zwischen den Wissenschaften und dem Cäsar herrscht besonders in unserer Zeit die größte Affinität.

Damit ist auf die Aufgabe der Philosophie hingewiesen. Sie muß logisch — nicht in weltanschaulichen Beteuerungen — zur Sprache zurückfinden. Nur in seiner Sprache findet der Mensch die menschliche Entsprechung zwischen ihm und einer Wirklichkeit, die nicht a priori dazu verurteilt ist, gegen ihn aufzustehen. Ich habe versucht, diesen Gedankengang nicht als systematisches Resultat vorzutragen, sondern im langsamen Gang durch die Hegelsche Logik wieder auszugraben. Wir haben logisch nur unter der Bedingung einen Zugang zur Wirklichkeit, daß wir den Scheincharakter und den objektiven Reflexionscharakter der Logik durchschauen, die uns seit *Aristoteles* vorgetragen wird. Die Rettungsversuche, daß *Hegel* es in seiner Logik mit der Kategorie des Widerspruchs doch nicht so ernst gemeint haben möchte, beflecken das in sich reine und zugleich welthaltige Denken dieser Logik nur. Der Hin-

weis auf den christlichen Charakter der Dialektik *Hegels* hilft
in einer Zeit, die das Christliche als eine Weltansicht unter
anderen ansieht, nicht mehr. Man wittert auch dort einen Dogmatismus, wo innerhalb der Logik gesagt werden kann, daß
das Wort Christi die Wahrheit ist. Dem muß man sich heute
aussetzen. Hier hilft nur die massive Antwort, die in der Hoffnung Ausdruck findet, daß Menschen eines Tages aus dem
Dunstkreis der logischen Verblödung hinausgelangen werden,
in der wir uns mit solchen Annahmen über den Dogmatismus
einer christlichen Dialektik befinden. Dieser Satz ist nicht als
emotionaler Ausbruch anzusehen. Er ist mit dem Anspruch
hingeschrieben, daß *Hegels* Logik diese Verzweiflung an der
Erkenntnis logisch als die einseitige Folge der Entfremdung
als einer nur einseitigen Versöhnung *(Kant)* nachgewiesen hat.

Bevor man sich dieser Logik nähert, muß man mit den
Konsequenzen der Kantischen Revolution im reinen sein.
Ein Studium *Wittgensteins* kann insofern dazu verhelfen, als
er gezeigt hat, daß die Logik seines Traktats die Logik eines
»metaphysischen«, nicht die des menschlichen Subjekts ist.
Der Ausdruck »metaphysisch« ist dabei im pejorativen Wortsinn zu lesen, wie es sich für unsere Zeit gehört, obwohl darin
gerade die logische Verblendung unseres Zeitalters liegt. Die
nichtpejorative metaphysische Erfahrung des Menschen ist die
Erfahrung, die er *hinter* der Erfahrung der Physik, d. h. heute
hinter der ihr notwendigen Interpretation von Wirklichkeit
macht. Diese Interpretation ist heute die herrschende. Wir
leben in ihrem Bannkreis, so wie wir nur in der Bannmeile
der Atombombe den äußeren Frieden haben. Das große Geschrei, das in unseren Tagen über das Verhältnis von Theorie
und Praxis angestimmt wird, faßt dieses Verhältnis nicht dort,
wo es logisch aufgetreten ist, bei *Aristoteles* und im dritten
Teil der Hegelschen Logik, sondern immer bei den, ach so gut
gemeinten Absichten, deren Vindikation heute die größten Erfolge verspricht. Es sind Erfolge in einer sich literarisch gerie-
renden Schreibweise, die ihre Vorläufer in *Montaigne, Voltaire,
Hamann, Lichtenberg, Marx, Kierkegaard* und *Nietzsche* hatte.
Hier handelt es sich bei aller Verschiedenheit der Ränge um

Genialitäten, die die an ihnen vorübereilenden objektiven Gedanken ihrer Zeiten gerade streiften und in aufblitzenden Sätzen auszusprechen wußten. Sie waren alle geistreich, ohne doch das Feuer des Geistes selbst auszuhalten wie wohl nur *Heraklit* und der *Hegel* der Hauptwerke. Eine Zeit, die in der Trunkenheit an ihren technischen Erfolgen einherschwankt, müßte zu der Erkenntnis gebracht werden, daß Erkenntnis nur dort ist, wo der Mensch auf einer schmalen Plattform steht und sich der Begrenztheit seines Fundaments bewußt ist.

Der Knabe, den ich auf der schmalen Plattform stehend geschildert habe, wurde von seinem Vater einige Male geschlagen. Aber er war deshalb nicht böse auf ihn, sondern suchte, wenn das Donnerwetter vorüber war, zu begreifen, warum der Vater das tat. Von den wirklichen Schlägen, die wir im Leben erfahren, können wir nicht berichten, weil der objektive Bericht von ihnen, ihr wesentlicher Untergang im Begriff wäre, den wir doch nur für Augenblicke erreichen. Ich versuche heute zu begreifen, unter welchen unwahrscheinlichen Umständen wir dazu gelangen könnten, daß auch der nichtgeschlagene Mensch erzogen wird. Das Leiden unter den Schlägertypen ist uns, sofern wir nicht als Herren oder Knechte, sondern als Menschen auf dieser Erde leben, permanent. Wir liebäugeln mit ihnen wahrlich nicht, sondern suchen nach den logischen Voraussetzungen dafür, daß endlich der Zustand eintreten möge, daß nicht alle Welt mit ihnen liebäugelt. Die Schläge werden nicht durch neue Schläge aus der Welt geschafft. Der Verfasser dieses Berichts hält die Gewalt nicht für eine Fabel, wie er die platonische Idee des Guten nicht für eine Fabel hält. Wir sollten nicht vergessen, daß wir als politische Tiere immer auch logisch-sprachliche Tiere sind. Dieser unser Charakter ist die conditio humana, die nicht in einer characteristica universalis eruierbar ist, sondern nur in der absoluten Weltansicht einzelner philosophischer Individuen. Wird die Revolution nicht auf dem logischen Feld geleistet, so wird sie nicht eintreten. Wir haben es dann nur mit jenen Umwälzungen zu tun, die philosophisch langweilig und komisch, für den Menschen als politisches Tier aber immer noch unmittelbar katastrophal bleiben. Sie bleiben weltgeschichtlich und tragen nicht zur Eröffnung der Geschichte des Menschen bei. Deshalb muß in philosophieloser Zeit gesagt werden dürfen, daß die Revolution, die uns zum Menschen führt, entweder in der Philosophie vollbracht wird — oder sie wird nicht vollbracht. In der christlichen Religion *ist* sie vollbracht. Bevor sich Philosophen finden, die dieser schlichten Wahrheit nicht mehr aus Zeitanpassungsgründen ausweichen, kann Wahrheit nicht in der Form der philosophischen Logik zur Sprache kommen. Vielleicht ist sie heute nur noch in dieser Form aussprechbar. Bevor wir in ihr nicht eine *theoria* finden, die die *praxis*, den menschlichen Umgang des Menschen mit dem Menschen in sich enthält, werden wir nicht reif sein zu einer Praxis, die es fertigbringt, die Gewalt angesichts der furchtbaren »Waffen«, die die Physik bereitgestellt hat, ein wenig einzudämmen. Diese Bereitstellung hat zuerst im *logischen* Feld stattgefunden. Sie war der bäuerlichen Kultur als ganzer nicht gefährlich, während sie die unsrige vernichten wird. Die Liquidation des Menschen erscheint in mannigfaltigen Formen. Zur Erkenntnis der Liquidation des Menschen, der an den in der Philosophie schon geleisteten Revolutionierungen seiner Logik vorübergeht, bedarf es keiner unmittelbaren Prophezeiungen. Wir können ebenso im Wohlstand ertrinken, wie in den Meeren von Blut und Tränen von gestern und heute, wie auch in der dann letzten Endes nur noch als biologisch anzusehenden Vernichtung ganzer Erdteile, über die man heute unter der Vokabel eines Schlagabtausches schon zu sprechen weiß. Aber wir können nicht sagen, wir hätten es nicht anders gewußt. *Kant* und *Hegel* haben uns gezeigt, daß wir es bereits besser wissen. Ebenso ist uns im Neuen Testament gesagt, worunter wir in unserem Denkniveau nur in selbstverschuldeter, weil selbstveranstalteter Selbstbornierung heruntergehen können. Die logische Erkenntnis der drohenden Liquidation des Menschen ist unsere Zeit im Gedanken erfaßt.

A. Ich wollte Sie nicht unterbrechen. Aber ich muß doch entgegnen, daß wir heute so fortschrittlich geworden sind, den

Vätern beizubringen, daß sie ihre Kinder nicht mehr schlagen dürfen.

B. Meinen Sie das im Ernst?

A. Sie sollten nicht eine Haltung propagieren, die gewesen sein mag, wie sie gewesen ist, die wir aber heute nur mit dem Etikett der deutschen Untugend des Untertanengehorsams versehen können.

B. Sie wollten mich nicht unterbrechen und weisen nun unmittelbar auf unsere Wirklichkeit hin. Den Vätern will man das Schlagen abgewöhnen. Aber wenn Minderheiten, wie z. B. Universitätslehrer geschlagen werden, regt man sich nicht weiter auf. Wie wollen Sie das zusammenbringen?

A. Sie wollen einen Zweifel in die gute Gesinnung gerade an dieser Stelle setzen?

B. Man kann Gesinnungen wie Fahnen vor sich hertragen. Politik und Wissenschaften verdanken sich nicht unmittelbar Gesinnungen. Im Augenblick verschluckt der Leviathan gerade die Universitäten.

A. Vor Ihrem Blick vielleicht.

B. Es ist der Blick eines Kindes.

A. Dann sollten Sie das Schlußwort sagen.

B. Philosophie und Kunst haben die Pflege der leisen Gedanken gemeinsam, die immer zugleich mit der Aufforderung aufblitzen, sie nicht zu vergessen, sondern im Garten des Geistes zu versenken und zu pflegen. So zarte Pflanzen wachsen nicht von selbst, sondern innerhalb ihrer Darstellung. Auch das Wachsen, Blühen und Früchtetragen der Pflanzen wie das Leben der Tiere ist nur eine an ihnen selbst seiende Darstellung. Jeder Künstler weiß, daß Darstellung alles ist. Der Philosoph dagegen läßt die Gedanken zunächst in den leeren Räumen ihres abstrakten Auftretens stehen und betrachtet sie, bevor er sie darstellt. Dabei entsteht die Gefahr ihres Entschwindens, bevor sie gestaltet sind. Er weiß aber, daß er selbst als sowohl natürlicher wie geschichtlich-gesellschaftlicher Weltumgang immer schon eine Darstellung gewesen ist. Sobald er sich und seine Darstellungen als Dargestelltes begreift, erhebt er die natürliche Darstellung in ihre Negation. Das gilt

schon für den Mythos und die Werke der Kunst. Sie waren
mit der natürlichen Anschauung noch so verschmolzen, daß
die Zerrissenheit von Gedanke und Anschauung noch nicht
logisch auftrat. Erst *Kant* hat es fertiggebracht, den reinen
Begriff darzustellen. Aber er wußte, daß seine Reinheit ihre
Bedeutung nur in der Rückversicherung an der Anschauung
hat, während die modernen Analytiker aus der Abstraktion
der Natürlichkeit in die Abstraktion der Reinheit überwech-
seln. Die Logik *Hegels* beginnt nach dem und mit dem absoluten Wissen, das *in* der Zerrissenheit stattfindet. Die erste
Kategorie, das Sein, ist als logische nicht mit der Wirklichkeit
verbunden, sondern als von ihr abgetrennte: Nichts.

Philosophie ist immer der Raum der *Leere*, aus dem die
Revolutionen der Menschheit hervorgehen. Sie steht immer
im Übergang solcher Epochen, von denen die erste an ihr
selbst, d. h. in den Taten und Gedanken der Menschen, an
ihr Ende gekommen ist und die zweite Epoche sich bildet. Die
Bildung einer Epoche geschieht nicht in Zeitpunkten, sondern
im Augenblick, der immer ist. In ihm als dem Anfang
sind wir immer. Im Einzelleben schlägt der Augenblick hier
und da in die Modifikation der Zeit als Sukzession herein. Das
ist das Hereinschlagen des Begriffs. Schon das Kind, das noch
nicht zum perennierenden Konsum verzogen ist, weiß um die
Plötzlichkeit und die Ewigkeit des Hereinschlagens solcher
Fulgurationen. Wenn die Eltern vergessen haben, daß der
Mensch nicht vom Brot allein, sondern von einem jeglichen
Wort, das durch den Mund Gottes geht, lebt, und so den Kindern keine Pausen im Konsum lassen, wird es den Kindern
wohl unmöglich gemacht, die kleinen Pflanzen des Geistes,
die fernab vom Betrieb ihr Entstehen haben, zu bemerken. Im
Lärm der Technik hat die göttliche Natur uns ihren Rücken
zugekehrt.

Das Leben der Philosophie hat seinen Grund in der Erkenntnis, die an der Welt und am Menschen als Weltumgang
ist. In den Hochwasserzeiten des Nihilismus scheint sie das
Dasein über den Häuptern der Menschen zu haben. Am
Strand der Philosophie wechseln Flut und Ebbe. Treten die

Wasser zurück, ist zu sehen, wo Philosophie auch während der Flut war: in den Pausen der Geschichte zwischen Wissenschaft, Kunst und Religion. In diesen Disziplinen empfängt und erteilt sie keine Belehrungen. Sie ist und empfängt eine göttliche Belehrung in der Pause.

Vom Autor getroffene Auswahl seiner Veröffentlichungen

Probleme der Subjekt-Objektrelation. Klutke, Stallupönen 1934.

Platons Entwicklung zur Dialektik. Klostermann, Frankfurt 1949.

Sprache und Bewußtsein. Band 1—5, Akademische Verlagsgesellschaft, Frankfurt a. M. 1964—1970.

Erkenntnis und Dialektik. Martinus Nijhoff, Den Haag 1972.

Von der Koexistenz zum Frieden. Herbert Lang, Bern, Peter Lang, Frankfurt a. Main 1972/73.

Sprache und Bewußtsein. Band 6,1; Band 6,2; Band 6,3. Herbert Lang, Bern, Peter Lang, Frankfurt a. Main 1974.

Franziska Mayer-Hillebrand *1885

Es erscheint mir notwendig, zunächst einen kurzen Überblick über meinen Lebens- und Bildungsweg zu geben. Ich wurde 1885 in Weidling bei Wien als Tochter des österreichischen Generals *Josef Reicher* geboren. Meine Mutter verlor ich, als ich drei Jahre alt war, aber eine treue Pflegerin sorgte in mütterlicher Weise für mich und meinen etwas älteren Bruder. 1891 wurde mein Vater zum kommandierenden General von Tirol und Vorarlberg und Korpskommandanten von Innsbruck ernannt. Dadurch wurde Tirol meine Heimat. Ich besuchte keine Schule, sondern wurde zu Hause von Lehrerinnen unterrichtet. Da ich sehr viel allein war, entwickelte sich bei mir eine wahre Lesewut. Als ich 14 Jahre alt war, vertiefte ich mich in die abgelegten Schulbücher meines Bruders. Latein interessierte mich besonders, und in dieser Zeit begann mein »Kampf um das Studium«. Damals gab es in Innsbruck noch kein Mädchengymnasium, aber ich erreichte es schließlich doch bei den Eltern (mein Vater hatte 1891 nochmals geheiratet), daß ich Unterricht von einigen Professoren des humanistischen Gymnasiums erhielt. Die Maturitätsprüfung legte ich 1905 als Privatistin ab. − Doch mußte ich noch neun Jahre warten, bevor sich mein Wunsch, an der Universität zu studieren, erfüllte. Als Hauptfächer wählte ich Philosophie und Psychologie (diese Fächer waren damals noch vereinigt), als Nebenfach Biologie (Zoologie und Botanik).

Meine Dissertation: »Das Nichtreale als Fiktion« machte ich bei Prof. Dr. *A. Kastil* (der mir durch geschickte Einwirkung auf meine Eltern den Weg zur Universität erschlossen hatte) über *Franz Brentanos* Lehre, daß nur Reales vorstellbar sei. Das Hauptrigorosum bei Prof. *Hillebrand* und Prof. *Kastil* konnte ich mit einstimmiger Auszeichnung am Silvestertag des Jahres 1918 ablegen. Das Nebenrigorosum aus Biologie im März 1919 brachte mir dieselbe Note. Meine Promotion erfolgte am 15. März 1919; ich war der zweite weibliche Doktor an der Universität Innsbruck.

Sehr wohl war ich mir bewußt, daß das einzige, was mich zu meinem Ziele, Lehrtätigkeit an einer Hochschule, führen konnte, reiches und gründliches Wissen war. Aus diesem würden dann vielleicht fruchtbare Gedanken entspringen und neue Forschungswege sich ergeben.

Im Sommersemester besuchte ich die Vorlesungen von Prof. *Hillebrand* und Prof. *Kastil* weiter und trachtete, meine psychologischen Kenntnisse durch physiologische Vorlesungen bei Prof. *Brücke* zu unterbauen.

Am 1. Juli 1919 starb mein Vater, was für mich ein großer Schmerz war. Doch beschloß ich, meine Studien weiterzuführen, obwohl sich nach dem 1. Weltkrieg unsere finanziellen Verhältnisse sehr verschlechtert hatten.

Anfang 1920 erkrankte ich aber schwer an der sog. »spanischen Grippe«, die damals weit verbreitet war. Die Krankheit schien zum Tode zu führen; unser erfahrener Hausarzt glaubte, jede Hoffnung aufgeben zu müssen. Ich erholte mich aber doch, wenn auch sehr langsam; nach einigen Wochen war ich so weit, daß ich die wenigen Schritte vom Bett zum Diwan machen konnte. Ein Erholungsaufenthalt an der Riviera di Levante sollte mir neue Kräfte bringen. Doch war ich noch nicht imstande, allein zu reisen, und unser nach dem Krieg wertlos gewordenes Geld machte es unmöglich, daß jemand aus der Familie mich begleitete. Da bot sich Prof. Dr. *Franz Hillebrand* als Begleiter an; er habe schon seit langem einen Erholungsaufenthalt dringend gebraucht. Am Schluß unseres Aufenthaltes in Sta Margherita, wo ich mich wirklich gut erholt und neue Lebenskraft gewonnen hatte, fragte mich *Franz Hillebrand*, ob ich seine Frau werden wolle. Er war 23 Jahre älter als ich und tat mir in seiner Vereinsamung sehr leid. — Bei den Studenten galt er als Wissenschaftler, der viel verlangte, und als strenger Prüfer. Nach einigen Tagen gab ich ihm mein Ja-Wort.

In unserer Ehe war mir Gelegenheit gegeben, mich in der experimentellen Psychologie auszubilden. Der Vormittag war meist Untersuchungen in dem von *Hillebrand* begründeten Psychol. Institut gewidmet. Die Nachmittage wurden hauptsächlich für die Einordnung der gewonnenen Ergebnisse unter allgemeine Gesetze verwendet. Franz pflegte mir zu diktieren, und ich lernte dabei sehr viel.

Die Vorlesungen wurden sehr genau vorbereitet und schriftlich niedergelegt; Franz las nicht nur über Psychologie, sondern auch über Logik und Erkenntnislehre.

Die Sommerferien verbrachten wir meist an einem See in Oberösterreich, und auch in dieser Zeit war der größte Teil des Tages wissenschaftlicher Arbeit gewidmet.

Doch erkrankte mein Gatte leider bald an einem schweren Herzleiden, das nach qualvollen Monaten am 13. 4. 1926 zu seinem Tode führte. — Mir schien die Herausgabe seiner unvollendet gebliebenen Arbeit über Stroboskopie, welche die Fortsetzung der Abhandlungen: »Die Ruhe der Objekte bei Blickbewegungen« (Jahrbücher für Psychiatrie und Neurologie Bd. XL) und »Zur Theorie der stroboskopischen Bewegungen« (Zeitschr. f. Psychologie Bd. 89) bilden sollte, Pflicht und Vermächtnis.

Vom Dekan der Philosoph. Fakultät erhielt ich die Erlaubnis, das Psychol. Institut bis zur Ernennung eines neuen Vorstandes weiter zu benützen. Prof. *Brücke,* der Vorstand des im gleichen Gebäude untergebrachten Physiol. Institutes, ging mir bei den Vorbereitungen in freundschaftlichster Weise zur Hand.

In diese Zeit der Wiederaufnahme meiner wissenschaftlichen Tätigkeit fiel die sehr freundliche Einladung von Geheimrat Dr. *Carl Stumpf,* mit ihm und seiner Frau einige Sommerwochen zur Erholung auf dem Ritten bei Bozen zu verbringen. Stumpf gehörte zu den ältesten Schülern *F. Brentanos;* er wurde sein Nachfolger in Würzburg. Später war er als Ordinarius in Prag, Münster, schließlich viele Jahre in Berlin tätig. Die »Tonpsychologie« verdankt ihm ihre Begründung. *Stumpf* hatte Franz schon in Prag kennengelernt, war später wiederholt mit ihm zusammengetroffen und besuchte ihn öfter in Innsbruck. Nach unserer Verheiratung hatte ich Geheimrat *Stumpf* kennengelernt, und er war mir von Beginn an sehr herzlich entgegengekommen; nach Franzens Tod brachte er mir in ungewöhnlich einfühlender Weise seine Anteilnahme zum Ausdruck. Er hatte mich auch gebeten, für den beabsichtigten

Franziska Mayer - Hillebrand

Nachruf in der »Zeitschrift f. Psychologie« ein Verzeichnis der Publikationen meines Gatten zusammenzustellen und hat in diesem von ihm und Prof. *Rupp* (einem Schüler von Franz) unterzeichneten Nachruf meiner außerordentlich freundlich gedacht. Er bot mir auch an, meine Pläne hinsichtlich der Publikation von nachgelassenen Schriften meines Gatten mit ihm zu besprechen, was mir besonders wichtig erschien. Ich nahm daher die Einladung an. Wir fuhren zunächst nach Oberbozen und fanden dann einen für unsere Bedürfnisse geradezu ideal passenden Platz in einer einsam zwischen Wald und Wiesen gelegenen Pension, nahe bei Klobenstein. — Täglich unternahm Geheimrat *Stumpf* kleine oder größere Spaziergänge, bei denen er meine Begleitung wünschte. Wir sprachen dabei über wissenschaftliche Fragen im allgemeinen, über Probleme, die *Stumpf* gerade besonders interessierten und über meine Pläne der Herausgabe von nachgelassenen Werken meines verstorbenen Gatten. Ich verstand zu schweigen, wenn *Stumpf* seinen Gedanken nachhängen wollte, und widmete mich während dieser Zeit der Betrachtung der herrlichen Landschaft. Meine lieben Freunde freuten sich darüber, daß mein angegriffenes Aussehen sich etwas besserte. Ich blieb etwa vier Wochen am Ritten, und es wurde vereinbart, daß das Ehepaar *Stumpf* auf seiner Rückreise einige Tage bei mir verbringen werde, damit Geheimrat *Stumpf* die nachgelassenen Manuskripte durchsehen könne. Dieser Plan kam auch zur Durchführung, und die Ratschläge eines so erfahrenen und angesehenen Philosophen wie *Stumpf* waren mir von großem Wert.

Ich setzte nunmehr, ermutigt in meinen Bestrebungen und körperlich etwas erholt, meine Versuche im Psychologischen Institut fort, zu Hause die gewonnenen Ergebnisse dem Manuskript einfügend und die noch fehlenden Verbindungen herstellend. Die Arbeit erschien unter dem noch von Franz gewählten Titel: »Kritischer Nachtrag zur Lehre von der Objektruhe bei willkürlichen Blickbewegungen und ihrer Anwendung auf die Stroboskopie (Zeitschr. d. Psychol. Bd. 104, 1927 und Bd. 105, 1928).

Inzwischen hatte ich, angeregt durch meine bisherigen Ver-

suche, auch eine selbständige Arbeit begonnen, die ich nach
einigen Monaten abschließen konnte; sie erschien unter dem
Titel: »Über die scheinbare Streckenverkürzung im indirekten
Sehen« (Zeitschr. f. Sinnesphysiologie Bd. 59, 1927).

Auch hatte ich beschlossen, die mir so wohlbekannte (in
Gabelbergerscher Stenographie und in meinen sorgfältig aus-
gearbeiteten Skripten) vorliegende Vorlesung meines verstorbenen Gatten über die Psychologie der Gesichtsempfindungen,
die nach der räumlichen wie der qualitativen Komponente sein
spezielles Arbeitsgebiet bildete, als Buch herauszubringen und
mich mit großem Eifer der Druckfertigmachung, die mehr als
ein Jahr in Anspruch nahm, zugewendet. – Prof. *Brücke,* an
den ich mich immer um Rat wenden konnte, hatte mir den
Verlag Jul. Springer in Wien empfohlen. Das Manuskript
wurde im Winter 1928 von diesem erstklassigen Verlag angenommen und erschien als »Lehre von den Gesichtsempfindungen« (Wien 1929, 205 Seiten). So war meine Zeit voll und ganz
ausgefüllt.

Prof. *C. Mayer,* Vorstand der Neurologischen und Psychiatrischen Univ. Klinik war mir während der langen Krankheits-
zeit von Franz nahe gekommen. Er hatte alles getan, was im
Bereich des Möglichen lag, um das schwere Leiden zu lindern
und mir die Pflege zu erleichtern. Auch hatte er sich nach dem
Tode meines Mannes meiner angenommen und mich ärztlich
beraten, um meinen äußerst herabgekommenen Gesundheitszustand zu heben und mich vor allem wieder zum Schlafen
zu bringen.

Dabei war er selbst von schwerer Sorge belastet. Seine Gattin Hermine war schon seit längerer Zeit krank und es zeigte
sich immer deutlicher, daß ein unheilbares Leiden vorlag. Nach
dem Tode von Franz hatte ich einmal angefragt, ob ich sie
besuchen dürfe und die Erlaubnis war mir gerne erteilt worden. Ich fand die Kranke bei jedem neuerlichen Besuch körperlich schlechter, aber stets ruhig und in ausgeglichenem
Gemütszustand. Anfang Dezember war es offenbar, daß das
Ende bevorstand. *Hermine Mayer* ist am 19. Dezember 1926
verschieden. Was ihr Tod für ihren Gatten bedeutete, hat er

bei seiner verschlossenen und zurückhaltenden Art nie ausgesprochen. Doch weiß ich, daß sie seinem Herzen sehr nahe
gestanden ist. — Natürlich gab ich meiner aufrichtigen Anteilnahme Ausdruck. Prof. *Mayer* besuchte mich in der Woche
zwischen Weihnachten und Neujahr, und er machte mir trotz
seiner Beherrschung einen sehr traurigen und vereinsamten
Eindruck. Ich brachte den Mut auf zu fragen, ob er nicht den
Silvester-Abend bei mir, die ich ja auch allein zurückgeblie-
ben war, verbringen wollte. Meine schüchterne Einladung
wurde augenblicklich angenommen und so versuchten wir,
uns gegenseitig Mut für das neue, so leer vor uns liegende Jahr
zu machen. — Ich erzählte Prof. *Mayer* von meinen Arbeiten
und Plänen, was er mit offenbarem Interesse aufnahm. Schließlich sagte ich ihm, daß ich den späteren Nachmittag und den
Abend fast immer zu Hause verbringe und daß er jederzeit
willkommen sei, wenn er das Alleinsein als bedrückend empfinde. Unsere Wohnungen lagen so nahe, daß nur wenige
Schritte von einem Haus zum anderen zu machen waren. Von
da ab besuchte mich Prof. *Mayer* in den Abendstunden nicht
gerade oft, aber in ziemlich regelmäßigen Abständen.

Im Beginn des Jahres 1927 war ich vor eine Entscheidung
gestellt. Geheimrat *Stumpf* bot mir an, dafür sorgen zu wollen,
daß ich mich in Berlin habilitieren könne. Zwar war er selbst
schon emeritiert, aber sein Ansehen und sein Einfluß auf die
Universitätskreise waren noch immer sehr groß, besonders da
die meisten dortigen Vertreter der Philosophie und Psychologie zu seinen Schülern gehörten und ihrem ehemaligen Lehrer
ein dankbares Gedenken bewahrten.

Es war kein leichter Entschluß. In Berlin wurde mir angeboten was, wenigstens seinerzeit, mein Wunsch und Streben
gewesen war, und was in Innsbruck zu erreichen schwierig
erschien. — Bei meiner schließlichen Ablehnung haben zweifellos auch praktische Erwägungen eine Rolle gespielt, obwohl
mir diese im allgemeinen wenig lagen. Wovon sollte ich leben,
wenn ich meine Witwenpension aufgab und deutsche Staats-
bürgerin wurde? Die Habilitierung garantierte mir ja noch
kein Einkommen, und daß ich — als Frau — eine Professur

erreichen werde, konnte mir auch *Stumpf* nicht versprechen. Allerdings wollte mich das Ehepaar *Stumpf* zuerst bei sich aufnehmen. Aber ich war jetzt doch eine gewisse Selbständigkeit gewöhnt und ein solches Abhängigkeitsverhältnis erschien mir nicht verlockend, wenn ich auch mit großer Liebe und Dankbarkeit an dem alten Paar hing. Überdies zog mich die Schule der Gestaltpsychologie, die in Berlin nach *Stumpfs* Rücktritt die herrschende war, nicht so an, daß ich mich ihr hätte anschließen können. So entschloß ich mich zum Bleiben und zum Verzicht auf den in vielfacher Hinsicht verlockenden Vorschlag.

Der Jahrestag von Franzens Tod jährte sich am 13. April zum zweiten Male. Kurze Zeit darauf fragte mich *Carl Mayer*, ob ich seine Frau werden wolle. Die Frage kam mir nicht so überraschend, ja erschreckend wie damals, als Franz sie an mich gestellt hatte, vor. Schon seit längerer Zeit hatte sich zwischen ihm und mir ein auf völlig gegenseitiges Vertrauen gegründetes, echtes Freundschaftsverhältnis herausgebildet. Ich wußte, daß er sich sehr einsam fühlte und sich eine behagliche Häuslichkeit wünschte, in die er am Abend wie in einen ruhigen Hafen nach der Inanspruchnahme und schweren Belastung durch die Sorge für 2 räumlich getrennte Kliniken, deren Vorstand er war, heimkehren konnte. Ich wußte auch, daß er mich schätzte und mit mir gerne Fragen der verschiedensten Art besprach, wobei er mehr von seinem inneren Erleben zum Ausdruck brachte, als das seiner zurückhaltenden Art sonst entsprach. Er hoffte, daß ein Zusammenleben mit mir ihm einen ruhigen und friedvollen Lebensabend bringen würde. Ich selbst empfand für ihn die größte Hochschätzung und aufrichtigste, warme Zuneigung. Wir verstanden uns sehr gut. Aus diesen Gründen heraus nahm ich seinen Antrag an und beschloß, mein weiteres Leben ihm zu widmen und zu versuchen, seinen Hoffnungen Erfüllung zu bringen.

Carl gehörte zu den angesehensten Mitgliedern des Professorenkollegiums, dessen Rat man immer wieder einholte. Im Jahre 1917—18, als der I. Weltkrieg sich seinem Ende näherte und schwere Zeiten vorauszusehen waren, hatte man ihn zum

Rektor der Universität gewählt. Große persönliche Opfer
brachte er für den Neubau einer modernen Neurologisch-
Psychiatrischen Klinik.

Die verheerenden Folgen des I. Weltkrieges für Österreich
ließen leider den ersten Plan nicht zur Ausführung gelangen.
Seine Bemühungen um eine neue Klinik hat er aber nie aufgegeben, und im Herbst 1935 erlebte er noch die Grundstein-
legung des inzwischen bewilligten Neubaues. Durch Verleihung des großen goldenen Ehrenzeichens für Verdienste um
die Republik Österreich wurden C. *Mayers* Verdienste vom
Staate anerkannt.

Wir wollten im August heiraten. Es war dies die Zeit, in
die nicht nur die Univ.-Ferien fielen, sondern wo es auch an
den Kliniken im allgemeinen am ruhigsten war. Carl pflegte
in der zweiten Augusthälfte für 2–3 Wochen fortzufahren.

Auch sollte mir Gelegenheit geboten werden, noch die Korrekturen für die »Lehre von den Gesichtsempfindungen«
durchzuführen. Carl war ja überhaupt ganz dafür, daß ich
meine wissenschaftlichen Arbeiten fortsetzte.

Es war beschlossen worden, daß ich meine Wohnung auflösen und in die meines Mannes ziehen sollte. Diese umfaßte
6 Zimmer und war mit schönen antiken Möbeln und Tep-
pichen, alten Skulpturen und Bildern eingerichtet. Nur Franzens Bibliothek und Bücherschränke sollte ich mitnehmen,
sowie die aus meinem Elternhaus stammenden Erinnerungen.
Meine treue Maschka, die sehr an mir hing und die Mama
mir überlassen hatte, sollte mit mir ziehen, was ihren Schmerz
über die neuerliche Veränderung etwas linderte.

Am 16. August 1928 wurden Carl und ich zu früher Morgen-
stunde in der Kapelle der Pfarre St. Jakob getraut.

Es bedeutet natürlich eine einschneidende Veränderung,
wenn zwei reife Menschen, die durch viele Jahre ihre eigenen
Wege gegangen und schon viel erlebt und mitgemacht haben,
nun auf einmal zu engster Gemeinschaft verbunden sind. Auch
war der Altersunterschied zwischen uns ein großer.

Aber von Beginn ab war unsere Verbindung eine innige und
von Tag zu Tag sich festigende. Es zeigte sich sehr bald, daß

wir in unseren Auffassungen, Interessen und Neigungen sehr
gut übereinstimmten und uns ergänzten. Der Gesprächsstoff
ging uns nie aus. Nicht nur in Hinsicht auf die Grundhaltung
des Lebens und auf wissenschaftliches Streben und Arbeiten
dachten wir ähnlich, sondern auch die Liebe zur Natur verband uns ebenso wie die Liebe zu den Werken der bildenden
Kunst und Literatur.

Ich fühlte mich vom Beginn ab in den neuen Verhältnissen
heimisch; die schöne häusliche Umgebung zog mich an und zu
den Skulpturen der Gotik, Renaissance und des Barock entwickelte sich bald so etwas wie eine persönliche, freundschaft-
liche Beziehung, die sich bis heute erhalten hat.

Mein Mann pflegte früh aufzustehen und schon gegen 8 Uhr
das Haus zu verlassen, um sich in die Kliniken zu begeben,
wo er täglich selbst, abwechselnd an der Neurol. und Psychiatr.
Klinik, in Begleitung seiner Assistenten die ärztliche Visite
vornahm und am späteren Vormittag auch das klinische Ambu-
latorium hielt. Schon dadurch war seine Zeit stark in Anspruch
genommen. Er hatte es sich aber auch zur Gewohnheit gemacht, mit jedem an die Klinik aufgenommenen Patienten
noch am selben oder jedenfalls am folgenden Tag eingehend
zu sprechen. Da aber auch die wissenschaftliche Arbeit und
der Unterricht, d. h. die Vorlesungen aus Psychiatrie und Neurologie, nicht zu kurz kommen durften, blieb wenig Zeit für
anderes übrig. Carl pflegte die Vorlesungen sorgfältig vorzubereiten. Auch war er immer wieder mit wissenschaftlichen
Problemen beschäftigt. Für beides war die Durchsicht der darüber schon vorhandenen Literatur notwendig und so verbrachte er viele Stunden in der Bibliothek der Neurol. Klinik.
In der Regel kam er erst kurz vor dem Mittagessen heim und
hielt, nach einer kurzen Ruhepause, seine private ärztliche
Sprechstunde ab. Nach dem Kaffee begab er sich wieder in die
Kliniken und kehrte meist erst gegen 8 Uhr abends, an den
Vortragstagen der Ärzte-Gesellschaft und an den Tagen der
Fakultätssitzungen gegen 9 Uhr oder auch später, nach Hause
zurück.

Dieser Tageseinteilung zufolge hatte ich die ganzen Vormittage und den größten Teil des Nachmittags zur freien Verfügung und es war gut, daß ich die Fortsetzung meiner wissenschaftlichen Arbeiten beabsichtigte, womit Carl, wie schon erwähnt, nicht nur ganz einverstanden war, sondern wozu er mich anregte und ermutigte.

Zunächst mußte ich trachten, mich in das große Gebiet der Psychologie noch tiefer einzuarbeiten, mich mit der Literatur gründlicher bekannt zu machen und Lücken in meinem Wissen auszufüllen. Dann aber ging ich daran, mich mit bestimmten Fragen näher zu beschäftigen.

In meiner Arbeit: »Über die scheinbare Streckenverkürzung im indirekten Sehen« war ich auf das »Problem der scheinbaren Größe« gestoßen und dieses hatte mich schon damals angezogen. Es handelte sich dabei um die Frage, ob das sog. Gesichtswinkelgesetz wirklich gelte, d. h. ob die Größe, in der wir die durch unsere Sinne vermittelten Gegenstände sehen, von der Größe des sog. Gesichtswinkels bzw. des Netzhautbildes abhängt. Lange Zeit hatte man dies als selbstverständlich angenommen. Doch sprachen so viele Erfahrungen dagegen, daß diese Annahme aufgegeben werden mußte. Es entstanden zahlreiche andere Erklärungen für die »relative Größenkonstanz der Sehdinge« sowie für eine Reihe anderer Erscheinungen, die hierher gehören.

Zunächst war natürlich die umfangreiche Literatur durchzusehen, was meine langen Vormittage während des Winters 1928/29 reichlich ausfüllte. Im Frühjahr und Sommer verlegte ich, wenn das Wetter es erlaubte, meinen Arbeitsplatz in unseren außerhalb der Stadt gelegenen Garten, der einen geradezu idealen Platz für ruhige Konzentration bot. Die Durchführung eigener Versuche, um die teilweise einander widersprechenden Ergebnisse nachzuprüfen und, wenn möglich, ein neues, einheitliches Erklärungsprinzip zu finden, schwebte mir für den Herbst vor.

Da Prof. *Erismann* — Nachfolger meines ersten Gatten — mein selbständiges Arbeiten in seinem Institut und besonders eine Ausweitung meiner Versuchsanordnungen nicht sehr angenehm zu sein schien, schlug mir Carl vor, meine Untersuchungen in einem der Laboratorien der Neurol. Klinik durchzuführen, was ich mit großer Dankbarkeit annahm.

Ich habe meine Versuche von Mitte Oktober 1929 bis Mitte April 1930 an mir und zahlreichen Versuchspersonen durchgeführt. Dadurch wurde mir Gelegenheit geboten, auch das Tätigkeitsfeld meines Mannes und seiner Mitarbeiter, das ja für eine Psychologin viel Interessantes bot, näher kennenzulernen.

Bei meinen Versuchen über die scheinbare Größe der Sehdinge ging ich von dem Gedanken aus, daß diese in irgendeinem Zusammenhang mit der Entfernung stehen müsse. Ich stellte daher in verschiedenen Entfernungen möglichst viele *gleich groß erscheinende frontalparallele Strecken* her. Dem Vergleich wurde eine in bestimmter Entfernung gelegene »Normalstrecke« zugrunde gelegt. Die Beobachtungen erfolgten im Dunkelraum, um störende Zufallseindrücke nach Möglichkeit auszuschalten; die zu vergleichenden Strecken waren durch Lichtpunkte abgegrenzt. Damit die Strecken frontalparallel erscheinen, müssen sie in die für verschiedene Entfernungen empirisch festzustellenden Kurven des Längshoropters eingestellt werden. Unter Längshoropter ist das Insgesamt aller Punkte des Außenraumes zu verstehen, die sich bei einer gegebenen Augenstellung auf korrespondierenden Netzhautschnitten abbilden. Dem Längshoropter entspricht im Sehraum die Kernfläche. Dabei ergab sich, daß die Strecken gegen den Beobachter zu nach einer ganz bestimmten Gesetzmäßigkeit zunehmen müssen, um gleichgroß gesehen zu werden, was mit der Veränderung der Sehfeld- bzw. Deutlichkeitsgrenzen zusammenhängt. So kommt es, daß Objekte, die verschieden große Netzhautbilder bzw. Gesichtswinkel liefern, doch gleichgroß gesehen werden.

Näher kann auf die Zusammenhänge nicht eingegangen werden. Die daraus hervorgegangene Arbeit erschien unter dem Titel »Die scheinbare Größe der Sehdinge« (Zeitschrift f. Sinnesphysiologie Bd. 61; 1931).

Um die Identität zu wahren und auch weil der Name *Hillebrand* in der Philosophie bereits einen guten Klang hatte, schlug Carl mir vor, meine wissenschaftlichen Publikationen künftighin mit dem Namen *Franziska Mayer-Hillebrand* zu unterzeichnen, was ich auch bis heute getan habe. Die erwähnte Arbeit wurde von mir später als Habilitationsschrift vorgelegt.

Den Gedanken an eine Habilitation, der früher von mir erwogen worden war, hatte ich ganz zurückgestellt. Wie schon berichtet, war mir 1927 von Geheimrat *Carl Stumpf* der Vorschlag gemacht worden, mich in Berlin zu habilitieren; er hatte mir versprochen, mein Ansuchen zu unterstützen. Doch hatte ich den Vorschlag, nach Berlin überzusiedeln, aus verschiedenen Gründen abgelehnt.

Nun wurde die Frage einer Habilitierung neuerlich von außen angeregt. Es war vor allem der Physiologe *E. Brücke,* der sie aufgeworfen hatte und mehrfach auf sie zurückkam. Er vertrat die Meinung, daß meine bisherigen Publikationen für ein Ansuchen um Habilitierung genügen würden. Der Gedanke *Brückes* wurde von Carl mit Freude aufgegriffen und mir dieses für Frauen in Österreich noch etwas ungewöhnliche Vorhaben von ihm wärmstens empfohlen.

So entschloß ich mich, als meine dritte selbständige Arbeit »Über die scheinbare Entfernung oder Sehtiefe« beendet und wieder in der ›Zeitschr. f. Sinnesphysiologie‹ angenommen war, dazu, den Schritt zu wagen.

Bei Prof. *Erismann* (Nachfolger von *F. Hillebrand)* fand ich zwar nicht viel Entgegenkommen, weil er seinen Schüler und Assistenten *Dr. H. Bohracher* zur Habilitation vorschlagen wollte und zwei Habilitanden an der Fakultät kaum angenommen würden. Prof. *Kastil,* dem ich von meiner Habilitationsabsicht natürlich ebenfalls Mitteilung gemacht hatte, setzte sich aber vor der phil. Fakultät so warm für mich ein, daß mein Gesuch angenommen, d. h. einer Kommission zur Behandlung überwiesen wurde. Diese entschied sich auf Grund meiner vorgelegten Arbeiten im bejahenden Sinne, ja eines der Mitglieder der Kommission äußerte sich, daß schon lange nicht so viele selbständige, im Druck vorliegende Schriften von einem Habilitationsbewerber vorgelegt worden seien. Außerdem konnte ich auch noch auf die beiden längeren, aus dem Nachlaß meines ersten Gatten herausgegebenen Arbeiten und auf die zahlreichen im Druck erschienenen Referate (Zeitschr. f. Psychologie und Zeitschr. f. Sinnesphysiologie. Verlag J. Ambr. Barth in Leipzig) hinweisen, die eingehende Kenntnisse über ein weites Gebiet der Psychologie zur Voraussetzung hatten. Die Fakultät beschloß daher, mir das Colloquium zu erlassen und setzte nur einen Probevortrag an. Aus den drei für diesen vorgelegten Themen wurde »Das Problem der scheinbaren Größe der Sehdinge« ausgewählt. Diesen Vortrag hielt ich ohne Schwierigkeiten, wenn auch mit etwas Herzklopfen, zu Beginn des Sommersemesters vor der Fakultät und bald darauf teilte mir der Dekan mit, daß die phil. Fakultät mit meiner Habilitierung einverstanden sei und mir die »venia legendi für Philosophie mit besonderer Berücksichtigung der Psychologie« verleihen wolle. Zwar müsse noch die Bestätigung vom Unterrichtsministerium eingeholt werden, doch sei damit zu rechnen, daß ich meine Vorlesungen im Wintersemester 1932/33 beginnen könne.

Die von der phil. Fakultät vorgeschlagene venia legendi wurde auch tatsächlich vom Unterrichtsministerium bestätigt, und der damalige Dekan Prof. Dr. *Sperlich* (einer meiner früheren Lehrer) teilte mir dies in sehr freundlichen Worten am 5. November 1932 mit. Noch im Wintersemester begann ich, wenn auch etwas verspätet, mit meinen Vorlesungen. Ich hatte beschlossen, den I. Teil der Lehre von den Gesichtsempfindungen, den Licht- oder Farbensinn, zu behandeln. Es war das ein mir durchaus vertrautes Gebiet. Doch beabsichtigte ich, den Stoff zwar im Anschluß an die Hillebrand-Vorlesungen und an das von mir nach diesen herausgegebene Buch zu bringen, aber in etwas umgearbeiteter Fassung, wobei auch die inzwischen erschienene Literatur berücksichtigt werden sollte. Es bedeutete dies immerhin eine beträchtliche Arbeit, aber sie war von mir schon im Laufe des Sommers geleistet worden und das Skriptum lag fertig vor mir. — Auch im Verlaufe meiner weiteren Lehrtätigkeit habe ich meine Vorlesungs-Skripten genau handschriftlich ausgearbeitet und hatte sie vor mir auf dem Pult liegen, um von Zeit zu Zeit einen Blick hineinwerfen zu können, damit die vorher wohlüberlegte Reihenfolge bewahrt bleibe.

Die Hörerzahl war, wie gewöhnlich bei Dozenten, die ihre Tätigkeit erst beginnen und bei Prüfungen nicht mitzureden haben, nicht groß. Es waren anfänglich ca. 20 Teilnehmer. Ich bemühte mich, einfach und möglichst klar zu sprechen. Tatsachen und Gesetzmäßigkeiten aus dem Gebiete der Gesichtsempfindungen standen mir ja in reichem Maße zur Verfügung und es ging mir der Stoff jedenfalls nie aus. Als sehr zweckmäßig hatte ich den Vorlesungen *Hillebrands* entnommen, jede Vorlesung mit einer kurzen Wiederholung des in den letzten Stunden Vorgetragenen zu beginnen, um so den Zusammenhang mit dem bereits Gesagten deutlich zu machen.

Eine gewisse Unterbrechung erlitt unser stilles, der Arbeit gewidmetes Leben durch Carls 70. Geburtstag am 9. Dezember 1932. Sein ausdrücklicher Wunsch, von jeder Feier an der Universität, in der Ärzte-Gesellschaft und in anderen Gesellschaften, denen er angehörte, abzusehen, wurde nur teilweise erfüllt. Zwar unterblieb jede offizielle Feier, doch brachten die Tageszeitungen und ärztlichen Fachblätter die Nachricht, Prof. *Mayer* habe seinen 70. Geburtstag in aller Stille verlebt und so ergoß sich eine Flut von Gratulationsschreiben und Telegrammen über ihn; denn er genoß, wie schon gesagt, nicht nur an der Universität, sondern auch in weiten Kreisen der Bevölkerung großes Ansehen und aufrichtige dankbare Verehrung. Die Beantwortung der Briefe nahm unsere Zeit bis gegen Weihnachten hin in Anspruch.

Wir beabsichtigten, die Weihnachtstage ganz still zu verbringen; es kam aber ganz anders. Schon am Weihnachtsabend fühlte sich Carl nicht wohl. In der Nacht bekam er heftige Unterleibsschmerzen und war am anderen Morgen ausgesprochen krank. Jedenfalls schien es notwendig, einen Chirurgen zuzuziehen. So wurde Prof. *Just* gerufen, der mit aller Entschiedenheit die Diagnose »fortgeschrittene Appendicitis« stellte und eine möglichst baldige Operation für ratsam hielt. So übersiedelten wir am 1. Weihnachtstag in den sog. Zahl-

stock und die Operation wurde am 26. XII vormittags durchgeführt. Da der Herzzustand Carls eine Vollnarkose nicht
angezeigt erscheinen ließ, wurde mit Lokalanästhesie operiert.
Die Operation wurde glücklich überstanden. Den Neujahrstag
konnten wir bereits zuversichtlich feiern und eine baldige
Rückkehr ins häusliche Milieu erhoffen.

Diese Hoffnung erfüllte sich auch in der ersten Woche des
neuen Jahres. Carl fühlte sich wohl, wenn auch die allgemeine
Schwäche noch nicht ganz überwunden war. Die Rückkehr zur
gewohnten Tätigkeit sollte aber auf dringenden Rat von Prof.
Just zunächst noch unterbleiben. Auch ich konnte wieder zu
meiner wissenschaftlichen Tätigkeit zurückkehren und hielt
regelmäßig meine Vorlesungen ab.

Gegen Ende des Winters fing ich eine größere experimen-
telle Arbeit an über die Frage, ob nur den willkürlichen Augenbewegungen eine raumumstimmende Wirkung zukommt. Die
Versuche wurden von Mai 1933 bis April 1934 — mit Unterbrechung während der Sommermonate — von mir und zahlreichen Versuchspersonen durchgeführt. Es wurden vor allem
die Theorien *E. Herings* und *F. Hillebrands* nachgeprüft und
die Berechtigung der Annahme eines grundsätzlichen Unterschiedes zwischen willkürlichen und unwillkürlichen Augenbewegungen konnte bestätigt werden. Nur die willkürlichen
Augenbewegungen sind mit einer durch die Veränderung des
Aufmerksamkeitsortes herbeigeführten, in der Verlagerung des
Deutlichkeitsgefälles sich äußernden Sehfeldverschiebung verbunden. Die Arbeit wurde von der »Zeitschrift für Psychologie« angenommen und mit dem Druck sofort begonnen. Sie
erschien unter dem Titel: »Zur Frage, ob nur den willkürlichen
oder auch den unwillkürlichen Augenbewegungen eine raumumstimmende Wirkung zukommt« in zwei Teilen im Bd. 133
(1934).

Viel beschäftigte ich mich im Winter mit der Vererbungslehre, für die ich mich schon seit langem sehr interessierte.
Die Grundbegriffe waren mir durch Prof. *Sperlich* während
meines Biologie-Studiums übermittelt worden, allerdings beschränkt auf die Ergebnisse im pflanzlichen Bereich. *Sperlichs*

Vorlesungen gehörten zu den ersten in Innsbruck, die über Vererbungslehre gehalten wurden; ich besuchte sie in den Jahren des ersten Weltkrieges. Erst nach 1920 begann eine sprunghafte Entwicklung dieses wichtigen Problemkreises, der nun auch vom medizinischen Standpunkt aus betrachtet wurde. Man ging auf die Versuche des Augustinermönches *Gregor Mendel* zurück, die schon 1865 und 1869 veröffentlicht wurden, dann aber jahrzehntelang in Vergessenheit geraten waren. Es zeigte sich nun, daß die von *Mendel* aufgefundenen Gesetze nicht nur im Pflanzen- und Tierreich, sondern auch für die Vererbung menschlicher Dispositionen gelten. Die Vererbung besonderer Begabungen, aber auch krankhafter Anlagen wurde damals nach allen Richtungen hin erforscht und eine Reihe guter Bücher war darüber schon geschrieben worden. Carl hatte sich mit den in diesen Büchern dargelegten, aus Zwillings- und Familienforschung gewonnenen Ergebnissen mit gewohnter Gründlichkeit beschäftigt und sie durch eigene Erfahrungen bereichert. Er teilte mir nun vieles von diesen als gut fundiert anzusehenden Gesetzmäßigkeiten mit. Carl billigte durchaus meine Absicht, später einmal eine Vorlesung über Kinder- und Jugendpsychologie zu halten und einen Abriß über Vererbungslehre als Einleitung einzubauen. Die verschiedenen Zweige der angewandten Psychologie wurden damals in Innsbruck nicht behandelt, obwohl sie in jener Zeit immer mehr an Bedeutung gewannen. Natürlich hatte ich, um mich an eine solche Vorlesung heranzuwagen, noch viel nachzuholen und zu studieren.

Im Herbst 1933 begann Carls Ehrenjahr als Inhaber der Lehrkanzel für Neurologie und Psychiatrie und als Vorstand der beiden Kliniken; 38 Jahre lang hatte er die damit verbundenen Pflichten und Aufgaben mit seltener Hingabe durchgeführt. Daß er in schwierigen Fragen als maßgebender Ratgeber der Fakultät galt, ist schon erwähnt worden. Man pflegte ihn »das Gewissen der Fakultät« zu nennen.

Carl hätte als seinen Nachfolger am liebsten seinen ehemaligen Schüler Prof. Dr. *E. Gamper* gesehen. Dieser aber hatte sich inzwischen an der deutschen Universität in Prag eingelebt und konnte sich schwer zu einer Entscheidung durchringen. So kam es, daß mein Mann nach seinem Ehrenjahr noch 2 weitere Jahre den Unterrichts- und Prüfungsbetrieb weiterzuführen gebeten wurde.

Im Sommersemester 1934 hatte ich in einer zweistündigen Vorlesung eine »Einführung in die Lehre von der Wahrscheinlichkeit« gehalten, ein sehr interessantes, aber schwieriges Gebiet, mit dem ich mich jedoch schon unter Anleitung meines ersten Gatten *Franz Hillebrand* viel beschäftigt hatte. Es ist für den Experimental-Psychologen wichtig, weil es Anweisungen gibt, die Wahrscheinlichkeit neu aufgestellter Theorien zu prüfen. — Für das Wintersemester hatte ich »Psychologie der Sinnesempfindungen« angekündigt, also mein Vorlesungsgebiet, das bisher auf die Gesichtsempfindungen beschränkt gewesen war, beträchtlich erweitert.

So war der Winter 1934/35 für uns beide wieder reichlich ausgefüllt mit Arbeit, aber auch mit anregender Lektüre und Gesprächen, hauptsächlich über die gelesenen Bücher und allerlei kunsthistorische und kunstpsychologische Probleme.

Im Herbst 1935 fanden meines Gatten von Beginn seiner Tätigkeit in Innsbruck ab unermüdlichen und zielbewußten Bestrebungen um einen Neubau der Psychiatrisch-Neurologischen Klinik ihre Erfüllung. Der Spatenstich für den von Carl sorgsam geprüften Neubau fand Ende September statt. Bestimmt war die Inangriffnahme des Neubaues ein großer und erhebender Augenblick für ihn, doch nahm er in voller Beherrschtheit und gewohnter Ruhe an der Feier teil.

Nach Beginn des Neubaues trat Carl von der Leitung der Klinik zurück, die provisorisch an Dr. *O. Reisch* überging. Carl wurde aber vom Ministerium und von der Fakultät gebeten, noch weiterhin Vorlesungen und Prüfungen abzuhalten.

Ich hatte für das Wintersemester 1935/36 ein neues Kolleg »Richtungen und Methoden der neueren Psychologie« zweistündig angekündigt. Seine Ausarbeitung nahm viel Zeit in Anspruch, doch hatte ich die Befriedigung, daß es Interesse und Anklang fand. Die Zahl der Hörer hatte sich im Laufe der letzten Jahre in zunehmendem Maße erhöht und mein Verhältnis zu ihnen war ein sehr gutes. Vielfach holten sie sich bei mir Rat in wissenschaftlichen Fragen und auch in privaten Angelegenheiten.

Der lange und strenge Winter war endlich durch einen kühlen Frühling abgelöst worden. Ostern fiel spät und die Feiertage verlockten uns zum Besuch unseres Gartens. Am Ostermontag war es sonnig, aber windig und recht kalt und vermutlich zog sich Carl durch Sitzen im Freien auf der Terrasse unseres Sommerhäuschens eine Erkältung zu, aus der sich nach wenigen Tagen eine Bronchopneumonie entwickelte. — Besuche waren untersagt, doch wurde ich zuweilen ins Nebenzimmer gerufen, um mit den besten Freunden meines Mannes: *Brücke, Lode, Jarisch,* zu sprechen. Das Bewußtsein war klar, aber das Sprechen erschwert und die Kräfte nahmen in erschreckendem Maße ab. Die Krankheit dauerte nur wenige Tage. Am 24. April 1936 gegen 9 Uhr früh wurde mein Gatte von seinem schweren Leiden durch eine plötzlich einsetzende akute Herzschwäche erlöst.

In den nächsten Tagen halfen mir gute Freunde sowie die Ärzte und Angestellten der Klinik. — Die Beisetzung fand auf einer Doppelgrabstätte am Städt. Westfriedhof statt. Die Beteiligung war sehr groß. Es waren nicht nur Vertretungen der akademischen Behörden, sondern auch der Stadt und des Landes anwesend. Prof. *Gamper* war aus Prag, Prof. *Stiefler* aus Linz gekommen. Es wurden zahlreiche Reden gehalten, in denen in dankbaren und wirklich von Herzen kommenden Worten die Verdienste des Verewigten und die Bedeutung seiner Persönlichkeit hervorgehoben wurden. In verschiedenen Tagesblättern erschienen warme Nachrufe und ebenso später in den Fachblättern des In- und Auslandes. *Gamper* und *Stiefler,* sowie die an den Kliniken tätigen Assistenten brachten mir mündlich ihr warmes Mitgefühl zum Ausdruck. Viele ehemalige Schüler, zur Zeit selbst schon Klinikvorstände, sprachen schriftlich ihre Erschütterung über den unerwarteten Tod ihres Lehrers, ihren Schmerz und ihre fortdauernde Dankbarkeit in oft ergreifenden Worten aus. — Wochen brauchte ich, um zunächst die offiziellen Schreiben und sodann die Privatbriefe zu beantworten.

Es ging mir in der ersten Zeit nach Carls Tod vor allem darum, mein künftiges Leben so einzurichten und zu gestalten, wie es seinen Wünschen entsprochen hätte. So faßte ich den Entschluß, meine wissenschaftliche Arbeit und meine Tätigkeit an der Universität weiterzuführen, weil ich sicher sein konnte, daß dies in seinem Sinne sein würde. Doch wollte ich mich im Sommersemester beurlauben lassen. Dr. *Schmuttermayer*, der meinen Gatten während seiner Krankheit nach den Angaben von Prof. *Gaisböck* behandelt hatte, nahm sich meiner in dieser Zeit an. Er riet mir, meine Vorlesungtätigkeit ohne längere Unterbrechung wieder aufzunehmen. Ich tat es und glaube, daß es das Richtige für mich war.

Im Wintersemester führte ich meine Vorlesungen gewissenhaft und ohne Unterbrechung durch, obwohl mein Gesundheitszustand kein guter war. Die mich schon lange quälenden Magenschmerzen setzten wieder mit voller Stärke ein und Prof. *Just*, den ich auf Rat von Dr. *Schmuttermayer* aufgesucht hatte, stellte ein ziemlich großes Ulcus duodeni fest. Nach seiner Meinung könnte nur eine Magenresektion die Schmerzen zum Aufhören bringen.

Trotzdem entschloß ich mich, wieder eine wissenschaftliche Arbeit in Angriff zu nehmen, nämlich die Untersuchung und Erklärung der in Gruppen zusammengefaßten geometrisch-optischen Täuschungen. Ich glaubte, daß sich auch hier allgemeine Gesetze aufdecken lassen müßten.

So war mein Winter voll ausgefüllt. Eine Aneiferung bedeutete es für mich, daß in den letzten Jahren über mehrere meiner Arbeiten günstige Besprechungen erschienen waren und daß ich auch um kurze Inhaltsangaben für die »Psychological Abstracts«, die von der »American Psychological Association« veröffentlichte Monatsschrift, ersucht worden war.

Schmerzlich traf mich die Nachricht, daß am 25. XII. 1936 mein väterlicher Freund, Geheimrat Prof. Dr. *C. Stumpf*, in Berlin im 87. Lebensjahr verschieden war.

Da es mir gegen den Frühling gesundheitlich besser ging,

schlug ich meiner Freundin *Clode Hirsch-Stronstorff* vor, in den Osterferien mit mir 4 Wochen nach Sizilien zu fahren und diese ging nach einigen Bedenken auf meinen Plan ein.

So traten wir am 27. März 1937 die gemeinsame Reise an, die uns nach kurzen Aufenthalten in Rom und Neapel nach Palermo führte. Ich interessierte mich schon lange für Werke der bildenden Kunst und ihren Zusammenhang mit Denkvorgängen und emotionellen Bedingungen. Auf Sizilien zogen mich am stärksten die Überreste der griechischen Kunst an, so die griechischen Tempel von Segesta und Agrigent. Vor dem antiken Theater in Taormina, das sich in unvergleichlicher Schönheit vom Meer und der Ätna-Landschaft abhebt, kam mir zum ersten Male der Gedanke, mich in das Arbeitsgebiet der Kunstpsychologie zu vertiefen. Die bei darauf gerichteter Aufmerksamkeit deutlich wahrnehmbaren, bei zwangloser Beobachtung aber unbemerkt bleibenden Krümmungen und Neigungen in diesen Bauten aus der Blütezeit griechischer Baukunst sind wohl nicht als zufällige Abweichungen von der Horizontalen und Vertikalen aufzufassen, sondern als absichtlich eingeführte Korrekturen.

Aus meinen Untersuchungen über die hier und in anderen Fällen gegebenen Verhältnisse entstand in den folgenden Jahren meine Arbeit: »Die geometrisch-optischen Täuschungen als Auswirkungen allgemein geltender Wahrnehmungsgesetze« (Zschr. f. Psychol. Bd. 152, 1942). Im zweiten Teil dieser Arbeit wurden die »griechischen Inkommensurabilitäten« behandelt, über die ich inzwischen auch allerlei Literatur gefunden hatte. – Der Gegenstand erschien mir so interessant, daß ich darüber zuerst in einem Abendvortrag in der Innsbrucker Phil. Gesellschaft sprach und die Gegebenheiten und meine Erklärungsversuche in meine Vorlesungen einbaute, später sogar eine einstündige Vorlesung über Kunstpsychologie hielt. Sie fand so viel Anklang, daß ich mich veranlaßt sah, meine Untersuchungen fortzusetzen und auch das Tiefensehen einzubeziehen: »Die Perspektive in psychologischer Betrachtung« (Wiener Zeitschr. für Philosophie, Psychologie, Pädagogik Bd. I. 1944). Ausführlicher behandelte ich das Gebiet in meinem Buch: »Einführung in die Psychologie der bildenden Kunst« (Verlag A. Hain, Meisenheim/Glan 1966).

Aber nicht nur die griechische Kunst studierte ich in Sizilien. Unter den normannischen Königen entwickelte sich im 11. u. 12. Jahrh. ein eigenartiger Stil, der in der Capella Palatina im Palazzo Reale, in S. Maria dell' Ammiraglio und in vielen anderen Kirchen, ganz besonders aber im Dom von Cefalù und Monreale, zum Ausdruck kommt.

Zu diesen Kunsteindrücken kam in Palermo noch ein merkwürdiges Erlebnis. Am Tage vor meiner Abreise nach Sizilien hatte ich von Prof. *O. Kraus* in Prag ein Telegramm erhalten, das den Wunsch aussprach, ich möge in Palermo Prof. *Amato* aufsuchen, der mit *F. Brentano* in persönlichem und schriftlichem Verkehr gestanden sei.

Prof. *Amato* war an der Universität in Palermo hoch angesehen und es war ihm als besondere Auszeichnung eine Wohnung im Palazzo Reale zugewiesen worden. Damals war er schon ein älterer Herr. Auf einen seiner zahlreichen Schüler gestützt, betrat er den Bibliotheksraum, in den ich gewiesen worden war. Bald entwickelte sich ein angeregtes Gespräch, das italienisch geführt wurde. Er interessierte sich sehr für den Stand der *Brentano-Forschung* und auch für meine eigenen Arbeiten, die allerdings — mit Ausnahme meiner Dissertation — experimentell-psychologische Probleme behandelten. Als ich mich verabschieden wollte, machte er mir zwei erstaunliche Angebote: 1. Ich solle eine Vortragsreihe über *F. Brentanos* Philosophie in Palermo abhalten. 2. Ich möge mich in Palermo habilitieren, und er werde dafür sorgen, daß ich bald zum Professor mit entsprechenden Einkünften ernannt werde.

Ich hatte jedenfalls hier in kurzer Zeit eine Eroberung gemacht. Was das erste betrifft, so war ich weder für eine solche Vortragsreihe vorbereitet, noch waren meine Kenntnisse in der italienischen Sprache ausreichend. Ich war nach Sizilien gekommen, um mich zu erholen, und brauchte eine solche Erholung wirklich notwendig. Was das zweite Angebot betraf, so kann ich nicht leugnen, daß es mir verlockend vorkam. Aber der Vorschlag war doch so ungewöhnlich und wäre mit so vielen Opfern verbunden gewesen, daß es mir unmöglich erschien, darauf einzugehen. — So versprach ich, mir alles wohl zu überlegen und in einigen Tagen wiederzukommen. Bei diesem zweiten Besuch übermittelte ich Prof. *Amato* meine Absage in sehr höflicher und dankbarer Form. Dieser Entschluß war wohl der richtige, denn der Zweite Weltkrieg mit seiner späteren Entwicklung hätte mich die Professur, wenn sie mir überhaupt verliehen worden wäre, höchstwahrscheinlich wieder verlieren lassen. In Österreich aber hätte ich auf meine Witwenpension verzichten müssen. Doch war es ein seltsames Erlebnis, und ich habe es daher erwähnt.

Für das Sommersemester hatte ich zweistündig «Einführung in die Logik und Erkenntnistheorie« angekündigt. Ich begann die Vorlesungen Ende April und führte sie mehrere Wochen durch, obwohl mein Gesundheitszustand durchaus kein guter war. Durch viele Jahre hatte ich an Magenschmerzen gelitten, deren Ursache lange nicht richtig erkannt worden war. Schon zu Lebzeiten meines zweiten Gatten war das Vorhandensein eines »ulcus duodeni« vermutet worden, das man aber durch entsprechende Medikamente ausheilen zu können hoffte. Es waren auch tatsächlich Besserungen von längerer Dauer eingetreten.

Da mir Prof. *Just* schon im Winter zu einer Operation geraten hatte, suchte ich ihn bald nach meiner Rückkehr wieder auf. Er sprach sich nunmehr mit aller Entschiedenheit für eine Magenoperation aus, die am 26. Mai durchgeführt wurde.

Von der Operation weiß ich nur, daß ich die Narkose als Vergehen und Sterben empfand und erstaunt war, als ich allmählich wieder zu mir kam. Mit dem Erwachen stellten sich auch Schmerzen ein, die aber durch Spritzen gedämpft wurden. Ich sah, noch halb betäubt, Maschka neben mir stehen und erkannte auch meine Schwägerin Nora. Prof. *Just*, der täglich zweimal kam, sagte mir, daß er zufrieden sei. Besuche (außer den nächsten Angehörigen, zu denen auch meine treue Maschka gehörte) waren verboten, doch zuweilen winkte mir eine vertraute Gestalt von der Türe her zu. Nach einer Woche hatte ich die Kraft, mich aufzurichten und nach etwa 14 Tagen durfte ich aufstehen, d. h. einige Schritte vom Bett bis zum Lehnstuhl machen. Es schien alles gut und programmäßig zu verlaufen, aber leider blieb es nicht so. Schon nachdem ich das erste Mal aufgestanden war, fühlte ich Schmerzen im linken Bein, die sich am nächsten Tag noch steigerten. Als ich Prof. *Just* davon Mitteilung machte, war er offenbar unangenehm berührt und verbot mir nach gründlicher Untersuchung weiteres Aufstehen; es war eine Thrombose, die sich in einer tief gelegenen Vene des linken Unterschenkels gebildet hatte. So war ich wieder zum Liegen verurteilt, was ich eigentlich nicht als unangenehm empfand. Ich konnte jetzt wieder lesen und auch ein wenig schreiben, nur schwand immer mehr die Hoffnung, daß ich noch imstande sein würde, einige Vorlesungen zu halten und die Endtestate zu geben.

So vergingen ziemlich ruhig 5 Wochen, bis eine neue unerwartete Komplikation eintrat, eine plötzlich einsetzende Appendicitis mit heftigen Schmerzen und hohem Fieber. Die Situation war ausgesprochen ungünstig. Auf der einen Seite lag die Gefahr einer Perforation vor, auf der anderen konnten noch nicht abzusehende Folgen einer Operation während der Thrombophlebitis eintreten. Wie man sich auch entschloß, ein großes Risiko war immer vorhanden. Prof. *Just* wählte die Operation. Wegen meines angegriffenen Herzzustandes wurde nur in Lokalanästhesie operiert. Aber 24 Stunden später erkrankte ich an einer Lungenembolie mit allen typischen Erscheinungen: heftiges Seitenstechen, Fieber, Atemnot, Pleuritis, blutiger Auswurf. Der Zustand war äußerst bedrohlich. Aber noch einmal wurde mir das Leben geschenkt. Sehr langsam besserte sich mein Befinden, doch war äußerste Schonung notwendig und vom Aufstehen auf Wochen hinaus keine Rede.

Da das Lesen mir keine Schwierigkeiten mehr machte, versuchte ich mich auch wieder ein wenig produktiv zu betätigen. Vor allem wollte ich die Referate für die Zeitschr. f. Psychologie über Bücher und Schriften psychol. Inhaltes, die ich schon vor mehreren Jahren übernommen hatte, erledigen. Dabei erinnere ich mich mit großer Dankbarkeit der Hilfe Prof. *Brückes*. Er fand mich etwas hilflos mit dem 247 Seiten um-

fassenden Band »Visual perception« von *M. D. Vernon*. Es
war ein sehr konzentriertes und ziemlich schwieriges Buch, das
zu erfassen und zu referieren ich noch nicht recht imstande
war. Ohne auf meinen Einspruch, daß ich ihm eine so große
Arbeit doch nicht zumuten könne und wolle, auch nur einzugehen, nahm er mir das Buch aus den Händen und brachte
mir nach etwa 14 Tagen eine ausgezeichnete, alles Wesentliche
hervorhebende Besprechung. Sie erschien unter meinem Namen
und ich habe mich also damals mit fremden Federn ge-
schmückt.

Vor Jahresanfang (1938) ging es mir anscheinend wirklich
besser und Prof. *Just* teilte mir mit, daß er mich am 30. XII.
entlassen wolle. Es kam auch wirklich dazu, doch erwies sich
diese Entlassung als mißlungenes Experiment. Ich erkrankte
in den ersten Tagen daheim an einer ziemlich schweren Grippe
und es blieb mir nichts übrig, als wieder im Zahlstock meine
Zuflucht zu nehmen. Nochmals mußte ich mehrere Wochen
liegen.

In die letzten Wochen, die ich im Sanatorium verbrachte,
fiel ein Ereignis, das mich stark bewegte: die Eröffnung der
neuen Psychiatrisch-Neurologischen Klinik am 21. II. 1938 und
die Aufstellung der vom Bildhauer *L. Santifaller* geschaffenen
Büste meines lieben Gatten. Dr. *F. Schmuttermayer*, der damalige provisorische Leiter, hielt eine schöne und inhaltsreiche
Rede, die ich leider nur im Manuskript lesen, aber nicht hören
konnte (Carl Mayer, Monatsschrift f. Psych. u. Neurol. Bd. 100,
1938).

Am 10. März 1938 durfte ich das städtische Sanatorium nach
mehr als neunmonatigem Aufenthalt verlassen und nach Hause
zurückkehren. Daß ich mir dort zunächst verloren und verlassen vorkam, ist begreiflich. Zu meinem geschwächten physischen und psychischen Zustand trat verschärfend die gewaltige,
politische Veränderung hinzu, die sich in diesen ersten Tagen,
die ich wieder zu Hause verbrachte, vollzog. Österreich hatte
aufgehört zu existieren und wurde als »Ostmark« dem Deutschen Reich eingegliedert. Ich selbst hatte zunächst keinerlei
Unannehmlichkeiten, was wohl mit meinem angegriffenen Ge-

sundheitszustand zusammenhing, der durch Prof. *Just* bestätigt worden war.

Für das Sommersemester mußte ich mich neuerlich beurlauben lassen, weil nicht daran zu denken war, daß ich imstande sei, den Weg zur Universität zurückzulegen und meine Vorlesungen abzuhalten. Nach einem Kuraufenthalt in Gmunden bei Dr. *Kugler* war ich so weit wieder hergestellt, daß ich meine Vorlesungen im Wintersemester aufnehmen konnte, und zwar wollte ich über Kinder- und Jugendpsychologie mit einer Einleitung über Vererbungslehre lesen, was zu tun ich schon lange beabsichtigt hatte und was nun zu der veränderten politischen Lage zu passen schien.

Die Schwierigkeiten, welche die politischen Veränderungen mit sich brachten, sollen hier nur gestreift werden. Den notwendigen »arischen Ahnenpaß« für unsere Familie hatte mir mein Bruder verschafft. Die Daten der Vorfahren meines verstorbenen Gatten *Carl Mayer* wurden mir von meinem Neffen *A. Mayer* in Wien zusammengestellt. Über die Familie meines ersten Gatten *Franz Hillebrand* wurden überhaupt keine Nachweise verlangt. Sein urdeutscher Name bürgte offenbar für die arische Abstammung. Unvergleichlich schlimmer als diese persönlichen Unbequemlichkeiten waren die Vorgänge, die damals im Namen des nationalsozialistischen Regimes ihren Anfang nahmen: vor allem die Ermordung der Juden.

Ich selbst konnte meine Vorlesungen nach Erfüllung der an mich gestellten Forderungen im Wintersemester 1938/39 unbehindert abhalten; sie fanden Interesse und waren recht gut besucht. — Mit dem Anschluß an Deutschland war auch in der »Ostmark« die »Diplom-Psychologen Prüfung« eingeführt worden, durch welche die Eignung zu praktischer Anwendung der erworbenen psychologischen Kenntnisse geprüft und bei ausreichendem Erfolg bestätigt werden sollte. Prof. *Erismann* wurde zum Leiter der Prüfungskommission, ich zu seiner Stellvertreterin und Mitprüferin ernannt.

Im Oktober 1939 wurde ich vom Reichsminister für Wissenschaft, Erziehung und Volksbildung unter Berufung in das Beamtenverhältnis zum Dozenten ernannt, womit ich gewisse

Pflichten zu übernehmen hatte. Ich erhielt nunmehr die Erlaubnis, Dissertationen offiziell entgegenzunehmen (vorher ging es nur in Vertretung) und als Prüferin bei Rigorosen zugezogen zu werden.

Leider trat nun auch die nationalsozialistische Frauenschaft mit allerlei Wünschen an mich heran. Ich sollte Vorlesungen über Rassenpsychologie abhalten und im Rassenamt mitarbeiten. Um dafür genügend vorbereitet zu sein, sollte ich einen Schulungskurs in Berlin mitmachen. Zu meiner Rettung — ich kann es nicht anders sagen — erkrankte ich an einer schweren Lungen- und Rippenfellentzündung und war weder reisefähig noch (durch längere Zeit) imstande, mich in irgend einem Dienst zu betätigen.

Gleichzeitig machte Dr. *E. Foradori,* der Dozentenvertreter blieb, obwohl er zum Frontdienst eingerückt war, seinen immer noch starken Einfluß geltend, um mich von den Forderungen, die an mich gestellt wurden, zu befreien. Mein Gesundheitszustand sei so labil, daß ich für eine regelmäßige Amtstätigkeit nicht in Betracht komme. Doch könne ich als Univ.-Dozent Wertvolles leisten. Dank dieser Befürwortung nahmen die unangenehmen Forderungen ein Ende und man überließ mich meinen wissenschaftlichen Arbeiten.

Es gelang mir, 1941 eine längere Abhandlung zur Erklärung der geometrisch-optischen Täuschungen abzuschließen. Vorarbeiten für diese Arbeit hatte ich schon im Winter 1937 angefangen. Vom damaligen stellvertretenden Leiter der Psychiatrisch-Neurologischen Klinik, Dr. *Schmuttermayer,* war mir gerne erlaubt worden, meine Untersuchungen wie zu Lebzeiten meines Mannes in einem der Laboratorien durchzuführen. Alle Versuchsreihen führte ich zunächst an mir selbst durch, wobei Laborant Herr *Renner* die Ergebnisse notierte. Bei der Auswertung wurden auch die Ergebnisse meiner früheren Arbeiten herangezogen.

Durch meine Operation im Frühjahr 1937 und die sich anschließenden langwierigen Erkrankungen war aber leider eine lange Pause eingetreten. Die notwendigen Literaturstudien konnte ich während meiner Rekonvaleszenz liegend vornehmen, und ich begann auch noch liegend, die Arbeit abzufassen. Sie erschien unter dem Titel »Die geometrisch-optischen Täuschungen als Auswirkungen allgemein geltender Wahrnehmungsgesetze« in 2 Teilen 1942 in der Zeitschr. f. Psychologie. Im 1. Teil wurden die bekanntesten geometrisch-optischen Täuschungen, in Gruppen geordnet, zu erklären versucht. Im 2. Teil verwendete ich die von mir aufgestellten Erklärungsprinzipien, um zu zeigen, daß auch die sog. Inkommensurabilitäten der griechischen Tempel der Blütezeit (6. und 5. Jahrh. v. Chr.) bei Heranziehung der gleichen Gesichtspunkte verständlich werden.

Meiner Arbeit lag der Gedanke zugrunde, daß Teilerlebnisse nur bei Berücksichtigung des Gesamtbewußtseinszustandes bzw. der diesen Bewußtseinszustand begründenden Reizkonfigurationen, erklärt werden können.

Im Sommersemester 1941 las ich über Kunstpsychologie. Es war dies einer der noch seltenen Versuche, das Kunsterleben psychologisch zu erklären.

Die Lebensbedingungen wurden infolge der Kriegsverhältnisse immer schwieriger und auch während unseres Sommeraufenthaltes in Barwies fanden wir nicht die gewohnten angenehmen und ruhigen Verhältnisse. Wegen der vielen Bombengeschädigten, die von Köln auf das Mieminger Plateau evakuiert wurden, war auch die Verpflegung schwieriger als in der Stadt.

Die Nachrichten von schweren Luftangriffen auf deutsche Städte, durch die große Teile derselben zerstört wurden, mehrten sich im Laufe des Jahres 1943. In dieser Zeit machte sich ein deutlicher Umschwung in der Kriegslage bemerkbar. Englische und amerikanische Truppen landeten in Sizilien und Unteritalien, und die deutsche Front in Rußland geriet ins Wanken.

Im Oktober begann ich wieder mit meinen Vorlesungen. Nach vielen Luftalarmen, an die man sich allmählich gewöhnte, erfolgte zum ersten Mal ein schwerer Fliegerangriff auf Innsbruck am 15. Dezember 1943, durch welchen viele Häuser und Kirchen ganz oder teilweise zerstört und viele Menschen getötet wurden. Ich befand mich gerade in der Universität und hielt Vorlesung, es war in den späteren Vormittagsstunden. Auftragsgemäß schloß ich die Vorlesung und forderte meine Hörer und Hörerinnen auf, sich in den Keller zu begeben. Doch nahm man diese Aufforderung nicht sehr ernst, weil bisher noch kein Angriff auf die Stadt erfolgt war. Ich selbst saß mit einigen Personen in dem an den Hörsaal anschließenden Bibliotheksraum, als plötzlich eine heftige Explosion erfolgte und das Universitätsgebäude in seinen Grundfesten erschütterte. Fenster zerbrachen mit lautem Krachen. Natürlich eilten wir in den Keller, wo sich bereits eine größere Menschenmenge angesammelt hatte. Wir befanden uns in tiefem Dunkel, weil die Beleuchtung erloschen war. — Als nach einer Stunde die Entwarnung kam und ich heimkehren konnte, empfing mich Maschka sehr verstört. Unsere Gegend war zwar verschont geblieben, aber das Saggenviertel arg mitgenommen worden.

Wir hatten jetzt sehr häufig Alarme und auch häufig Fliegerangriffe; man gewöhnte sich daran, viele Stunden des Tages im Keller zu verbringen. Ich nahm mir meist irgendeine wissenschaftliche Arbeit mit oder versuchte, meine Vorlesungen, die ich noch weiter hielt, vorzubereiten. Aber viel kam dabei nicht heraus. Als besonders nervenbelastend empfand ich das aufgeregte Geschwätz der Leute um mich her.

Ein besonders schwerer Angriff auf Innsbruck erfolgte am 16. XII. 1944. Durch diesen wurde auch meine Wohnung schwer beschädigt und für den Winter unbrauchbar gemacht. Sämtliche Fenster waren zersplittert und Glas zur Reparatur gab es nicht. Überdies war der Befehl gegeben worden, die Kaiser-Josef-Straße, in der ich wohnte, zu räumen, weil man Blindgänger vermutete. So wanderten Maschka und ich, mit dem Nötigsten bepackt, am Abend des unheilvollen 16. Dezember zu meinem Bruder in die Sonnenstraße. Hötting war bisher verschont geblieben.

Das Weihnachtsfest 1944 verlief sehr trübselig. Im Keller oder in meiner ausgekühlten Wohnung hatte ich mir einen schweren Katarrh zugezogen, hustete sehr stark und fieberte.

Es war für mich ein großes Opfer, das Haus in der Sonnenstraße während der fast täglichen Alarme zu verlassen und den
nächsten, in den Bergabhang getriebenen Stollen aufzusuchen.
Meine Bitte, mich doch ruhig im Hause zu lassen, wurde nicht
erfüllt; mein Bruder bestand darauf, daß auch ich mich in
Sicherheit bringe.

Mein Zustand wurde von Tag zu Tag schlechter und in
ihrer Sorge ging Maschka zu Dr. *Ganner,* der damals Oberarzt
an der Nervenklinik war. Dieser zeigte sich sehr hilfsbereit
und setzte meinen Namen auf die Liste des nächsten Trans-
portes, der an den Ausweichort der Kliniken in Seefeld ab-
gehen würde. Dr. *Ganner* begleitete selbst den Transport und
übergab mich dem Leiter der Ausweichstelle für die Nerven-
kranken im Hotel »Dreitorspitze«. Dieser sorgte aufs Beste für
mich und zog noch einen Internisten der Mediz. Klinik bei,
deren Kranke in einem anderen Hotel untergebracht waren.
Ich fühlte mich damals recht elend und es stellte sich heraus,
daß sich aus meiner Erkältung eine Lungenentzündung entwickelt hatte. Langsam besserten sich Pneumonie und Gesamt-
zustand, aber man wollte mich nicht fortlassen und so verbrachte ich fast 3 Monate in Seefeld.

Als ich Ende März nach Innsbruck zurückkehrte, war meine
Wohnung wieder beziehbar. Die Fenster waren teils verglast,
teils mit Brettern verschlagen. — Ich nahm im April auch
wieder meine Vorlesungen auf, aber es war dies eine bloße
Formsache; man gab gewissermaßen vor, daß das Leben ge-
regelt weitergehe.

Mit einigen jungen Leuten, die der österreichischen Widerstandsbewegung angehörten, stand ich sehr gut. Sie hatten volles Vertrauen zu mir und von ihnen erfuhr ich jeweils die
letzten Nachrichten. Allerdings waren die letzten Kriegswochen
noch sehr reich an Aufregungen, doch am 5. Mai 1945 ging der
Krieg in Europa durch die deutsche Kapitulation zu Ende. Wir
atmeten auf und waren bereit, unsere Befreier als Freunde zu
begrüßen.

Aber so leicht, wie wir es erhofft hatten, vollzog sich der
Übergang nicht. Die Amerikaner, die Tirol besetzten, waren

uns durchaus nicht so freundschaftlich gesinnt, wie wir mein-
ten. Wo es ihnen paßte, quartierten sie sich ein, wobei natürlich die besseren Unterkünfte bevorzugt wurden. Es zeigte sich,
daß die Bomben des 16. Dezembers mir gewisse Vorteile gebracht hatten. Das Haus mit seinem Dachschaden und den
zum großen Teil noch unverglasten Fenstern, mit Bomben-
ruinen im Hof und an einer Seite, sah so wenig verlockend aus,
daß wir von Einquartierung verschont blieben. —

Im Spätsommer wurde ich zu den internationalen Hoch-
schulwochen in Alpbach eingeladen. Ich hielt dort 2 Vorlesungen: »Die geistigen und emotionalen Bedingungen für das
künstlerische Schaffen und Kunsterleben« und »Die Ursachen
des Stilwandels«, an die sich recht anregende Diskussionen
anschlossen.

Bald nach meiner Rückkehr von Alpbach begann der Universitätsbetrieb. Ich hatte für meine Vorlesung »Einführung in
die Psychologie« 2 Wochenstunden festgesetzt und wurde, wie
schon in den letzten Jahren, sehr häufig zu Rigorosen und
Lehramtsprüfungen zugezogen. Meine 1943 erfolgte Ernennung
zum außerplanmäßigen Professor war natürlich, wie alle Er-
nennungen während der Nationalsozialistischen Zeit, ungültig
geworden. Ich war also wieder Privat-Dozent, hatte aber so
ziemlich die gleichen Verpflichtungen wie ein Professor und
die Studenten pflegten mich auch als »Frau Professor« anzu-
reden. Die Zahl meiner Hörer betrug in diesem Semester über
200 und stieg in den folgenden Semestern auf über 500 an,
wie ich aus den Belegscheinen entnehmen konnte. Ich mußte in
einen der beiden größten (ebenerdig gelegenen) Hörsäle der
Universität übersiedeln. Zusammen mit Dozent Dr. *Kramer*
wurde ich 1945 und dann auch 1946 zum Dozentenvertreter
gewählt, was manche zusätzliche Arbeit mit sich brachte und
Teilnahme an den Fakultätssitzungen erforderte.

Man versuchte damals, das wissenschaftliche Leben wieder
neu anzuregen. In der »Philosophischen Gesellschaft« sprach
ich am 21. 9. 1945 über: »Das Verhältnis der Psychologie zu
den übrigen Wissenschaften, insbesondere zur Philosophie«
und am 4. 12. desselben Jahres über »Grundlagen und Grenzen

der Psychologie« —. Inzwischen war ich Mitglied der Prüfungskommission für das Lehramt an Mittelschulen geworden.

Der Dezember 1947 brachte mir eine Überraschung und stellte mich vor eine Entscheidung. Ich erhielt aus Graz eine vertrauliche Anfrage, ob ich bereit wäre, an der dortigen Universität die Lehrkanzel für systematische Philosophie (inklusive Psychologie) zu übernehmen. Doch konnte ich mich nicht entschließen, zuzusagen. Es war weniger die Berufsarbeit, die mich schreckte, als alles, was damit in Zusammenhang stand: Übersiedlung, unbequeme Verhältnisse dort, viele neue Menschen, schließlich und hauptsächlich die Loslösung von der alten Heimat und meinen Lieben. So beantwortete ich die Anfrage mit herzlichem Dank in ablehnendem Sinne. Es wäre wohl ohnedies nicht zur Berufung gekommen, weil ein Teil der Fakultätsmitglieder gegen die Aufnahme einer Frau in die Fakultät war.

Die Tätigkeit an der Universität und meine wissenschaftliche Arbeit bildeten immer mehr Inhalt und Ziel meines Lebens. Es freute mich aufrichtig, daß der Kontakt mit meinen Hörern und Hörerinnen ein sehr guter war. — Es meldeten sich auch immer mehr Dissertanten, weil es sich herumgesprochen hatte, daß ich mich sehr bemühte, die Dissertationen so zu leiten, daß sie brauchbare wissenschaftliche Abhandlungen wurden.

Mit Prof. Dr. *Kastil* stand ich seit Kriegsende wieder in Korrespondenz. Ich hatte ihm geschrieben, daß ich beabsichtige, 1948 eine Vorlesung über die Philosophie *Franz Brentanos* zu halten. Sie sollte dem Gedenken an dessen 100. Geburtstag gewidmet sein, allerdings mit einer Verspätung von 10 Jahren. Aber vor 10 Jahren wäre eine solche Vorlesung in unserem bereits von den Nationalsozialisten besetzten Land unmöglich gewesen, denn die Philosophie *Brentanos* war damals, weil auf ganz anderen Grundsätzen aufgebaut, unliebsam geworden.

Durch Prof. *Kastil* hatte *Johannes Brentano (Franz Brentanos* einziger Sohn, Professor für Röntgenphysik an der Universität Evanston, USA) von meinem Vorhaben erfahren und mich für mindestens 14 Tage zur Erholung in die Schweiz eingeladen. Den Ort könne ich mir auswählen. Ich schlug die

Gegend um Vevey am Genfersee vor und verlebte dort eine sehr angenehme Erholungszeit. — Vorher hielten wir uns wieder einige Wochen in Barwies auf, wo ich das Namen- und Sachregister für meine so ziemlich beendete »Einführung in die Psychologie der bildenden Kunst« zusammenstellte.

Meine Arbeit als ständige Referentin für das Gebiet der Psychologie bei der »Zeitschr. f. Psychologie« (Verlag Joh. Ambrosius Barth in Leipzig) hatte in den letzten Kriegsjahren infolge der Zerstörungen von Verlag und Druckereien durch Bombenangriffe aufgehört. Dadurch verringerte sich meine Arbeit, aber es fielen auch viele Anregungen fort und ich konnte mich nicht mehr so auf dem laufenden über Neuerscheinungen im Gebiete der Psychologie halten, wie das früher, als mir diese zugeschickt wurden, möglich gewesen war.

Meine Abreise in die Schweiz erfolgte auf Grund zweier Telegramme plötzlich und früher als erwartet. In Chexbres wurde ich vom Ehepaar *Brentano* empfangen. *Johannes Brentano* konnte ich nur die Nachschrift meiner im Sommersemester gehaltenen Vorlesung über die Philosophie seines Vaters mitbringen. Doch schien er darüber sehr erfreut zu sein. Es wurde viel über die Herausgabe des wissenschaftlichen Nachlasses von *Franz Brentano* gesprochen, an dem *Kastil* nach dem Tode von *Oskar Kraus* allein arbeitete.

Leider konnten sich die *Brentanos* nur mehr drei Tage in Chexbres aufhalten. Die ersten Tage verbrachte ich bei Freunden bzw. einer Verwandten der *Brentanos* in einer sehr stimmungsvollen, gemütlichen Privatwohnung, die zum Teil mit Möbeln der *Bettina Arnim-Brentano* (der Freundin *Goethes* und Tante von *Franz Brentano*) eingerichtet war. Die einzige Tochter von Prof. *Lujo Brentano* (Bruder des Philosophen) lernte ich dort kennen.

Mit *Joh. Brentano* war ausgemacht worden, daß ich noch im September zu Prof. *Kastil* nach Schönbühel fahren würde, um verschiedenes mit ihm zu besprechen. Dieser hatte bereits ein reichhaltiges wissenschaftliches Programm für meinen Besuch entworfen; er plante schon damals, mich als seine Nachfolgerin für die Herausgabe des *Brentano-Nachlasses* vorzuschlagen und sprach mehrmals darüber. Doch antwortete ich etwas ausweichend, weil ich durch meine Vorlesungen, Prüfungen und eigene wissenschaftliche Arbeiten schon überbeschäftigt war.

Er solle doch gar nicht über eine Nachfolge sprechen, er sei gesund und frisch und in einem Alter, in dem er noch lange seine wissenschaftliche Tätigkeit fortsetzen könne; niemand sei geeigneter als er, das »Brentano-Werk« herauszugeben.

In Innsbruck erfuhr ich, daß mir am 11. September 1948 auf Antrag der phil. Fakultät bzw. des Bundesministers für Unterricht vom Herrn Bundespräsidenten der Titel eines außerordentlichen Universitätsprofessors verliehen worden war.

Am 4. 10. begann der Universitätsbetrieb. Ich hatte wieder drei Vorlesungsstunden angekündigt. Da ich die Vorlesung schon einmal gehalten hatte, nahm die Vorbereitung nicht so viel Zeit in Anspruch wie die Ausarbeitung einer neuen Vorlesung.

Zu meiner Überraschung erhielt ich die Einladung der *Brentanos* nach Amerika, ich solle mich an den Gedanken allmählich gewöhnen. — Doch war es damals, so bald nach dem Krieg, noch sehr schwer, das amerikanische Visum zu erhalten, es wurde auf Privateinladungen überhaupt nicht erteilt. Ich müßte die Einladung einer amerikanischen Universität vorweisen können mit der Aufforderung, bestimmte Vorträge zu halten. Dann bedürfte es der Befürwortung durch ein österreichisches Ministerium (bei mir Unterrichtsministerium) und womöglich noch anderer Referenzen.

Übrigens war ich voll in Anspruch genommen. In einem Brief aus jener Zeit heißt es: »Ich habe so viel zu tun, daß ich manchmal gar nicht nachkommen zu können glaube, aber dann geht es doch, und meine Lehrerfolge sind, das darf ich wohl sagen, ohne allzu unbescheiden zu sein, recht gut. Meine Studenten schneiden bei den Prüfungen befriedigend, oft ausgezeichnet ab, haben mich gern und schreiben mir, nach Beendigung ihrer Studien, aus allen Gegenden, was natürlich wieder zusätzliche Arbeit bedeutet, weil ich die Briefe und Fragen nicht unbeantwortet lassen will.«

Der Dekan, Prof. *Jax*, vertraute mir vollkommen und hatte sich geäußert, daß er durch das Zuhören bei den Prüfungen selbst etwas lerne. Prof. *Strohal* und ich prüften alle Lehramtskandidaten und fast alle Kandidaten im Nebenrigorosum aus Philosophie (inklusive Psychologie). Bei den relativ seltenen Hauptrigorosen aus Philosophie mußte allerdings auch Prof. *Erismann* anwesend sein und prüfen.

Die Frage wegen Graz tauchte neuerlich auf, und es schien, daß sie in den nächsten Monaten akut werden würde. Man glaubte wohl, daß ich ein mir angebotenes Ordinariat doch annehmen würde.

Das schon für Mitte Jänner angesetzte Ende des Wintersemesters brachte die übliche Häufung von Prüfungen. Eine angenehme Überraschung war mir die Mitteilung, daß ich einstimmig (bei geheimer schriftlicher Abstimmung) für ein bezahltes Extraordinariat ad personam von der philosophischen Fakultät vorgeschlagen wurde, d. h. es sollte dem Unterrichtsministerium der Wunsch der Fakultät übermittelt werden, daß eine Lehrkanzel für mich eingeschoben werde. Es freute mich, daß in der Fakultät der Wunsch bestand, meine Tätigkeit anzuerkennen.

Um diese Zeit war ich auch aufgefordert worden, im Rahmen der Vortragsreihe »Die Universität spricht« im Radio über die »Psychologie im praktischen Leben« zu sprechen.

Im Herbst fuhr ich auf eine sehr herzliche Einladung von Prof. *Kastil* und seiner Frau wieder nach Schönbühel. Die Zeit war mit wissenschaftlichen Gesprächen ausgefüllt, selten kamen wir dazu, einen kleinen Spaziergang zu machen. Prof. *Kastil* bat mich wiederum, im Falle seines Todes die weitere Herausgabe des *Brentano-Nachlasses* zu übernehmen.

Das Jahr 1950, das mir hinsichtlich meiner wissenschaftlichen Tätigkeit eine einschneidende Veränderung bringen sollte, hatte begonnen. Es war von Anfang an mit viel Arbeit gefüllt. — Ich war eingeladen worden, am 19. und 20. April Vorträge in Meran im Volksbildungsverein (Urania) abzuhalten. Im ersten sprach ich über: »Die geistige Entwicklung des Kindes«, im zweiten über »Erbanlage und Umwelt und ihre

Bedeutung für die Erziehung«. Die Vorträge waren gut besucht und interessierten offenbar. Es gab starken Beifall und eine gute Besprechung in der Zeitung. Nach dem zweiten Vortrag wurde ich zu einer geselligen Zusammenkunft gebeten und herzlich eingeladen, im Herbst wiederzukommen.

Den Sommer verbrachte ich in Oberperfuß. Prof. *Kastil* hatte im Frühjahr eine schwere Lungenentzündung durchgemacht, doch schien er sich erholt zu haben und hatte mich eingeladen, im Sommer doch wieder einige Zeit bei ihm und seiner Frau in Schönbühel zu verbringen. Es sei Wichtiges über die Herausgabe des »Brentano-Werkes« zu besprechen. Er selbst arbeitete seit etwa einem Jahr an einer zusammenfassenden Darstellung der Philosophie *Franz Brentanos,* einer Synthese, wie sie dieser selbst geplant hatte.

Ganz unerwartet und erschütternd traf mich daher die telegraphische Nachricht, daß Prof. *Kastil* am frühen Morgen des 20. Juli verschieden sei, eine plötzlich aufgetretene Herzschwäche hatte sein Leben beendet. Die Beisetzung auf dem Friedhof in Schönbühel erfolgte in aller Stille. — *Hermine Kastil* teilte mir sehr bald darauf mit, daß ihr Gatte in den letzten Tagen seines Lebens und auch noch kurz vor seinem Tode den dringenden Wunsch geäußert habe, daß ich die Fortsetzung der Herausgabe des *Brentano-Nachlasses* übernehmen möge.

Gleichzeitig erhielt ich eine Telegramm von *Johannes Brentano,* der sich im Sommer wieder in Europa aufhielt, in welchem er mein Kommen nach Bern wegen Besprechungen über die Publikation weiterer Manuskripte seines Vaters erbat. Offenbar hatte Prof. *Kastil* mich ihm gegenüber als geeignet für diese Aufgabe bezeichnet.

Johannes Brentano nahm es als selbstverständlich an, daß ich bereit sei, die ehrenvolle, aber gewiß schwierige und verantwortungsvolle Aufgabe zu übernehmen, zu der *Kastil* mich ausersehen hatte, und ich fügte mich, weil ich mich für verpflichtet hielt, den so oft ausgesprochenen und zuletzt mir gewissermaßen als Vermächtnis übermittelten Wunsch meines einstigen verehrten Lehrers, dem ich zu so großem Dank verpflichtet war, zu erfüllen. Doch war ich gar nicht davon überzeugt, daß ich den Anforderungen der neuen Aufgabe gewachsen sei und war mir auch wohl bewußt, daß dadurch meine Arbeitsziele eine Veränderung erfahren mußten, weil ich nicht imstande sein würde, die Herausgabe des Nachlasses mit der Bearbeitung der mir vorschwebenden Probleme zu vereinigen. Fest entschlossen war ich jedoch, meine Tätigkeit an der Universität nicht aufzugeben. Ich muß gestehen, daß es mir nicht leicht fiel, auf meine eigenen experimentell-psychologischen Pläne zu verzichten. Aber ich erinnerte mich an *Franz Brentanos* höchste ethische Regel: Wähle stets das Beste unter dem Erreichbaren!

Es konnte ja kein Zweifel darüber bestehen, daß der Wert meiner eigenen Arbeiten keinen Vergleich mit dem Wert der Arbeiten des großen Philosophen und Psychologen *Franz Brentano* aushalten konnten, zu deren Publikation ich jetzt berufen wurde.

Der Verleger der von *O. Kraus* und *A. Kastil* herausgegebenen Bände, *Felix Meiner*, hatte sich bereit erklärt, die Publikation der weiteren Brentano-Bände dem Francke Verlag in Bern zu überlassen, da er unter den durch die politische Lage herbeigeführten ungünstigen Umständen nicht imstande war, ein so großes Unternehmen wie die Herausgabe des *Brentano-Nachlasses* fortzusetzen. Am 4. 12. 1943 war infolge eines Bombenangriffes sein Verlagshaus in Leipzig vollständig ausgebrannt.

Der Francke Verlag war bereit, den Druck der weiteren Manuskripte *Franz Brentanos* zu übernehmen, und mir wurde die Herausgabe gemäß des von *A. Kastil* entworfenen, mir bekannten Planes anvertraut.

Als einführendes Werk sollte die von *Kastil* in seinem letzten Lebensjahre ausgearbeitete Zusammenfassung von *F. Brentanos* Philosophie gebracht werden. Ich sollte das Manuskript nochmals sorgfältig durchlesen, eventuell redigieren und dann die Korrekturen übernehmen. — Der Inhalt ist ungefähr so, wie ihn *Brentano* diktiert hätte, wenn er gegen das Ende seines Lebens darangegangen wäre, seine Lehre in ihrer letzten Fassung darzulegen.

Als ersten der aus dem Nachlaß herauszugebenden Bände

wählte ich die »Ethik«. Ich hatte mich für dieses Gebiet der
Philosophie entschieden, weil ich mich im letzten Jahre viel damit beschäftigt hatte. Auf Wunsch von Prof. *Erismann* sollte
ich im nächsten Semester ein Ethik-Kolleg abhalten, um die
längst bestehende Lücke im philosophischen Vorlesungspro-
gramm der Universität Innsbruck auszufüllen.

Nach *F. Brentanos* Auffassung *gibt sich das richtige Handeln unmittelbar als solches kund.*

Vom September 1951 bis Januar 1952 war ich als Gastprofessor an der Northwestern University in Evanston (USA) eingeladen, Vorlesungen über die Philosophie *Franz Brentanos* zu
halten. Das damals noch schwer zu erreichende Visum war mir
gewährt worden, weil die Northwestern University sich an das
State Department in Washington mit der Bitte gewendet hatte,
mir die Einreise zu erleichtern.

Ich wohnte im Hause von Prof. *J. C. M. Brentano* in Highland Park bei Evanston und hatte Gelegenheit, die Original-
Manuskripte seines Vaters durchzusehen und zu registrieren.
Die Manuskripte waren im Jahre 1950 von Oxford (England)
nach Highland Park gebracht worden. Die von mir damals ab-
gefaßte *Hauptliste* ist nach Fachgebieten geordnet. Von jeder
mit Titel und Nummer angeführten Abhandlung ist der Inhalt
kurz angegeben. Die Liste enthielt 836 Nummern, seither sind
noch einige Nummern von inzwischen aufgefundenen Manuskripten hinzugekommen.

Durch die intensive Beschäftigung mit den Manuskripten erhielt ich einen Überblick über das vorhandene, noch unge-
druckte Material und wurde instand gesetzt, ein Programm für
die Arbeit der nächsten Jahre zu entwerfen. Es war mir möglich, mit Zugrundelegung der in Schönbühel vorhanden gewe-
senen, nach Innsbruck gebrachten Kopien der Original-Manuskripte folgende Bände im Francke Verlag, Bern, herauszubringen:

> »Grundlegung und Aufbau der Ethik«, 1952.
> »Religion und Philosophie«, 1954.
> »Die Lehre vom richtigen Urteil«, 1956.

»Grundzüge der Ästhetik«, 1959.
»Geschichte der griechischen Philosophie«, 1963.
»Die Abkehr vom Nichtrealen«, 1966.

Es versteht sich eigentlich von selbst, daß nebenbei über das »Brentano-Werk« kürzere Arbeiten (aus bestimmten Anlässen) von mir publiziert wurden. Erwähnt sei nur der Artikel: »Rückblick auf die bisherigen Bestrebungen zur Erhaltung und Verbreitung von Franz Brentanos philosophischen Lehren«. Diese in der »Zeitschrift für philosophische Forschung« (H 1/1963) zur Erinnerung an die 125. Wiederkehr von *Franz Brentanos* Geburtstag 1963 erschienene Schrift enthält ein Verzeichnis der nach *F. Brentanos* Tod publizierten Schriften über sein Leben und seine Lehren. Es sind dort auch die Übersetzungen von Werken *Brentanos* in andere Sprachen angeführt. Doch wäre jetzt eine Ergänzung notwendig.

Die in der Philosophischen Bibliothek (Verlag F. Meiner, Hamburg) von *A. Kastil* und *O. Kraus* herausgegebenen Bände sind 1968—1972 in Neuauflagen herausgekommen, die von mir revidiert, zum Teil mit neuen Einleitungen versehen wurden.

Als der große Band »Geschichte der griechischen Philosophie« 1963 im Francke Verlag erschienen war, glaubte ich, meine Beschäftigung mit der Kunstpsychologie wieder aufnehmen zu dürfen, um endlich den Band: »Einführung in die Psychologie der bildenden Kunst« abschließen zu können. Er erschien 1966 im Verlag Anton Hain (Meisenheim/Glan).

Gleichzeitig hatte ich mich mit *Brentanos* »Die Abkehr vom Nichtrealen« beschäftigt, die schon Gegenstand meiner Dissertation gewesen war und die mich immer besonders interessiert hatte. Ich nahm in die Arbeit eine Anzahl noch ungedruckter Abhandlungen auf und verwendete einen Teil meiner Dissertation als Einleitung. Der Band erschien ebenfalls im Jahre 1966.

Nach meiner Rückkehr aus den USA hatte ich Vorlesungen und Prüfungen wieder aufgenommen. Als ich nach Vollendung meines 70. Lebensjahres zurücktreten wollte, wurde ich vom Dekan im Namen der Phil. Fakultät gebeten, Vorlesungen und

Prüfungen weiterzuführen, weil ein dringender Bedarf dafür bestehe. So blieb ich bis zur Vollendung meines 75. Lebensjahres an der Universität tätig.

Mein Leben war, auch nach Abschluß meiner Vorlesungs- und Prüfungstätigkeit, sehr ausgefüllt durch die Herausgabe des *Brentano-Nachlasses* und ergänzende wissenschaftliche Untersuchungen. Auch in den letzten Jahren habe ich, zum Teil auf Aufforderung leitender Stellen, verschiedene Arbeiten geschrieben. Einige sollen zum Schluß angeführt werden.

Weitere Bände *F. Brentanos* im Felix Meiner Verlag, der inzwischen von Leipzig nach Hamburg übersiedelt war, herauszugeben, lehnte ich ab.

Die Bemühungen zur Erhaltung und Verbreitung von *Franz Brentanos* philosophischen Lehren sind durch die Begründung der *Franz Brentano Foundation* (1961) durch *J. C. M. Brentano* gesichert.

Die Original-Manuskripte *Brentanos* übernahm die Harvard University, ebenso seine Briefe an Schüler und Freunde. Diese Briefe sind jedoch, weil sie viel Persönliches enthalten, für die nächsten 25 Jahre (vom Jahre 1966 ab gerechnet) den Studierenden nicht zugänglich.

In jahrelanger Arbeit wurden von *Joh. Brentano* und seiner Gattin Mikrofilme von den Original-Manuskripten sowie von den Innsbrucker Kopien hergestellt. Es ergab sich nämlich, daß manche der mit Bleistift geschriebenen Original-Manuskripte so verblaßt waren, daß sie sich nicht mehr zur Reproduktion eigneten.

Der Brown University, wo Prof. *R. Chisholm* sich für das *Brentano*-Werk besonders interessierte, sind Mikrofilme eines großen Teiles der Original-Manuskripte sowie Kopien derselben zur Verfügung gestellt worden. Prof. Dr. *R. Chisholm* ist jetzt Direktor der *Franz Brentano Foundation.*

Abschließend soll noch versucht werden, *Brentanos* wichtigste Lehren darzustellen, um mein Arbeitsgebiet während vieler Jahre zu charakterisieren. Großes Gewicht legte *Brentano* vom Beginn seiner Forschungstätigkeit ab auf die Beobachtung und Beschreibung unserer psychischen Phänomene (Erlebnisse),

d. h. nach seiner Meinung hat Philosophie mit deskriptiver Psychologie zu beginnen.

Da jeder psychisch Tätige etwas zum Objekt hat, nebenbei aber sich auf sich selbst als Objekt bezieht (indem er sich z. B. als einen in bestimmter Weise Sehenden, Hörenden, Urteilenden, Gefallen Habenden wahrnimmt) und da diese sog. *innere Wahrnehmung* untrüglich sein muß, weil Subjekt und Objekt zusammenfallen, so haben wir damit ein verläßliches Fundament für unsere Erkenntnisse gewonnen.

Doch weist *Brentano* darauf hin, daß es neben diesen untrüglichen Tatsachenwahrheiten auch einsichtige Urteile gibt, die unmittelbar aus den Begriffen einleuchten und notwendig gelten.

In den psychischen Akten, die auf ein Objekt gerichtet sind, kann man drei Grundklassen unterscheiden: Vorstellungen, Urteile, emotionelle Phänomene oder Gemütstätigkeiten.

Während *Brentano* ursprünglich, seinen Vorgängern folgend, reale und irreale Objekte annehmen zu müssen glaubte, hat er später die irrealen Objekte als sprachliche Fiktionen erkannt und vollständig aufgegeben. Viele von *Brentanos* älteren Schülern vermochten ihm darin nicht zu folgen; man hielt die Einführung der sog. Urteils- und Interesseninhalte für notwendig, damit im Sinne der alten Adäquationstheorie die Wahrheit objektiv begründet werden könne.

Dies führt uns zum eigentlichen Kern von *Brentanos* Philosophie, zur *Evidenzlehre*. Eine adaequatio rei et intellectus sei gar nicht notwendig, um die Wahrheit zu gewährleisten, denn das Erleben der Evidenz läßt jeden Zweifel sinnlos erscheinen.

Die Evidenz kann zweifacher Art sein. Die assertorische Evidenz der inneren Wahrnehmung gestattet es, sich selbst als einen im gegenwärtigen Augenblick in bestimmter Weise psychisch Tätigen zu erkennen. Die apodiktische Evidenz setzt zwar auch die Existenz eines psychisch Tätigen voraus, der sich als Kontradiktorisches Vorstellenden evident anerkennt und die gleichzeitige Gegebenheit der vorgestellten Dinge oder Merkmale mit Evidenz verwirft, aber es wird keineswegs die

Existenz dieser vorgestellten Dinge oder Merkmale verlangt. Es handelt sich in diesem Falle immer um negative Urteile.

Auch das Kontradiktionsgesetz sei nicht, wie es gewöhnlich geschieht, als positives Urteil, sondern korrekt in folgender Weise zu formulieren: »Es ist unmöglich, daß einer, der etwas leugnet, was ein anderer richtig, d. h. evident anerkennt, es richtig leugnet, sowie auch, daß einer, der etwas anerkennt, was ein anderer richtig leugnet, es richtig anerkennt, vorausgesetzt, daß beide mit demselben Modus des Vorstellens und Urteilens sich darauf beziehen.«

Wie es eine Erkenntnis auf dem Gebiete des Urteils gibt, so gibt es eine solche nach *Brentano* auch auf ethischem Gebiete. Und ähnlich, wie das urteilende Verhalten ein Bejahen oder Verneinen (Anerkennen oder Verwerfen) ist, so zeigt auch das emotionale Verhalten einen Gegensatz, nämlich den von Lieben und Hassen (Gefallen und Mißfallen). Gewisse Akte des Liebens und Hassens sind ebenso wie gewisse Akte des Bejahens und Verneinens in sich als richtig charakterisiert, sie tragen den Stempel der Evidenz an sich oder genauer gesagt, eines Analogons der Evidenz. (Vgl. Mayer-Hillebrand: »Rückblick auf die bisherigen Bestrebungen zur Erhaltung und Verbreitung von Franz Brentanos philosophischen Lehren und kurze Darstellung dieser Lehren«. Zeitschr. f. phil. Forschung, Bd. XVII. Heft 1/1963.)

Brentano selbst sah sein eigentliches Ziel, wie das letzte jedes philosophischen Strebens überhaupt, in der wissenschaftlichen Begründung des Gottesgedankens.

Eingehend hat sich *Brentano* mit der Frage beschäftigt, wie die Übel in der Welt mit der unendlichen Vollkommenheit und Güte des Weltschöpfers in Einklang zu bringen seien, d. h. mit dem alten Problem der Theodizee. Er beantwortet sie in dem Sinne, daß für denjenigen, der imstande wäre, das Weltganze zu überblicken, alles zweckvoll geordnet und harmonisch erscheinen müßte.

Näher kann auf *Brentanos* Lehren hier leider nicht eingegangen werden. Ich konnte mich ihrer Publikation erst dann mehr widmen, nachdem ich mich von meiner Lehrtätigkeit an der

Universität zurückgezogen hatte. Daneben schrieb ich an meinen »Lebenserinnerungen«.

Im Jahre 1970 erhielt ich die Nachricht aus dem österreichischen Bundesministerium für Unterricht, daß der Herr Bundespräsident die Vorgenehmigung für die Verleihung des »Österreichischen Ehrenkreuzes für Wissenschaft und Kunst, I. Klasse« an mich gegeben habe. Sektionschef Dr. Dr. *Brunner* bat mich um ehemöglichste Stellungnahme, ob ich bereit sei, diese Auszeichnung anzunehmen. Ich antwortete ihm am 6. Juli 1970: »Es ist eine hohe Auszeichnung und ich bin natürlich gerne bereit, sie anzunehmen. Wenn ich mir auch keiner besonderen Verdienste bewußt bin, so habe ich mein Leben doch stets der wissenschaftlichen Arbeit gewidmet und bin glücklich darüber, daß ich auch jetzt noch zu arbeiten imstande bin.«

Die Auszeichnung wurde mir auf einstimmigen Antrag der Phil. Fakultät beim Unterrichtsministerium und Übersendung genauer Unterlagen am 1. August 1970 vom Bundespräsidenten *Jonas* verliehen.

Kurze Zeit später feierte ich in Vahrn meinen 85. Geburtstag, zu dem mir der Dekan der Phil. Fakultät Prof. Dr. *Josef Kolb* ein Telegramm mit den herzlichsten Glückwünschen der Phil. Fakultät sandte.

Im Oktober — damals waren wir wieder in Innsbruck — schrieb er mir einen sehr freundlichen Brief: »Mit meinem besten Dank für Ihre freundlichen Zeilen darf ich die aufrichtige Freude verbinden, Ihnen, sehr geehrte Frau Professor, — als besonders schönen Abschluß meines Dekanats — die herzlichsten Glückwünsche zur Verleihung des ›Österr. Ehrenkreuzes für Wissenschaft und Kunst, I. Klasse‹ übermitteln zu können.

Mögen Sie noch viele Jahre mit gewohntem Eifer und Erfolg sich Ihrer wissenschaftlichen Arbeit erfreuen! Das ist der innige Wunsch der Fakultät, ganz besonders aber Ihres Ihnen sehr ergebenen Dekans.«

Die Feier fand am 9. November statt. Außer mir erhielten noch vier andere Professoren (zwei Mathematiker, ein Botaniker und ein Theologe) das »Österr. Ehrenkreuz für Wissenschaft und Kunst, I. Klasse«. In der Tiroler Tageszeitung wurde am nächsten Tag ein Artikel »Orden und Titel für verdiente Persönlichkeiten« mit einem Bild gebracht. Ich selbst befand mich in der ersten Reihe gerade gegenüber dem Pult des Landeshauptmannes von Tirol *E. Wallnöfer.* Auch der Bürgermeister der Landeshauptstadt Innsbruck sandte mir einen freundlichen Glückwunsch zur Überreichung des Ehrenkreuzes. Der Rektor der Universität, Univ.-Prof. Dr. *E. Coreth,* hatte mir während der Feier gratuliert.

Die Überreichung des »Österr. Ehrenkreuzes für Wissenschaft und Kunst, I. Klasse« war mir eine Freude, aber gerne zog ich mich wieder in mein stilles, wissenschaftlicher Arbeit gewidmetes Leben zurück.

Auswahl der Autorin aus ihren Veröffentlichungen

— zum Teil schon im Text erwähnt — und kurzer Hinweis auf ihre Interessen und Arbeitsrichtungen.

Wenn ich mein Leben überblicke, so darf ich sagen, daß ich seit früher Jugend *Verstehen* und *Wissen* angestrebt habe. Es gehörte einige Willenskraft dazu, das Gymnasial- und dann das Universitätsstudium meinen Eltern gegenüber durchzusetzen.

Schwierigkeiten hatte ich beim Lernen nicht. Ich konnte den Gedankengängen in den Lehrbüchern und Vorlesungen der Professoren folgen und bestand Haupt- und Nebenrigorosum »summa cum laude«.

Das spätere Arbeiten im Psychologischen Institut machte mir Freude, und es erschien mir selbstverständliche Pflicht, nach dem Tode meines ersten Gatten *Franz Hillebrand* seine unvollendet gebliebenen Arbeiten fortzusetzen und herauszugeben. Auch in den nächsten Jahren bearbeitete ich hauptsächlich experimentell psychologische Fragen. Es seien nur einige der im Druck erschienenen Arbeiten angeführt.

Über die scheinbare Streckenverkürzung im indirekten Sehen (Zeitschrift f. Sinnesphysiologie, Bd. 59, 1927).

Die scheinbare Größe der Sehdinge (Zeitschrift f. Sinnesphysiologie 1932).

Über die scheinbare Entfernung oder Sehtiefe (Zeitschrift f. Psychologie, Bd. 133, 1934).

Die geometrisch optischen Täuschungen als Auswirkungen allgemein geltender Wahrnehmungsgesetze (Zeitschrift f. Psychologie, Bd. 152, 1942).

Die Perspektive in psychologischer Betrachtung (Wiener Zeitschrift f. Philosophie, Psychologie, Pädagogik, Bd. 1, 1944).

Doch hielt ich mich für verpflichtet, nach dem Tode von Prof. A. *Kastil* seinen Wunsch zu erfüllen, und die von ihm und Prof. O. *Kraus* begonnene Herausgabe der Werke *Franz Brentanos* weiterzuführen und auf die Bearbeitung der in Aussicht genommenen experimentell psychologischen Probleme zu verzichten.

Als erste Aufgabe ergab sich die Revision und Herausgabe von A. *Kastils* Manuskript: »Die Philosophie Franz Brentanos« (Francke Verlag, Bern 1950).

Sodann wandte ich mich der Herausgabe von weiteren Manuskripten *Franz Brentanos* zu. Denselben Gegenstand behandelnde Manuskripte wurden vereinigt und in Schlagworten Vorhandenes wurde ausgeführt. Die von mir im Francke Verlag herausgegebenen Bände wurden (s. S. 260 f.) bereits genannt, doch soll noch etwas näher auf sie eingegangen werden.

Den Inhalt des Bandes »Grundlegung und Aufbau der Ethik« bilden Gedankengänge, die von *Brentano* im Wintersemester 1876 niedergeschrieben und während seines Wirkens an der Universität Wien mehrmals — in etwas veränderter Form — als Kolleg vorgetragen wurden. Die vor Jahren angefertigten Kopien wurden von *Kastil* mehrmals durchgesehen und redigiert. Doch bemerkte er auf einem beigefügten Blatt, daß das Manuskript einer nochmaligen Bearbeitung bedürftig sei. Diese habe ich nach dem Tode *Kastils* durchzuführen versucht. Der einsichtig urteilende Mensch, d. h. der in einem Erkenntnisakt sein Wertgefühl als richtig Erkennende, wird das »Maß aller Dinge«.

Die Lehre von der Evidenz und ihrem Analogon auf emotionellem Gebiet gehört wohl zu Brentanos bedeutendsten Leistungen. Sie wurde in den beiden Bänden »Grundlegung und Aufbau der Ethik« und »Die Lehre vom richtigen Urteil« dargelegt.

Auch der Band »Grundzüge der Ästhetik« (1959) beschäftigt sich mit dem richtigen Erkennen, und zwar auf dem Gebiete der Kunst. Brentano wollte eine Begriffsbestimmung des Schönen geben. Die Begriffe gut und schön decken sich nicht. Das Schöne ist dem Vorstellen zuzuordnen, doch ist nicht jedes Vorstellen schön zu nennen, sondern nur solches von vorzüglichem Wert.

In der Philosophie wechseln Blütezeiten und Verfallszeiten ab. *Brentanos* Ausführungen in dem umfangreichen Band »Geschichte der griechischen Philosophie« sind sehr interessant und wertvoll. In der aufsteigenden Periode der griechischen Philosophie werden angeführt: I. Die ionischen Naturphilosophen. II. Die Eleaten. III. Die Sophisten. IV. Sokrates. V. Die unvollkommenen Sokratiker: elisch-eretische, megarische, kyrische, kyrenaische Schule. VI. Die Pythagoreer. VII. Platon und die Akademie. VIII. Aristoteles. Dieser wird sehr ausführlich behandelt. Nach ihm beginnt die absteigende Periode der griechischen Philosophie, in der man auch mehrere Schulen unterscheiden kann: I. Die Popularphilosophie. II. Die Skepsis. III. Der Mystizismus. — Näher kann auf diese verschiedenen Richtungen hier nicht eingegangen werden.

Der Band »Religion und Philosophie« (1954) war von *Kastil* teilweise schon vorbereitet worden. Durch Auslassung einiger Abhandlungen und Aufnahme anderer hatte sich eine Wendung von der mehr theologisch-historischen Betrachtungsweise zur rein philosophischen ergeben.

Der Band »Die Abkehr vom Nichtrealen« (1966) enthält *Brentanos* viel umstrittene Lehre, daß nur Reales vorstellbar sei. Von *A. Kastil* war mir vorgeschlagen worden, in meiner Dissertation Brentanos Lehre, daß nur Reales vorgestellt werden könne und daß es sich beim sog. Nichtrealen um metaphorische Ausdrücke, Fiktionen der Sprache handle, als Thema zu wählen. Meine Arbeit sollte den Titel tragen: Das Nichtreale als Fiktion (*Franz Brentanos* ursprüngliche Lehre vom Nichtrealen, ihr Ausbau durch andere und ihr Abbau durch ihn selbst).

Ich war in das Thema: »Die Abkehr vom Nichtrealen« also schon lange vor der Herausgabe des so benannten Bandes im Francke Verlag eingeführt worden.

Außer den 6 Bänden im Francke Verlag erschienen natürlich auch kürzere Schriften, von denen nur die folgenden genannt werden sollen.

»Rückblick auf die bisherigen Bestrebungen zur Erhaltung und Verbreitung von Franz Brentanos philosophischen Lehren« (Zeitschrift f. phil. Forschung, Bd. XVII, Heft 1, 1963).

»Franz Brentanos Einfluß auf die Philosophie seiner Zeit und der Gegenwart« (Revue internationale de Philosophie, Nr. 78, 1966, Fasc. 4).

»Franz Brentano: Der Werdegang seines philosophischen Denkens« (Philosophie in Österreich. Wissenschaft und Weltbild. 1968).

Für Neuauflagen anläßlich des 100. Jubiläums der »Philosophischen Bibliothek« 1968 (Felix Meiner Verlag) hatte ich die von *O. Kraus* und *A. Kastil* herausgegebenen 10 Bände durchzusehen und mich an den neu hinzugefügten Anmerkungen zu beteiligen. Drei Bände wurden von mir revidiert und neu eingeleitet. Es sind dies die Bände:

Psychologie vom empirischen Standpunkt III. Vom sinnlichen und noetischen Bewußtsein (1968).

Die vier Phasen der Philosophie (1968).

Versuch über die Erkenntnis (neu eingeleitet und ergänzt 1970).

Für die 14. Auflage von Ueberwegs »Grundriß der Geschichte der Philosophie« waren zwei Kapitel von mir erbeten worden: »Franz Brentano« und »Die engere Brentano-Schule«. Sie sind geschrieben und angenommen worden. Doch ist dieser Band noch nicht im Druck erschienen.

Erwähnt sei noch mein Buch »Einführung in die Psychologie der bildenden Kunst« (Verlag Anton Hain 1966), in welchem Ergebnisse der experimentellen Psychologie wie auch Gedanken *Franz Brentanos* verwendet werden.

Walter Schulz * 1912

I

Die ersten zwanzig Jahre meines Lebens stellen sich mir rückblickend als eine Einheit dar, die auch durch äußere Ereignisse oder innere Problematik nicht wesentlich gestört wurde. Ich wurde 1912 in Gnadenfeld, einer evangelischen Brüdergemeine in Oberschlesien, geboren. Mein Elternhaus war durch den Geist des Herrnhuter Pietismus geprägt. Es stand für mich fest, daß ich wie mein Vater Pfarrer werden würde. So kam ich 1925 auf das Pädagogium der Brüdergemeine nach Niesky in Niederschlesien. Das Pädagogium zählte zu seinen berühmtesten Schülern *Schleiermacher* und *Schlieffen* (den preußischen Generalstabschef). Die Erziehung entsprach diesen beiden »Vorbildern«. Auf der einen Seite wurde der nationale Gedanke, insbesondere die Idee des Preußentums, das heißt die Idee des Dienstes am Vaterland, uns als Verpflichtung vor Augen gestellt. Dementsprechend stand die körperliche Ertüchtigung im Vordergrund des Internatslebens. Auf der anderen Seite wurde – allerdings in zurückhaltender Form – der Geist individualistischer Frömmigkeit gepflegt. Auf den Unterklassen gab es das sogenannte »Sprechen«, eine Unterredung des Mitdirektors mit jedem einzelnen Schüler über den Bezug zu Gott.

Ich war im Sport ein völliger Versager, daher mußte ich »kompensieren« und konzentrierte mich ganz auf den Schulunterricht, und zwar auf die Fächer Deutsch, Geschichte und Religion. Meine »Lieblingsdichter« waren *Rilke, Dostojewski* und in gewissem Abstand *Hermann Hesse. Rilke* stand eindeutig im Zentrum: In der Quarta stieß ich auf ein Gedicht aus dem »Stundenbuch«, das in unserer Gedichtsammlung abgedruckt war. Ich habe daraufhin das ganze Stundenbuch immer wieder durchstudiert, in den letzten Schuljahren kamen dann die »Duineser Elegien« und die »Sonette an Orpheus« dazu. *Rilke* blieb auch während des Studiums für mich der Dichter schlechthin; so habe ich in einem Semester an drei Seminaren über die »Elegien« teilgenommen mit der Intention, diese Texte auch in ihren einzelnen oft dunkel erscheinenden Wendungen zu verstehen. Von *Dostojewski* her suchte ich mir eine »christliche Weltanschauung« zurecht zu zimmern, die, von einer sehr pessimistischen Einschätzung der Welt und des Lebens ausgehend, Gott als das »Dennoch letzten Sinnes« ansetzen sollte. Erst im Studium habe ich gemerkt, daß sich bei mir Ansätze der damals herrschenden dialektischen Theologie — wahrscheinlich durch einen Lehrer vermittelt — bemerkbar machten. Daß mir Geschichte wichtig wurde, hing mit der damals noch vagen Vorstellung zusammen, daß hier ein Zugang zur Welt eröffnet werde. Zu den liebsten Büchern, die mir mein Vater in meinem ersten Nieskyer Jahr schenkte, gehörte eine »Weltgeschichte«; auf dem blauen Einband war die Minerva mit der Weltkugel zu sehen. In der Quinta beschloß ich mit drei Freunden eine Weltgeschichte zu schreiben. Als mein »Spezialgebiet« hatte ich mir die Antike und hier besonders die Geschichte der Phönizier ausgewählt. *Hannibal* erschien mir als die größte Gestalt der Antike. Die Sache wurde »ruchbar«. Der Direktor meldete meinem Vater unser Vorhaben und tadelte es als »Verstiegenheit und Prahlerei vor den Kameraden«. Durch diese Deutung, die für mich damals zu einem echten Trauma wurde, sahen wir uns veranlaßt, den Plan aufzugeben. Wieweit unser Werk bei etwas mehr Ermutigung gediehen wäre, wage ich freilich heute nicht zu entscheiden.

Das Interesse am Religionsunterricht war mir selbstverständlich. Doch waren es nicht so sehr religiöse Probleme, die mich bewegten, sondern »allgemeine Grundsatzfragen«, insbesondere die Frage nach dem Verhältnis von Glauben und Wissen. Die hier angestellten Überlegungen blieben vage und abstrakt und verhinderten eine konkretere Kenntnisnahme bestimmter theologischer oder philosophischer Ansätze bis auf zwei Ausnahmen, die für mich aber entscheidende Bedeutung gewannen. In der Quarta hatte ein Lehrer aus den Mitteilungen *Albert Schweitzers* aus Lambarene zum Abendsegen vorgelesen. Ich habe daraufhin die Werke *Schweitzers* gründlich zu lesen versucht. *Schweitzers* Relativierung des dogmatischen Absolutheitsanspruchs des Christentums – vorgetragen in »Das Christentum und die Weltreligionen« – beunruhigte mich, seine Ethik der Ehrfurcht vor dem Leben aber hat mich damals in außerordentlichem Maße beeindruckt. Der Grundgedanke, daß das Leben Leiden sei, und daß es die eigentliche Aufgabe des Menschen sei, dies Leiden zu mildern, erschien mir als die einzig angemessene Antwort auf die Frage nach dem Sinn des Lebens. Diese Einsicht wurde in den folgenden Jahrzehnten, als ich die Philosophie wissenschaftlich und akademisch zu betreiben suchte, verdrängt. Heute nach fünfzig Jahren bin ich zu ihr zurückgekehrt.

Die zweite Ausnahme war die Philosophie *Martin Heideggers*. Ich habe »Sein und Zeit« in der Oberprima gelesen. Die Lektüre dieses Werks – darin bin ich natürlich kein Einzelfall – war schlechthin umwerfend. Ich wurde für Jahrzehnte zum begeisterten »Heideggerianer«. Sicher: diese erste Beschäftigung ging an dem existenzialen Frageansatz *Heideggers* vorbei. Sie war rein existenziell ausgerichtet: die Unterscheidung von Eigentlichkeit und Uneigentlichkeit, die Gewissens- und die Schuldanalyse, vor allem die Todesanalyse standen im Zentrum. Ich verstand diese Untersuchungen als Aufruf zum Selbstsein und versuchte von »Sein und Zeit« her mein Leben auszurichten. Später trat natürlich ein abständigeres, ontologisch ausgerichtetes Studium *Heideggers* in den Vordergrund. Gleichwohl würde ich heute sagen, daß diese erste Lektüre *Heideggers* nicht verfehlt war. Weil *Heidegger* den Geist der Zeit so adäquat zum Ausdruck brachte, deswegen konnte er eine so unmittelbare Wirkung ausüben.

Aus dem Ende der Schulzeit ist mir sehr lebendig eine Erinnerung geblieben: wir lasen *Karl Jaspers* »Die geistige Situation der Zeit« in unserer philosophischen Arbeitsgemeinschaft kurz vor dem Abitur zu Beginn des Jahres 1933. Unser Religionslehrer brachte uns diese Schrift nahe, er wußte, daß angesichts der beginnenden Naziherrschaft eine Zeit kommen würde, in der die Philosophie nicht viel gelten würde. Aber er wies uns auch darauf hin, daß jede Philosophie, die sich scheue, mit den Problemen der Zeit sich auseinanderzusetzen, selbst zur Bedeutungslosigkeit verurteilt würde. An diesen Lehrer, *Rudolf Steinberg*, denke ich mit großer Dankbarkeit zurück, er war es, der mich zum Studium der Philosophie ermunterte und für mich ein Stipendium bei der »Studienstiftung des deutschen Volkes« beantragte. Dieser Antrag entschied über mein weiteres Leben, denn er war der Grund dafür, daß ich nicht den für mich seit Schulbeginn ganz selbstverständlich erscheinenden Weg ging, am Theologischen Seminar der Brüdergemeine in Herrnhut zu studieren. Meine ein Jahr zuvor geäußerte Bitte, dort aufgenommen zu werden, wurde zurückgezogen.

II

Im Sommer 1933 begann ich mein Studium in Marburg. Nach drei Semestern ging ich nach Breslau, kehrte jedoch nach einem Jahr wieder nach Marburg zurück bis zum Ende des Studiums. Marburg wurde also für lange Zeit zu meiner geistigen Heimat. In den ersten Jahren der Nazizeit war Marburg eine relativ ruhige Universität, an der man ungestört arbeiten konnte. Die Philosophie wurde wesentlich durch das Dreigespann *Karl Löwith, Gerhard Krüger* und *Hans-Georg Gadamer* vertreten. Diese drei Privatdozenten waren Schüler *Heideggers*, sie brachten uns nicht nur *Heideggers* Philosophie nahe, sondern es war für uns lehrreich zu sehen, wie sie *Heideggers* Ansatz weiterführten. Durch *Löwith* lernte ich *Kierkegaard* und *Nietzsche* erstmalig kennen. *Löwith* mußte aber 1934 Marburg verlassen; es ist mir noch sehr lebhaft in Erinnerung, wie er in seiner letzten Vorlesungsstunde im Wintersemester 1933/34 davon sprach, daß es leichter sei, eine Welt zu zerstören als eine Welt aufzubauen. Ich habe *Löwith* erst zwanzig Jahre später in Heidelberg als Kollege wiedergesehen. Bei *Krüger* absolvierte ich mein erstes philosophisches Proseminar über *Kants* Ethik. Mir imponierte die Intensität seines philosophischen Fragens und seine Selbständigkeit: in diesem Seminar führte *Krüger* in bewußter Abhebung gegen *Heidegger* aus, daß das Phänomen der Endlichkeit nicht durch die Geschichtlichkeit, sondern durch das moralische Gefordertsein bedingt sei. Mein eigentlicher philosophischer Lehrer wurde vom vierten Semester ab *Gadamer*. In der Theologie war der Eindruck *Bultmanns* — seine methodische Strenge und sein unprätentiöses Engagement — überwältigend, er verstärkte sich noch durch *Bultmanns* Einsatz im Kirchenkampf. Gleichwohl fiel mir der Zugang zu konkreten Studien schwer »vor lauter Reflexion«. Ich grübelte — wie schon in der Schulzeit — in sehr abstrakter und allgemeiner Form über den Bezug von Philosophie und Theologie nach, und zwar versuchte ich vor allem, mich mit den Vorlesungen *Bultmanns*, insbesondere seiner »Theologischen Enzyklopädie«, auseinanderzusetzen. Sehr bald sah ich, daß *Bultmanns* Bezug zu *Heidegger* zweideutig war. Einerseits behauptete *Bultmann*, daß es für die Theologie keinen Anknüpfungspunkt geben könne, die Philosophie wisse als solche von Gott nicht, die Zweideutigkeit der philosophischen Tradition läge gerade darin, sich als theologische Metaphysik zu verstehen, *Heideggers* Ansatz sei mit Recht »atheistisch«. Auf der anderen Seite erklärte *Bultmann*, daß *Heidegger* existenzial-ontologische Strukturen entwickle, die neutral seien und in die das ontische Verständnis des Glaubens und des Nichtglaubens gleichermaßen »passe«. Ich will das Unzulängliche meiner damaligen Überlegungen natürlich nicht *Bultmann* anlasten. Ich sah nicht, daß *Bultmann* vom christlichen Daseinsverständnis her argumentierte, während ich gleichsam nach einem dritten Ort suchte, von dem her eine Vermittlung von Philosophie und Theologie vollzogen werden könnte. In meinem dritten Semester habe ich dann sehr intensiv *Jaspers* studiert, um in der Frage nach dem Verhältnis von Theologie und Philosophie Klarheit zu gewinnen. Ich schickte eine kleine Arbeit, in der ich einen »gläubigen Atheismus« propagierte, an *Jaspers*, der mir sehr eingehend und freundlich antwortete, zugleich aber — natürlich mit vollkommenem Recht — vor der Festlegung auf Formeln warnte.

In meinem vierten Semester entschloß ich mich, zu den Fächern Theologie und Philosophie das Fach Altphilologie dazuzunehmen. Dies geschah auf den Rat von *Gadamer* hin. Bei *Gadamer* hatte ich vom ersten Semester an Vorlesungen

Walter Schulz

über die *Vorsokratiker, Plato* und *Plotin* gehört. Diese Kollegs waren nicht leicht verständlich, aber durch sie wurde mir ein Zweifaches vermittelt, wofür ich *Gadamer* zu Dank verpflichtet bin: einmal die gründliche Kenntnis der gesamten antiken Philosophie und sodann — und dies war für mein weiteres Studium entscheidend — die geschichtliche Betrachtungsweise. Das Wissen um die Geschichtlichkeit unseres Daseins, das ich von »Sein und Zeit« her kannte, wurde nun durch die Interpretation von Texten konkretisiert. Es ging mir auf, daß die geschichtliche Betrachtungsweise ein wesentliches Medium und Element der Philosophie sei. Freilich vollzog sich diese Wandlung sehr langsam und nicht ohne innere Widerstände. Es erschien mir zunächst als Verrat an den »großen Fragen«, wenn ich mich ihnen nicht unmittelbar und existenziell stellte, sondern sie durch die Brille des wirkungsgeschichtlichen Zusammenhangs betrachten sollte. Hier liegt in der Tat ein Problem vor. Die Frage, wie das mögliche Verhältnis von systematischer und historischer Fragestellung zu gestalten sei, ohne daß die eine Komponente auf Kosten der andern absolut gesetzt würde, wurde zu einem Problem, das mich nicht mehr losgelassen hat.

Daß das Studium der Altphilologie auf mich durchaus heilsame Wirkungen ausübte, insofern es zu strenger Textanalyse erzog, will ich nicht leugnen. Ein »Ereignis«, das ich, weil ich es nicht erklären konnte, im nachhinein als meine wissenschaftliche »Bekehrung« bezeichnete, sei kurz erwähnt. Ich hatte in einem philologischen Oberseminar über die Briefe *Epikurs* die Aufgabe, zwei Stunden lang über 1½ Seiten des Textes zu berichten. Ich war schlechthin hilflos und fand folgenden Ausweg: Im Rückgriff auf den stoischen Terminus ἐπιβολή begann ich, allgemeine sprachphilosophische Betrachtungen zu entwikkeln, und ließ mich darüber aus, daß Ausdrücke für geistige Tätigkeit weithin auch im Deutschen aus dem manuell-praktischen Bereich stammten, zum Beispiel »überlegen«, »begreifen«, »erfassen«. Der Leiter des Seminars fragte sehr höflich, ob ich glaubte, mit diesen Betrachtungen das Verständnis des Textes gefördert zu haben. Ich war vollständig deprimiert. In den folgenden beiden Sitzungen habe ich jedoch ohne Rat und

Hilfe dieselben Seiten textkritisch analysiert, ich hatte plötzlich ein wenig Ahnung von philologischer Arbeit gewonnen. Gleichwohl blieben das existenzielle Moment und die philosophiegeschichtliche Betrachtungsweise im Widerstreit. Der Versuch, durch die Interpretation *Platos* Richtlinien für das eigene Daseinsverständnis zu gewinnen, mißlang. Unglücklicherweise hatte ich mir — entgegen dem Rat meines Lehrers *Gadamer* — *Platos* »Phaidon« zum Thema meiner Dissertation gewählt, in der Absicht, vom Unsterblichkeitsproblem her den Ansatz der Philosophie *Platos*, insbesondere seiner »Ideenlehre«, im ganzen zu entwickeln. Ich kam aber mit der Interpretation nicht zurecht. Die Arbeit an der Dissertation zog sich endlos hin, sie wurde schließlich während des Krieges bei einem Lazarettaufenthalt abgeschlossen.

Ich darf die Rückbesinnung auf meine Marburger Zeit nicht abschließen, ohne an die »Runde« zu denken, zu der sich ungefähr zehn Studenten von ganz verschiedenen Fachrichtungen über Jahre hinaus während meiner Marburger Studienzeit zusammenschlossen. Wir waren alle maßlos eingebildet, überschätzten unsere Bedeutung und gebärdeten uns »existenzialistisch«. Gleichwohl meine ich, daß die endlosen Diskussionen — wir saßen fast jeden Abend in einem der vielen Marburger Cafés — für die meisten, die dieser Runde angehörten, von entscheidender Bedeutung waren. Für mich stellen sich diese Jahre rückblickend als die einzige Zeit in meinem Leben dar, in der ich mit anderen unmittelbar philosophiert habe, ohne Rücksicht, aber auch ohne Vorbehalte. Die meisten aus dieser Runde sind gefallen. Ich denke an sie in Dankbarkeit, insbesondere an den Germanisten *Harry Mielert*, der sich noch als Soldat kurz vor seinem Tod habilitierte. *Mielert* — ein sehr verhaltener Mensch und alles andere als ein Intellektueller — war es, der uns *Hölderlin* nahebrachte.

III

Im Jahr 1939 folgte ich meinem Lehrer *Gadamer* nach Leipzig. Dort konnte ich noch das Staatsexamen in Griechisch, Latein und Philosophie ablegen, bevor ich Soldat wurde. Nach meiner zweiten schweren Verwundung (1943) begann ich — in einer Genesendenauffangstelle in Schlesien — in den Abendstunden nach Dienstschluß mich wieder intensiv mit philosophischen Problemen zu befassen. Die Entfernung vom akademischen Leben, auch seinen Konkurrenzzwängen, wirkte sich dabei außerordentlich günstig aus. Es war nun möglich, Probleme aufzunehmen, auf die ich während des Studiums zwar gestoßen, denen ich aber nie nachgegangen war. Eines dieser Probleme gewann für meine weiteren Studien entscheidende Bedeutung. Ich erinnerte mich, daß *Gadamer* einmal im Kolleg erklärt hatte, daß in der Freiheitslehre des späten *Schelling* gewisse Ansätze zu finden seien, die *Kierkegaard* in seiner Existenzphilosophie weitergeführt habe. Auf meine Bitte schickte mir *Manfred Schröter* das letzte Exemplar seiner im Buchhandel vergriffenen *Schelling-Ausgabe,* und ich begann, mich in *Schelling* einzulesen. Es erging mir wie bei der ersten Lektüre *Heideggers* am Ende meiner Schulzeit: ich wurde unmittelbar »gepackt«, und doch gab es einen bedeutsamen Unterschied. Die damalige Begegnung mit *Heideggers* Werk stand unter existenziellem Aspekt, es ging mir darum, aus den Analysen von »Sein und Zeit« Möglichkeiten für das eigene Selbstverständnis zu gewinnen, jetzt waren es Probleme sachlichsystematischer Art, die mir durch das Studium *Schellings* vermittelt wurden. Es ging eigentlich um ein einziges Problem: Was bedeutet es, daß der späte *Schelling* die Frage nach dem Absoluten als dem »Unvordenklichen« zur zentralen Frage der Philosophie erhebt? Ich begriff — zunächst noch vage und ungenau —, daß diese Frage für *Schelling* etwas mit der Frage nach den Grenzen des Denkens zu tun hatte. Es erschien mir daher notwendig, zunächst einmal den Ansatz und die Struktur der kritischen Reflexion herauszuarbeiten, in der der späte *Schelling* über das Denken und seine Grenzen nachdenkt. Der erste ungewollte Nebenertrag dieser Fragestellung lag darin, daß die mich während meiner Schulzeit und meines Studiums so bedrängende Frage nach dem Verhältnis von Theologie und Philosophie in den Hintergrund trat. Ich begriff, daß diese

Frage nicht nur sehr allgemein und abstrakt war, sondern daß
sie sich im Raum eines äußerlich-schematisierenden Verglei-
chens bewegte, das Wissen und Glauben als zwei an sich voneinander getrennte Dimensionen miteinander verbinden sollte.
Die Frage nach dem unvordenklichen Absoluten dagegen, so
erkannte ich, stellt sich für das Denken selbst, und zwar mit
Notwendigkeit, sobald es nach seinem eigenen inneren Möglichkeitsgrund fragt. Diese Frage steckt die Dimension ab, innerhalb deren von einer Grenze der Vernunft allein sinnvoll
geredet werden kann, denn der Vernunft kann eine Grenze
nicht von außen aufoktroyiert werden: die Vernunft muß ihre
Grenze selbst an sich selbst durch ihr scheiterndes Denken erfahren, das heißt, mit *Schelling* gesprochen, sie muß sie in
ihrem Selbstvollzug »setzen«.

Im Verlauf meiner Schelling-Lektüre begriff ich sehr bald,
daß *Schellings* Philosophie wesentlich durch die Auseinandersetzung mit *Fichtes* und *Hegels* Denken geprägt und bestimmt
wurde. Es ergab sich somit die Notwendigkeit, nicht nur *Fichte*
und *Hegel* zu studieren, sondern diese drei Denker verglei-
chend zu lesen. Insbesondere bemühte ich mich, den Unterschied zwischen *Hegels* und *Schellings* Philosophie des Absoluten herauszustellen, denn allein die Erkenntnis dieses Unterschieds ermöglicht es, die Tragweite des idealistischen Denk-
ansatzes in ihrer ganzen Bedeutsamkeit zu erfassen. Dieser Unterschied sei in der gebotenen Kürze angedeutet.

Hegel polemisiert gegen die Trennung, in der ein denkendes
Ich einer gegenständlichen Objektwelt entgegensteht, und entsprechend kritisiert er die Differenz einer in Inneres und Äuße-
res zertrennten Sphäre der Endlichkeit von einer Sphäre der
Unendlichkeit, in der es keine Unterschiede, sondern nur die
reine Indifferenz gibt. *Hegel* sucht im Gegenzug zu diesem
Ansatz herauszuarbeiten, daß Ich und Welt immer schon mit-
und gegeneinander bestimmt sind, weil in beiden das Absolute
selbst am Werke ist als der Vollzug ihrer Vermittlung. Dieser
Vollzug der Vermittlung von Ich und Welt aber ist die Entwicklung des Absoluten, in der und durch die es sich zu sich
selbst, das heißt seinem Selbstbewußtsein, vollendet. *Schelling*

polemisiert gegen diesen Ansatz. Wenn das Denken als allseitige Vermittlung bestimmt wird, dann verdeckt diese Bestimmung die radikale Besinnung des Denkens auf sich selbst: das Denken hat sich unbesehen und vorschnell selbst als das Absolute gesetzt, weil und insofern es alle Gegensätze, insbesondere den von Welt und Ich, als an sich im Denken vermittelt deklariert. Es gilt demgegenüber, den Weltbezug des Denkens selbst in seiner Struktur zu untersuchen. Tut man dies, so begreift man sofort: das Denken »hat« Welt, aber eben nur in Gedanken. Die Weltvermittlung des Denkens ist, wie *Schelling* sagt, immer nur eine reine Gedankenbewegung, in der nichts Wirkliches geschieht. Daß aber die Vernunft den Weltbezug nur in Gedanken konstituieren kann, das gründet darin, daß sie selbst als Vernunft faktisch ist. Die Vernunft vermag ihr eigenes Wesen – und dies Wesen ist ihr denkender Selbstvollzug – nicht mehr denkend zu begründen, sondern hat sich hinzunehmen: vor ihrem eigenen Sein steht sie *quasi attonita.* Das aber bedeutet: die Vernunft ist nicht das Absolute, das Absolute ist ihr unvordenklicher Möglichkeitsgrund, der als eigentliche Wirklichkeit sich jedoch, wie *Schelling* sagt, in die Vernunft »herabgesetzt« hat.

Die Einsicht des späten *Schelling,* daß die Vernunft sich selbst angesichts ihres unbegründbaren faktischen Vollzugs als wirklich hinnehmen muß, daß aber diese Hinnahme ihr nur durch ihre denkende Selbsterfahrung vermittelt wird, stellte sich mir als das Zentrum der Philosophie des späten *Schelling* heraus. Von ihr her schien mir eine Neuinterpretation des späten *Schelling* im Gegenzug zu der vorliegenden Forschung möglich und notwendig. Der Ansatz dieser Forschung besagt: der späte *Schelling* hat neben die negative Philosophie, das heißt die idealistische Vernunftphilosophie, die positive Philosophie gesetzt, die eine Darstellung der christlichen Schöpfungslehre gebe: ihr Zentralthema sei die Freiheit Gottes als Schöpfer. Diese von *Horst Fuhrmans* mit großer Eindringlichkeit vorgetragene These suchte ich aufzuheben durch den Nachweis, daß die negative und die positive Philosophie nicht wie zwei Gebiete beziehungslos nebeneinander ständen

— *Schelling* selbst nennt eine solche Vorstellung einen Skandal der Philosophie —, sondern die Wegstrecken eines einzigen Bewegungsganzen darstellen: die negative Philosophie negiert die Vernunft als absolutes Prinzip und setzt aus sich das »Unvordenkliche« heraus, die Freiheit als reine Tätigkeit, bei dem die positive Philosophie ansetzt, die nun, wie *Schelling* sagt, den Vernunftentwurf »a posteriori bestätigt«. *Schellings* Spätphilosophie ist ein geschlossenes Ganzes, in dem sich die idealistische Philosophie vollendet, denn in dieser geht es um die Frage, ob das Denken sich in seinem Selbstvollzug begründen könne, oder ob es sich als »faktischen Vollzug« hinzunehmen habe.

Die Arbeit an *Schelling* zog sich über mehrere Jahre hin. Ich legte das abgeschlossene Manuskript unter dem Titel »Die Vollendung des deutschen Idealismus in der Spätphilosophie Schellings« schließlich durch Vermittlung meines Lehrers *Gadamer* der Philosophischen Fakultät in Heidelberg vor, die es als Habilitationsschrift anerkannte. Meine Lehrtätigkeit an der dortigen Universität habe ich im Wintersemester 1950/51 begonnen.

IV

Im Jahre 1954 wurde ich aufgefordert, einen vakanten Lehrstuhl für Philosophie in Tübingen zu vertreten, ein Jahr später erhielt ich den Ruf auf diesen Lehrstuhl. Meine Familie zog von Mainz, wo wir während meiner Heidelberger Tätigkeit gewohnt hatten, nach Tübingen um. Ich hatte 1943 geheiratet, meine Frau hatte ebenfalls Theologie und Philosophie studiert, bei *Gadamer* über *Hegels* »Logik« promoviert und war vor unserem Weggang von Leipzig Assistentin von *Ernst Bloch* gewesen.

An die ersten Jahre in Tübingen denke ich gern zurück. Tübingen war damals noch eine relativ kleine und versonnenromantische Stadt. Es gab nicht nur zu den Kollegen des eigenen Faches — insbesondere zu *Otto F. Bollnow* —, sondern auch zu den Mitgliedern der gesamten Philosophischen Fakultät einen sehr guten Kontakt. Tübingen wurde nun unsere zweite Heimat — Rufe nach Freiburg, Frankfurt, Göttingen, Hamburg und Konstanz lehnte ich ab.

Im Mittelpunkt der ersten Tübinger Jahre stand die Vorlesungstätigkeit. Im Blick auf sie habe ich mir die Geschichte der Philosophie aus den Quellen zu erarbeiten gesucht, mit Ausnahme des Mittelalters. Diese Arbeit stand unter den Gesichtspunkten, die sich mir während meiner Schellingarbeit erschlossen hatten, das heißt: die Frage nach der Möglichkeit der Metaphysik blieb leitend. Ich suchte diese Problematik aber den jeweilig historischen Themen meiner Untersuchungen gemäß zu spezifizieren.

Es bildeten sich allmählich bestimmte Schwerpunkte meiner Arbeit heraus. Zu meinem eigentlichen Forschungsgebiet wurde die idealistische Philosophie. Ich hatte mich nach der Abfassung meines Schellingbuches intensiv mit der Spätphilosophie *Fichtes* befaßt und dabei gesehen, daß wesentliche Züge der Transzendierung des Denkens, die ich in meiner Schellingauslegung konstruieren mußte, weil sie im Text nicht unmittelbar gegeben waren, in *Fichtes* späten Wissenschaftslehren *expressis verbis* thematisiert wurden, denn *Fichte* sucht den Vollzug des Denkens — das »Durch« des Begriffes — mit Hilfe der Lichtmetaphysik rein systematisch zu denken, ohne wie *Schelling* auf die freie Schöpfung der Welt durch Gott zurückzugreifen.

Der zweite Themenkreis betraf den »Übergang« vom idealistischen zum nachidealistischen Denkansatz. Bereits in meinen Schellinguntersuchungen war mir die These vom sogenannten Zusammenbruch der idealistischen Philosophie und der Entdeckung der Wirklichkeit durch *Feuerbach* und *Marx* einerseits und *Kierkegaard* andererseits problematisch erschienen. Ich versuchte diesen Fragenkomplex nun von meiner Interpretation *Schellings* her zu klären. Der Grundgedanke dieses Ansatzes besagte: Es ist nicht angebracht, sich einseitig auf die Seite der nachidealistischen Denker zu stellen und von ihnen her das idealistische Denken als einen Irrweg zu deklarieren, dessen Kennzeichen ein unberechtigter Glaube an die Vernunft sei. Vielmehr muß man das nachidealistische Denken seiner inneren Möglichkeit nach als eine Aufhebung der Vernunftmetaphysik verstehen. Das heißt: nur weil und insofern die Vernunft sich selbst in ihrem Absolutheitsanspruch angesichts ihrer Faktizität eingrenzt, wie *Schelling* darlegt, ist der Weg eröffnet, nun Wirklichkeitsbereiche zu entdecken, die nicht in vernünftige Denkzusammenhänge auflösbar sind. Gleichwohl sind diese Wirklichkeitsbereiche, weil ihre Entdeckung durch die sich negierende Vernunft vermittelt ist, nicht als absolut vernunftlos anzusetzen – so kann zum Beispiel *Marx* die Idee der Vermittlung von *Hegel* »übernehmen«, das heißt, die Versöhnung der Gegensätze aus der Gedankenwelt in die Realität der Lebensverhältnisse zurückführen und entsprechend an die Stelle des Weltgeistes den Menschen als Akteur der Verwirklichung einsetzen. Ich würde heute diese Auslegung des Übergangs vom Idealismus zum Nachidealismus, hinter der die Idee einer kontinuierlichen Entwicklung der Philosophie steht, die keine wirklichen Brüche kennt, nicht mehr aufrechterhalten. Aber mir ist damals die eminente Wichtigkeit der Denker des späten 19. Jahrhunderts klargeworden; die Beschäftigung mit ihnen war eine notwendige Bedingung meiner späteren Distanzierung vom idealistischen Denkansatz.

Der dritte Themenkreis, der mir im Blick auf die Vorlesungstätigkeit besonders wichtig wurde, betraf die Philosophie der Neuzeit von *Cusanus* bis *Kant*. Hier kam es mir auf ein Doppeltes an. Einerseits suchte ich die Vielfältigkeit der Anfänge des neuzeitlichen Denkens herauszuarbeiten, insbesondere schien es mir notwendig, den Zusammenhängen zwischen Philosophie und Wissenschaft und Philosophie und politischer Theorie nachzugehen. Andererseits – und dieser Gesichtspunkt überwog zunächst – wollte ich die Entwicklung der neuzeitlichen Metaphysik thematisieren. Hier setzte ich es mir zur Aufgabe, im Gegenzug zu der insbesondere von *Heidegger* aufgestellten These, daß das Zeichen des neuzeitlichen Denkens das Herausarbeiten der Vorrangstellung der menschlichen Subjektivität sei, den Nachweis zu erbringen, daß das Gottesproblem als Schlüsselproblem der neuzeitlichen Metaphysik angesetzt werden müsse. Die Denker dieser

Epoche setzen Gott und Mensch in wechselseitigen Bezug, wobei dieser Bezug als Gegensatz der endlichen und unendlichen Subjektivität — so *Descartes* — oder als deren Einheit — so *Spinoza* — gedeutet wird. In meinem Buch »Der Gott der neuzeitlichen Metaphysik« habe ich diese dialektische Bewegung in ihren Grundzügen dargestellt.

In diesen Entwicklungszusammenhang der Metaphysik suchte ich auch *Heideggers* späte Philosophie »einzuordnen«. *Heideggers* Denken galt mir nach wie vor als der Orientierungspunkt aller meiner Interpretationen, auf den hin sie ausgerichtet waren. Aber indem ich *Heidegger* in die Geschichte der neuzeitlichen Metaphysik »einordnete«, verlor er den Rang einer schlechthinnigen Unvergleichlichkeit. Konkreter gesagt: *Heideggers* »Verwindung« der Metaphysik versuchte ich selbst noch von der Entwicklung der Metaphysik her zu verstehen: das Sein ist das dialektisch Andere der Ek-sistenz in ihrer Geschichtlichkeit und als solches die nicht von ihr ablösbare Bedingung. Die Begegnungen mit *Heidegger* in diesen Jahren waren für mich von wesentlicher Bedeutung: in *Heidegger* trat mir ein Philosophieren entgegen, in dem der existenzielle Anstoß des Denkens immer schon in ein sachliches Fragen umgesetzt war. Diese Einheit gilt mir auch heute noch als das Urbild genuinen Philosophierens.

Überblicke ich diese ersten Tübinger Jahre, so muß ich im nachhinein feststellen, daß die philosophiegeschichtlichen Analysen, die damals das Zentrum meiner Arbeit bildeten, unter einer bestimmten Voraussetzung standen. Diese Voraussetzung besagte: die Geschichte der Philosophie, insbesondere der Metaphysik, bildet einen sinnhaften Geschehensvollzug. Die Sinnhaftigkeit läßt sich jedoch nicht durch eine spekulative Geschichtsschematik begründen. Sie kann nur auf dem Wege der nachvollziehenden Interpretation immer erneut als der kontinuierliche Zusammenhang unserer Geschichte erwiesen werden. Diese Idee eines sinnvollen Verlaufs der philosophischen Entwicklung wurde jedoch selbst zum Problem durch einen Gedanken, den ich bereits 1953 in meinem ersten Aufsatz über *Heidegger* (»Über den philosophiegeschichtlichen Ort

Martin Heideggers«) in sehr vorläufiger und vager Form zu
formulieren suchte, daß nämlich der geschichtliche Vollzug der
Metaphysik auf ein Ende hindränge, das in *Heideggers* Philosophie sichtbar werde.

V

Im Ausgang der fünfziger Jahre begann mir sehr langsam
und kaum äußerlich belegbar meine bisherige philosophische
Arbeit zum Problem zu werden. Genauer: Daß die historischen
Analysen, wie ich sie durchzuführen suchte, notwendig seien,
insofern durch sie die Philosophiegeschichte gerade in ihrer
systematischen Struktur erhellt werden könnte, das wurde mir
nicht fraglich, aber es ging mir jetzt darum, aus diesen Analysen das Fazit zu ziehen, das heißt zu fragen, was als möglicher eigener philosophischer Ansatz »übrig« bliebe. Ich
erkannte, daß meine Untersuchungen, auf ihren Gehalt und die
sie leitenden Intentionen hin betrachtet, weithin die Bewegung
einer Selbstdestruktion des metaphysischen Denkens nachvoll-
zogen: die Metaphysik überbietet ständig sich selbst, indem
ihre Prinzipien immer abstrakter, ungegenständlicher und
»reiner« werden. Sie werden solchermaßen zwar unangreif-
barer, aber — und dies begann ich nun zu begreifen — von
dieser abstrakten Dimension der Metaphysik her läßt sich kein
Zugang zu den konkreten Problemen gewinnen. Die Aufgabe,
die moderne Lebensproblematik mit der philosophischen
Fragestellung zu vermitteln, erschien mir aber nun in immer
stärkerem Maße unabdingbar.

Es ist mir kaum möglich, den Wandlungsprozeß, der sich
damals in meiner Problemstellung vollzog, eindeutig zu erklären. Ich würde jedoch auf folgendes hinweisen: die Ablösung von der Metaphysik vollzog sich nicht als reiner Denk-
prozeß. Die Vorstellung, daß metaphysische Fragestellungen
durch den Aufweis der formalen und inhaltlichen Problematik
ihrer geschichtlichen Entwicklung gleichsam so zu Ende gedacht werden können und müssen, daß eben durch dieses
Zu-Ende-Denken sich ein Fazit zwingend ergibt, — diese Vorstellung, die mich zunächst besonders von meiner Auslegung

der Spätphilosophie *Heideggers* her leitete, trat immer stärker
in den Hintergrund. Und dies hatte zur Folge, daß eines meiner
Grundthemen, die Selbsteingrenzung der Vernunft angesichts
ihrer Faktizität, seine mögliche aktuelle Bedeutung verlor,
denn von dieser Fragestellung her eröffnete sich kein Zugang
zur Realität. Dieser Zugang muß diesseits der metaphysischen
Einstellung gewonnen werden, oder anders gesagt: indem die
Lebensprobleme ihre vorrangige Wichtigkeit durch sich selbst
erwiesen, wurden die metaphysischen Fragen gleichgültiger.
Ich erkannte damals, daß Veränderungen in der Geschichte
und im Leben des einzelnen zu einem wesentlichen Teil darauf
beruhen, daß man frühere Problemstellungen als unwichtig,
uninteressant oder gar überflüssig und absurd erklärt. Die
Tatsache, daß eine Gestalt des Lebens anders geworden ist,
erscheint im nachhinein oft wie ein Bruch, in Wirklichkeit
handelt es sich wohl zumeist um sehr langsame und allmäh-
liche Wandlungen.

Diese Wandlungen wirkten sich *in concreto* dahin aus, daß
ich jahrelang nichts Rechtes zustandebrachte, weil mir Sinn
und Ausrichtung einer nicht mehr metaphysisch gebundenen
Philosophie unklar waren. Alle meine Entwürfe scheiterten.
Ich probierte mögliche Ansätze aus, um relativ bald zu erkennen, daß sie sich entweder nicht konsequent durchführen
ließen oder nicht an den Phänomenen bewährten. Es wäre
überflüssig, die verschiedenen Wege oder Irrwege zu schildern,
auf denen ich zunächst weiterzukommen suchte, nur die
Grundlinie, soweit mir eine solche im nachhinein konstruierbar
scheint, sei dargelegt. Ich versuchte, einerseits anthropologischen
Fragestellungen nachzugehen und andererseits das Phänomen
der Reflexion als Schlüsselproblem anzusetzen, wobei beide
Ansätze nur teilweise miteinander verbunden wurden. Die
Anthropologie schien mir einen Zugang zu den Problemen des
realen Lebensvollzugs zu eröffnen, der den existenzphilosophischen Analysen überlegen war. Ich erwähne zur Verdeutlichung einen einzigen Fragenkomplex: das Todesproblem.
Heideggers Analyse des Sterbens als eines vorlaufenden Seins
zum Tode schien mir zu einseitig angesichts der Tatsache un-

serer Leibgebundenheit. Sterben ist ein biologischer Vorgang, auch wenn der Mensch sich anders als das Tier zu seinem Tode zu verhalten vermag. Das bedeutet aber: das Sterben läßt sich eigentlich nicht existenzialisieren, indem es als Sorge deklariert wird. Sterben ist der Vorgang des Ablebens in einem bestimmten Moment in der Zeit. Vor diesem Ereignis, das darum so hart ist, weil es an mich von außen her als Geschick herantritt, hat man Angst. Vom Todesproblem her zeigte sich mir ebenso die Notwendigkeit, die existenzialisierte Zeitauffassung einzuschränken und das relative Recht der objektiven Zeitdeutung — Zeit als vorhandene Wegstrecke — herauszustellen, wie die Aufgabe, das Phänomen der Angst unter anthropologischen und historischen Aspekten zu analysieren. Vom historischen Gesichtspunkt aus habe ich das Problem der Angst in einigen kleinen Arbeiten behandelt, in denen ich die Stimmung der Weltangst, wie sie sich in der Spätantike und im späten 19. Jahrhundert zeigte, als Aufhebung und Gegenzug zu der Stimmung des Weltvertrauens interpretierte.

Meine damaligen Versuche intendierten — auf ihre eigentliche Absicht hin betrachtet — eine Phänomenologie der Erkenntnis. Ich wollte die verschiedensten Möglichkeiten des menschlichen Erkennens phänomenologisch — im Sinne *Husserls* — beschreiben, zugleich aber zeigen, wie sie sich als Aufbauordnung — im Sinne der »Phänomenologie« *Hegels* — auseinander entwickelten. In diesem Zusammenhang wurde mir das Phänomen der Sprache wichtig — die Beschäftigung mit dem Sprachproblem begann zu dieser Zeit in das Zentrum der philosophischen Untersuchungen zu treten. Ich kam mit meiner Arbeit an einer Phänomenologie der Erkenntnis aber nicht voran, und zwar scheiterten alle Entwürfe an der Bestimmung des Ich und des Selbstbewußtseins. Diese der Tradition entnommenen Begriffe schienen mir zur Deutung des Erkenntnisprozesses unentbehrlich, aber es gelang mir weder methodisch noch inhaltlich, diese beiden Begriffe adäquat zu erfassen.

Von den Phänomenen des Ich und des Selbstbewußtseins

her stieß ich auf das Phänomen der Reflexion. An diesem Problem habe ich jahrelang intensiv herumgegrübelt. Daß Reflexion nicht mit Selbstreflexion gleichgesetzt werden dürfte, daß Reflexion vielmehr immer Selbstreflexion und Sachreflexion zugleich ist, das stand mir fest. Jeder Versuch, das Ich als Selbstreflexion zum Prinzip zu erheben, führt in die spekulative Dimension des Idealismus, von der her ein Zugang zur Realität nur in abstrakter Deduktion zu gewinnen ist. Es erschien mir bereits irrig, ein transzendentales Ich von einem empirischen Ich abzutrennen und für sich zu setzen: Das Ich steht immer in bezug zu einem Nicht-Ich, von dem her es ebenso bestimmt wird wie es dieses bestimmt, wobei es beide Bezüge aber wissend umgreift. Das und nichts anderes ist eben die Leistung der Reflexion. Ich versuchte, diesen Sachverhalt nun begrifflich genauer zu entwickeln und als Grundlage meiner Analysen herauszuarbeiten. Ich merkte dabei aber sehr bald, daß bei diesem Versuch nichts anderes herauskam als ein »verkürzter *Fichte*«. Ich war bei der Wechselbestimmung gelandet, wie sie *Fichte* in der Wissenschaftslehre von 1794 in dem Abschnitt E des zweiten Teils entwickelt.[1] Mein Schema entsprach genau den Aussagen *Fichtes*, daß Wechsel-Tun und Wechsel-Leiden und unabhängige Tätigkeit sich gegenseitig bestimmen, so daß es gleichgültig ist, von welcher Bestimmung man ausgeht. Vereinfacht gesagt: Das Ich steht in dauernder Auseinandersetzung mit dem Nicht-Ich, aber es setzt sowohl »hinter« dieses Nicht-Ich ein unabhängiges Nicht-Ich wie »hinter« sich selbst ein unabhängiges Ich. Diese beiden Tätigkeiten jedoch, deren Unabhängigkeit die denknotwendige Voraussetzung des Wechsels ist, sind *de facto* immer schon in den Prozeß hineingezogen, sie sind nur gedankliche Setzungen. Wenn das aber so ist, so schloß ich, ist es ein unerlaubter Sprung, nun entweder vom unabhängigen Nicht-Ich oder vom unabhängigen Ich auszugehen und zu deduzieren. *Fichte* tut bekanntlich das letztere, er setzt das unabhängige Ich als abso-

---

[1] Cf. Fichte SW, hrsg. von I. H. Fichte, Leipzig 1834 f. Bd. I, S. 145 ff.

lutes Prinzip, und hier beginnt die Spekulation. Anders gesagt: man muß bei der Wechselbestimmung stehenbleiben und das Abgleiten in die Spekulation als einen Irrweg erkennen, der theoretisch zwar offensteht, der aber schließlich in Antinomien endet.

Ich war von der Richtigkeit der soeben angedeuteten Argumentation überzeugt — das bin ich auch heute noch —, aber sie half mir nicht wirklich weiter. Sollte ich nun den Versuch machen, gleichsam einen revidierten *Fichte* als Grundlage der Philosophie anzusetzen? Mir wurde klar, daß ein solcher Versuch außerordentlich problematisch ist und zwar in doppelter Hinsicht. Einmal erschien es mir abwegig und ein wenig anmaßend, eine Systematik abzufassen, die eindeutig von *Fichtes* Denken ausging, aber die zugleich den Anspruch erhob, *Fichte* zu verbessern, sodann — und dies war entscheidend —: der mögliche Sinn meiner Argumentationen konnte einzig und allein darin liegen, sie als Schlüssel anzusetzen, der den Zugang zu konkreten Bezügen von Ich und Welt eröffnete. Wenn man — das begriff ich immer deutlicher — diese Schematik rein abstrakt abzuhandeln suchte, eröffnete sich der Weg der Spekulation mit Notwendigkeit. Ich habe die beiden Ansätze der hier möglichen Spekulation: Ausgang vom absoluten Ich oder vom absoluten Nicht-Ich mehrfach durchzuspielen gesucht, um schließlich immer wieder auf den faktischen Ausgangspunkt, den Wechselbezug von Ich und Nicht-Ich, zurückzufallen.

Dies Ergebnis bedeutete eine eigentümliche Befreiung: es erschien mir nicht mehr sinnvoll, im Stil der Tradition nach einem Prinzip zu suchen, von dem her in reiner Deduktion mögliche Weltbezüge abgeleitet werden könnten. Rückblickend muß ich natürlich feststellen, daß diese Erkenntnis sachlich gesehen keineswegs eine bedeutsame Entdeckung darstellt, sie entspricht dem Zeitgeist, der sich der Metaphysik entfremdet hat. Gleichwohl kommt es entscheidend darauf an, in welchem Grade man diesen Abschied von der Metaphysik in allen seinen Konsequenzen durchzuführen gewillt ist. Eine dieser Konsequenzen aber liegt darin, daß man es aufgibt, das Ganze der Welt systematisch eindeutig zu Begriffe bringen zu wollen. An die Stelle einer von der Systemidee beherrschten Philosophie hat ein Philosophieren zu treten, das nicht festgelegt ist und das nicht festgelegt sein kann, weil es die geschichtliche und die systematisch-sachliche Besinnung zu einer dialektischen Einheit zu verbinden sucht, die nicht abschließbar ist.

Ich habe in dieser Zeit zwei kleine Arbeiten verfaßt — beide durch äußerliche Anlässe verursacht —: »Hegel und das Problem der Aufhebung der Metaphysik« in der »Festschrift für Martin Heidegger« (1959) und »Das Problem der absoluten Reflexion« in der »Festschrift für Gerhard Krüger« (1960). Beide Arbeiten versuchen im Gegenzug zu der Metaphysik des Deutschen Idealismus das Phänomen der Auseinandersetzung, das heißt das Wechselgeschehen zwischen Subjekt und Objekt, als das Wesen der Wirklichkeit herauszustellen. Sie entwickeln solchermaßen in den Grundzügen den Ansatz, der für mich auch heute noch leitend ist.

VI

Die Erkenntnis der Unzulänglichkeit einer rein systematischen Philosophie hatte konkrete Folgen. Ich begann mich mit den Problemen der modernen Wissenschaft, der Naturwissenschaft einerseits und der Sozialwissenschaft andererseits, eingehender zu befassen. Dies war für mich Neuland, da mir hier fast jede Vorbildung fehlte. Hilfreich war mir jedoch meine Kenntnis der Philosophiegeschichte. Sie ermöglichte mir ein rasches Vertrautwerden mit der geschichtlichen Entwicklung dieser Wissenschaften. Dies Studium war mit einer gewissen Entdeckerfreude verbunden. Es verlief zunächst nicht systematisch, sondern war auf Breite hin angelegt. Der Zugang zu manchen Gebieten fiel mir leicht, zum Beispiel zur Psychoanalyse — seit Jahren verband mich eine Freundschaft mit *Ludwig Binswanger* —, die Einarbeitung in naturwissenschaftliche Fragestellungen machte mir dagegen erhebliche Mühe, ich mußte mich hier auf die Aneignung der Grundbegriffe beschränken. Dies Studium der Wissenschaften war aber nicht

Selbstzweck. Ich versuchte vielmehr zugleich das Erarbeitete philosophisch zu reflektieren, das heißt mich zu fragen, welche Wirklichkeitsvorstellung in diesen Wissenschaften eigentlich leitend war. Ich begann die gewonnenen Einsichten niederzuschreiben, in der Absicht, sie im ersten Teil eines Buches zusammenzufassen, das sich mit dem Problem der gegenwärtigen Philosophie befassen sollte. Diese erste Niederschrift wurde im Jahr 1965 abgeschlossen. Ich mußte sie jedoch sehr bald als unzulänglich verwerfen, denn ich sah, daß meine Auseinandersetzung mit dem Komplex »moderne Wissenschaft« zu unmittelbar war. Mir fehlte die wissenschaftstheoretische Vorbildung. So wandte ich mich dem Studium derjenigen Philosophien zu, die sich mit der Theorie der Wissenschaft ausdrücklich befaßten, insbesondere dem Wiener Kreis, *Popper* und *Wittgenstein*. Aus dieser Zeit stammt ein kleines Büchlein über *Wittgenstein*, »Wittgenstein. Die Negation der Philosophie« (1967). Die Absicht dieses Werkes war eine doppelte. Ich wollte zunächst zeigen, daß *Wittgenstein* in seinem »Traktat« die komplizierte Struktur der modernen Wissenschaft, die sich als Forschungsprozeß etabliert, nicht angemessen herausgearbeitet hat — *Carnap* und *Popper* haben die Situation der gegenwärtigen Wissenschaft adäquater erfaßt. Sodann wollte ich nachweisen, daß *Wittgensteins* Idee der Sprachspiele durch den Mangel an dialektischer Reflexion bestimmt ist. Daß der Mensch dadurch ausgezeichnet ist, daß er sich zu sich verhält — an dieser Einsicht der klassischen philosophischen Tradition hielt ich fest.

Dieser erste Versuch einer Auseinandersetzung mit den Problemen der modernen Wissenschaft und der gegenwärtigen Wissenschaftstheorie hatte mir deutlich gezeigt, daß eine Neuorientierung der Philosophie über die ihr offenstehenden Wege ohne eine ausdrückliche Kritik der Tradition unmöglich sei. Diese Aufgabe erschien mir vordringlich. Mich leitete dabei die Überzeugung, daß die Ausklammerung der Geschichte der Philosophie zu einer Austrocknung der eigenen philosophischen Fragestellung führen würde. Die Problematik einer kritischen Philosophiegeschichte war mir aber durchaus klar. Diese Geschichte durfte sich nicht in der Darstellung von Details verlieren, sondern mußte die großen Perspektiven herausarbeiten, wenn anders sie ihre Aufgabe, an einer Neuorientierung der Philosophie mitzuarbeiten, erfüllen wollte.

Ich suchte nun zunächst die große klassische Philosophie, als deren Abschluß die Existenzphilosophie anzusehen ist, auf einen Nenner zu bringen. Ich glaubte, diesen zu finden in dem Gedanken des *reditus in seipsum,* dessen philosophische Bedeutung für die Entwicklung der Metaphysik kaum überschätzt werden kann. Dieser *reditus* ist keine Tatsache, sondern eine Tathandlung. Der Innenraum muß allererst gewonnen werden. Unter dem Aspekt dieser Tathandlung untersuchte ich die klassische Metaphysik als Bewegung des Transzendierens zur Unendlichkeit hin — diese Bewegung bestimmt die Philosophie von *Plato* und *Augustin* bis zu *Hegel* —, und als deren Gegenzug analysierte ich die Bewegung der Verendlichung in der Existenzphilosophie. Beide Bewegungen sind ausgezeichnet eben durch die Tendenz, einen Innenraum zu gewinnen, dem gegenüber die Außenwelt sekundär erscheint. Diese historischen Analysen unterstanden aber einer systematischen Absicht: im Gegenzug zum Ansatz der Verinnerlichung, der die Subjektivität zum Prinzip erhebt, wollte ich den Charakter der Wirklichkeit als eines dialektischen Zusammenhangs herausstellen und zwar insbesondere unter dem Gesichtspunkt des zwischenmenschlichen Bezuges. Wirklichkeit als dialektisches Geschehen ist ja nicht nur Auseinandersetzung eines Ich mit der Natur oder der Dingwelt, sondern auch Auseinandersetzung von Menschen untereinander. Beide Bezugsebenen sind ja ständig ineinander verflochten. Den Schlüssel zu dieser Bestimmung, daß Wirklichkeit wesentlich als zwischenmenschliche Geschehensdimension konstruiert werden muß, fand ich in *Fichtes* Schrift »Die Bestimmung des Menschen«. Dies Buch gilt mir als eines der wenigen ganz wesentlichen Werke der Philosophie. Wie Fichte am Ende des zweiten Buches das Ich, das keine selbständigen Gegenstände mehr kennt, als haltlose Bilderabfolge deklariert, und wie er im dritten Buch zeigt, daß für das Ich der standgebende Wider-

stand nicht die dingliche Außenwelt, sondern das andere Ich
ist, das ist auch heute noch wegweisend.

Die Metaphysik der Innerlichkeit bestimmt weithin das
Menschenbild der Tradition. Ich wollte die Entwicklung der
abendländischen Anthropologie daher im Zusammenhang mit
der Entwicklung der Metaphysik darstellen. Daß ich mich doch
schließlich entschloß, die Geschichte der abendländischen Anthropologie gesondert abzuhandeln, hatte einen zufälligen
Grund. Ich hatte in Feldafing auf einer Tagung vor Medizinern
und Biologen im Jahre 1964 über die Angst gesprochen und zu
zeigen versucht, daß sich bei dem späten *Schelling, Schopenhauer* und *Nietzsche* die Metaphysik des Geistes in die Metaphysik der Triebe und des Leibes umkehrt. *Horst-Eberhard
Richter* nahm mich nach dem Abschluß der Tagung im Auto
bis Stuttgart mit. Unterwegs unterhielten wir uns über psy-
chiatrische und psychoanalytische Probleme. Herr *Richter*
sagte, daß meine Sicht, daß die Metaphysik des späteren
19. Jahrhunderts die Voraussetzung der modernen Trieblehre
sei, doch vieles an der anthropologischen Gesamtentwicklung
zur Gegenwart hin verdeutlichen könne, zum Beispiel die Tatsache, daß der Trieb als eine Kraftquelle angesehen wird, die
mächtiger als der ranghöhere Geist ist. Er ermunterte mich,
diese Zusammenhänge darzulegen. Dies Gespräch war der
Anstoß dafür, daß ich sogleich begann, die Entwicklung der
Anthropologie von *Plato* bis *Nietzsche* darzustellen und zwar
unter den Leitworten »Vergeistigung« und »Verleiblichung«,
wobei die Vorsilbe »Ver-« wiederum wie bei dem Wort »Verinnerlichung« auf eine Tendenz des Selbstverständnisses des
Menschen hinweisen sollte.

Diese Darstellung der Anthropologie schloß ich mit einer
Skizze der gegenwärtigen Anthropologie ab, deren Kennzeichen
es ist, die Frage nach dem Menschen zu verwissenschaftlichen,
insofern nun an die Stelle des Vergleichs von Gott und
Mensch, der für die klassische Tradition wesentlich ist, der
Vergleich von Tier und Mensch tritt. Während der Ausarbeitung dieser Skizze wurde mir klar, daß die moderne Anthropologie von *Scheler* bis *Gehlen* zweideutig ist: sie will empi-

risch vorgehen, aber zugleich eine Wesensbestimmung des Menschen herausstellen. An die Stelle dieser Anthropologie tritt nun gegenwärtig die praktisch-pragmatisch ausgerichtete Einzelforschung — zum Beispiel die Untersuchung des Phänomens der Aggression —, hier aber wird die Frage nach einem einheitlichen Wesen des Menschen hintergründig. Sie wird vergleichgültigt. Diese Erkenntnis, aus der Analyse der anthropologischen Fragestellung gewonnen, erschien mir in philosophischer Hinsicht von kaum zu überschätzender Bedeutung, um so mehr als der Vorgang der Vergleichgültigung der Wesensfrage auch in anderen Wissenschaften zu beobachten war. Es wurde mir immer deutlicher, daß die Möglichkeit einer auf Wesensaussagen beruhenden philosophischen Systematik heute nicht mehr gegeben ist.

Von diesem Ansatz aus habe ich um das Jahr 1969 herum meine früheren Versuche, das Verhältnis von Philosophie und Wissenschaft in der Gegenwart zu klären, die ich im Jahr 1965 konzipiert hatte, wieder aufgenommen. Ich konzentrierte mich nun im wesentlichen innerhalb der Physik auf die Kernforschung und innerhalb der Sozialwissenschaft auf die Probleme der analytischen Soziologie. In beiden Fällen stand — das war der Fortschritt gegenüber meinen früheren Versuchen — eine konkrete Frage im Zentrum: inwiefern vermag die Wissenschaftstheorie eine zureichende Begründung des wissenschaftlichen Vorgehens zu gewährleisten? Die Antwort fiel zweideutig aus. Daß die Wissenschaftstheorie ein in sich sinnvolles Unternehmen ist, dies zweifelte ich ebensowenig an wie die Tatsache, daß sie die Forschungszusammenhänge im allgemeinen zu erhellen vermag. Aber — und diese andere Seite zu betonen schien mir wichtig — die Forschung geht in ihrem faktischen Vollzug weithin an diesen Theorien vorbei. Schon die wissenschaftstheoretische Grundforderung, nur eindeutige Begriffe anzuwenden, wird im Forschungsprozeß verletzt und muß ständig verletzt werden. Gerade die Grundbegriffe der Wissenschaft müssen als offene Leitbegriffe angesetzt werden, um von empirischen Ergebnissen her revidierbar zu sein. Das heißt: die Grundbegriffe der gegenwärtigen Wissenschaft stellen

keine eindeutigen Wesensbegriffe dar. Überblickt man die vielfältigen Beschreibungen des Atoms, die Physiker geben — seien
diese nun operationalistisch, instrumentalistisch, realistisch
oder empiristisch ausgerichtet —, so erkennt man, daß das Atom
eben nicht ein fester Begriff ist, sondern ein offener »Inbegriff«
von Forschungsansätzen. Diese Offenheit erschien mir legitim,
weil sie der Konstitution der physikalischen Welt entspricht,
die die Welt der Forschung ist. Diese physikalische Welt deckt
sich weder mit der alltäglichen Lebenswelt noch mit der Welt
der klassischen Physik, die die wahre Welt als Gesetzeswelt
aufdecken wollte. Zwischen diesen Welten gibt es enge Bezüge.
Die alltägliche Welt ist heute keine natürliche Gegebenheit
mehr, sondern verwissenschaftlicht, aber beide Dimensionen
müssen gegeneinander abgehoben werden.

Ähnliche Sachverhalte wurden mir bei der soziologischen
Bestimmung der Rolle klar. Studiert man die verschiedenen
Bestimmungen dieses Begriffes, so sieht man, wie vieldeutig
sie sind. Eindeutigkeit kann es hier nicht geben. Um den
komplizierten Sachverhalt nur anzudeuten: Der Begriff »Rolle«
ist als soziologischer Begriff keine Bestimmung des Selbstver-
haltens; über den Begriff der Sanktion, der allgemein zur
Deutung des Rollenbegriffs eingeführt wird, kommt aber eo
ipso die Möglichkeit des Innenverhaltens zum Beispiel als
Furcht vor Sanktionen ins Spiel, sie muß daher in die soziologische Betrachtung mit einbezogen werden.

Mit der Ausarbeitung des Abschnitts, der die Grundstruktur
der gegenwärtigen Wissenschaft thematisierte, hatte der Plan,
ein Buch zu schreiben, das die Chancen der Philosophie in der
Gegenwart zum Thema haben sollte, nun festere Umrisse gewonnen. Der Titel stand jedoch noch lange nicht fest; daß
frühere Titel wie »Phänomenologie der Erkenntnis« oder
»Philosophie der Reflexion« nicht mehr der Intention entsprachen, die sich allmählich herausgebildet hatte, eben die
Möglichkeit der Philosophie in der Gegenwart zu untersuchen,
war mir klar. Erst nach dem Abschluß des ganzen Manuskripts
im Jahre 1972 wurde dann der Titel »Philosophie in der veränderten Welt« festgesetzt.

VII

Die Probleme der Geschichte und der Geschichtlichkeit gehörten seit Beginn des Studiums für mich zu den zentralen Problemen der Philosophie, und die geschichtliche Betrachtungsweise erschien mir als das selbstverständliche Medium einer jeden philosophischen Fragestellung. Auch meine Untersuchungen über die Bezüge von Philosophie und Wissenschaft und die Problemstellungen der Anthropologie waren historisch angelegt, insofern ich hier versuchte, die gegenwärtige Situation durch die Auseinandersetzung mit der Vergangenheit in ihren Strukturen zu erhellen. Es erschien mir daher aus methodischen Gründen notwendig, das Recht der geschichtlichen Betrachtungsweise ausdrücklich herauszustellen. Dieses Vorhaben gewann für mich an Dringlichkeit durch die Bekanntschaft mit dem Strukturalismus. Die Lektüre der Werke von *Lévi-Strauss, Foucault* und später von *Althusser* hatte für mich etwas Beunruhigendes, den sie war verbunden mit der Einsicht, daß offenbar *Sartres* große Wirkung in Frankreich zu Ende ging. Das Bewußtsein der Geschichtlichkeit war für mich aber unauflöslich mit dem Phänomen des Selbstbezuges und des Engagements verknüpft, das gerade *Sartre* herausgestellt hatte. Im Strukturalismus begegnete mir nun der Versuch, eine Anthropologie zu entwerfen, die nicht auf das Selbstverständnis rekurrierte, und eine Geschichtskonzeption zu entwickeln, die die geschichtlichen Umbrüche nicht auf die handelnde Subjektivität zurückführte. Vom Strukturalismus aus entdeckte ich, wie sehr unsere Zeit überhaupt durch den Trend zum Ahistorismus bestimmt ist. Man denke nur — um ein Beispiel zur Verdeutlichung zu geben — an die sogenannte Krise der Geisteswissenschaft, die sich in der Abwendung vom Prinzip des nacherlebenden Verstehens der Zeugnisse der Vergangenheit und in der Zuwendung zu linguistischen Fragestellungen zeigt. Die Mißachtung der Geschichtlichkeit hat sich aber nicht nur in der Wissenschaft durchgesetzt, sie kennzeichnet auch die alltägliche Lebenswelt, insofern diese immer mehr vom Gesetz der technischen Machbarkeit bestimmt wird. Im Gegensatz zum Ende der Metaphysik, das mir legitim erschien, glaubte ich nun aber, daß mit dem Wissen um die Geschichtlichkeit etwas verloren gehe, was zum Menschen gehört: die Möglichkeit des Selbstverständnisses. Zugleich merkte ich jedoch immer deutlicher, daß es geboten sei, die Ausrichtung des Geschichtsbewußtseins an der Idee einer rein wirkungsgeschichtlich orientierten Vergangenheitsbetrachtung aufzugeben zugunsten eines handlungsorientierten Zukunftsbezuges.

Die Möglichkeit einer Umorientierung des Geschichtsbewußtseins suchte ich vor allem zu klären durch ein erneutes Studium von *Marx*. Die Vieldeutigkeit oder besser: die Dialektik des marxistischen Ansatzes erschien mir durchaus legitim. Auf der einen Seite muß *Marx* ja als Ideologiekritiker verstanden werden: nicht die idealen Gebilde oder die Menschen als Träger der sittlichen Mächte, sondern die wirtschaftlichen Faktoren bestimmen die Geschichte. Ich begann damals darauf zu achten, wie tief in uns alle dies entlarvende Bewußtsein eingedrungen ist. Es gilt heute als fast selbstverständliche Wahrheit, daß der Mensch als Mensch nur erfaßt werden könne, wenn man auf seine Bedürfnisse zurückgeht und an diesen sein Normbewußtsein ausrichtet. In einer solchen Redeweise zeigt sich, daß die Entwertung der Werte der Tradition als Folge der Aufhebung der Metaphysik des Geistes keine bloß philosophische Angelegenheit ist, sondern ein Geschehen, das eine Umorientierung des Menschen im ganzen bedeutet. Zugleich wurde mir aber die andere Seite des marxistischen Ansatzes wichtig: *Marx* will nicht nur entlarven, indem er die ökonomischen Faktoren als die wahren Ursachen aufzeigt, sondern er fordert ja auf, die Verhältnisse zu ändern. Nicht die Wirtschaft soll den Menschen, sondern dieser soll die Wirtschaft beherrschen. Wenn man nun immer nur auf den ökonomischen Faktor als den letzten Erklärungsgrund alles Geschehens hinweist, wie dies die orthodoxen Marxisten tun, dann verdrängt man die Tatsache, daß *Marx* ja eine Änderung propagiert. Daß bei *Marx*, insbesondere im »Kapital«, die Bestimmung der Bezüge zwischen Handlungsbewußtsein und ökonomischen Strukturen oft außerordentlich kompliziert ist, war mir klar. Wesentlich erschien es mir daher, das Handlungsbewußtsein als den dialektischen Bestimmungsgrund des geschichtlichen Geschehens herauszuarbeiten. Das konnte keineswegs besagen, daß sich nun der Mensch an die Stelle Gottes als Geschichtssubjekt zu setzen habe, denn das menschliche Tun vollzieht sich eben immer schon im Raum von Bedingungen, die es nicht überspringen kann.

Das Verständnis von *Marx* wurde mir erleichtert durch eine parallele Lektüre von *Freud*. *Freud* gehört ja wie *Marx* — und *Darwin* — zu den großen Ideologiekritikern, wenn er zeigt, daß das bewußte Ich keineswegs der eindeutige Akteur des menschlichen Tuns ist, wie das die klassische Metaphysik des Geistes behauptet. Aber — und dies war mir wichtig — auch *Freud* will nicht bei der Entdeckung der Macht des Unbewußten stehen bleiben. Seine Absicht ist es ja gerade, dem Menschen durch die Analyse dazu zu verhelfen, das Ich über das Es zu setzen.

Diese Parallellektüre von *Marx* und *Freud* erwies sich als sehr nützlich. Von beiden Denkern her suchte ich die Grundstruktur der Dialektik des Wechselbezuges von Bedingtheit und Unbedingtheit herauszuarbeiten und von ihr her das Phänomen der Geschichtlichkeit genauer zu bestimmen: der Mensch steht unabdingbar in der Geschichte, er vermag das Geschehen nie eindeutig zu lenken, er ist durch es bedingt, aber zugleich ist er als sich verstehendes Wesen doch ständig genötigt, seine Situation zu entwerfen und zu verändern. Die Vermittlung von Geschichtsbewußtsein und Handlungsbezug suchte ich durch den Terminus Vergeschichtlichung anzuzeigen: Vergeschichtlichung ist eine Reflexionshandlung, das heißt, sie setzt das sich verstehende Subjekt voraus. In und durch diese Reflexionshandlung orientiere ich mich in der geschichtlichen Situation, die mich schon bestimmt, und zwar in möglichster Konkretion, um in Auseinandersetzung mit den sich zeigenden Trends die Zukunft zu gestalten. Diese Gestaltung kann aber immer nur vorläufig sein, vor allem: sie wird von keinem »absoluten Geist« abgesichert. Die Frage nach einem allgemeinen Sinn der Geschichte ist für uns, die wir in der Geschichte stehen, unbeantwortbar.

Nachdem mir der Ansatz eines zeitgemäßen Geschichtsver-
ständnisses im Umriß deutlich geworden war, habe ich von ihm
her die Entwicklung der Geschichtsphilosophie dargestellt und
diese Analyse meinem Buch als einen relativ umfangreichen
Teil eingeordnet. Damit ging ein alter Plan, eine Geschichte
der Geschichtsphilosophie zu schreiben, in Erfüllung. Besonders wichtig war mir hier die Auseinandersetzung mit *Hegel*,
denn *Hegel* ist ja als derjenige Denker anzusehen, der das
Wechselgeschehen von Subjekt und Objekt erstmalig als die
Struktur der Geschichte herausgestellt hat. In bezug auf die
Erkenntnis dieser Dialektik ist das Studium *Hegels* eine unerläßliche Bedingung, auch wenn es gilt, entgegen *Hegels* Versuch, die Geschichte im sich vollendenden Selbstbewußtsein
des Absoluten stillzustellen, die Unabschließbarkeit eines Geschehens zu betonen, dessen Zeichen menschliche Macht und
Ohnmacht zugleich sind.

Die Ausarbeitung dieses Teils war für mich selbst bedeutsam. Durch sie wurde der direkte Bezug zu der hermeneutisch
orientierten Philosophie, an die ich mich bisher gehalten hatte,
sehr stark gelockert. Mir war klar geworden, daß die Ausrichtung auf die Zukunft hin ein sehr wesentliches Merkmal der
Geschichtlichkeit ist, und daß diese Zukunftsorientierung unter
den Aspekt der Handlung gestellt werden müßte. So begann
ich im Mai 1969 einen letzten Teil meines Buches auszuarbeiten, der unter dem Titel »Verantwortung« die Probleme der
Ethik behandeln sollte. Wie es zu diesem Entschluß kam, ist
mir auch heute noch nicht ganz klar, insbesondere wenn ich
bedenke, daß dieser Entschluß mit der Absicht verbunden war,
alle Teile der Arbeit auf diesen letzten Teil hin auszurichten,
denn ich hatte mich in meiner Studienzeit und während meiner
Lehrtätigkeit nie für die Probleme der Ethik in besonderem
Maße interessiert. Es sind hier, so konstruiere ich im nachhinein, wohl mehrere Faktoren am Werke gewesen. Zunächst
muß ich auf zwei Denker hinweisen, die mir in immer stärkerem Maße bedeutsam wurden: *Albert Schweitzer* und *Schopenhauer*. Es handelte sich in beiden Fällen um Rückerinnerungen
im Gegenzug gegen eine Vergessenheit, deren letzter Grund

die akademische Geringschätzung beider Philosophen war, diese hatte auch mich offenbar beeinflußt. *Schweitzer* hatte ich als Quartaner gelesen, und *Schopenhauer* hatte ich 1945 als ersten Philosophen nach der Entlassung aus der Kriegsgefangenschaft studiert. Durch den Rückgriff auf diese Philosophen wurde in mir das einfache Wissen wieder lebendig, das mir schon in der Schulzeit wichtig gewesen war, daß der Grundzug des Lebens Leiden ist, und zwar insbesondere das Leiden, das sich die Menschen, diese schlecht konstruierten Wesen, selbst zufügen, und daß es die wesentliche Aufgabe des Lebens ist, diese Leiden zu mindern.

Neben diesen Rückerinnerungen an früher gelesene Denker waren es philosophische Grundsatzüberlegungen, die den Entschluß, die Probleme der Ethik zu untersuchen, motivierten. Ich fragte mich, welche Möglichkeiten sich für die Philosophie eröffneten, nachdem die Epoche zu Ende ist, die durch den Aufbau großer Systeme bestimmt war, die das Ganze der Welt von einem Prinzip her durchleuchteten. Die Arbeit in den Disziplinen der Wissenschaftstheorie und der Sprachanalyse, die damals in das Zentrum der philosophischen Forschung zu treten begann, konnte, so meinte ich, nur dann sinnvoll sein, wenn sie nicht mit dem Anspruch verbunden war, die Philosophie als »Grundwissenschaft« zu etablieren. Ich war überzeugt, daß die Negierung des Absolutheitsanspruches der Philosophie in jeder Form notwendig sei, wenn anders die Philosophie in der gegenwärtigen Situation noch einen lebendigen Zeitbezug beanspruchen wollte. Dies besagte im Verhältnis zu den Wissenschaften: die Philosophie kann die Wissenschaften nicht fundieren, sondern muß vielmehr versuchen, sich in die Wissenschaften einzuleben, um sie in ihrer gegenwärtigen Struktur angemessen zu reflektieren. Der Gesichtspunkt einer solchen Reflexion kann aber letztlich nur die Praxis der realen Lebensdimension sein, deren Gestaltung uns als geschichtlichen Wesen aufgegeben ist. Diese Gestaltung ihrerseits aber ist nicht von einem technologischen und verwissenschaftlichten Ansatz her zu leisten, sondern muß unter dem Gesichtspunkt der Verantwortung stehen. Die Grundzüge einer zeitgemäßen Verantwortungsethik zu entwerfen, das heißt, danach zu fragen, wie und auf welchen Wegen ein Optimum für das Zusammenleben der Menschen erreicht werden könne, dies erschien mir als die einzig legitime Aufgabe einer zeitgemäßen Philosophie.

Sehr bald sah ich, daß diese Aufgabe bestimmte Probleme, und zwar sehr unterschiedlicher Art, aufwarf, die zu bewältigen waren. Ich suche sie kurz zu charakterisieren. Wenn die gegenwärtige Lebenswelt keine natürliche, sondern eine von Grund aus verwissenschaftlichte ist, dann muß die Ethik von diesem Sachverhalt ausgehen, das heißt, sie hat den Zusammenhang von Leben und Wissenschaft zu thematisieren, und zwar möglichst konkret. So ist es erfordert, soziologische, politologische oder psychologische Fragestellungen aufzunehmen, um die Ansatzpunkte des ethischen Handelns zu bestimmen. Eine Ethik, die dies nicht tut, bleibt faktisch ein lebensfremder Schreibtischentwurf. Dieses Sicheinlassen auf die wissenschaftlichen Fragestellungen darf aber keineswegs ein Sichausliefern an die Wissenschaften bedeuten, das heißt, die sogenannten Sachzwänge der Wissenschaften dürfen nicht als Basis angesetzt werden. Ich sah, daß die Ethik gegenwärtig in Konkurs geraten war, weil ethische Überlegungen weithin durch wissenschaftliche Fragestellungen ersetzt worden waren. Diese Tatsache erschien mir von entscheidender Bedeutung. Sie zeigt sich in der Entwertung ethischer Begriffe der Tradition wie Gewissen, Schuld, Verantwortung. Vor allem scheinen die ethischen Grundbestimmungen »gut und böse« gleichsam unmodern geworden zu sein. An ihre Stelle sind andere Gegensatzpaare getreten, insbesondere der Gegensatz »frei und unfrei«, wobei das Negativum jeweilig als Leitbegriff fungiert, der jedoch vielfältig zu differenzieren ist. Unfreiheit wird heute zumeist vom sozialen, politischen und ökonomischen Aspekt her thematisiert. Unfreiheit wird aber auch — um ein anderes Beispiel zu nennen — im Sinne der Psychoanalyse als Herrschaft unbewußter Zwänge verstanden. Die Negation der Unfreiheit steht unter dem allgemeinen Leitziel der Emanzipation. Das ist die *communis opinio*. Der Weg zu diesem Ziel hin ist, so wird nun deklariert, die Umänderung der Verhältnisse, durch die die

Unfreiheit überhaupt erst zustandekam. Diese Umänderung kann revolutionär oder reformistisch sein, auf jeden Fall muß sie aber die reale Situation, die der Grund der Unfreiheit ist, beheben. Jeder ethische Ansatz, insbesondere der ethische Appell, ist daher abwegig: Ethik und Moral sind nicht nur wirkungslos, sondern fördern de facto die Anpassung an das Gegebene, indem sie an die Stelle der Realitätsänderung den Gesinnungswandel setzen.

Diesem Ansatz gegenüber hielt ich es für notwendig, auf das, was ich die ethische Einstellung nannte, hinzuweisen. Das Verantwortungsbewußtsein, das heißt das Bewußtsein, daß es auch an mir liegt, galt mir als die unabdingbare Voraussetzung jeder Änderung. Zugleich aber erschien mir jeder utopische Glaube an die Verwirklichung eines Reiches der Freiheit unberechtigt angesichts des menschlichen Hanges zum Bösen und angesichts der geringen Einwirkungskraft eines planvollen Tuns auf das Gesamtgeschehen. Wenn aber der Ausweg in eine Gesinnungsethik nicht erlaubt ist, insofern er den Weltbezug zugunsten der reinen Innerlichkeit einklammert, so bleibt als eigentliche Möglichkeit nur eine Verantwortungsethik, die von der inneren und äußeren Dialektik des menschlichen Handelns nicht absieht, sondern diese gerade zur Grundlage nimmt. Das heißt konkret: man muß sich der Bedingtheit des menschlichen Tuns und der Ungewißheit des Erfolges bewußt sein und dennoch so handeln, als ob eines Tages eine bessere Menschheit Wirklichkeit würde.

Zu der soeben dargelegten Problematik, die den Inhalt und die Ausrichtung einer zeitgemäßen Ethik betraf, kam noch eine Schwierigkeit in bezug auf den methodischen Aufbau dieser Ethik hinzu. Diese Schwierigkeit machte mir sehr zu schaffen. Wenn anders die Möglichkeit, eine systematische Philosophie zu entwerfen, die metaphysische Prinzipien herausarbeitet und von ihnen her deduziert, für uns nicht mehr gegeben war, dann konnte ich mich auch nicht an die traditionellen Systeme der Ethik halten, die allererst so etwas wie ein ethisches oder moralisches Bewußtsein seiner Möglichkeit und Wirklichkeit nach begründen wollten. Aber auch die damals gerade einsetzenden

Versuche einer Rehabilitierung der praktischen Philosophie
halfen mir nicht weiter, das Einüben in moralische Argumentationsformen, die für jedermann verbindlich sein sollten, oder
die transzendentalphilosophische Begründung eines Kommuni-
kationsapriori und eines repressionsfreien Dialogs als Prinzip
aller Verständigung schien mir keinen Weg darzustellen, der
einen wirklichen Zugang zu einer konkreten Ethik eröffnete.
Indem man sich, darin die Tradition fortführend, um Voraussetzungen der Ethik im Sinne einer prinzipiellen Grundlegung
bemühte, erlag man der Gefahr, das argumentierende Reden
im Lichte eines Konsensus selbst schon als die Figur des eigentlichen Handelns auszugeben, solchermaßen geriet aber die
Dimension der wirklichen zwischenmenschlichen Bezüge, in
der die Menschen zumeist recht unvernünftig gegeneinander
handeln, aus dem Blickfeld der ethischen Besinnung.

Um alle diese Schwierigkeiten einigermaßen zu bewältigen,
beschloß ich, den Ausgang meiner Analyse gerade bei den Ansätzen der Gegenwart zu nehmen, die zwar von ethischer Relevanz waren, aber keine explizite Ethik darstellten. Unter diesem Gesichtspunkt behandelte ich die Psychoanalyse und die
Protestaktionen der Intellektuellen und arbeitete die beide Ansätze bestimmende Tendenz zur Emanzipation heraus. Sodann
entwickelte ich die Struktur der gegenwärtigen Bestimmung der
Freiheit von den Zeitphänomenen her: Freiheit ist Aufhebung
jedweden Zwanges, positiv ist sie zu bestimmen als »kreative«
Fähigkeit des Entscheidenkönnens im Sinne einer aufkläreri-
schen Rationalität.

Auf dem Hintergrund und im dialektischen Gegenzug zu
dieser Bestimmung der Freiheit suchte ich nun meinen eigenen
ethischen Ansatz darzulegen. Ich griff dabei durchaus auf bestimmte Grundansätze der traditionellen Ethik zurück — anders schien mir die Formalität und Ambivalenz der gegenwärtigen Bestimmung der Freiheit als Emanzipation, Aufklärung und Rationalität nicht überwindbar. Ich bemühte mich
aber zugleich darum, die ethischen Grundbegriffe nicht als
Prinzipien im Sinne einer Metaphysik anzusetzen. Zuerst thematisierte ich die Begriffe »gut und böse«, beide Bestimmun-

gen sind nicht definitorisch festzulegen, sondern fungieren als offene Leitbegriffe für mögliche Maximen des Handelns. Ich ging vom Begriff des Bösen aus, denn diese Bestimmung ist es, die auf die Notwendigkeit der ethischen Fragestellung hinführt. Das Böse zeigt sich als der mit der Ichhaftigkeit des Menschen eröffnete, aber nicht mit ihr identische Hang zur reinen Selbstbezogenheit, die den anderen ausschließt, indem sie »rücksichtslos« vorgeht. Ihre äußerste Möglichkeit ist es, den anderen aus Lust an der puren Grausamkeit zu vernichten. Im Gegenzug zum Bösen muß das Gute als Inbegriff möglicher und wirklicher Ordnung im Äußeren und Inneren verstanden werden, von der her und auf die hin der Mensch lebt.

Ich versuchte, die Begriffe »gut« und »böse« nicht ontologisch auszudeuten. Sie stellen vielmehr Handlungskonstituentien dar und gewinnen ihrerseits Konkretion in der Gestalt ethischer Instanzen. Als solche auch für uns wesentliche Instanzen thematisierte ich Vernunft und Mitleid. Ich griff also auf *Kant* und *Schopenhauer* zurück, suchte aber zugleich, den Unterschied zu beiden Denkern zu betonen. Vernunft ist für uns keine überzeitliche, sondern eine situationsbestimmte Instanz, und Mitleid ist keine absolute Negation der Individualität, sondern die letzte Chance, angesichts direkt erfahrenen Leidens unmittelbar zu helfen. Von diesen Instanzen her suchte ich nun einige ethische Maximen zu entwickeln, die möglichst lebensnah sein sollten. Ich nahm die Formel »das größte Glück der größten Zahl« oder negativ formuliert »die Minderung des Leidens« auf und griff zur Verdeutlichung auf das ethische Prinzip *Albert Schweitzers* »Ehrfurcht vor dem Leben« zurück, wobei ich in gewissem Unterschied zu *Schweitzers* Ansatz gerade die Problematik dieser Formel betonte. So darf — um ein Beispiel zu geben — Ehrfurcht vor dem Leben nicht unter allen Umständen bedeuten, das werdende Leben des Ungeborenen als unantastbar zu setzen, wenn für das geborene Kind kein lebenswertes Leben zu erwarten ist. Aufs Ganze gesehen hatte diese Grundlegung der Ethik — ich sprach vorsichtiger von einem »Grundriß« — die Aufgabe zu erfüllen, im Gegenzug zu der heutigen Einklammerung der ethischen Fragestellung die Wichtigkeit ethischer Grundbegriffe, wie sie die Tradition entwickelt hat, aufzuweisen, zugleich aber zu zeigen, daß diese Begriffe als offene Leitbegriffe für das konkrete Handeln und nicht als axiomatische Prinzipien verstanden werden müssen.

In einem zweiten Abschnitt des abschließenden Teiles »Verantwortung« versuchte ich in meinem Buch, konkreten Problemen einer zeitgemäßen Ethik nachzugehen. Die mich bei dieser Untersuchung leitende Vorstellung läßt sich kurz folgendermaßen formulieren: Wenn unsere Lebenswelt durch die Wissenschaft und die Technik bestimmt ist, dann kann die Verbesserung des Lebens nur mit Hilfe der Wissenschaft vollzogen werden; aber dies besagt nicht, daß der ethische Einsatz durch wissenschaftliche Fragestellungen verdrängt werden darf, denn keine wissenschaftliche Analyse vermag das Engagement, in dem der einzelne sich zum eigenen Einsatz aufruft — die Grundbedingung des verantwortlichen Handelns — zu ersetzen.

Dies Ineinandergreifen von wissenschaftlicher Fragestellung und ethischem Engagement, das unter Umständen auch zu einer Konfrontation beider Ansätze führt, erwies sich mir als das A und O einer realitätsnahen Ethik. Es ist natürlich nicht möglich, allgemeine Richtlinien, von denen her dies Ineinandergreifen zu regeln wäre, aufzustellen. Eine Voraussetzung ist jedoch unerläßlich: Der Philosoph muß bereit sein, die Eindeutigkeit der Schemata und der Begriffe, an die er sich als Philosoph zu halten pflegt, in Frage zu stellen. Im Gespräch mit Vertretern anderer Fächer ist mir die Notwendigkeit dieser Einstellung immer wieder deutlich geworden. Ein Beispiel sei angeführt. Ich hatte einen Vortrag über Schuld und Verantwortung mehrfach gehalten, und zwar vor Psychotherapeuten, Juristen und Lehrern. Die Reaktion war den Arbeitsgebieten der Zuhörer entsprechend sehr differenziert. Am lehrreichsten waren für mich die Diskussionen mit den Juristen und den Psychotherapeuten. Es war mir in beiden Fällen aufschlußreich, daß eine klare Unterscheidung im Sinne *Kants* — als intelligible Wesen sind wir vollkommen frei, als empirische vollkommen bestimmt — als abstrakt angesehen und abgelehnt wurde. Theoretisch wurde im allgemeinen von beiden Gruppen dem Determinismus ein relativ größeres Recht zugebilligt. Abhängigkeit von Erbstrukturen, Anlage, Milieu und Erziehung wurden als wesentliche Faktoren des Verhaltens angeführt. Für die Praxis wurde der deterministische Ansatz jedoch nicht anerkannt. Der Rückgriff auf die Freiheit sei, so wurde zumeist erklärt, aus pragmatischem Aspekt der Lebensbewältigung und unter dem Gesichtspunkt möglicher Erziehung zur Eigenständigkeit und Verantwortung unentbehrlich. Die große Schwierigkeit sei es jedoch, in der konkreten Arbeit des Juristen oder Psychotherapeuten die Anteile von Freiheit und Unfreiheit im Verhalten überzeugend zu scheiden. Aus diesen Gesprächen lernte ich ein Mehrfaches, zunächst — wie ich schon andeutete —, daß feste Schemata für die Deutung der Praxis nicht hilfreich seien, sodann, daß ein Rückgriff auf traditionelles Gedankengut — in diesem Fall handelt es sich um den Rückgriff auf die als Eigenständigkeit und Verantwortlichkeit bestimmte Freiheit — zur Klärung der in Frage stehenden Problematik nützlich sei, auch wenn sich die modernen und die traditionellen Begriffe nicht ohne weiteres decken, und schließlich wurde mir einsichtig, daß gewisse Grundkenntnisse in den Sozial- und Verhaltenswissenschaften für die Konstitution einer zeitgemäßen philosophischen Ethik unerläßlich seien, weit mehr als das Einüben moralischer Argumentationsformen oder die sprachliche Analyse ethischer Aussagemöglichkeiten.

Um die ethisch relevanten Phänomene in ihrer konkreten Form angemessen zu erfassen, führte ich eine Unterscheidung ein: die Differenz von Nah- und Fernhorizont. Das Mit- oder Gegeneinander einer unmittelbaren Begegnung vollzieht sich als Bezug der Nähe in den Formen eines sich entsprechenden oder widersprechenden Frage- und Antwortverhaltens. Es ist anders strukturiert als der unpersönliche Bezug innerhalb von Großgruppen. Durch die Unterscheidung des Verhaltens im Nah- und Fernhorizont wollte ich die traditionelle Vorstellung, daß die philosophische Ethik immer nur eine einzige einheitliche Verhaltensstruktur anzusetzen habe, um das ethische Handeln zu deuten, in Frage stellen. Die Unterscheidung des

Verhaltens im Fernhorizont und Nahhorizont ist — dies sei hier
angemerkt — nicht identisch mit der Differenz von Sittlichkeit
und Moral, die *Hegel* aufgestellt hat. Diese Differenz ist zur
Interpretation ethischer Phänomene außerordentlich hilfreich,
freilich ist es notwendig, im Gegenzug zu *Hegel,* der die Sittlichkeit der Moral überordnet, daran festzuhalten, daß Sittlichkeit und Moral zwei gleichberechtigte ethische Verhaltensfor-
men darstellen, deren Auftreten den geschichtlichen Grundkon-
stellationen entsprechend variiert. In ruhigen Zeiten, soziolo-
gisch gesprochen: in intakten Gesellschaften, ist das durch
Sitte und Gewöhnung bestimmte Verhalten, das das »Gemäße«
zur Norm erhebt, das heißt eben die Sittlichkeit, die primäre
Umgangsform im Gegenzug zu den Krisen- und Übergangs-
epochen. In diesen zeigt sich eine Diskontinuität. Ein Gegensatz zu den geltenden Normen bricht auf, und der einzelne
muß sich auf sich besinnen und seine vernünftige Überlegung
als Instanz eines moralisch verantwortlichen Handelns ansetzen. Sittlichkeit und Moralität sind also sowohl im Nah- als
auch im Fernhorizont mögliche Formen ethischen Tuns. In
Epochen der »kalten Geschichte«, mit *Lévi-Strauss* gesprochen,
wird sowohl das Leben in der Familie als auch im Staat nach
der Ordnung der Sitte strukturiert sein.

Unsere Gegenwart stellt nun sicher eine Epoche der »heißen
Geschichte« dar. Es gibt keine intakten Ordnungen, die frag-
los anerkannt werden, weder im Nah- noch im Fernhorizont.
Insbesondere sind die institutionellen Strukturen der Großgruppen problematisch geworden. Der gesellschaftliche Bezug
wird zwar überall als wesentlich herausgestellt, an ihm soll das
gesamte Verhalten gemessen werden, aber diese Bestimmung
»gesellschaftlicher Bezug« bleibt weithin vage und unbestimmt.
Ich versuchte dieser Problematik nachzugehen, indem ich die
politische Situation unter geschichtlichem Aspekt, das heißt in
Abhebung von der Vergangenheit und im Blick auf die mögliche Zukunft, betrachtete. In der Vergangenheit sind die Normen des politischen und ethischen Verhaltens wesentlich auf
die Glieder des eigenen Volkes eingeschränkt, im Verhältnis
der Nationen zueinander regieren dagegen — mit *Hegel* gespro-

chen — Zufall und Gewalt. Wenn nun gegenwärtig die isolierte
Bindung an die eigene Nation sich in immer stärkerem Maße
als unmöglich erweist angesichts der insbesondere durch die
technische Entwicklung bedingten Verzahnung der einzelnen
Nationen und Machtblöcke untereinander, dann ist es notwendig, diesen Trend zur Vereinheitlichung auch unter politischem
und ethischem Aspekt zu bedenken. Sicherlich ist es angebracht, sich hier vor Illusionen zu bewahren; der Gedanke,
daß die Menschheit als ein einheitliches Geschichtssubjekt fungiert, ist zumindest von der gegenwärtigen Situation her gesehen kein konstitutives, sondern »nur« ein regulatives Prinzip.
Aber das Handeln im Fernhorizont muß sich immer erneut
regulativen Prinzipien unterstellen, wenn anders überhaupt
eine Verbesserung des menschlichen Zusammenlebens erreicht
werden soll.

VIII

Die Arbeit an dem geplanten Buch über die Möglichkeiten
der Philosophie in der Gegenwart stand in den Jahren von
1960 an im Vordergrund meiner Tätigkeit. Sie wurde von meinen Vorlesungen her korrigiert, insofern ich Gedankengänge,
die sich mir bei der Ausarbeitung des Manuskripts als zentral
darstellten, gleichsam probeweise in den Vorlesungen vortrug.
Der Themenstellung nach bewegten sich meine Vorlesungen im
Rahmen der Philosophiegeschichte. Die geschichtliche Orientierung erschien und erscheint mir im Zeitalter des Ahistorismus unbedingt notwendig, denn ohne Auseinandersetzung mit
der Tradition ist die Philosophie zur Sterilität verurteilt. Ich
suchte jedoch in immer stärkerem Maße — dies war die Wirkung der Arbeit an meinem Buch auf die Vorlesungstätigkeit —,
die Probleme der philosophischen Tradition zu den Fragestellungen der Gegenwart in Bezug zu setzen, und zwar in möglichster Breite. Dieses Vorgehen, das methodisch gesehen dem
sicher nicht erreichten Ideal einer Einheit von historischer und
systematischer Fragestellung nachstrebt, erfordert, daß man
nicht bestimmte Themenkreise als unphilosophisch ausschließt,
insofern sie nicht zu dem gegenwärtigen Trend der wissen-

schaftstheoretisch und sprachphilosophisch orientierten Philosophie passen.

Zwei Themenkreise, die nicht von der Philosophie allein
angemessen behandelt werden können, sind mir nun nach der
Abfassung meines Buches besonders wichtig geworden. Es handelt sich einmal um Fragen des Zusammenhangs von Ethik,
Sozialwissenschaften und Psychoanalyse. Hier geht es mir wie
in meinem Buch um das Problem, ob und wieweit die ethische
Einstellung durch wissenschaftliche Fragestellungen aufgehoben
werden kann. Dies Problem erscheint mir immer bedrängender,
wohl nicht zuletzt deswegen, weil meine Skepsis an dem Erfolg
ethischen Tuns, zumindest in bezug auf das Verhalten im Fernhorizont, immer größer wird. Der zweite Themenkreis umgreift
Probleme, die, oberflächlich formuliert, dem anthropologischen
Bereich angehören. Genauer gesagt: Es geht mir hier darum,
an einem bestimmten Phänomen beispielhaft zu zeigen, wie
sich der Verlust der metaphysischen Einstellung im Selbstverständnis des gegenwärtigen Menschen auswirkt. Als ein solches
Phänomen hat sich mir immer eindeutiger das Problem des
Todes herausgestellt. Dies Problem hat mich von meiner Dissertation über die Unsterblichkeitsbeweise im platonischen
Phaidon an beschäftigt. Am Schluß meines Buches »Philosophie
in der veränderten Welt« wollte ich es in einem letzten Teil
unter dem Titel »Vergleichgültigung« thematisieren. Dieser Teil
ist mir nicht recht gelungen, er wurde nicht veröffentlicht. Ich
möchte jedoch in Umrissen andeuten, worum es mir bei der
Todesanalyse geht.

Blickt man auf die klassische Epoche der Philosophie, so ist
in ihr nicht primär das Problem des Todes wesentlich, sondern
die Frage des Fortlebens. Daß es nicht mit dem Tod »aus ist«,
wird sowohl von der platonischen Unsterblichkeitslehre als
auch von dem christlichen Auferweckungsdogma behauptet;
der Unterschied beider Konzeptionen ist in der Entwicklung
der Tradition eingeebnet und zu einer Einheit verschmolzen
worden. Die Unsterblichkeit der Seele, im Gegensatz zur Sterb-
lichkeit des Körpers, die *Descartes* zu einem Hauptthema seiner »Meditationes« erhebt, war in der Tradition der Schlüssel

zum Verständnis des Menschen. Es wäre unmöglich gewesen, über den Menschen etwas Verbindliches auszusagen, ohne zu dieser Frage Stellung zu nehmen. Die moderne verwissenschaftlichte Anthropologie verliert über diesen Gegenstand kein Wort, ebensowenig wie die letzte große Philosophie, in der sich die Metaphysik der Endlichkeit vollendet: *Heideggers* Werk »Sein und Zeit«. In diesem Buch wird der Tod, und zwar als absolutes Ende, zum Schlüssel der Existenz, von ihm her allein eröffnet sich das Wissen um die Endlichkeit.

Diese Analyse des Todes gehört ineins mit der existenzphilosophischen Gesamtproblematik heute bereits der Vergangenheit an. Nicht nur die Frage nach der Unsterblichkeit, auch die Frage nach dem Tod erscheint gegenwärtig vergleichgültigt. Es ist sehr schwer, dies Phänomen der Vergleichgültigung adäquat zu erfassen. Es ist keineswegs zutreffend, daß der Tod heute tabuisiert wird. So wird die Frage nach der Euthanasie ausführlich und möglichst realistisch vom Verhalten unheilbar Kranker her diskutiert. Vor allem aber gilt: der Tod ist zum Thema soziologischer Untersuchungen geworden. Man fragt nach der Einstellung der Umwelt zu den Sterbenden und den Toten; der Tod im Krankenhaus wird ebenso wie die Begräbnissitten, die Grabreden und Grabsprüche analysiert. Wissenschaftstheoretisch klassifizierend läßt sich sagen, daß Sterben und Tod zum Thema der Verhaltensforschung geworden sind. Das kluge Buch von *E. Kübler-Roos* »Interviews mit Sterbenden« (1969) ist eine »empirische Untersuchung«, das heißt, es sucht auf dem Wege der induktiven Beobachtung von Einzelfällen zu allgemeinen Hypothesen über das Verhalten von Sterbenden aufzusteigen. Wie bei allen empirischen Untersuchungen von Vorgangsabläufen drängt sich die Frage auf, ob die Phasenabfolge richtig abgeschildert ist. Ist die letzte Phase — Frau *Kübler-Roos* redet von Zustimmung zum Sterben — wirklich genügend empirisch belegt? Ein Teil der Mediziner, die ich fragte, war der These vom »sanften Tod« gegenüber skeptisch. Wie auch immer: an diesen Untersuchungen sieht man — und dies ist methodisch wichtig —, wie weit wir von der klassischen Tradition entfernt sind: die Idee, das Sterben als existenziale

Möglichkeit des Vorlaufens zum Ende hin ohne Rücksicht auf
psychologisch-physiologische Vorgänge zu betrachten, scheint
uns eigentümlich abstrakt und unwirklich. Es wäre sicher abwegig, diese Wendung der Todesproblematik als Verfallsphä-
nomen zur Seite zu schieben, sie bezeugt die Abkehr von der
Innerlichkeit.

Aber man kann offensichtlich bei diesen Außenbeobachtun-
gen nicht stehen bleiben — man muß sich selbst »einbeziehen«
und etwa den Vorgang des Alterns nicht nur in physiologischer,
sondern auch in psychologischer Hinsicht thematisieren. Was
heißt es, daß die Erinnerung im Alter die Erwartung auf Kom-
mendes »verdrängt«? Verklärt die Erinnerung oder stilisiert
sie schemenhaft zur Unwirklichkeit? Wie stellt sich die Zeitauffassung in der Erinnerung dar? Wie ist überhaupt das Verhältnis des Todes zur Zeit zu bestimmen? Kommt der Tod als
Ereignis auf mich zu, oder ist die Zeit eine objektive Dimension der Welt? Ich kam im Jahr 1912 in die Welt und verlasse
sie mit Sicherheit vor der Jahrhundertwende. Man müßte versuchen, vom Tod her das mögliche und wirkliche Weltverhält-
nis zu thematisieren. Hier bleibt nur der schwankende Boden
der Introspektion. Ich erinnere mich: In meinem dritten Stu-
diensemester ging ich die Treppe in der Breslauer Universitäts-
bibliothek, einem wundervollen Barockbau, hinauf. Mich über-
fiel der Gedanke, daß ich plötzlich sterben könne, daß aber
diese Bibliothek, ganz Breslau und die Welt weiterbestehen
würden. Ich fand diese Tatsache des »Weiterbestehens ohne
mich« absurd und vor allem unerträglich. Sicher: das war eine
jugendlich-romantische Idee. Oder steht da die ganze Belastung
des geistigen Erbes der Tradition dahinter: daß letztlich nur
das Schicksal der Einzelseele wichtig ist, und daß sich eigentlich alles um dieses Schicksal dreht?

Heute deuten sich mir andere Sichtmöglichkeiten an — sicher
auch durch den Krieg und seine Erfahrung bedingt. Die Stellung zum Tod wird eigentümlich ambivalent. Die Angst bleibt,
aber die Vorstellung, immer weiterzuleben in einer Welt, die
kaum die beste ist, erscheint nun unerträglich. Der Gedanke,
den *Sokrates* in der platonischen Apologie ausspricht, daß der

Tod ein langer Schlaf und solchermaßen etwas Beruhigendes
sei, wird ein wenig verständlicher. Und schließlich und vor
allem: die Vorstellung, daß die Welt wohl nicht ewig, aber
noch eine geraume Zeit nach dem eigenen Tod weiterbestehen
wird, hat fast etwas Tröstliches an sich, auch wenn man kaum
zu hoffen wagt, daß die Menschen doch noch ein bißchen vernünftiger werden.

Gewiß: das sind unsichere Aussagen. Daß ich hier aber auf
das Todesproblem hinweise, hat einen bestimmten Grund.
Manchmal werde ich gefragt, ob ich die Skepsis in bezug auf
noch offenstehende Möglichkeiten der Philosophie nicht zu
weit triebe, und ob denn nach der Deklaration vom Ende der
Metaphysik für die Philosophie noch etwas zu tun übrigbliebe.
Solche Fragen sind nicht allgemein zu beantworten. Aber das
eine scheint mir gewiß zu sein: Es gibt noch genügend Probleme, über die zu philosophieren möglich und vielleicht sogar
notwendig ist. Das Todesproblem gehört meiner Meinung nach
vorrangig dazu, gerade in Anbetracht der Vielfältigkeit der
Behandlungsweisen, von denen her es heute angegangen wird.
Hier zeigt sich: auch nach dem sogenannten Ende der Metaphysik gibt es Probleme, die nicht in Form einer Außenbeob-
achtung untersucht werden können.

Neben den soeben angedeuteten beiden Problemkreisen, der
Frage nach der Bedeutung der Ethik im Zeitalter der Verwis-
senschaftlichung und der Frage nach dem Tode, rückt ein drittes Thema immer mehr ins Zentrum meiner Überlegung. In
meinem Buch »Philosophie in der veränderten Welt« hatte ich
das Nachwort »Dialektische Wirklichkeit« überschrieben und
dort erklärt, daß Wirklichkeit weder eine vorgegebene Objektwelt sei noch auf einer Setzung des Subjekts beruhe, sondern
daß Wirklichkeit einen Geschehenszusammenhang darstelle, in
dem Subjekt und Objekt in der Weise gegenseitiger Bedingung
miteinander verflochten seien. Diesen Wechselbezug von Subjekt und Objekt möchte ich als Grundzug einer offenen Dialektik herausstellen, und zwar in einer Untersuchung, die zugleich
historisch und systematisch ausgerichtet wäre.

Der Gedanke dieses Wechselbezuges wird in der gesamten

Geschichte der Philosophie immer wieder zurückgedrängt. Der wesentliche Grund dafür ist die Vorherrschaft der Metaphysik: Die abendländische Metaphysik ist monistisch ausgerichtet. Sie will auf ein Letztes hin, das eine Einheit darstellt, die gegenüber den aus ihr hervorgehenden Gegensätzen indifferent ist. Auch und gerade wenn in der neuzeitlichen Metaphysik das Absolute als Subjekt bestimmt wird, wird diese Subjektivität als Identität oder Vermittlung der Gegensätze deklariert.

Diese Metaphysik der Subjektivität war sicher ein Irrweg. Ebenso verfehlt aber ist es, die Subjektivität als philosophische Grundbestimmung radikal zu entwerten und sie aus der wissenschaftlichen Besinnung auszuschließen. Ansätze, die in diese Richtung weisen, sind heute nicht nur weit verbreitet, sie kennzeichnen das gegenwärtige wissenschaftliche Vorgehen in außerordentlich hohem Maße. Man denke an die behavioristisch orientierte Verhaltensforschung, den Strukturalismus, insbesondere *Althusser* und *Foucault,* bestimmte an den späten *Wittgenstein* anknüpfende sprachanalytische Richtungen, die wissenschaftstheoretischen Schulen, die von den exakten Naturwissenschaften ausgehen, und schließlich und vor allem ist an den technologischen Trend unserer verwissenschaftlichten Epoche zu erinnern, der, an der Idee reiner Sachbezogenheit orientiert, die Subjektivität nur unter dem Aspekt eines rationalen Entscheidenkönnens anerkennt.

Eigentlich sind es nur noch einige wenige an *Marx* orientierte Philosophen, die bestimmte Probleme der Subjektivität diskutieren. Ich denke vor allem an den frühen *Georg Lukács, Ernst Bloch* und *Theodor W. Adorno.* Bei diesen Denkern wird die Frage aufgenommen, wie gegenwärtig der Bezug des einzelnen, und zwar sowohl unter dem Aspekt seiner sozialen Gruppierung als auch seines Selbstverständnisses, zu den ihn übergreifenden gesellschaftlichen und geschichtlichen Zusammenhängen zu interpretieren sei. Das Studium dieser drei Philosophen, die den Übergang von *Hegel* zur Gegenwart mit Hilfe von *Marx* vollziehen wollen, scheint mir nach wie vor wichtig. Freilich: das metaphysische Denken auf ein Absolutes hin bestimmt diese Denker noch in hohem Maße, handele es sich um die Er-

wartung eines einheitlichen Geschichtssubjektes, das keinen
Gegensatz zwischen Freiheit und Notwendigkeit mehr kennt
(Lukács), um die Hoffnung auf den noch ausstehenden, wahrhaft erfüllten Augenblick *(Bloch)*, oder um den Vorblick auf
den scheinlosen Schein der Transzendenz *(Adorno)*. Diesen
Ansätzen, die von der Idee bestimmt sind, daß ein absolutes
Novum die geschichtlichen Strukturen von Grund aus umwandeln könne, werden wir nicht folgen können.

Im Zusammenhang der Vorbereitung einer Untersuchung
zur Verfallsgeschichte der Philosophie der Subjektivität ging
mir auf, daß *Heidegger* es gewesen ist, der in der Nachfolge
Husserls die eigentliche Entmachtung des Subjekts in der
Philosophie vollzogen hat. Bereits *Husserl* schaltet ja das
wirkliche Ich, das in der realen Auseinandersetzung mit den
anderen Ichen und der Dingwelt steht, vermittels der transzendental-phänomenologischen Reduktion aus und beobachtet
reine Bewußtseinsphänomene, deren Ort das weltlose Reich
apriorischer Gültigkeit ist. *Heidegger* radikalisiert in »Sein
und Zeit« diesen Ansatz. Ich hatte dies Buch – das sah ich
nun – immer noch zu existenziell gelesen und nicht genügend
darauf geachtet, daß »Sein und Zeit« eine Fundamentalontologie erbringt, deren einziger Sinn es ist, ein Bezugssystem von
Strukturphänomenen des Daseins zu entwickeln. Diese
Strukturphänomene – *Heidegger* redet von Existenzialien –
transzendieren die ontische Dimension, in der es Menschen
gibt. Von dem ontologischen Ansatz aus, wie ihn »Sein und
Zeit« entwickelt, ist die sicher schockieren sollende Redeweise
Heideggers »vom Dasein im Menschen«, die er in »Kant und
das Problem der Metaphysik« einführt, zu verstehen. Sie stellt
keine transzendentalphilosophische Wendung im Sinne der
Tradition dar, denn als solche würde sie ja dem anthropologischen Ansatz der Philosophie der Subjektivität verhaftet
bleiben. Als den Menschen übersteigende Bestimmung zeigt
sie vielmehr die Entmachtung des Menschen an, die das
eigentliche Thema der Seinsphilosophie des späten *Heidegger*
ist. Das Sein ist kein Partner des Menschen. Um das Verhältnis
des Menschen zum Sein zu verstehen, ist es nicht nur geboten,

den Menschen zu entsubjektivieren, sondern auch das Sein zu
entmythologisieren. Sein und Geschichte gehören zusammen
— sie sind das einzige Ereignis, das es gibt, nämlich die Seinsgeschichte. Diese Seinsgeschichte aber wird weder vom Menschen gemacht noch vom Sein. Die Seinsgeschichte ist nichts
anderes als die unabänderliche geschichtliche Abfolge von
Epochen. Der Mensch kann an ihr nichts ändern: er hat sie
hinzunehmen und auszutragen, das ist die einzige Möglichkeit,
die ihm noch verbleibt.

Von diesem Denken des späten *Heidegger* her erschlossen
sich mir Argumentationen der Strukturalisten, die mir bisher
noch nicht recht deutlich waren. Der geschichtliche Epochen-
wandel soll hier ja keineswegs — ich denke insbesondere an
Foucault — geleugnet werden, er darf jedoch nicht vom Menschen und dessen Tun her erklärt werden, der Mensch erscheint als Mittelpunkt nur in einer ganz bestimmten Epoche,
deren Ende sich jetzt unausweichlich zeigt. Wieweit zwischen
den Strukturalisten und *Heidegger* nachweisbare Beziehungen
bestehen — *Husserl* wird ja bekanntlich auch von den jüngeren Strukturalisten sehr beachtet —, diese Frage erscheint mir
sekundär. Philosophisch wesentlich ist es, daß die Destruktion
des Vorrangs der Subjektivität sowohl von *Heidegger* als
auch von den Strukturalisten nicht auf einer Geringschätzung
der Philosophie und einer Zuwendung zu rein technologischen
Verfahrensweisen beruht, sondern als eine innere Notwendigkeit des philosophischen Denkens selbst verstanden wird.

Der philosophischen Destruktionsgeschichte der Subjektivität möchte ich genauer nachgehen mit der Absicht, sie selbst
zu destruieren. Die vielfältigen modernen Theorien, die die
Frage nach dem handelnden und leidenden Subjekt und nach
seinem Selbstverständnis als unerheblich oder gar verfehlt er-
achten, erscheinen mir kaum weniger abwegig als die moni-
stische Metaphysik der Tradition, die ein gegensatzloses Absolutes als oberstes Prinzip deklariert. Im Gegenzug zu beiden
Ansätzen meine ich, daß es notwendig ist, die Dialektik von
Subjekt und Objekt als Grundstruktur der Wirklichkeit systematisch herauszuarbeiten. Eine solche Systematik dürfte frei-

lich nicht zu einer abstrakten Ontologie gerinnen, sondern müßte als Einleitung, genauer: als Aufforderung zur Auseinandersetzung mit unserer Wirklichkeit verstanden werden, in der sich diese Dialektik vielfältig und unabschließbar darstellt.

Vom Autor getroffene Auswahl seiner Veröffentlichungen

Über den philosophiegeschichtlichen Ort Martin Heideggers. In: Philos. Rundschau 1953/54, 1. Jahrgang; auch in: Heidegger, hrsg. von O. Pöggeler, Köln 1969.

Die Vollendung des deutschen Idealismus in der Spätphilosophie Schellings. Stuttgart 1955.

Der Gott der neuzeitlichen Metaphysik. Neske, Pfullingen 1957.

Existenz und System bei Sören Kierkegaard. In: Wesen und Wirklichkeit des Menschen. Festschrift für Helmuth Plessner. Göttingen 1957; auch als Separatdruck, Neske, Pfullingen 1967.

Hegel und das Problem der Aufhebung der Metaphysik. In: Martin Heidegger zum siebzigsten Geburtstag. Neske, Pfullingen 1959.

Das Problem der Aporie in den Tugenddialogen Platos. In: Die Gegenwart der Griechen im neueren Denken, Festschrift für Hans-Georg Gadamer zum 60. Geburtstag. J. C. B. Mohr, Tübingen 1960.

Das Problem der absoluten Reflexion. In: Einsichten. Festschrift für Gerhard Krüger zum 60. Geburtstag. Frankfurt 1962; auch als Separatdruck, Klostermann, Frankfurt 1962.

Johann Gottlieb Fichte. Vernunft und Freiheit. Neske, Pfullingen 1962.

Das Problem der Angst in der neueren Philosophie. In: Aspekte der Angst, hrsg. von Hoimar von Ditfurth, Stuttgart 1965; auch in der Reihe ›Kindler Taschenbücher Geist und Psyche‹, 1971.

Wittgenstein. Die Negation der Philosophie. Neske, Pfullingen 1967.

Wandlungen der Begriffe »Schuld« und »Verantwortung«. In: Jahrbuch für Psychologie und Psychotherapie, 1968, 16. Jahrgang.

Philosophie in der veränderten Welt. Neske, Pfullingen 1972.

Wilhelm Weischedel

Jugend und Schule

»Mittags, mit dem Glockenschlage zwölf, kam ich in Frankfurt am Main zur Welt«. Das ist freilich, abgesehen von einer hohen Verehrung, das einzige, was mich mit *Goethe* verbindet. Zum ersten kam ich nicht 1749, sondern 1905 zur Welt. Zum zweiten kehrten meine Eltern schon zwei Jahre nach meiner Geburt in ihre schwäbische Heimat zurück, in der die mütterliche wie die väterliche Familie seit Jahrhunderten ansässig waren. Ich bin also ganz und gar ein Schwabe. Vielleicht kommt daher der Hang zum Grübeln, der sich mit einer Lust am Paradox verbindet, und zugleich eine leicht schwermütige Veranlagung. Das alles hat mich vermutlich am Ende zur Philosophie gebracht.

In Stuttgart, Reutlingen und Elberfeld verlebte ich meine Schulzeit. Viel Anregungen habe ich dort nicht erhalten, es sei denn von den Lehrern des Griechischen und der Mathematik, die mir aber mehr durch ihre Persönlichkeit als durch die von ihnen vertretene Sache imponierten. Im übrigen wurden mir in allen Schulzeugnissen zwar gute Leistungen, aber ein ausgesprochener Hang zur Rebellion und ein fragwürdiges Betragen bescheinigt. Kurz: ich war kein schlechter, aber ein schwieriger Schüler.

Mein Elternhaus war durch den Geist eines strengen Pietismus geprägt; mein Vater war Prediger der Evangelischen Gemeinschaft, später dann geistlicher Direktor einer Diakonissenanstalt in Elberfeld. Es ging in unserem Hause höchst alttestamentlich zu. Sechsmal in der Woche hatte man den Gottesdienst zu besuchen, jeden Tag wurde dreimal Hausandacht gehalten. Die Welt zerfiel in Gläubige und Ungläubige; es war selbstverständlich, daß man, wenn irgend möglich, zum gläubigen Bäcker, zum gläubigen Metzger, zum gläubigen Zahnarzt ging. Alles, was hätte Freude machen können, war verpönt: Romane, Theater, Kino, Tanzen, selbst der harmlose

Spaziergang mit einem Mädchen. Ich habe lange gebraucht, bis ich die daraus erwachsenen Hemmungen, so früh in mich gelegt, überwinden konnte.

Studium in Marburg

Um so merkwürdiger ist, daß ich mich nach Ablegung des Abiturs und Ausheilung einer Tbc zum Studium der Theologie entschloß. Der Grund dafür war vermutlich, daß ich genauer ergründen wollte, was denn an dem Geiste meines Elternhauses eigentlich daran war. Durch einen Zufall geriet ich nach Marburg, wo damals die Theologie in schönster Blüte stand. Noch lehrte dort *Rudolf Otto,* der Verfasser eines damals sensationellen Buches über »Das Heilige«. Ihm trat ich freilich erst später näher. Er fragte mich im ersten Semester, ob ich denn auch seine Vorlesungen verstünde, und mein kindischer Stolz verbot es mir, daraufhin weiter sein Kolleg zu besuchen. In den folgenden Jahren war ich dann manchmal in seinem Hause und lernte ihn als einen Mann von strengem Denken und von hoher Intuition kennen und bewundern. Von daher datiert auch meine erste Begegnung mit der Mystik, die ich als eine der Hauptquellen des Pietismus für mich entdeckte und mit der ich mich bis heute beschäftige.

Nicht ganz so glücklich war mein Verhältnis zu *Paul Tillich.* Zwar nahm ich manchmal an den Studentenabenden teil, die er regelmäßig veranstaltete. Aber seine weite Interpretation des Religiösen, die auch Kunst und Politik mit einschloß, faszinierte mich zwar, war mir jedoch damals noch zu fern. Später habe ich *Tillich* dann aus seinen Schriften genauer kennengelernt und schließlich in drei Aufsätzen zu würdigen versucht: »Paul Tillichs Philosophische Theologie. Ein ehrerbietiger Widerspruch«[1]; »Paul Tillich — Denker auf der Grenze«[2]; »Denker auf der Grenze. Paul Tillich zum Ge-

---

[1] In: Der Spannungsbogen. Festgabe für Paul Tillich, Evang. Verlagswerk, Stuttgart 1961.

[2] In: In memoriam Paul Tillich 1886—1965. Evang. Verlagswerk, Stuttgart 1965.

dächtnis«[3]. In diesen Schriften mußte ich freilich bei allem
Bemühen, *Tillich* gerecht zu werden, doch auf die ungeklärte
Vermischung von kerygmatischer und philosophischer Theologie hinweisen, die sein ganzes Werk durchzieht. An die ge-
legentlichen persönlichen Begegnungen mit dem späten *Tillich*
erinnere ich mich mit Freude; man konnte kein Gespräch mit
ihm führen, ohne rasch auf wesentliche Probleme zu kommen.

Den tiefsten Eindruck unter den Marburger Theologen hat
auf mich der damals noch junge *Rudolf Bultmann* gemacht.
Seine ersten Vorlesungsstunden haben mich freilich enttäuscht.
Ich hatte mir Aufschluß über das Johannesevangelium erwartet, erhielt aber zunächst nur einen Katalog von Literatur-
angaben. Dann aber führte *Bultmann* im weiten Zusammenhang der zeitgenössischen Religionsgeschichte in die Problematik des Evangeliums ein. Während der ganzen Zeit meines
Marburger Aufenthaltes arbeitete ich intensiv in seinen Vorlesungen und Übungen mit, in denen viele von denen saßen,
die sich später als Philosophen und als Theologen einen Namen
gemacht haben. Neben einigen kleineren Arbeiten schrieb ich
Abhandlungen über den »Kosmosbegriff bei Johannes« und
über den »Freiheitsbegriff bei Paulus«. Die ganze Zeit blieb
Bultmann für mich der theologische Lehrer katexochen. Die
unbedingte Redlichkeit seines Forschens, das leidenschaftliche
Beteiligtsein an seiner Sache, der Eindruck einer innersten
Überzeugung, die bei aller oldenburgischen Zurückhaltung
doch spürbare Zuwendung zu den Studenten, ließen ihn mir
als Vorbild eines akademischen Lehrers erscheinen. Noch heute
gedenke ich seiner als *des* Meisters im Bereich der Theologie.

Damals war die hohe Zeit der »Dialektischen Theologie«.
Bultmann, Karl Barth und *Friedrich Gogarten* hatten sich zu-
sammengefunden, um die in der rein historisch-kritischen Forschung erstarrende Theologie neu zu beleben und als Botschaft
an die Gegenwart lebendig zu machen. Mit den beiden letzteren kam ich nur sporadisch in Berührung. *Barth* beeindruckte

---

[3] Siehe Literaturverzeichnis.

mich durch das Temperament seines theologischen Engagements, *Gogarten* durch die Intensität seiner Auseinandersetzung mit dem Deutschen Idealismus. Vor allem aber wurde ich durch alle drei zu *Kierkegaard* geführt, dem ich einen großen Teil meiner Studienzeit widmete. Was mich an ihm anzog, war freilich weniger die religiöse Unbedingtheit, als die Weite menschlicher Möglichkeiten und die Intensität, mit der er sie zu durchleben versuchte. Diese meine Kierkegaard-Studien sind von entscheidendem Einfluß auch auf meine weitere geistige Entwicklung geblieben. Existentiell zu denken ist für mich noch heute eine unabdingbare Forderung.

Meine theologischen Studien beschloß ich mit dem Ersten Theologischen Examen, das in Marburg an der Universität abgenommen wurde. Das Thema der Examensarbeit lautete: »Der katholische und der protestantische Kirchenbegriff«. Ich nahm den Ausdruck »Begriff« ernst und versuchte herauszuarbeiten, daß der Grundbegriff der katholischen Kirche der Raum, der der protestantischen Kirche die Zeit sei. Denn Kirche ist im Katholizismus das Umfassende, physisch und geistig verstanden, in das der Mensch eingebettet ist; für den Protestantismus dagegen ist Kirche immer nur da wirklich, wo im geschichtlichen Augenblick sich Menschen im Namen Christi versammeln. Ich mühte mich, diese Abstraktion durch eine gründliche Analyse der Aussagen der beiden Konfessionen über ihren Kirchenbegriff herauszuarbeiten. Freilich hatte ich kein großes Glück damit. Der eine der beiden Gutachter fand, ich sei zu wenig phänomenologisch vorgegangen und habe zum Beispiel die amerikanischen Sekten ausgelassen; dem andern gefiel gerade die Beschränkung auf das Begriffliche. So einigte man sich schließlich auf ein »gut«. Besser wurden meine beiden Probepredigten beurteilt, die einzigen Kanzelreden, die ich bis heute gehalten habe. Mit dem Examen hörte übrigens zwar nicht mein theologisches Interesse, wohl aber meine spezifisch theologische Laufbahn auf. Denn zum Amt des Pfarrers wollte und konnte ich mich nicht entschließen. Um aber auf dem Katheder Theologie zu lehren, fand ich zu wenig von dem in mir, was man landläufig »Glauben« nennt.

Schon während meiner Marburger Studienzeit hatte das Schwergewicht meiner Arbeit auf der Philosophie gelegen. Auch auf diesem Gebiet herrschte an dieser Universität eine außergewöhnliche Situation. Im Auditorium Maximum las der damals schon berühmte *Nicolai Hartmann,* doch seine formalen erkenntnistheoretischen Ausführungen über die Subjekt-Objekt-Kreise und ihre Überschneidungen zogen mich nicht an. So blieb ich den Vorlesungen fern. Auch später habe ich *Hartmann* nie etwas abgewinnen können. Selbst seine Ethik mit ihrer Behauptung eines ewig gültigen, idealen Wertreiches konnte mich nicht überzeugen; ihre Ausführung schien mir eher in der Subjektivität dieses Denkers als in der Sache begründet zu sein. Ich bin ihm denn auch seit meinem ersten Semester nie mehr begegnet.

Anders stand es mit *Martin Heidegger.* In meinem ersten Semester interpretierte er in einem kleinen Hörsaal vor einer spärlichen, aber erlesenen Hörerschaft platonische Dialoge. Die Eindringlichkeit, mit der er den Texten nachging und sie Schicht um Schicht abbaute, bis der Grundgedanke klar zum Ausdruck kam, fesselte mich aufs stärkste. Hinzu kam, daß *Heidegger* mich schon von Anfang an in seine Übungen für Fortgeschrittene aufnahm. Seine Seminare waren die strengsten, die ich je erlebt habe. Man durfte nicht »heideggern«, sondern mußte *Aristoteles* aus *Aristoteles, Thomas* aus *Thomas, Kant* aus *Kant* verstehen. Ich glaube, mich richtig zu erinnern, daß ich keine seiner Vorlesungen und Übungen versäumt habe, mochte es sich um die Aufhellung der philosophischen Tradition, mochte es sich um systematische Gedankenkreise handeln. Der Eindruck, den *Heidegger* auf die damaligen Studenten der Philosophie, aber auch weit über die Grenzen dieser Disziplin hinaus machte, verstärkte sich noch, als 1927 »Sein und Zeit« erschien. Alle, auch die später von ihm Abgefallenen, waren zu jener Zeit von dem Buche fasziniert. Hier wurde die alte Frage nach dem Sein in einer bestürzend neuen Weise gestellt; zugleich kam das Wesen des Menschen in der Situation, in der wir uns damals verstanden, exakt zum Ausdruck: die in den Tod vorlaufende Existenz wurde das Daseinsideal, das wir dem auch von uns verachteten »Man« entgegensetzten.

Bei *Heidegger* habe ich gelernt, was Philosophieren heißt: sich der Sache des Denkens hingeben. So ist er mir denn — nicht in all seinen Gedankengängen und vor allem nicht in den Auslegungskünsten seiner späteren Jahre — ein dauerndes Vorbild geworden und geblieben. Vorbildlich war auch seine Haltung zu den Studenten. Er machte mit ihnen Skiausflüge und lud sie oft in sein Haus ein. Als ich freilich nach meiner Promotion seinem unmittelbaren Einfluß entrückt wurde und als das Jahr 1933 kam, trat eine Entfremdung ein, die nach dem Kriege nur schwer zu überwinden war. Doch habe ich mir bis heute eine tiefe Verehrung für diesen Denker von höchstem Rang bewahrt.

Schon in der Schulzeit, noch stärker aber in Marburg wuchs ich in die Jugendbewegung hinein, die unsere Generation aufs stärkste beeinflußt hat. Ich trat der »Akademischen Vereinigung« bei, einem Kreis von Studenten, der sich die Verbindung von intensivem Studium mit den von der bürgerlichen Tradition sich abwendenden freien Formen der Jugendbewegung zum Ziel gesetzt hatte. Wir wanderten, sangen im Chor, veranstalteten Volkstanzabende, spielten Theater, wir bemühten uns aber auch, in wissenschaftlichen Zusammenkünften, zu denen auch *Bultmann* und *Heidegger* öfters kamen, aktuellen Problemen des Denkens nachzugehen. Zwei Zwischensemester verbrachte ich in Leipzig, wo ich vor allem mit der Musik *Bachs* in engere Berührung kam, die mich seitdem ständig begleitet. Vor allem aber konnte ich, unter der Anleitung meines späteren Kollegen *Fritz Borinski*, mit den politischen Fragen der Gegenwart nähere Beziehungen knüpfen. Ein Kreis von jüngeren Gelehrten und Studenten versuchte dort, einen humanen Sozialismus zu entwerfen, frei von Entfremdung und Ausbeutung. Wir praktizierten ihn auch in der Betreuung von Jugendlichen sowie in der Tätigkeit in Arbeiterunterrichtskursen und Jugendheimen. Daneben studierte ich in Leipzig Religionsphilosophie und Hermeneutik bei *Joachim Wach*. Dazwischen lag ein Semester in Berlin, wo ich *Max Dessoir* hörte und die ersten Berührungen mit *Eduard Spranger*, meinem späteren Kollegen, hatte, der sich von mir in die Geheimnisse der Existentialphilosophie einführen ließ.

Studium in Freiburg

Von Marburg aus zog ich nach Freiburg, wohin *Heidegger* als Nachfolger *Edmund Husserls* berufen worden war. Ich hatte die Absicht, in Philosophie zu promovieren. Eine Dissertation bei *Heidegger* anzufertigen war jedoch eine höchst anspruchsvolle Sache. So habe ich denn auch, unterbrochen durch ein weiteres Berliner Semester, drei Jahre dazu gebraucht. Das lag zum Teil an der pädagogischen Eigenart dieses Lehrers. Er war unerbittlich in seinen Forderungen. Er gab sich äußerste Mühe, seine Schüler von sich weg auf ihren eigenen Weg zu weisen und auch ihm selber gegenüber kritisch und selbständig zu werden. Und doch konnte er nicht über seinen Schatten springen und verlangte unbewußt ein Denken in seinem Geiste. Überdies konnte man sich seinem Einfluß nicht entziehen, zumal er gerade damals die uns alle aufregende »Kehre« seines Denkens versuchte.

Auch meine Dissertation stand, bis in die Diktion hinein, unter *Heideggers* Einfluß. Nur in der Sache versuchte ich einen eigenständigen Weg. *Heidegger* hatte es immer weit von sich gewiesen, daß man aus seiner Existentialphilosophie eine Ethik ableite. Eben in diese Richtung aber zielten die Bemühungen in meiner Arbeit über »Das Wesen der Verantwortung«[4]. Ich untersuchte in einem ersten Teil das Phänomen der Verantwortung, um es in einem zweiten Teil auf den Begriff zu bringen. Dabei arbeitete ich als die Grundformen von Verantwortung die soziale, die religiöse und die Selbstverantwortung heraus. Mein systematisches Interesse war, die beiden ersten Weisen von Verantwortung auf die letzte zurückzuführen und zu zeigen, daß in ihr das Wesen der Verantwortung am reinsten zum Vorschein komme, ja daß sie in gewisser

---

[4] Siehe Literaturverzeichnis.

Weise das Fundament der andern bilde. Denn auch im Bereich der Gesellschaft und der Religion kommt es letztlich darauf an, daß der Mensch sich von sich selber her zur Verantwortung entschließe, daß er sich also in Selbstverantwortung dafür entscheide, sozialer oder religiöser Mensch zu sein. Es lag mir somit daran, daß man die Selbstverantwortlichkeit als die eigenste menschliche Möglichkeit ergreife. Heute bin ich von dieser extremen Position etwas abgerückt. Ich bin eher geneigt, eine Pluralität von Verantwortungen anzunehmen und der sozialen wie der religiösen Verantwortung eine größere Eigenständigkeit zuzusprechen. Dazu haben mich nicht nur eingehendere Studien der sozialen und der religiösen Welt geführt, sondern auch die wachsende Lebenserfahrung. Dennoch bleibt für mich auch heute noch die Grundthese bestehen: daß die Selbstverantwortung der wahre Ort der Freiheit des Menschen ist, auf die alles ankommt.

In Freiburg setzte ich auch meine politischen Studien und meine politische Praxis fort. Diese war damals freilich noch recht harmlos. Sie bestand im wesentlichen in der Abfassung und Verteilung von verhältnismäßig zahmen Flugblättern. Viel genützt hat das alles übrigens nicht; die offizielle Studentenvertretung wurde fast ausschließlich von den Korporationen gebildet. Daneben wirkte ich als Poet und Regisseur am Studentenkabarett mit. Von dieser künstlerischen Betätigung ist mir freilich nur die Passion für die Verfertigung von Schüttelreimen und die gelegentliche Verfassung von Fernsehdialogen geblieben. Im übrigen betreibe ich Dichtung, bildende Kunst und Musik nur aufnehmend, mit Ausnahme von ein paar nachher zu nennenden kleineren Schriften über diese Gegenstände.

Wirtschaftsberatertätigkeit

Kurz nach meiner Promotion brach das Dritte Reich herein. Angesichts meiner politischen Einstellung und Betätigung waren mir alle Möglichkeiten in der akademischen Welt, in der öffentlichen Vortragsarbeit und in Presse und Rundfunk versperrt. Trotz der finanziell schwierigen Lage wagte ich es zu heiraten. In Zusammenarbeit mit *Käte Grunewald,* die ich in Leipzig kennengelernt und die dort über »Johannes Taulers Frömmigkeit« promoviert hatte, eröffnete sich mir erneut der Zugang zur Mystik. Im übrigen ist seitdem keine Veröffentlichung aus meiner Feder mehr erschienen, die nicht ihr strenges Plazet erhalten hätte. Aus dieser Ehe sind zwei Töchter hervorgegangen, zu denen sich neuerdings noch vier Enkel gesellt haben.

Zunächst ernährte ich mich durch Bibliothekstätigkeit am Musikalischen Institut an der Universität Tübingen und dann, als auch das nicht mehr möglich war, durch Hilfsarbeiten in einem kaufmännischen Büro. Nach drei Jahren trat ich in die Wirtschaftsberatung Deutscher Gemeinden AG ein, deren Leiter, *Peter van Aubel,* ein weit bekannter Kommunalfachmann war. Die Arbeit war mir, der ich nicht Wirtschaftswissenschaften studiert und in diesem Gebiet kaum Praxis hatte, neu, und ich mußte mich tüchtig einarbeiten. Statt *Hegels* »Phänomenologie des Geistes« las ich an den freien Abenden »Das Bankwesen« von *Obst,* statt *Kants* »Kritik der reinen Vernunft« »Die dynamische Bilanz« von *Schmalenbach.* Tagsüber war ich im besonderen mit den Problemen der Rentabilität von Krankenanstalten, mit den Fragen der Bewertung von Betrieben sowie mit Preisprüfungen beschäftigt. Gegen Ende des Krieges wurde ich zu der Zweigstelle dieser Gesellschaft nach Paris beordert, wo ich, von den deutschen Behörden ziemlich unabhängig, die Aufgabe hatte, zwischen diesen und der französischen Industrie zu vermitteln. Der Pariser Aufenthalt hat mich im übrigen mit der französischen résistance in Verbindung gebracht; ich arbeitete bei der Vermittlung zwischen dieser und der deutschen Widerstandsbewegung mit. Dabei hatte ich Glück; während einige meiner Freunde mit Verhaftung oder gar mit dem Tode büßen mußten, blieb ich relativ verschont.

Während der ersten Jahre meiner Hilfsarbeit konnte ich mich in den Nächten und an den Feierabenden noch sporadisch mit philosophischen Dingen beschäftigen. Ich begann eine Habilitationsschrift, die das Verhältnis von Freiheit und Gemeinschaft durch die ganze Geschichte der Philosophie hindurch verfolgen wollte. Bald aber merkte ich, daß das Thema viel zu umfassend war, um gründlich genug bearbeitet zu werden. Nach mancherlei Stadien der Einengung beschränkte ich mich schließlich auf *Fichte,* und zwar auf den frühen *Fichte.* Mit dieser Arbeit erwarb ich 1936 in Tübingen den Grad des Dr. habil., verzichtete jedoch auf die mir angebotene Dozentur, da daran die Bedingung geknüpft war, einer Gliederung der NSDAP beizutreten und mich in einem Dozentenlager politisch schulen zu lassen.

Die Arbeit erschien 1939 unter dem Titel: »Der Aufbruch der Freiheit zur Gemeinschaft, Studien zur Philosophie des jungen Fichte«. In der Formulierung des Haupttitels sollte sich eine notgedrungen vorsichtige Kritik am Zeitgeist aussprechen. Es sollte — wie auch in dem Buche selber — darauf hingewiesen werden, daß die Gemeinschaft nur aus der Freiheit entspringen könne. Unter den seitdem veränderten Zeitverhältnissen habe ich das Buch vierunddreißig Jahre später unter einem geringfügig geänderten Titel neu erscheinen lassen.[5]

Im ersten Kapitel wird aus den frühen Schriften *Fichtes,* insbesondere aus der eingehend interpretierten »Grundlage der gesamten Wissenschaftslehre« von 1794/5 das darin zum Ausdruck kommende Bild vom Wesen des Menschen herausgearbeitet. Diese Fragestellung war für meine damalige philosophische Intention charakteristisch. Ich teilte mit *Heidegger* die Skepsis gegen die Metaphysik. Daher betrachtete ich die frühen Schriften *Fichtes* anthropologisch und transzendentalphänomenologisch. Ich interpretierte sie als eine Analyse des Wesens des Menschen und konstruierte dieses aus der Selbsterfahrung des Ich im Sinne des Selbstbewußtseins. Dieses nun deutete ich im Anschluß an *Fichte* als einen inneren Widerspruch, den ich durch seine verschiedenen Stufen hindurch bis zu dem Punkte hinabverfolgte, an dem er sich als die synthetisch verbundene Antithese von Absolutheit und Endlichkeit

---

[5] Siehe Literaturverzeichnis.

zeigt. Die Absolutheit sah ich darin, daß der Mensch ins Unendliche immer über sich hinaus will. Die Endlichkeit erblickte ich in der Tatsache, daß jene Absolutheit durch einen nicht weiter erklärbaren Anstoß gehemmt und so das Ich in seinem absoluten Sein verendlicht wird. So schien mir das Selbstbewußtsein die dialektische Einheit eines Widersprechenden zu sein. Was ich damals noch nicht deutlich sah, war, daß gerade in dieser Konstruktion *Fichtes* metaphysische Elemente enthalten sind, die dann beim späten *Fichte* voll sichtbar werden. Dem habe ich in einer Studie von 1962 unter dem Titel »Der Zwiespalt im Denken Fichtes«[6] Rechnung zu tragen versucht.

Das zweite Kapitel gibt auf der Basis des im ersten gewonnenen Begriffs vom Menschen eine Begründung der Notwendigkeit der Gemeinschaft. Zunächst mußte überhaupt dem isolierten Ich gegenüber das Dasein des andern Menschen erwiesen werden; *Fichte* unternimmt dies auf dem moralischen Wege; der andere erweist seine Existenz darin, daß er mich in meine sittliche Verantwortung ruft. Sodann galt es, die verschiedenen Gestalten von Gemeinschaft auszulegen. Schließlich machte ich den freilich sehr kurz geratenen Versuch einer eigenen Lösung des Problems von Freiheit und Gemeinschaft. Beide, so erschien es mir am Ende, gehören aufs engste zusammen; Selbstverantwortlichkeit entfaltet sich notwendig zur Mitverantwortlichkeit. Damit war auch jene Isolierung der sozialen Verantwortung von der Selbstverantwortung überwunden, die noch in der Dissertation zum Ausdruck gekommen war.

Professur in Tübingen

Im Jahre 1945 kam ich aus dem Rheinland, wo ich zuletzt Kriegsschäden bewertet hatte, zu Fuß nach Tübingen, in dem meine Familie durch merkwürdige persönliche Fügungen seit 1941 ansässig geworden war. Der Zeitpunkt war günstig. Die Tübinger Theologische Fakultät stand unmittelbar davor, als

---

[6] Siehe Literaturverzeichnis.

erste deutsche Universitätsdisziplin ihr erstes Nachkriegs-
semester zu beginnen. Sie suchte jemanden, der, unbelastet von
den politischen Ereignissen, das Fach der Philosophie vertreten
könne. Nach einer Probevorlesung — meines Wissens der
ersten akademischen Vorlesung an einer deutschen Universität
nach dem Ende des Dritten Reiches — wurde ich mit der Ab-
haltung von Vorlesungen und Übungen betraut. Im darauffolgenden Semester öffnete auch die Philosophische Fakultät
ihre Pforten und nahm mich aufgrund meiner früheren Habilitation in ihren Kreis auf. Nachdem ich ein halbes Jahr später
einen Ruf an die neugegründete Mainzer Universität erhalten
hatte, wurde ich zum planmäßigen außerordentlichen Professor
an der Tübinger Universität ernannt, an der ich acht Jahre
verbrachte.

Das Thema der Probevorlesung lautete: »Pascal und der
Abgrund des Menschen«. Ich war darauf nicht schlecht vorbereitet. Bei meinen Fußmärschen durch Frankreich und
Deutschland hatte ich stets eine kleine Ausgabe der »Pensées«
in der Tasche. Was mich an diesem Denker besonders anzog,
war seine Orientierung auf den Menschen und auf dessen
Zwiespältigkeit; er existiert zwischen Unendlichkeit und Endlichkeit, zwischen Zerstreuung und Langeweile. Schließlich
ergriffen mich auch das Scheitern der intensiven Bemühungen
Pascals um eine philosophische Auslegung des Wesens des
Menschen und der Ernst seiner Zuwendung zu einer leiden-
schaftlichen christlichen Interpretation. Der Vortrag ist in er-
weiterter Form in dem Sammelband »Wirklichkeit und Wirklichkeiten«[7] abgedruckt. Im Zusammenhang damit gab ich eine
Auswahl aus den »Pensées« heraus, mit einem biographischen
Anhang, unter dem Titel: »Blaise Pascal, Größe und Elend
des Menschen«.[8]

Nachdem ich mehr als 10 Jahre der Universität hatte fern-
bleiben und mich anderen Dingen widmen müssen, galt es nun,
das Versäumte nachzuholen. Ich hielt daher in Tübingen im

---

[7]   Siehe Literaturverzeichnis.
[8]   Siehe Literaturverzeichnis.

wesentlichen philosophiehistorische Vorlesungen und Übungen, in der Absicht, die gesamte Philosophiegeschichte von *Thales* und *Anaximander* bis zu *Jaspers* und *Heidegger* zu durchforschen. Dabei kam es mir nicht so sehr auf die Mitteilung von Lehrmeinungen an, sondern auf die Heraushebung des Grundgedankens, aus dem der jeweilige Philosoph denkt, und mehr noch der Grunderfahrung, aus der sein Grundgedanke entspringt. So waren die Veranstaltungen trotz ihres philosophiehistorischen Charakters doch von einer systematischen Absicht getragen. In der Behandlung von historischen Gestalten der Philosophie versuchte ich, eine haltbare Basis auch für das eigene Philosophieren zu finden. Unter diesem Aspekt hielt ich denn auch ausgesprochen systematische Vorlesungen und Übungen: über die »Freiheit«, über das »Gewissen«, über »Philosophische Ethik«, über »Philosophische Theologie«, über »Tod und Unsterblichkeit«.

Der Hunger nach geistigen Dingen erstreckte sich in der Nachkriegszeit weit über die Grenzen der eigenen Universität hinaus. So kam es, daß ich immer wieder zu Vorträgen und Diskussionen eingeladen wurde: von anderen Universitäten, von Volkshochschulen und Bildungseinrichtungen, eine Zeitlang auch von den Lagern der inhaftierten Nationalsozialisten, schließlich vom Rundfunk. Ein Teil dieser Vorträge ist in den verschiedensten Zeitschriften veröffentlicht worden.

Am Ende der Tübinger Zeit verfaßte ich eine kleine Schrift unter dem Titel »Die Tiefe im Antlitz der Welt, Entwurf einer Metaphysik der Kunst«[9]. Ich ging von der Erfahrung aus, die dem Betrachter von Werken der bildenden Kunst und dem Hörer von Musikwerken widerfährt. Von da aus suchte ich zu ergründen, was das ist, das den Menschen anspricht, wenn er der Kunst als Kunst begegnet. Dieser Essay ist freilich ein wenig allzu metaphysisch geraten. Er stellt das Absolute als den Ursprung des Kunstwerkes heraus, ohne den Begriff des Absoluten zureichend zu klären. Gleichsam in Anmerkung ist noch zu erwähnen, daß ich mit der Hilfe meiner Frau mich an

---

[9]   Siehe Literaturverzeichnis.

die Edition einer Mörike-Ausgabe machte, von der aber nur der erste Band und später in einer Zeitschrift das Vorwort zum zweiten Band erschienen sind; der Rest ist der Währungsreform zum Opfer gefallen.

In den ersten Jahren nach dem Ende des Krieges hätte es nicht genügt, die Studenten Philosophie zu lehren. Sie kamen in der überwiegenden Anzahl an die Universität in der vagen Hoffnung, für ihr durch den allgemeinen Zusammenbruch fraglich gewordenes Dasein eine Orientierung zu finden. Es gab daher unendliche Einzelgespräche. Auch versammelten sich mehrmals in der Woche in meinem Hause Gruppen von Studenten, was im ersten Winter dank eines von den Franzosen gestifteten Baumes, den wir im Walde fällten und zersägten, möglich war. Eine Menge von heute bekannten Persönlichkeiten ging damals durch unser Haus, die Theologen *Otto Kaiser* und *Ulrich Wilckens,* der Politologe *Iring Fetscher,* der Dichter *Michel Tournier,* der Pianist *Robert Alexander Bohnke,* der Verleger *Siegfried Unseld,* ja sogar der Polizeipräsident *Alfred Stümper.* Die Probleme an solchen Abenden, deren Last zum wesentlichen Teile meine Frau zu tragen hatte, waren fast immer die gleichen: Wie kann man nach den Ereignissen der unmittelbaren Vergangenheit und im Blick auf die Unmenschlichkeiten jener Zeit sich wieder ein sinnvolles Leben ermöglichen? Mit Kummer denke ich an manchen, dem dies trotz aller Bemühungen nicht gelang. Daneben war das Studentenwerk wieder in Gang zu setzen, war die Studienstiftung des Deutschen Volkes neu zu gründen und als Mitglied des Auswahlausschusses und als Tübinger Vertrauensdozent zu betreuen, war das Leibniz-Kolleg aufzubauen, war schließlich über die Zulassungen zu entscheiden. So gehörte der größere Teil meiner Tage der Fürsorge für die Studenten. Die Arbeit an der Vorbereitung für die Vorlesungen und Übungen blieb den Nächten vorbehalten. Doch diese Zeit war trotz ihrer fast bis zur Erschöpfung gehenden Mühen wohl die schönste meines akademischen Lebens. Nie wieder habe ich eine so aufgeschlossene und lebendige Studentenschaft getroffen, nie wieder so viel Vertrauen von ihrer Seite her genossen.

Mit den Kollegen war es nicht immer ganz leicht. *Eduard Spranger,* damals schon in olympische Höhen entrückt, neigte sich mir zwar väterlich-distanziert zu; aber zu einem engeren Kontakt kam es nicht. Schwierig war es mit *Gerhard Krüger,* den die Konkurrenz eines offensichtlich nicht ganz erfolglosen Kollegen zu stören schien und der daher eifersüchtig über die mit seinem höheren Dienstalter verbundenen Rechte wachte. Dafür entschädigte mich die herzliche Freundschaft mit *Walter F. Otto,* dem großen Gräzisten, der nicht nur ein gelehrter Kenner und tiefsinniger Deuter des Griechentums war, sondern der auch das griechische Dasein in der Gegenwart neu zu verwirklichen trachtete. Auf meine Frage, ob er denn wirklich an die griechischen Götter glaube, erwiderte er: »Ich glaube nicht an sie, ich sehe sie«. Das Gegengewicht dazu bildete *Romano Guardini,* mit mir ebenso freundschaftlich verbunden. Er war im Felde des Geistes wohl der lebendigste Mensch, der mir begegnet ist. Gewohnt, vor einem großen und faszinierten Auditorium zu sprechen, war er doch am fruchtbarsten, wenn er im kleinen Kreise scheinbar spontan seine Gedanken über Kunst, Literatur, Menschlichkeit, Glauben entwickelte. Er bewährte sich auch als Helfer der Familie in den schwierigen Zeiten und als Freund der Kinder. Seine christliche Grundhaltung blieb mir freilich fremd; doch die Güte, die von ihm ausging, ließ diesen Gegensatz unwesentlich erscheinen. Auch mit den katholischen Theologen *Theodor Steinbüchel* und *Marcel Reding,* mit dem protestantischen Theologen *Ernst Fuchs* sowie mit den Germanisten *Paul Kluckhohn* und *Hugo Kuhn* verband mich eine gute Freundschaft.

Professur in Berlin

1953 wurde ich an die fünf Jahre vorher gegründete Freie Universität Berlin berufen, der ich die folgenden Jahre trotz verlockender Angebote von Frankfurt und Freiburg treu geblieben bin. Was mich nach Berlin zog, war vor allem die Tatsache, daß diese Universität als die Keimzelle neuer akademischer Formen galt. Ich hatte schon in den Jahren zuvor auf vielen Tagungen und Sitzungen an dem Problem einer Erneuerung der Universität mitgearbeitet, ohne daß diesen Bemühungen viel Erfolg beschieden gewesen wäre. Hier nun, in Berlin, war einiges davon verwirklicht worden. Vor allem hatten die Studenten — für die damalige Zeit unerhört — Sitz und Stimme in den entscheidenden Gremien der Universität, wenn auch nur in geringem Umfang. Überhaupt lag ein Hauch von demokratischem Geiste über dieser neuen Hochschule. Die Professoren fühlten sich, gerade weil es sich um ein Experiment handelte, als eine Schicksalsgemeinschaft, was natürlich Konflikte nicht ausschloß, sie aber im großen und ganzen fair austragen ließ.

Das Niveau der Professorenschaft war freilich über das gewohnte Maß hinaus unterschiedlich. Bei der raschen Gründung war mancher aus Mangel an Lehrkräften Professor geworden, der dazu nicht vorausbestimmt war. Aber es gab doch auch Köpfe unter den Kollegen, und es gab vor allem viel guten Willen, aus dieser Neugründung etwas zu machen. Besonders freundete ich mich mit dem Theologen *Helmut Gollwitzer* an, der kurz nach mir nach Berlin gekommen war. Seine Lebendigkeit im Denken wie im Handeln, die Frömmigkeit, die seine Menschlichkeit tief prägte, haben mich aufs stärkste beeindruckt. Wir haben eine Zeitlang gemeinsam im politischen Kampf gestanden. Später trat an diesem Punkte freilich eine gewisse Entfremdung ein. In späteren Jahren kamen dann *Alexander* und *Gesine Schwan* dazu, beide Vertreter der Politischen Wissenschaft. Sie brachten mir nicht nur eine neue Freundschaft mit der jüngeren Generation, sondern halfen mir auch, moderne Fragestellungen zu verstehen. In dieser Hinsicht verdanke ich auch viel meinen damaligen Assistenten *Margherita von Brentano, Norbert Hinske, Wolfgang Müller-Lauter* und *Michael Theunissen*, die inzwischen selber Professuren erhalten haben. Von *Dieter Henrich*, der eine Zeitlang mein unmittelbarer Kollege war, habe ich viel gelernt, nicht nur was seine profunde Kenntnis des Deutschen Idealismus angeht, sondern auch im Blick auf seine fruchtbaren pädagogischen Ideen und Bemühungen. *Walter Hirsch* und *Hans-*

Joachim Merker brachten mich mit medizinischen und natur-
wissenschaftlichen Fragen in nähere Berührung. Durch *Karl
Hartung* und *Gerhard Puchelt* wurde ich mit bildender Kunst
und Musik innerlich vertrauter.

Meine Vorlesungen und Übungen setzte ich in ähnlichem
Sinne wie in Tübingen fort. Auf der einen Seite stand die
Geschichte der Philosophie unter den oben genannten Gesichtspunkten, wobei ich die Aufmerksamkeit besonders auf
die Vorsokratiker, auf die Philosophen des Deutschen Idealismus und auf die gegenwärtige Philosophie lenkte. Aber auch
systematische Themen, insbesondere über »Philosophische
Theologie«, wurden nicht außer acht gelassen. Besonders zu
erwähnen ist eine Vorlesung über »Denken und Glauben«,
die ich im Dialog mit *Gollwitzer,* verbunden mit einem Colloquium, unter großer Beteiligung von Studenten, aber auch von
Stadtpublikum hielt. Wir bemühten uns, das Verhältnis der
beiden so verschiedenen und oft so feindseligen Grundhaltungen des christlichen Glaubens und des philosophischen Denkens herauszuarbeiten. Interessant war der Versuch insbesondere deshalb, weil *Gollwitzer* alles daran setzte, die
Versöhnung von Glauben und Denken plausibel zu machen,
während mir an einer schroffen Trennung lag. Die Doppel-
vorlesung ist unter dem Titel »Denken und Glauben«[10] erschienen.

Inzwischen wurde ich in die gerade an der Berliner Universität lebendig beginnende Studentenrevolte hineingezogen.
Man kann in ihr drei Phasen unterscheiden, in denen ich mich
je verschieden verhalten habe. In der ersten Phase ging es
darum, den Studenten maßgebenden Einfluß auf die bisher
fast ausschließlich von den Ordinarien bestimmte Universität
zu verschaffen. Hier habe ich mich mit ganzer Kraft, in
mancherlei Reden, Diskussionen und Artikeln für die Sache
der Studenten und Assistenten eingesetzt; auch mir erschien
die bisherige Gestalt der Hochschule dem demokratischen
Geiste nicht zu entsprechen. Die Kämpfe waren aufreibend,

---

[10]   Siehe Literaturverzeichnis.

und sie brachten auch in die Gemeinschaft der Professoren bitter empfundene Risse. Am Ende konnte man aber doch ein gewisses, wenn auch mageres Ergebnis feststellen, das man hätte weiter entwickeln können. Die Studenten in ihren linken Gruppen wählten jedoch einen anderen Weg. Sie gingen bis zu der Forderung einer völligen Zerstörung der bisherigen Form der Universität. So kam es zu der zweiten Phase der Studentenrevolte. Hier wurden im Kampf um einen überwiegenden Einfluß der Studenten Mittel eingesetzt, die ich nicht billigen konnte: beleidigende Flugblätter, Hausbesetzungen, Zerstörung von Arbeitsmitteln, Insultierung von Professoren bis zu den inzwischen mythisch gewordenen Farbeiern. Noch weniger konnte ich mich mit der dritten noch andauernden Phase konform erklären. Hier wurde, in unendlichen Zwistigkeiten zwischen den links orientierten Gruppen selbst, die Hauptaufgabe darin gesehen, auf vielerlei Wegen die maßgebenden Stellen an der Universität mit Persönlichkeiten streng marxistischer Prägung zu besetzen. Das widersprach meinem Gedanken eines ausgewogenen Pluralismus der an der Universität vertretenen Weltanschauungen. Man kann und sollte heute nicht darauf verzichten, auch den Marxismus zu lehren. Aber das muß erstens im Geiste kritischer Forschung und zweitens in Konkurrenz mit anderen Weltdeutungen geschehen. Enttäuscht von der Entwicklung zog ich mich, auch meines Alters wegen, in wachsendem Maße aus der aktiven Universitätspolitik zurück.

Auch in Berlin wurde ich von der Universität sowie von Bildungseinrichtungen in und außerhalb der Stadt sowie vom Rundfunk häufig zu Vorträgen und Diskussionen eingeladen. Ich sprach über die verschiedensten Themen: u. a. über das abendländische Denken, über das Problem der Metaphysik, über das Wesen der Zeit, über die Frage nach der Wirklichkeit, über den Begriff der Freiheit, über Recht und Ethik, über das Wesen der Kunst, über das Atomproblem. Schließlich redete ich mehrere Male in je anderer Fassung über das Thema, das immer mehr in den Mittelpunkt meiner Überlegungen rückte: über die Frage nach der Möglichkeit einer Philosophischen

Theologie. Ein Teil dieser Vorträge ist zusammen mit einigen Aufsätzen über verwandte Themen in die beiden Sammelbände »Wirklichkeit und Wirklichkeiten, Aufsätze und Vorträge«[11] und »Philosophische Grenzgänge, Vorträge und Essays«[12] aufgenommen worden.

Als Nebenarbeit gab ich anläßlich des 150. Gedenktages der Gründung der Friedrich-Wilhelm-Universität einen Band unter dem Titel »Idee und Wirklichkeit einer Universität«[13] heraus. Er bringt zunächst die grundsätzlichen Entwürfe (u. a. von *Fichte, Schleiermacher, Humboldt*), schildert sodann anhand von zeitgenössischen Briefen und Denkschriften die Entstehung und weitere Entwicklung der Universität, druckt ferner eine Reihe von Rektoratsreden aus späterer Zeit ab, um schließlich die Pläne von 1909 für die Verlegung der Universität nach Dahlem zu dokumentieren. Bei dieser Arbeit haben meine damaligen Assistenten, *Wolfgang Müller-Lauter* und *Michael Theunissen*, tatkräftig mitgewirkt.

Kurz zuvor hatte ich mit einer größeren editorischen Aufgabe begonnen. Die Wissenschaftliche Buchgesellschaft Darmstadt, und der Insel-Verlag, Wiesbaden/Frankfurt, hatten den Plan gefaßt, die wichtigsten Werke *Kants* neu herauszugeben, und sie betrauten mich mit dieser Arbeit. Da die Texte zur Verfügung stehen, hatte ich mir die Sache recht einfach vorgestellt. Bald jedoch merkte ich, daß jede vorliegende Ausgabe notgedrungen Wort- und Satzgestaltung sowie Zeichensetzung ändern mußte, um den Sinn der Texte dem heutigen Leser verständlich zu machen. Mit fast jeder solchen Änderung war aber auch im Regelfalle eine bestimmte Interpretation verbunden. Ich entschloß mich daher, auf die letzten von *Kant* noch durchgesehenen Originaltexte, ja zum Teil auf die Handschriften zurückzugehen, nur die Satzzeichen gelegentlich modernen Prinzipien anzupassen und alle anderen Änderungen in Anmerkungen unterzubringen. Dieses Verfahren

---

[11] Siehe Literaturverzeichnis.
[12] Siehe Literaturverzeichnis.
[13] Siehe Literaturverzeichnis.

schien mir eine möglichst große Textnähe zu gewährleisten. Andererseits aber brachte diese Methode eine unvorstellbar große Arbeitsfülle mit sich, die ich ohne die unermüdliche Hilfe von *Käte Weischedel, Monika Bock, Norbert Hinske* und *Wolfgang Müller-Lauter* nicht hätte bewältigen können. Die Ausgabe erschien in sechs Bänden in den Jahren nach 1956 und hat seitdem eine Reihe weiterer Auflagen erreicht.[14] In beiden Verlagen ist sie auch in Paperback erschienen.

Zum 250. Geburtstag *Kants* im Jahre 1974 gab ich ein »Kant-Brevier«[15] heraus. Seine Absicht war, in der Wiedergabe kurzer Zitatstücke das Wesentliche des Kantischen Denkens herauszustellen, und zwar nicht nur die metaphysischen, erkenntnistheoretischen, ästhetischen und moralischen Gedanken, sondern auch die zum Teil recht kuriosen anthropologischen Bemerkungen. Das kleine Buch soll dem mit *Kant* nicht vertrauten Leser einen ersten Zugang zu diesem Denker eröffnen.

Aus einer mehrfach in verschiedener Gestalt abgehaltenen Vorlesung für Hörer aller Fakultäten sowie aus Rundfunkbeiträgen erwuchs ein Buch mit dem Titel »Die philosophische Hintertreppe. Von Alltag und Tiefsinn großer Denker«[16]. Es ist inzwischen, auf das Dreifache erweitert, in dritter Auflage erschienen. Seine Absicht ist, Lesern, die der Philosophie nicht nahestehen und die ihr Haus nicht über die vornehme Vordertreppe zu betreten wagen, einen ersten Einblick in das Philosophieren zu verschaffen. Deshalb habe ich Details aus dem Leben einzelner Denker, darunter auch Ereignisse und Aussprüche kurioser Art, herangezogen, um so das für sie Charakteristische herauszuarbeiten. Jeder Abschnitt endet mit einem allgemeinverständlichen Abriß ihres Denkens.

In der gleichen Absicht, die philosophischen Probleme unmittelbar an den Menschen heranzutragen, bin ich im Begriff, eine Reihe von Fernsehdialogen zu vollenden. In ihnen unterhalten sich Personen verschiedenster Prägung und Lebensauf-

---

[14]   Siehe Literaturverzeichnis.
[15]   Siehe Literaturverzeichnis.
[16]   Siehe Literaturverzeichnis.

fassung (etwa ein Christ, ein Marxist, ein skeptischer Atheist, ein naiv Dahinlebender) über grundsätzliche Fragen: den »Sinn des Lebens«, das »Gewissen«, »Tod und Unsterblichkeit«. In der Entwicklung der Positionen soll die fragliche Sache in der Vielfalt ihrer Aspekte zum Vorschein kommen. Die Dialoge werden voraussichtlich in absehbarer Zeit unter dem geplanten Titel »Die absoluten Fragen« erscheinen.

Wie ich schon andeutete, beschäftigte mich neben und vor allem das Problem einer Philosophischen Theologie. Als eine Art Vorarbeit dazu gab ich ein Buch mit dem Titel »Streit um die göttlichen Dinge. Die Auseinandersetzung zwischen Jacobi und Schelling«[17] heraus, das die beiden wichtigen Schriften zu dieser Kontroverse enthält, in der es vor allem um die Antithese von Theismus und Pantheismus geht. Den Texten wurde ein ausführliches Vorwort vorangestellt, das unter dem Titel »Jacobi und Schelling. Eine philosophisch-theologische Kontroverse«[18] auch gesondert erschienen ist.

Nach meiner Emeritierung im Jahre 1970 fand ich endlich die Zeit, mich mit dem überwiegenden Teil meiner Kraft der Aufgabe einer Philosophischen Theologie oder, um es mit *Pascal* auszudrücken, der Frage nach dem »Gott der Philosophen« zuzuwenden. So konnte ich ein zweibändiges Werk unter dem Titel »Der Gott der Philosophen, Grundlegung einer Philosophischen Theologie im Zeitalter der Nihilismus«[18] vollenden.

Das Buch hat eine lange Vorgeschichte. Nach verschiedenen Darlegungen des Problems in Vorträgen und Aufsätzen hielt ich 1961 an der Kirchlichen Hochschule Berlin einen Vortrag über das Thema »Philosophische Theologie im Schatten des Nihilismus«, der dann in der »Zeitschrift für Evangelische Theologie« erschien. Er fand ein überraschendes Echo. In der gleichen Zeitschrift antworteten *Hans Georg Geyer, Robert W. Jenson, Wolfgang Müller-Lauter, Gerhard Noller* und *Wolfhart Pannenberg*. Diese Aufsätze wurden unter Hinzu-

---

[17]   Siehe Literaturverzeichnis.
[18]   Siehe Literaturverzeichnis.

fügung eines Vorwortes von *Jörg Salaquarda* und eines Nachwortes aus meiner Feder in einem Sammelband unter dem Titel meines ersten Vortrages abgedruckt.[19]

Aus all diesen Vorarbeiten und aus Vorlesungen erwuchs in den folgenden Jahren das Buch »Der Gott der Philosophen«. Sein wesentliches Problem ist die Frage, ob die Philosophische Theologie, die zweieinhalb Jahrtausende lang die Philosophie weithin beherrscht und gekrönt hat, in unserem Zeitalter, wie oft behauptet wird, alle Kraft und Bedeutung eingebüßt habe. Die Beantwortung dieser Frage setzt die Lösung eines dreifachen Hauptproblems voraus. Zum ersten muß gezeigt werden, daß in der Tat, im Ganzen der Philosophie gesehen, die Philosophische Theologie das Zentrum und den Höhepunkt der Philosophie gebildet hat. Zum zweiten ist aufzuweisen, daß und warum dies heute fraglich geworden ist. Zum dritten muß das Problem aufgeworfen werden, ob in der heutigen Situation überhaupt noch sinnvoll Philosophische Theologie getrieben werden kann und, wenn das möglich sein sollte, welchen Charakter sie in unserer Gegenwart haben könnte.

Zur Lösung des ersten Hauptproblems versuche ich im ersten Teil die Geschichte der Philosophie von *Thales* bis *Hegel* daraufhin zu durchforschen, inwieweit in ihr philosophisch-theologische Elemente wirksam sind. Es zeigt sich dabei: Mit wenigen Ausnahmen bildet die metaphysische Lehre von Gott den Abschluß oder gar den Beginn der Systeme. Doch liegt mir daran, diesen Tatbestand nicht nur zu referieren und zu belegen, sondern ihn auch aus der jeweiligen philosophischen Grunderfahrung der einzelnen Denker herauszuarbeiten. Das wird von der Zeit *Kants* an ausführlicher unternommen: bei *Schleiermacher*, bei *Fichte*, bei *Schelling*, bei *Hegel*. Hier auch, vor allem bei *Hegel*, wird ausdrücklich gezeigt, wie die metaphysischen Versuche von unausgewiesenen Voraussetzungen ausgehen und daher scheitern müssen.

Das zweite Hauptproblem zerfällt in eine dreifache Aufgabe. Zunächst muß gezeigt werden, wie die Geschichte der meta-

---

[19] Siehe Literaturverzeichnis.

physisch-theologischen Philosophie in sich selber dem Verfall
ausgesetzt ist. Das wird an *Feuerbach*, an *Marx*, an *Nietzsche*
und an *Heidegger* exemplifiziert. Hier ist überall, wenn auch
nicht immer in voller Konsequenz, Philosophie nicht mehr
Philosophische Theologie, sondern Kampf gegen diese. Geschichtlich gesehen ist also die Gegenwart die Zeit des verlorenen Gottes oder das Weltalter des Nihilismus. Das führt
zu der zweiten Aufgabe: zu zeigen, daß diese Entwicklung dem
Wesen des Philosophierens entspricht. Philosophieren ist
Fragen. Fragen aber geht auf Antwort aus, kann sich jedoch,
wo es ernst genommen wird, bei keiner Antwort beruhigen.
Alles als sicher Vermeinte wird immer wieder in den Abgrund
der Fraglichkeit gestoßen. Kurz: Philosophieren ist radikales
Fragen, und es wird dies im Laufe der Geschichte der Philosophie immer ausgesprochener, bis es schließlich in der Gegenwart seine volle Radikalität erlangt hat. Wer es also heute
unternimmt, sich ins Philosophieren zu begeben, der muß in
einem Grundentschluß das Schicksal des Philosophierens als
des radikalen Fragens auf sich nehmen. Die dritte Aufgabe
besteht darin, konkret zu zeigen, wie eben diese Situation die
Gegenwart bestimmt. An Beispielen gegenwärtiger Theologie
und Philosophie wird gleichsam e contrario aufgewiesen, daß
nichts als das radikale Fragen übrig bleibt. In dieser Absicht
werden zum einen einige protestantische Theologen der Gegenwart *(Barth, Gollwitzer, Bultmann, Ebeling)* auf ihre Abweisung der philosophischen Theologie hin untersucht und
gezeigt, daß dafür nicht immanente Gründe maßgebend sind,
sondern daß sie vom christlichen Glauben her urteilen. Zum
andern wird dargelegt, daß und wie einige Philosophen oder
philosophisch interessierte Theologen *(Rahner, Pannenberg,
Tillich, Scheler, Jaspers, Krüger)* in ihren Versuchen, eine
Philosophische Theologie zustande zu bringen, von ihren Ansätzen her notwendig scheitern.

Nachdem so auf der ganzen Linie Philosophieren als radikales, anscheinend keine Philosophische Theologie zulassendes
Fragen aufgewiesen ist, scheint sich das dritte Hauptproblem,
die Frage nach der gegenwärtigen Möglichkeit eines philoso-

phischen Redens von Gott, von selbst erledigt zu haben. Gleichwohl verstummt die Frage nach diesem nicht, weil das menschliche Denken das Charakteristische an sich hat, immer weiter zurückfragen und damit Philosophische Theologie treiben zu müssen. Daß das auch heute noch möglich ist, wird in zwei Schritten dargelegt. Der erste besteht darin, in den Ursprung des radikalen Fragens hinabzudringen. Wie alles menschliche Tun entspringt auch das Fragen einer Erfahrung. Philosophieren als radikales Fragen muß also einer radikalen Erfahrung entspringen, die das ganze Dasein durchzieht: vom Mißlingen, vom Verrat und von der Ferne bis zum Tode und bis zu der Fraglichkeit des uns so selbstverständlich vorkommenden »ist«, wie sie den nachdenklichen Menschen überfällt. Derartige Weisen der Fraglichkeit haben die innere Tendenz, sich ins Ganze auszuweiten und alles als fraglich erscheinen zu lassen, so daß am Ende das Wesen der Wirklichkeit die Fraglichkeit wird. Derartige Grunderfahrungen also sind es, die das Philosophieren als radikales Fragen aus sich heraustreiben; sie sind der wahre Ursprung des Philosophierens. Im zweiten Schritt wird untersucht, wovon denn diese ursprüngliche radikale Fraglichkeit selber hervorgerufen wird. Gefragt wird nach einem »Vonwoher« der Wirklichkeit als radikaler Fraglichkeit. Das ständige Zerbrechen der scheinbar beständigen Wirklichkeit und die Richtung, aus der es kommt, könnte man als den Gott der Philosophen in der Zeit des Nihilismus bezeichnen. Von ihm als dem Vonwoher zu sprechen ist freilich nicht leicht. Man könnte es als das Geheimnis bezeichnen, oder auch als mächtiges Vorgehen, oder auch als das Vonwoher des Schwebens zwischen Sein und Nichts. Aber alle solche Worte bleiben zuletzt unzureichend.

Am Schluß des Buches wird die Frage nach der Haltung aufgeworfen, die aus dieser Philosophie des radikalen Fragens und des Gottes als des »Vonwoher« folgt. Ihre Grundprinzipien sind Offenheit und Abschiedlichkeit. Was hier nur in Andeutungen gesagt wird, muß ausdrücklich begründet und ausführlich dargestellt werden. Dem soll ein Buch dienen, das ich, wenn mich Kraft und Geist nicht im Stich lassen werden, zu vollenden gedenke. Es stellt sich die Frage, ob es für den Skeptiker, also für den radikal Fragenden, überhaupt noch Verbindlichkeiten gibt. Darum trägt es den Titel: »Skeptische Ethik«.

Vom Autor getroffene Auswahl seiner Veröffentlichungen

Das Wesen der Verantwortung. Ein Versuch. Klostermann, Frankfurt/Main 1933, ³1972.
Der Aufbruch der Freiheit zur Gemeinschaft. Studien zur Philosophie des jungen Fichte. Meiner, Leipzig 1939. Zweite Auflage unter dem Titel: Der frühe Fichte. Aufbruch der Freiheit zur Gemeinschaft. Frommann-Holzboog, Stuttgart-Bad Cannstatt 1973.
Blaise Pascal. Größe und Elend des Menschen. Aus den »Pensées«. Klett, Stuttgart ³1947. Wissenschaftliche Buchges., Darmstadt 1973.
Eduard Mörike, 1. Band, Gedichte und Nachdichtungen. Bitter, Recklinghausen 1949.
Die Tiefe im Antlitz der Welt. Entwurf einer Metaphysik der Kunst. Mohr/Siebeck, Tübingen 1952.
Immanuel Kant. Werke in sechs Bänden. Wissenschaftliche Buchges., Darmstadt, und Insel-Verlag, Wiesbaden/Frankfurt/Main 1956 ff. Einige Bände sind in der 2. oder 3. Auflage erschienen.
Wirklichkeit und Wirklichkeiten. Aufsätze und Vorträge. de Gruyter, Berlin 1960.
Idee und Wirklichkeit einer Universität. Dokumente zur Geschichte der Friedrich-Wilhelms-Universität zu Berlin. de Gruyter, Berlin 1960.
Der Zwiespalt im Denken Fichtes. de Gruyter, Berlin 1962.
Denken und Glauben. Ein Streitgespräch. (Zusammen mit Helmut Gollwitzer.) Kohlhammer, Stuttgart 1965.
Denker an der Grenze. Paul Tillich zum Gedächtnis. de Gruyter, Berlin 1966.
Die philosophische Hintertreppe. Von Alltag und Tiefsinn großer Denker. Nymphenburger Verlagshandlung, München 1966. Dritte stark erweiterte Auflage unter dem Untertitel: 34 große Philosophen in Alltag und Denken. 1973.
Philosophische Grenzgänge. Vorträge und Essays. Kohlhammer, Stuttgart 1957.
Streit um die göttlichen Dinge. Die Auseinandersetzung zwischen Jacobi und Schelling. Wissenschaftliche Buchges., Darmstadt 1967.
Jacobi und Schelling. Eine philosophisch-theologische Kontroverse. Wissenschaftliche Buchges., Darmstadt 1969.
Philosophische Theologie im Schatten des Nihilismus. Mit Beiträgen

von Geyer, Jenson, Noller, Müller-Lauter, Pannenberg, Salaquarda. de Gruyter, Berlin 1971.

Der Gott der Philosophen. Grundlegung einer Philosophischen
Theologie im Zeitalter des Nihilismus. 2 Bände, Wissenschaftliche
Buchges., Darmstadt 1971/2, [2]1973.

Kant-Brevier. Insel-Verlag, Frankfurt/Main 1974.

C. F. von Weizsäcker   * 1912

Die Aufforderung zu dieser Selbstdarstellung bedeutet wohl, daß der Verfasser die philosophischen Meinungen, zu denen er gelangt ist, nicht in abstracto darstellt — das wird er, wenn er es kann, anderwärts getan haben oder tun — sondern im Spiegelbild der Weise, wie er selbst zu ihnen gekommen ist. Haben wir unsere Philosophie gelernt, gefunden oder als das entdeckt, was wir in gewisser Weise immer gewußt haben?

1. Vorbereitung

Zu meinem 12. Geburtstag, im Juni 1924, wünschte ich mir eine drehbare, also auf Tag und Stunde einstellbare Sternkarte. Bald danach gingen wir von Basel, wo mein Vater deutscher Konsul war, für die Sommerferien in die einsame Pension Mont Crosin im Berner Jura. Am Abend des 1. August wurde dort der Schweizer Nationalfeiertag wie üblich mit Höhenfeuern und Raketen begangen. Ein Tanzvergnügen der Pensionsgäste begann mit einer langen Polonäse im Freien. Bei einer der Trennungen der Schlange gelang es mir, meine etwa gleichaltrige Dame zu verlieren. Mit meiner Karte entwich ich von den Menschen in die warme, wunderbare Sternennacht, ganz allein. Das Erlebnis einer solchen Nacht kann man in Worten nicht wiedergeben, wohl aber den Gedanken, der mir aufstieg, als das Erlebnis abklang. In der unaussprechbaren Herrlichkeit des Sternhimmels war irgendwie Gott gegenwärtig. Zugleich aber wußte ich, daß die Sterne Gaskugeln sind, aus Atomen bestehend, die den Gesetzen der Physik genügen. Die Spannung zwischen diesen beiden Wahrheiten kann nicht unauflöslich sein. Wie aber kann man sie lösen? Wäre es möglich, auch in den Gesetzen der Physik einen Abglanz Gottes zu finden?

Vielleicht ein Jahr vorher hatte ich begonnen, im Neuen Testament zu lesen. Die Wahrheit der Bergpredigt traf mich und beunruhigte mich tief. Wenn dies wahr war, war mein Leben falsch und vielleicht unser aller Leben. In einem langen Gespräch mit meiner Mutter verteidigte ich bis zu Tränen die Pflicht, den Kriegsdienst zu verweigern, denn es ist geboten: Du sollst nicht töten. In einer nächtlichen Stunde tiefer religiöser Bewegung hatte ich versprochen, dem Dienst Gottes mein Leben zu weihen — vorsichtig fügte ich hinzu: wenn er mich rufen würde. Unter diesem Dienst konnte ich mir nur vorstellen, Pfarrer zu werden, aber ich wünschte mir doch, Astronom zu sein. Mein Zustand hätte vielleicht durch die Formel beschrieben werden können: das moralische Gesetz über mir, der bestirnte Himmel in mir. Ich mußte noch lernen, daß, wenn wir zu hören begonnen haben, Gott immer ruft, und, später, daß Gott nicht über mir ist, auch nicht in mir, sondern ich in Gott.

Meine Eltern stammen aus Württemberg. Mein Vater hatte 1900 den Beruf des Seeoffiziers gewählt und war 1920 in den Auswärtigen Dienst übergegangen; zwei Berufe, die dem Staat im Blick über die Grenzen dienten. Meine Mutter hätte sich als junges Mädchen eher im Sozialdienst denn als Diplomatenfrau gesehen; sie erfüllte diesen Beruf dann sans peur et sans reproche, mit einer Menschlichkeit, die dort nicht immer selbstverständlich ist, und danach, in dreiundzwanzig Jahren der Witwenschaft, bis zum heutigen Tag, hat sie Alte und Kranke in der Familie gepflegt und sich durch Selbstüberforderung jung gehalten. Unter den Vorfahren sind Pfarrer, Gelehrte, Beamte, Offiziere. Die Weiz-säcker waren Müller im Hohenlohischen, dann Theologen. Mein Großvater *Carl Weizsäcker,* Jurist, war der letzte königlich württembergische Ministerpräsident. Am 1. August 1914 sagte er im Familienkreis: »Dieser Krieg endet mit einer Revolution.« Er soll auch gesagt haben: »Mein Vermögen ist verloren.« Das Vermögen war in Jahrzehnten aus bescheidenen Beamtengehältern zur Sicherung der Kinder und Enkel erspart. Beide Prognosen wurden wahr. Der alte korpulente, eher klein gewachsene, temperamentvolle Mann ging mit mir kleinem Buben nach dem ersten Weltkrieg in den Wäldern bei Stuttgart spazieren, um Pilze für die Fami-

lienküche zu sammeln, blieb ab und zu stehen und tat eine
weltweise Äußerung, die den Schalk im Nacken hatte, etwa
über Parlamente anläßlich eines »ganzen Parlaments von Stein-
pilzen«. Auch mein Vater ging mit mir gern spazieren und
unterhielt sich mit mir über Geschichte und Politik. In der
Schule saugte ich den historischen Stoff auf und indoktrinierte
dann damit meine jüngeren Geschwister. Ich dachte über die
beste Staatsform nach und sah sie in der konstitutionellen
Monarchie. In einem Phantasieland, an dem Freunde und Familie beteiligt wurden, gab es Außenpolitik und Kriege, und
der führende Staatsmann trug, nicht im Geschmack meines
Vaters, gewisse Züge von *Mussolini* (von dem ich faktisch
kaum viel mehr als die Existenz wußte).

In etwas späteren Jahren spielten zwei Onkel für mich eine
sehr wichtige Rolle. Meines Vaters Bruder Viktor, der philosophische Arzt, dessen anthropologische Medizin bis heute
nicht verstanden ist, öffnete mir unerläßlich wichtige Horizonte.
Jahrzehntelang konnte ich über Äußerungen von ihm meditie-
ren wie etwa: »Also ich glaube, das Kausalgesetz, das ist eine
Neurose.« Meiner Mutter Bruder *Fritz von Graevenitz* war zuerst, dem Familiengebot folgend, Offizier gewesen, hatte jedoch
nach dem Krieg seinem Wesen gehorcht und war Bildhauer
geworden, ein Mann, der vom Zauber und vom tiefen Gesetz
des Schönen jeden Tag von neuem naiv und gläubig hinge-
rissen war.

Mein Vater wurde nach Kopenhagen versetzt. Vierzehnjährig
meinte ich auf Radfahrten im sommerlichen dänischen Buchen-
wald das geheime Leben in der Natur rings um mich gleichsam bis in die kreisenden Atome hinein wahrzunehmen. Ich
begann, über das Verhältnis von Wahrheit und Schönheit nachzudenken. Eine Zeitlang schien mir die Formel hilfreich, Schönheit sei subjektive Wahrheit, und Wahrheit objektive Schönheit. Als ich dann im dunklen, feuchtkalten Spätherbst lange,
mir lästige Fußwege durch die Stadt machen mußte, überlegte
ich mir, da überall Wahrheit sei, müsse ich durch richtige subjektive Einstellung überall Schönheit finden und mir so die
Wege erfreulich machen können. Nun entdeckte ich in einem

Sonnenfleck auf einem grünen Kupferdach und im Fischgeruch aus einem halbversenkten Lebensmittelgeschäft die Schönheit des Seins. Bei einem Ausflug nach Lund im gleißend klaren Licht eines Dezember-Sonnentags legte ich mir zurecht, für die Atome müßten Naturgesetze gelten, die nicht die für sichtbare Körper gültigen sind, diese aber zur Folge haben.

Wenige Tage nachher brachte meine Mutter den 25jährigen *Werner Heisenberg* in unser Haus, den sie an einem Musikabend kennengelernt hatte, wo er Klavier gespielt und sich mit ihr freundschaftlich über die Jugendbewegung gestritten hatte. Dieser Besuch entschied über meinen Weg. Nicht nur, daß mich der ans Wahnsinnige grenzende Glanz der soeben geschehenen fundamentalen Entdeckungen faszinierte, den der so unaufdringliche, eher schüchterne blonde junge Mann ausstrahlte, und daß seine Überlegenheit in jedem Können, bis zum Schilaufen und Schachspiel, meinem maßlosen Ehrgeiz und Hochmut gesund war. Er gab mir auch nützliche Ratschläge. Er testete mein mathematisches Können und fand es wohl gerade ausreichend. Im Handumdrehen überzeugte er mich, daß die theoretische Physik die Wissenschaft sei, die meine Fragen in der Astronomie beantworten könne. Als ich dann in den Prima-Jahren entdeckte, daß das, wonach ich eigentlich strebte, bei den Menschen Philosophie heißt, war ich in Versuchung, dieses Fach zu studieren. Da meinte er, um fürs zwanzigste Jahrhundert relevante Philosophie zu machen, müsse man Physik können; Physik könne man nur lernen, indem man sie ausübe; auch bringe man Physik am besten vor dem dreißigsten, Philosophie am besten nach dem fünfzigsten Lebensjahr zuwege. Ich folgte dem Rat, studierte theoretische Physik und habe das nie bereut.

Ein Vierteljahr nach *Heisenbergs* erstem Besuch bei uns wurde mein Vater nach Berlin versetzt. Als ich dort noch auf den Schulbeginn wartete, im April 1927, schrieb *Heisenberg* mir eine Postkarte, an einem der nächsten Tage reise er nach München, ich könne ihn am Stettiner Bahnhof in Berlin abholen und mit ihm im Taxi zum Anhalter Bahnhof fahren. In diesem Taxi hat er mir die noch nicht publizierte Unbestimmtheitsrelation erzählt. Dann stieg er in den Zug und war fort. In den folgenden Tagen lief ich in den Straßen von Berlin herum und dachte darüber nach. Ich hatte einen ständigen Disput mit meiner Mutter, die gegen meinen physikalisch bestimmten Determinismus die Willensfreiheit als moralisches Postulat aufrechterhielt. Den Ausweg, Natur und Person zu trennen, konnte ich nie ernstlich in Betracht ziehen. Nun sah ich, daß vielleicht beide auf eine mir noch geheimnisvolle Weise vereint werden könnten. Aber dazu mußte ich erst die Physik verstehen. Ich dachte: wenn mir jetzt *Einstein* auf der Straße begegnete, würde ich ihn erkennen, meine Schüchternheit überwinden, ihn ansprechen und nach seiner Meinung über *Heisenbergs* Gedanken fragen. Aber er ging wohl auf anderen Straßen spazieren; ich bin ihm nie in meinem Leben begegnet.

Einige Zeit danach nahm ich auf einmal in kurzer und tiefer Erschütterung wahr, daß ich an meinen religiösen Kindheitsglauben nicht mehr gebunden war. Der bisherige Konflikt von Kirche und Naturwissenschaft schien mir dabei weniger einschneidend. Um es an der Debatte über Wunder zu erläutern: Einerseits konnte man auf Wunderberichte die Psychologie der Zeugenaussage anwenden. Andererseits sind empirisch gefundene Naturgesetze unter bestimmten Versuchsbedingungen gefunden; in Gegenwart eines vom göttlichen Geist erfüllten Menschen konnten andere Gesetze ins Spiel kommen. Schließlich schien mir die Tendenz, die religiöse Wahrheit durch Brüche in der göttlichen Ordnung der Natur zu bestätigen, eher unfromm. Viel tiefer griff die Kritik des Historismus. Daß ich als Lutheraner erzogen bin, kann kein Argument für die Richtigkeit des Luthertums sein; daß ich als Christ getauft bin, beweist nicht die Falschheit der asiatischen Religionen; daß ich aus einer religiösen Tradition komme, beweist nicht die Wahrheit der Religion. Es hat mich seitdem, bis heute, gewundert, daß es gebildete religiöse Menschen gibt, die diese einfachen Denkschritte nicht vollzogen haben und damit den bequemsten Argumenten der antireligiösen Aufklärung hilflos gegenüberstehen. Ich war nun auf der hohen See, religiöse Erfahrung selbst wiederzugewinnen und selbst buchstabieren zu müssen.

Die Skizze der Entfaltung dessen, was ich aus Geburt und Erziehung mitbrachte, kommt hier zum Ende. Von nun an muß ich Problemkreise verfolgen und vieles Persönliche beiseitelassen.

2. Philosophische Physik

Daß ich Physik studierte, um die Quantentheorie philosophisch zu verstehen, war offensichtlich. Aber vorerst scheiterte ich an der Aufgabe. Die Grenzen meines mathematischen Talents machten mir das Technische schwerer als den meisten theoretischen Physikern. Die philosophischen Probleme dieser Physik aber bewegten zwar das Gemüt der Physiker, doch lernte ich schrittweise, daß weder sie noch die zeitgenössischen Philosophen sie in den Griff bekamen. Ich wich für 25 Jahre, nur leise über die Quantentheorie weitermeditierend und von depressiven Selbstvorwürfen geplagt, in unphilosophische, konkrete Physik aus. Diese war freilich nahrhaft und erquickend wie gesundes Brot, und ich möchte ihr hier, obwohl sie nicht das Thema ist, einen kleinen Rückblick widmen.

Mit der Entdeckung des Neutrons 1932 wurde die theoretische Kernphysik möglich. Ich war dabei, als *Heisenberg* den Gedanken faßte, die Atomkerne beständen nicht aus Protonen und Elektronen, sondern aus Protonen und Neutronen, die durch Austauschkräfte wechselwirken. Ich wählte die Kernphysik zu meinem engeren Fach, brachte ein paar befriedigende kleinere Arbeiten zustande (über eine halbempirische Theorie der Kernmassen, über Kernisomerie und über dualen β-Zerfall) und schrieb ein Lehrbuch über Atomkerne, das ich wegen anderer Präokkupationen leider später nicht wieder aufgelegt habe. Aus alter Liebe hatte ich im Doktorexamen als drittes Fach neben Physik und Mathematik die Astronomie gewählt. Beim Schreiben des Buchs merkte ich, daß jetzt die Kenntnis der Kernreaktionen zuließ, *Eddingtons* Problem der Energiequellen der Sterne anzugreifen. Ich dachte mir den Kohlenstoffzyklus aus, den *Bethe* gleichzeitig fand und gründlicher ausarbeitete. Dies führte zur Frage der Entwicklungsgeschichte der Sterne und dort zum Einfall einer mich beglückenden Theorieskizze zur Entstehung des Planetensystems, die ich später als Wiederaufnahme der Theorie *Kants* mit modernen Mitteln erkannte. Um diese Fragen genauer behandeln zu können, mußte ich Hydrodynamik lernen und eine Theorie des Spektrums der Turbulenz entwerfen; dies geschah im Krieg und kurz nachher, und hinterher zeigte sich, daß *Kolmogoroff* und *Onsager* dieselbe Theorie schon ein paar Jahre vorher gemacht hatten. Ich verfolgte ein paar Jahre, zeitweise als Gast amerikanischer Sternwarten, die allgemeine Theorie der Entwicklung von Sternen und Galaxien. In Göttingen habe ich mich mit einem kleinen Arbeitskreis, der in einer Dachkammer tagte, und dem einige heutige Millionen-Verwalter wie *Lüst* und *Häfele* entstammen, diesen Fragen gewidmet. Der nächste physikalisch notwendige Schritt war die Einführung der Plasmaphysik. Diesen habe ich nicht mehr mitgemacht, da mich nun (seit 1954) die philosophische Physik und (seit 1957) ein philosophischer Lehrstuhl meinen zentralen Fragen wieder zuführte.

Alle meine Arbeiten zur konkreten Physik leiden an unvollständiger handwerklicher Ausführung. Dies war nicht meine Absicht, auch nicht meine Leichtfertigkeit, sondern meine mir stets bewußte Schwäche, niemandem zur Nachahmung empfohlen. Aber ich war doch Physiker unter Physikern, und heute noch, wenn ich wieder in ihrem Kreis bin, ist es mir, wie wenn man nach Hause gekommen ist.

Nun zur philosophischen Physik. Im Januar 1932, als ich 19 Jahre alt war, brachte mich *Heisenberg* zu seinem Lehrer *Niels Bohr*. Ich wurde Zeuge eines dreistündigen Gesprächs der beiden über die philosophischen Probleme der Quantentheorie. Danach notierte ich mir: »Ich habe zum erstenmal einen Physiker gesehen.« Das war tief ungerecht gegen *Heisenberg* und gegen viele. Aber es hieß: einen Mann, der Physik so betreibt, wie man es tun müßte. Ein Indiz: er war der einzige Physiker, dem man in jedem Wort anspürte, wie er am Denken litt. Vielleicht litt er besonders am Sprechen. In seinen späteren Jahren sagte er: wir hängen in der Sprache. Man muß sprechen, man kann nichts anderes tun als sprechen, aber das sagen, was man sagen müßte, das kann man nicht. Monatelang versuchte ich auf langen Spaziergängen das zu begreifen, was er in mir aufgeweckt hatte. Dann schrieb ich einen Zettel nieder, der mit dem Satz begann: »Bewußtsein ist ein unbewußter Akt.« Mit dem Partikularismus der Jugend meinte ich, hier sei die Einsicht, um die ich nun »meine« Philosophie bauen müßte. Viel später erfuhr ich, daß der Satz von *William James* stammt, den *Bohr* gerade damals las. Ein kluges Aperçu eines großen Psychologen war durch mein Unbewußtes gegangen und als Kristallisationskeim wieder aufgetaucht. Ich konnte aber nichts Konsistentes daraus machen.

Langsam eignete ich mir Bruchstücke der eigentlichen Philosophie an. Der Positivismus des Wiener Kreises bot sich dem Physiker zunächst an. Ich hatte seitdem immer das Empfinden, niemand, der nicht wenigstens die dort geübte Technik der Rückfrage nach dem Sinn von Sätzen begriffen habe, könne mitreden. Aber es zeigte sich sehr schnell, daß diese Schule an die eigentlichen Probleme der Physik, wie *Bohr* sie vor Augen hatte, überhaupt nicht herankam. Sie benützte einen unkritischen Erfahrungsbegriff, in dem all das vorausgesetzt wurde, was hätte erklärt werden sollen. Eine Chance zu dieser Kritik konnte ich nur bei *Kant* erkennen. Mein Freund *Georg Picht* führte mich schrittweise in *Kant, Aristoteles, Platon* ein. Ich lernte *Heidegger* persönlich kennen und erfuhr an mir selbst seine unglaubliche Kraft des Fragens nach dem Kern des jeweiligen Problems. Aber wirklich stellen konnte ich mich den Philosophen erst, als mir einige eigene, direkte Schritte in der philosophischen Physik gelungen waren.

Wie eine bloße Nebenarbeit schien mir zunächst der Versuch, die Erklärung der thermodynamischen Irreversibilität durch Statistik zu verstehen. Ich erlegte mir jahrelang die intellektuelle Gymnastik auf, mir zu jedem Vorgang sein zeitliches Spiegelbild auszumalen und dann präzis zu sagen, warum es unmöglich ist (z. B. warum gibt es Eisenbahnunglücke, bei denen ein Zug extrem schnell zum Stehen kommt, aber keine »Eisenbahnglücke«, bei denen er ebensoschnell aus der Ruhe in Höchstgeschwindigkeit gerät?). In einer 1939 publizierten

Arbeit kam ich zu dem Schluß, daß der Wahrscheinlichkeits-
begriff primär nur auf zukünftige Ereignisse anwendbar ist,
weil die Zukunft möglich, die Vergangenheit faktisch ist. Ich
meinte damit einen fast trivialen Punkt aufgeklärt zu haben,
zumal für jemanden, der positivistische Begriffskritik gelernt
hat. Mit Staunen entdeckte ich, daß sogar *Heisenberg* mir hier
nur mit Mühe folgte, und die Physiker und Wissenschafts-
theoretiker im breiten bis heute nicht wissen, daß hier ein von
ihnen nicht voll wahrgenommenes Problem gesehen und gelöst
ist. Erst sehr langsam begriff ich, daß das Verständnis der
Struktur der Zeit der Kern des Verständnisses der Physik ist,
und eben darum, wie Grundprobleme stets, unter einem über-
wältigenden Verdrängungsdruck steht. Für *Heidegger* und
Picht freilich behauptete ich hier nicht zu viel, sondern noch
zu wenig.

In der zweiten Hälfte der Dreißigerjahre dachte *Heisenberg*
darüber nach, ob die Elementarteilchenphysik die Einführung
einer elementaren Länge, also eine Modifikation der Geometrie
im Kleinen erfordere. Ich hatte mich ein wenig mit den Para-
doxien der Mengenlehre und dem Intuitionismus abgegeben
und faßte den Gedanken, hier müsse nicht die Physik, sondern
die Mathematik des Kontinuums selbst abgeändert werden.
Die potentiale Auffassung des Unendlichen enthält den Mög-
lichkeitsbegriff, auf den ich in der Zeitanalyse aufmerksam geworden war. Möglichkeit aber wird in der Physik zur Wahrscheinlichkeit quantifiziert. Könnte es vorkommen, daß der
Versuch, zwei Punkte entweder zu identifizieren oder zu unterscheiden, wie jede Messung einer Observablen in der Quantentheorie mit einer gewissen Wahrscheinlichkeit p das eine, mit
der Wahrscheinlichkeit 1-p das entgegengesetzte Resultat ergibt? Ich wollte also die Quantentheorie in die Grundlagen
der Analysis einführen, so wie *Einstein* die Gravitation in die
Grundlagen der Geometrie eingeführt hat.

Ich hatte den, wie ich auch heute meine, sicheren Instinkt,
mit dieser Umkehrung der Hierarchie der Wissenschaften gerade philosophisch keinen Fehler zu begehen. Aber wieder ver-
sagte meine Kraft der Ausführung. Ich konnte freilich sehen,

welcher Block im Wege lag. Eine Modifikation der Mathematik mit dem Begriff der Möglichkeit würde vermutlich auch eine Modifikation der Logik, vielleicht die Einführung modallogischer Begriffe in die Grundlagen der Mathematik erfordern. Erst zehn Jahre später, anläßlich eines Kuraufenthalts in Wildungen im Herbst 1954, wagte ich mich hieran, angeregt durch eine Arbeit von *Picht* über die Grundsätze der Logik. Ich versuchte nun die in der Quantentheorie immanente nichtklassische Logik auszuarbeiten. Die alte diesbezügliche Arbeit von *Birkhoff* und *Neumann* las ich zum Glück erst später; sie hätte mich vom Hauptpunkt, der Einführung »komplexer Wahrheitswerte«, wie ich es damals nannte, abgelenkt. Das philosophische Problem, ob es sich hier um Logik oder nur um einen mit klassischer Logik konstruierbaren Formalismus handle, stand mir klar vor Augen. Das Rhodus dieses Sprungs war die Anwendung dieser Logik auf sich selbst. Ich entwarf zunächst die Logik der einfachen Alternative. Deren Quantenzustände bilden einen zweidimensionalen komplexen Vektorraum. Die Frage: »welcher Quantenzustand liegt vor?« ist dann selbst eine unendlichfache Alternative. Eines Morgens um 6 Uhr wachte ich mit der Antwort auf: die Quantentheorie dieser Alternative ist die *Schrödingertheorie* eines freien Teilchens im dreidimensionalen Ortsraum. Die Selbstanwendung der Quantenlogik ist das, was man formal mehrfache Quantelung nennt, und der dreidimensionale Raum selbst ist eine Struktur aller der Quantenobjekte, die aus einfachen Alternativen durch mehrfache Quantelung definiert werden können. Seitdem, seit nun 20 Jahren, bin ich beschäftigt, diesen Gedanken aufzuklären und auszuarbeiten. Ich bin nicht fertig, eine abgerundete Publikation des vielen, was ich dazu überlegt habe, liegt noch nicht vor, und ich hätte nicht gedacht, daß es so lange dauern würde.

Ich erhielt die mathematische Hilfe von *Scheibe* und *Süssmann*, und wir publizierten die Darstellung einer ersten Fassung der Theorie 1958. Der Übergang auf den Hamburger philosophischen Lehrstuhl gab mir Gelegenheit, die Grundlagen der mathematischen Logik ein paar Jahre lang zu studieren, speziell die Gedanken von *Lorenzen*. Ich erkannte, daß die Quantenlogik eine spezielle Fassung einer Logik zeitlicher Aussagen ist, in der eben der Unterschied des Möglichen und des Faktischen formalisiert wird. Dann studierte ich die Grundlagen der Wahrscheinlichkeitsrechnung und verstand, daß die Definition der Wahrscheinlichkeit als Erwartungswert einer relativen Häufigkeit einen Stufenaufbau übereinander getürmter statistischer Gesamtheiten (Kollektive) zur Folge hat, und daß die mehrfache Quantelung nichts anderes ist als die quantentheoretische Gestalt dieser Stufenfolge. Dies legte den Versuch nahe, die Quantentheorie überhaupt als eine nichtklassische Wahrscheinlichkeitstheorie axiomatisch aufzubauen, mit womöglich nur einem einzigen nichtklassischen Axiom, das den Indeterminismus (die offene Zukunft) zum Ausdruck brächte. Das hat *Drieschner* 1968 in seiner Hamburger Dissertation unternommen.

Neben die begriffliche Aufklärung des Sinns der mehrfachen Quantelung mußte ihre konkrete Durchführung treten, also die faktische Konstruktion des physikalischen Raums aus der Quantentheorie der einfachen Alternative. Dies ist gleichbedeutend mit der Konstruktion aller physikalischen Objekte im Raum aus vielen gleichartigen einfachen Alternativen, die ich Ur-Alternativen oder mit dem Kalauer der Abstraktion Ure genannt habe. Diese Theorie muß aus dem Wesen der Sache heraus zugleich eine Theorie der einfachsten beobachtbaren Objekte, also der Elementarteilchen, und des Weltraums, also Kosmologie sein. Es ist vielleicht verzeihlich, daß ich in diesen unvollendeten Kapiteln der Physik nicht schneller vorangekommen bin als andere auch.

1972 war ich bereit, zu resignieren und einfach alles bis dahin Überlegte in einem Buch zusammenzuschreiben. Das dazu noch einmal durchgenommene Studium der Grundlagen der Logik hat meine Zuversicht stabilisiert, daß die Logik zeitlicher Aussagen in einem bestimmten Sinne auch die Grundlage der mathematischen Logik ist, nämlich als Theorie des Operierens, das ja selbst in der Zeit geschieht. Dies hat mir zugleich einen neuen Impuls in den Grundlagen der Physik gegeben, mit dem Effekt, daß das Buch nicht geschrieben und die physikalische Untersuchung mit Eifer wieder eröffnet wurde. Der Erfolg bleibt abzuwarten.

Die philosophische Rückfrage, was dieses Unternehmen bedeuten mag, soll auf den letzten Teil dieses Aufsatzes verschoben werden, dem auch die politischen Überlegungen vorangehen müssen.

3. Politik

Für politische Theorie habe ich mich im Grunde nie um der Theorie willen, sondern stets um der Politik willen interessiert. Mein theoretisches Interesse wandte sich spontan der Physik und Metaphysik zu und weniger den Strukturen von Staat und Gesellschaft, politisches Nachdenken wurde wachgehalten durch den politischen Willen. Das mag die entschuldbare Beschaffenheit eines Menschen sein, der von Natur der Natur zugewandt und durch die Kraft der Tradition, in der Jugend auch durch Ehrgeiz, homo politicus ist. Aber in dieser individuellen Reaktion mag sich auch eine Wahrheit spiegeln. Daß Theorie überhaupt möglich ist, ist fast ein Wunder; daß sie von einem so komplex in die Geschichte verflochtenen Phänomen wie der Politik möglich sei, ist keineswegs klar. Der Naturwissenschaftler sucht den verlorenen Schlüssel im Lichtschein der Straßenlaterne, nicht weil er ihn dort verloren hätte, sondern weil er dort etwas sieht; erst die Erinnerung, daß der Schlüssel anderswo verloren wurde, nötigt uns, ins Dunkel zu gehen. Anders gewendet: Auch in der Physik muß man die Erfahrungen kennen, wenn man über sie theoretisieren will; und Theorie der Wissenschaft treiben zu wollen, ohne in der Praxis der Forschung gestanden zu haben, ist hoffnungslos. Noch viel mehr gilt dies in der Politik, deren praktische Entscheidungen stets auch ethische Entscheidungen sind. Wer kann ein Gebot theoretisch aufstellen, der sich ihm selbst nicht unterworfen hat? Ich habe in späteren Jahren wohl das Bild politischer Äußerungsfreudigkeit geboten, aber sehr oft hat mir ethische Selbstkritik den Mund verschlossen. Kann man Politikern raten,

wenn man nicht selbst die große politische Verantwortung getragen hat? Kann man Überwindung von Gewalt und sozialer
Ungerechtigkeit theoretisch postulieren, wenn man in einer
durch Gewalt gesicherten Klassengesellschaft sein bürgerliches
Auskommen hat? Kann man andererseits eben dieses Argument öffentlich äußern, ohne daß es schon dadurch zur reak-
tionären Ideologie wird?

Zum politischen Bewußtsein hat mich mein Vater erweckt.
Seinem Bemühen, durch vernünftige Außenpolitik erneute
Kriege zu verhüten — einen Baum wachsen zu sehen, wie
Moltke sagte —, konnte ich nur zustimmen; er hat einen Aspekt
meines politischen Denkens für immer geprägt. Aber ich gehörte einer anderen Generation, vielleicht auch einer anderen
geistigen Welt an. In einer langweiligen Geschichtsstunde in
der Prima in Berlin, während draußen der Schnee in schweren
Flocken fiel, hatte ich zwei Tagträume. Zuerst sah ich die unendlichen Heerzüge von Völkern und Fürsten, von deren Hoffnungen und Leiden wir nichts mehr wissen. Und dann sah ich
den Schnee draußen auf Trümmer fallen. Als ich 1943 nach
einem der großen Luftangriffe morgens in Berlin einfuhr, wußte
ich: jetzt ist es so, wie ich es damals gesehen habe.

Was lag dahinter? Als ich als Kind zum ersten Bewußtsein
erwachte, war Krieg. Gesehen habe ich ihn nicht, aber aus den
Sorgen der Erwachsenen mit allen Fasern eingesogen. Die Welt
ist voller Morden. Später, in der Kindlichkeit des Zwölfjähri-
gen, hatte die Bergpredigt meinen Glauben an die Berechtigung
der bürgerlichen Gesellschaft erschüttert, und ich konnte ihn
nie ganz wieder herstellen, obwohl ich, als instinktiver Kon-
formist, in ihr fortlebte und mir nichts anmerken ließ.

Dann kam die Herrschaft des Nationalsozialismus. Ich muß
auch davon etwas persönlicher reden, nicht weil das interessant
wäre, sondern weil, es nicht zu tun, ein Beispiel jener Feigheit
wäre, die seitdem das deutsche politische Bewußtsein mit
lebensgefährlichen Verdrängungsbarrieren durchzieht. Ich gehöre zu denjenigen Deutschen, die das Faktum des Nationalsozialismus nicht bewältigt, sondern überlebt haben. Spezieller
gehöre ich meiner Herkunft nach zu der gesellschaftlichen

Schicht, der die Nazis in allen ihren Instinkten ein Greuel sein
mußten, und die gleichwohl mit ihnen zusammenarbeitete, als
sie einmal an der Macht waren, zusammenarbeiteten um der
Bewahrung des Bestandes und der Hoffnung auf eine Änderung willen. Einige aus dieser Schicht haben sich dann zum
aktiven Widerstand entschlossen, bis zum Opfer der eigenen
Person; diese, zu denen ich persönliche Beziehungen hatte,
habe ich hoch geachtet, aber ich habe mich ihnen nicht ange-
schlossen.

Die Haltung dieser Schicht im ganzen ist wegen ihres Bei-
trags zur Katastrophe nachher schärfer verurteilt worden als
sie nach der üblichen politischen Moral verdient. Es gehört
m. E. zur moralischen Klärung, dies auch öffentlich auszusprechen. Die Fähigkeit zum widerstrebenden Konformismus
gehört in allen Gesellschaften zu den Mitteln des Überlebens.
Viele, die, ohne sich zu belügen, so handelten, trifft kein Vor-
wurf außer den Vorwürfen, die sie sich, weil sie moralisch
sensibel waren, selbst gemacht haben. Freilich gehört es dann
zweitens zur moralischen Klärung, einzugestehen, daß es Fälle
gibt, in denen sich das Ungenügen der üblichen politischen
Moral nicht nur für den Sehenden erweist, sondern in den Folgen zuletzt für Jeden fürchterlich offenbart; und daß dies ein
solcher Fall war. In der Ära *Adenauer* bestand, nicht durch
Schuld eines Mannes, die genau umgekehrte Haltung moralischer Verunklärung dieser Vergangenheit, einer Verunklärung,
die man allenfalls als Heilschlaf unter dem Schutz einer Ver-
drängung entschuldigen konnte. Dieselbe Schicht lenkte jetzt
Staat und Wirtschaft, die zuvor in widerstrebendem oder auch
nicht widerstrebendem Konformismus mitgewirkt hatte. Sich
zu dieser Tatsache frei zu bekennen, war leider, aber begreif-
licherweise, tabu, und eben darum schützte sich ein stilles Ein-
verständnis, man habe ja eigentlich damals wie jetzt richtig
gehandelt, gegen die Selbstkritik, die das Heilsame gewesen
wäre, und verbannte die Kritik nach außen, zu den Gegnern
des Systems, wo sie schrill und wirkungslos blieb.

Faktisch habe ich in widerstrebendem Konformismus überlebt. In meinem Bewußtsein spielte sich freilich sehr viel mehr

ab. Mein Vater hatte eine moralisch einfachere Position. Er hat
Hitler und seine Gefolgsleute immer verabscheut, und er blieb
im Amt, um den Krieg, den er kommen sah, womöglich zu verhindern, am Ende, um vielleicht eine Chance wahrzunehmen,
ihn glimpflicher zu beenden. Dies war die Aufgabe, die ihm
zufiel und an der er gescheitert ist. Ich habe ihn nie so verzweifelt gesehen wie im Sommer 1939, als er nicht mehr wußte,
wie das Unheil aufzuhalten sei. Ihn nachher als »Kriegsver-
brecher« zu verurteilen, war ein entsetzlicher Irrtum, nur er-
klärlich aus der mit dem amerikanischen Idealismus oft verbundenen Unfähigkeit, politische Wirkungsbedingungen in anderen Systemen als dem eigenen zu begreifen. Mein Vater
machte aber, zumal im Anfang, wie viele seiner Gesinnungs-
genossen, den Fehler, *Hitler* zu unterschätzen. Dieser irratio-
nale und gewissenlose Scharlatan konnte doch gar nichts Dauerndes auf die Beine stellen. Daß sich dieses Urteil erst nach
12 und nicht nach 2 oder 4 Jahren als richtig erwies, machte
alle anfänglichen Reaktionen auf ihn zu politischen Fehlern.

Mein Fehler war der entgegengesetzte. Bis 1933 hatte ich
Hitler genau so unterschätzt, ich hatte ihn verachtet. Mein Un-
glaube an die Legitimität des bürgerlichen Systems — in meiner Generation damals weit verbreitet — und eine unklare
chiliastische Erwartung machten mich Zwanzigjährigen emp-
fänglich für den seelischen Vorgang, den ein tiefblickender
Kritiker die Pseudo-Ausgießung des Heiligen Geistes von 1933
genannt hat. Nicht der gedankenlose Inhalt der Parolen imponierte mir, aber das Faktum, daß zahllose Menschen, die ver-
zagt und verzweifelt gewesen waren, einen gemeinsamen Le-
bensinhalt empfanden; das also, was die Anhänger der Bewegung ihren Idealismus nannten. Hinter der Liturgie der
Vorbeimärsche, der Faszination der Macht, den Ekstasen des
Führers meinte ich eine noch unenthüllte Möglichkeit eines
höheren Inhalts zu spüren. Die Warnungen meines Vaters und
meine Freundschaft mit Juden bewahrten mich vor der Versuchung, mich der Bewegung anzuschließen. 1945 kam ich mit
einem unverdient sauberen Fragebogen aus ihrer Herrschaft
heraus; mein Vater hatte sogar einen hohen SS-Rang annehmen

müssen, und ich hatte nicht einmal eine simple Partei- oder SA-Mitgliedschaft. Aber ich hatte meinen widerstandsgesonnenen Freunden gegenüber, die jahrelang erwogen, wie man *Hitler* einschränken könne, wohl recht, wenn ich meinte, sie machten die Rechnung ohne den Wirt. Der Widerstand, moralisch so verehrungswürdig, beruhte inhaltlich weitgehend auf dem Glauben an die ungebrochene Gültigkeit politischer, auch religiöser und kultureller Denksysteme, deren Brüchigkeit durch *Hitlers* Erfolg wie durch einen Blitz erleuchtet worden war.

Den Bewegungen jener Zeit verdanke ich meine Ehe. *Gundalena Wille,* in deren Familie politische Verantwortung so selbstverständlich war wie in der meinen, war 1933—34 Schweizer Journalistin in Berlin. Mein Vater war deutscher Gesandter in der Schweiz geworden und riet ihr, sich von mir über den Arbeitsdienst berichten zu lassen. Unsere erste Verabredung, auf den 30.6.1934, fiel durch die Ermordung *Röhms* und *Schleichers* ins Wasser. Ich weiß nicht, wie ich die Spannungen eines Lebens im Schatten der Politik von damals bis heute ohne sie ausgehalten hätte.

In den Weihnachtstagen 1938, ich arbeitete und wohnte damals in Dahlem, rief mich *Otto Hahn* an, in dessen Institut ich vorher ein halbes Jahr gewesen war, und fragte mich, ob ich mir ein Radium vorstellen könne, das sich in jeder chemischen Reaktion wie Barium verhalte. Er hatte die Uranspaltung entdeckt. Zwei Monate später ging ich, beunruhigt und entsetzt, eines Abends zu *Picht,* um mit ihm die Veränderung der Welt durch die Möglichkeit einer Atombombe durchzusprechen. Den ganzen Krieg über arbeitete ich am »Uran-Projekt« mit. Uns blieb die Entscheidung erspart, ob wir überhaupt, und das hieß für *Hitler,* Atombomben bauen wollten. Wir erkannten nach etwas mehr als einem Jahr, daß dies unsere Möglichkeiten weit überstieg, und konzentrierten uns auf die Arbeit an einem Reaktormodell. Das moralische Problem lag im Anfang. Das damalige Risiko würde ich nach dem, was ich heute weiß, nicht noch einmal übernehmen. Hätte der durchschnittliche widerstrebende Konformismus der Physiker genügt, den Bau der Bombe zu verhindern, wenn sie uns möglich gewesen wäre?

Heisenberg, Wirtz und ich arbeiteten zusammen und wollten die technischen Möglichkeiten erkennen, um dann selbst zu entscheiden, was wir wem mitteilen würden. *Heisenberg* ging es um die Erhaltung der deutschen Wissenschaft für die Zeit nach dem Verlust des Krieges, der ihm gewiß war. Ich träumte eine Zeitlang von einem Einfluß auf das Geschehen, ein Traum, der sich zu meinem Glück nicht erfüllte. *Heisenberg* suchte vergebens das Gespräch mit *Bohr* über diese Probleme; die internationale Familie der Atomphysiker verstand sich nicht mehr. Wir haben keinen Anlaß, moralisches Lob in Anspruch zu nehmen. Aber ich darf wohl sagen, daß wir damals im engsten Kreis mehr Gedanken darauf verwendet haben, wie der Bau von Atombomben in der ganzen Welt zu vermeiden wäre als darauf, wie wir es anfangen müßten, um eine zu bauen.

Das Ende des Krieges brachte uns eine fast einjährige Internierung, vorwiegend in England, die mir eine Zeit der Gewissenserforschung und der Arbeit wurde. Im Herbst 1945 schrieb ich, einer damaligen literarischen Mode folgend, einige rückblickende Sonette. Man kann diese Dinge wohl klarer in Prosa sagen, aber als Dokument der Erschütterung will ich eines von ihnen hier abdrucken:

> O bricht denn niemals der Dämonen Kraft?
> Sieht niemand denn: die Schuld ist in uns allen?
> Wo Unrecht fiel, seh' ich sich Unrecht ballen,
> und Schuldige von Schuldigen bestraft.
>
> Wer Schuld geduldet, ist in ihrer Haft.
> Wer Schuld mit Schuld vergilt, ist ihr verfallen.
> O wollen wir, der Finsternis Vasallen,
> den Himmel nicht, den nur die Liebe schafft?
>
> Ich ließ mit sehendem Aug' in dunklen Jahren
> schweigend gescheh'n Verbrechen um Verbrechen.
> Furchtbare Klugheit, die mir riet Geduld!
>
> Der Zukunft durft' ich meine Kraft bewahren,
> allein um welchen Preis! Das Herz will brechen.
> O Zwang, Verstrickung, Säumnis! Schuld, o Schuld!

Noch vor dem Ende des Krieges schrieb ich, nur für mich selbst, einen Aufsatz »Versuch einer Geschichtskonstruktion«. *Reinhold Schneider* hatte unsere Generation tief beeindruckt. Von *Hermann Heimpel* hatte ich in Straßburg viel über das Mittelalter gelernt. Der Selbstwiderspruch der neuzeitlichen Dynamik schien sich vor unser aller Augen zu vollziehen. Im außenpolitischen Kalkül erwartete ich noch mehrere Weltkriege zwischen Amerika, Rußland, China. Ich versuchte die Geschichte Europas durch die Spannung der drei Kräfte zu beschreiben, die ich Natur, Christentum, Realität nannte. Natur ist der Mensch, wie er sich vorfindet. Im Mittelalter also in der Adels- und Bauernwelt. Das Christentum ist im ständigen Angriff auf die Natur; so wirkt die Bergpredigt, wo immer man ihr glaubt. Die neuzeitlichen Revolutionen sind die Erben der permanenten Revolution, die das Christentum ist. Alle Revolutionen scheitern. Und durch ihr Scheitern schreitet die Verwandlung der Welt in ein rationales, funktionalisiertes, wertneutrales Gebilde vor, in die auf den Trümmern der Natur errichtete »Realität«.

Der Schluß war: »Den Christen ist die Geschichte nicht als der Ort ihrer Siege bestimmt. An dem Tag, der wie der Blitz leuchtet vom Aufgang bis zum Niedergang, wird ihre Arbeit nicht vergebens gewesen sein.« In einer zweiten Fassung, die ich in der englischen Internierung aus dem Gedächtnis der ersten fast wörtlich nachschrieb, ließ ich das eschatologische Zitat aus den Reden *Jesu* weg. Es war mir ein ins Unbekannte vorausgeschossener Pfeil und in der Sicherheit der Aussage ein sacrificium intellectus gewesen. Seine Weglassung bedeutete jedoch das Schweigen über den Kern der Sache, um des Gesprächs mit aufgeklärten Intellektuellen willen. So hat *Ibsen* für die Aufführung Noras letztes Wort aus dem Fortgehen in die Rückkehr verändert.

Wie unser ganzes Volk hatte ich einen Nachholbedarf an Vollzug des common sense der Aufklärung.

Das politische Erlebnis der Nachkriegsjahre war die Kraft der liberalen Gesellschaftsordnung, die ich bis dahin nicht ver-

standen hatte, obwohl ich ihr entstammte. Dies fasse ich hier
nicht erzählend, sondern sofort prinzipiell. Ich versuche ein
Stück Theorie des Liberalismus zu geben.

Ich beginne mit dem ökonomischen Liberalismus, der die
Signatur des deutschen »Wirtschaftswunders« war, und der
weltweit m. E. auch heute nicht in tieferen Krisen steckt als
fast stets in seiner zweihundertjährigen Geschichte, also auch
heute die Prognose kraftvollen Überlebens für sich hat. Sein
geistiger Vater *Adam Smith* hat eine paradoxe These ausgesprochen. Die gesamte abendländische politische Theorie ging
bis dahin davon aus, daß eine Gemeinschaft von Menschen nur
existieren kann, wenn das Gemeinwohl vor den Eigennutz gestellt wird. Zu erkennen, was das· Gemeinwohl verlangt, ist
schwer; heute übrigens, in der mobil funktionalisierten Welt,
schwerer denn je. Also lehrte die alte Theorie, diejenigen müßten regieren, die dies zu erkennen vermöchten. Daher die Ideologie, mit der jede Herrschaft für sich Wahrheit in Anspruch
nimmt. Hier wie überall ist die Entlarvung einer Ideologie
weit entfernt von der Lösung des Problems. *Smith* nun gab der
egalitären Grundwelle der späteren Aufklärung eine gewaltige
Hoffnung. Wenigstens in Elementarbedürfnissen, also im Ökonomischen, ist jeder Mensch fähig genug, sein eigenes Interesse
zu beurteilen; und der Mechanismus eines transparenten Markts
mit freien Tauschbeziehungen sorgt dafür, daß, genau wenn
jeder sein Eigeninteresse am besten verfolgt, dem Gesamtinter-
esse am besten gedient ist. Dies ist die »unsichtbare Hand«,
die, dem einzelnen Marktteilnehmer verborgen, aber dem
Theoretiker voll erkennbar, das Geschehen lenkt. Der Staat
muß nur dreierlei leisten: den Schutz nach außen, die Garantie
der Rechtsordnung, den Betrieb nichtprofitbringender Dienste.

Das moralische Pathos dieser These ist das Vertrauen zur
Freiheit jedes Einzelnen. Die marxistische Kritik, daß die fundamentale Ungleichheit der Güterverteilung durch die liberale
Wirtschaft nicht aufgehoben wird, ist empirisch wahr. Falsch
war, zum mindesten für die vollindustrialisierten Gesellschaften, die marxistische Prognose fortschreitender Verelendung
der Massen, und damit wird wenigstens fragwürdig, in wel-

chem Grad und Sinn die fortdauernde Ungleichheit den Namen einer Klassengesellschaft verdient. Ich vermute, eine selektionstheoretische Analyse würde zu dem Ergebnis führen, daß sich in freier Konkurrenz mit überwiegender Wahrscheinlichkeit eine »begrenzte Ungleichheit« herstellt, also weder Gleichheit noch extreme Ungleichheiten, wie letztere in Übergangsphasen und in machtstabilisierten Systemen vorkommen. Gleichheit, wo sie glückt, ist stets nur das Produkt einer fortdauernden expliziten Anstrengung. Gewiß ist, daß das Konkurrenzsystem voller Grausamkeiten gegen Gewachsenes, gegen Menschen ist, und daß es zu deren Duldung erzieht; gewiß ist ferner, daß der Staat heute Aufgaben lösen muß, die nicht nur die frühen Liberalen, sondern auch ihre absolutistischen Gegner sich nicht hätten träumen lassen. Wer bestimmt das Handeln des Staates, und wie?

Erst hier beginnt der eigentliche Kern der liberalen Theorie, ihr politischer Teil. Ich möchte ihn auf die Spannung zwischen zwei gleich unaufgebbaren Thesen reduzieren:

1. Sachgemäße Politik ist nur möglich in Erkenntnis der wahren Verhältnisse.
2. Niemand darf dogmatisch beanspruchen, im Besitz der Wahrheit zu sein.

Man kann es auch pointierter und mit Begründung so sagen: Wahrheit muß intolerant sein, denn sie ist lebenswichtig, aber Wahrheit muß tolerant vertreten werden, denn sie wird nur in einer Haltung freier Diskussion gefunden. Darf ich um der Toleranz willen jemals zugeben, 2 mal 2 könnte ja auch 5 sein? Kann ich aber einen Menschen noch überzeugen, daß 2 mal 2 vier ist, wenn ich ihn politisch dazu zwinge, diesen Satz zu bekennen? Bedingung des Daseins der Wahrheit in der Zeit ist die Freiheit; Schranken meiner Freiheit sind die Freiheit der andern und die Wahrheit. Diesen letzten Doppelsatz kann man von *Kant* lernen.

Die Bundesrepublik entschied sich für den politischen und den ökonomischen Liberalismus; sie verband beides mit einer klaren außenpolitischen Entscheidung für den Westen. Ich bejahte alle drei Entscheidungen. Sie überzeugten mich. Sicher kamen sie den durch die Katastrophe des Nationalsozialismus und das abschreckende Bild des Stalinschen Kommunismus stabilisierten konservativ-bürgerlichen Instinkten meines Standes entgegen. Ich spielte nun zwei Jahrzehnte lang aufrichtig mit der Selbstinterpretation als Konservativer, der Reformen will, um den stets gefährdeten Kern der Menschlichkeit zu bewahren. Es befriedigte zugleich meinen Verstand, die fortschrittlich-liberale Theorie zu durchdenken, die ich soeben skizziert habe, und deren Realisierung ich nun nicht bloß in behüteten europäischen Kleinstaaten wie der Schweiz und Dänemark, die ich zuvor schon gut gekannt hatte, sondern selbst unter der Last der Großmachtpolitik in England und Amerika beobachten konnte. Daß der Kern meines Denkens naturwissenschaftlich-religiös und nicht politisch ist, kann ich vielleicht daraus ablesen, daß es mich in Physik und Religion nie Mühe gekostet hat, anders zu denken als meine gesamte Umwelt, während ich in der Politik, wenngleich lernbegierig und kritisch, den Zeitbewegungen gefolgt bin. Dies ist freilich auch ein instinktiv politisches Verhalten.

Härte kam in mein politisches Verhalten, wo beide Seiten zusammenstießen, wo nämlich meine religiös-ethische Motivation und mein naturwissenschaftlicher Sachverstand mich zwangen, die herrschende Politik zu kritisieren: im Problem der Atomwaffen. In Amerika traf ich mit Quäkern zusammen und begann *Gandhi* zu lesen. Hier lernte ich zum erstenmal eine reale Lebensweise kennen, die die Bergpredigt ernstnahm. Ich sah das unvergleichliche Glück, das sie ausstrahlte. Mein Quäker-Freund *Douglas Steere* zitierte, mit leiser Stimme, den Satz: »A Christian is three things: he is absolutely fearless, always in trouble, and immensely happy.« Ich war nicht furchtlos genug, um so in Schwierigkeiten und so glücklich zu sein. Auch sah ich etwas, was den Quäkern vielleicht nicht so klar vor Augen stand. Über uns hing ständig die Drohung des Atomkriegs. Ich wußte, daß bei uns die Völker und ihre Regierungen zu der Furchtlosigkeit einer gewaltfreien Politik außerstande waren, ja keinen Gedanken auf diese Möglichkeit verwendeten. War es nicht eine sinnvolle Aufgabe, eine Politik zu formulieren, die liberale Regierungen wirklich wollen und durchhalten könnten, die diese Gefahr abwenden oder doch hinausschieben konnte? Mir blieb nicht verborgen, daß gerade die Größe der Waffen die Gefahr des Kriegsausbruchs verminderte, ohne sie freilich jemals zum Verschwinden zu bringen. Konnte es die Aufgabe unserer Zeit sein, die uralte Hoffnung einer Überwindung des Krieges in einer rationalen Konstruktion zu lösen? Ich studierte die Gedanken einer Weltatombehörde und einer föderativen Weltregierung, sah ihre funktionale Vernünftigkeit und sah die Aussichtslosigkeit ihrer Verwirklichung durch die souveränen Supermächte.

Im Spätherbst 1956 wurde für die deutschen Atomphysiker die Ernennung von *F. J. Strauß* zum Verteidigungsminister das Signal einer geplanten Atombewaffnung der Bundeswehr. Der Arbeitskreis Kernphysik, ein Beratergremium des Atomministeriums, kannte *Strauß* aus seiner Zeit als effizienter und dynamischer Atomminister. Wir besprachen die Lage und entdeckten, daß wir trotz verschiedener politischer Positionen einhellig gegen eine nationale Atomrüstung waren, wie sie die Franzosen damals schon vorbereiteten. Wir wollten dies öffentlich erklären, aber loyalerweise vorher der Regierung bekanntgeben. Wir schrieben einen Brief an *Strauß*, dem ein denkwürdiges Gespräch bei ihm folgte. In der ersten Viertelstunde zerschlug er alles Porzellan, das wir etwa für ihn bereitgehalten hatten. Dann legte er uns in 2¹/₂ Stunden mit überlegenem Detailwissen dar, unser Einwand ziele falsch; Amerika werde sich aus Europa zurückziehen und dann bedürfe Westeuropa (und nicht die Bundesrepublik für sich) einer der russischen gleichwertigen Atomstreitkraft. Wir standen nachher wie verregnete Hühner beisammen, ohne Konzept für eine öffentliche Äußerung. Zu dieser verhalf uns etwas später eine leichtfertige Formulierung von *Adenauer* über taktische Atomwaffen als Fortbildung der Artillerie. Unser Text enthält die zentralen Sätze: »Wir fühlen keine Kompetenz, konkrete Vorschläge für die Politik der Großmächte zu machen. Für ein kleines Land wie die Bundesrepublik glauben wir, daß es sich heute noch am besten schützt und den Weltfrieden noch am ehesten fördert, wenn es ausdrücklich und freiwillig auf den Besitz von Atomwaffen jeder Art verzichtet. Jedenfalls wäre keiner der Unterzeichneten bereit, sich an der Herstellung, der Erprobung oder dem Einsatz von Atomwaffen in irgendeiner Weise zu beteiligen.« Dies schuf großen öffentlichen Wirbel. *Adenauer* lud eine Delegation von uns nach Bonn zu einem eintägigen Gespräch, das er in der Form souverän führte, natürlich ohne echte Einigung. Wenigstens zwischen *Adenauer* und mir lief die Front fast umgekehrt als das Publikum sie sah. *Adenauer* sagte, um der Vermeidung des Weltkriegs willen müsse und werde es zur Abrüstung kommen (ich habe ihm die Aufrichtigkeit dieses Wunschdenkens geglaubt; eben darum war er in seinen letzten Jahren so sorgenvoll) und wir dürften in diese Verhandlungen nicht mit Vorleistungen hineingehen. Ich glaubte nicht, daß es zur Abrüstung kommen werde und glaubte, wir würden eben darum auf unseren Atomwaffen sitzen bleiben, die dann im Ernstfall den tödlichen Schlag des Gegners auf uns herabzwingen würden. Wenige Tage darauf legte ich mich mit Ohrenpfeifen und Brechdurchfall für achtundvierzig Stunden ins Bett; die Symptome verflogen bald wieder, aber seitdem höre ich auf dem rechten Ohr nicht mehr gut.

Ich hatte es übernommen, der Nation in einer Lebensfrage zu raten. Nun mußte ich nicht nur über die mir vertraute Außenpolitik, sondern über Waffenwirkung und Strategie Kenntnisse erwerben, die mich zur Diskussion mit Fachleuten befähigten. Die physikalischen Kollegen in Amerika waren seit mehr als zehn Jahren in derselben Lage. Ich habe die Lehren der amerikanischen arms control-Schule wohl als erster in Deutschland bekannt gemacht; *H. Afheldt,* der seit 1962 mit mir arbeitete, hat wesentliches zu ihrer immanenten Kritik beigetragen. Die Gespräche in Amerika belebten die alte Freundschaft mit *Edward Teller,* die neue mit *Leo Szilard.* Die Ergebnisse habe ich zu oft öffentlich geschildert, um sie hier zu wiederholen. Sie sind in bezug auf Friedenserhaltung auf die lange Sicht nicht beruhigend. Sie führten mich eben darum in immer komplexere politische und gesellschaftliche Fragen und schließlich zur Gründung meines heutigen Instituts. Dieses dient nicht der Propagierung von Bekanntem, sondern der Suche nach Wahrheit in so schwierigen Fragen.

Die Spannung zwischen Religion und Politik, die ich so am eigenen Leibe erfuhr, veranlaßte mich, die Geschichtsphilosophie vom Kriegsende wieder aufzunehmen. Ich sah die Geschichte der christlichen Ära vorangetrieben durch die Menschen, die subjektiv auf nichts als das Ende der Geschichte hofften. In den Göttinger Jahren lehrte mich *Gogarten* das, was ich vorher »Realität« genannt hatte, als ambivalente Säkularisierung christlicher Inhalte verstehen. Die Säkularisierung ist ambivalent: sie verwirklicht das im christlichen Glauben Gemeinte und isoliert es zugleich von seiner Quelle. Ich versuchte, den Prozeß in den Glasgower Gifford Lectures über die Tragweite der Wissenschaft darzustellen. Gelöst wurde die Spannung so nicht, eher gesteigert, aber doch hoffnungsvoll gesteigert, indem sie denkbar gemacht wurde.

Es gibt eine alte Tradition, daß das Alter von 56 Jahren ein Todeserlebnis bringt. Wir hatten als einzigen möglichen Weg zu der so unglaubwürdig propagierten Wiedervereinigung Deutschlands, aber noch mehr als einen Weg zu einer langsamen Überwindung weltpolitischer Gegensätze eine »Wiedervereinigung Europas« erwogen, im Gespräch zumal mit tschechischen Freunden. Als am Morgen des 21. August 1968 die Nachricht von der längst befürchteten russischen Besetzung der Tschechoslowakei durchs Radio kam, war in mir der Gedanke der ersten Sekunde: Nun ist der dritte Weltkrieg gewiß. Nicht jetzt, aber irgendwann in den nächsten dreißig Jahren. So hatte ich im Oktober 1933 auf die Nachricht von *Hitlers* Austritt aus dem Völkerbund reagiert. Die Mächte sind zu schwach, eine freie Entwicklung zu erlauben. Also greifen sie zu den Mitteln der Stärke, die zu den von jeher bekannten Folgen führen. Im Grunde hatte ich dies immer gewußt; das besondere Ereignis hatte nicht kausale, sondern enthüllende Funktion. Seitdem hat die Politik *Kissingers* wohl das Äußerste erreicht, was dieser Welt an vernünftigem Gleichgewicht abzuringen ist, und es ist nicht erlaubt, die schwache Chance der

Dauer dieses Gleichgewichts durch Unheilsprognosen zu gefährden. Es ist ja möglich, daß es gut geht.

Die Jahre 1967/68 eröffneten mir einen neuen politischen Lernprozeß, dessen Beginn, obwohl ich ihn begrüßte, auch fast einem Todeserlebnis gleichkam: die Revolte der studentischen Linken. Ich hatte mich, nicht aus eigenem Antrieb, sondern aufgefordert, vor 1952 mit Hochschulreform beschäftigt; ich gab es auf, als ich sah, daß Professoren und Ministerien die Reform verhinderten, Studenten und Parlamentarier damals an ihr uninteressiert waren. Als ich seit 1957 in einer Fakultät saß, bekräftigten die ersten Fakultätssitzungen den Entschluß, neben der Überanstrengung durch Forschung, Unterricht und Atompolitik nicht auch noch Universitätsreform zu betreiben. Ich überließ, so empfand ich es, das alte Hochschulsystem, dem ich entstammte und das ich liebte, dem vorhersehbaren Untergang; daß er schon nach 10 Jahren und nicht durch den Staat, sondern durch die Studenten geschehen würde, sah ich nicht voraus. Ich muß mir nachträglich in diesem wie in anderen Fällen vorwerfen, meine Warnungen zu leise ausgesprochen zu haben; ich hätte so scharf reden müssen, wie ich zu sehen überzeugt war.

Die Studentenrevolte aber betraf nicht primär die Universität, sondern die ganze Gesellschaft. Ich habe mich nie als Linker empfunden, aber politische Unterstützung habe ich meist links von der Mitte erhalten, an die ich mich mit meinen Reden wandte. Nun traf mich die linke Bewegung in dem Augenblick, in dem ich die Hoffnung auf eine Friedensstabilisierung durch Außenpolitik, die mir rational stets problematisch geblieben war, im elementaren Empfinden verloren hatte. Sie eröffnete die Hoffnung, auf dem Wege über Gesellschaftsänderung zu erreichen, was außenpolitisch unmöglich war. Aber sie war mit zwei aufeinandergehäuften Erstickungsgefühlen verbunden. Das erste ist für meine Generation typisch: obwohl ich das, was die Jungen Basisdemokratie nennen, persönlich als eine neue Chance begrüßte und willig in experimentellem Geist mitmachte, konnte ich, so wie ich nun einmal geprägt bin, darin nur mit äußerster Selbstbeherrschung den ruhigen Atem behalten. Das zweite ist die Qual für die Jungen: im Grunde war schon nach kurzem klar, daß die Bewegung politisch zum Scheitern verurteilt war. Hier begann freilich für mich die theoretische Frucht dieser Mühen. Ich verdanke dem Diskussionszwang, dem die Linke mich unterworfen hat, daß mir die Augen geöffnet wurden für das, was gesellschaftlich in der Welt vorgeht. Endlich lernte ich, *Marx* zu assimilieren. *Jürgen Habermas,* den ich als Mitdirektor fürs Institut gewinnen konnte, erläuterte mir diese Denkweise in derjenigen Liberalität, in der ich sie aufnehmen konnte. Aber in all dieser Lernbereitschaft bin ich den Linken ein Kritiker geblieben; und ich glaube, ein trostreicher Gesprächspartner könnte ich erst einem in der Tiefe enttäuschten Linken sein. Nicht Optimismus, aber Hoffnung habe ich zu bieten. Ich habe soeben einen Aufsatz abgeschlossen mit dem Titel »Die heutige Menschheit, von außen betrachtet«, dessen Argumente ich hier nicht wiederholen will. Sie enden im Mißtrauen gegen die Chancen des Kapitalismus wie des Sozialismus zur Lösung der von der modernen Kultur erzeugten Probleme und in der Aufforderung, die Menschheit von innen zu betrachten. Das führt zur Philosophie zurück.

4. Philosophie

Ich beginne noch einmal von vorne. Gemäß dem übernommenen Auftrag soll ich die Bewegung der Philosophie hier nicht im wirklichen Gespräch mit einem Partner, auch nicht im literarischen Gespräch mit den herrschenden Meinungen unserer Zeit darstellen, sondern im Gespräch mit dem Menschen, als der ich mir eines ins Kindheitsvergessen zurückgesunkenen Tages begegnete, mit dem ich bis heute Hand in Hand gehe, der ich, wie wir zu sagen pflegen, bin. Wer sagt hier ich?

In etwa vier Bereichen habe ich mich nachdenkend bewegt. In der vorangegangenen Darstellung kamen sie unter den Titeln Physik, Politik, Religion, klassische Philosophie vor. Die drei ersten kann man auch Struktur, Geschichte, Selbstwahrnehmung nennen. Der vierte ist das platonische Unternehmen, die

Einheit dieser drei zu denken. Man kann ihn auch als skeptische Theologie bezeichnen, wenn man die griechischen Worte Skepsis, Theos, Logos umschreiben darf als Hinschauen, das Eine, vernünftige Rede. In den drei ersten Bereichen habe ich elementar existiert. Den vierten habe ich gelernt wie man eine Sprache in einer guten Schule lernt. Ich spreche die Sprache mit einem Akzent, aber ich weiß, daß ich von den ersten drei Bereichen nicht selbstkritisch Rechenschaft geben könnte, wenn ich diese Sprache nicht gelernt hätte. Und vielleicht weiß ich einiges von ihr, was die nicht wissen, die sie als Muttersprache sprechen.

In die Physik bin ich, wie oben geschildert, durch die Astronomie und die Quantentheorie gekommen. Astronomie war mir das Wissen vom Weltall, also vom Ganzen; sie war ein kindlicher Begriff von Philosophie. Mein hochrespektierter Lehrer *Hilmer*, der mich Gymnasiasten in der deutschen St. Petri-Realschule in Kopenhagen privat in Latein und Griechisch unterrichtete, sagte mir in einer dieser Stunden, als ich in einen Begeisterungsausbruch über die Größe des Weltalls geraten war: »Gewiß, das Weltall ist groß und wunderbar. Aber vergiß es nie, größer als das Weltall ist dein Geist, Carl Friedrich v. Weizsäcker, der das Weltall zu denken vermag.« Diese Lehre nötigte mir nur eine widerstrebende Zustimmung ab. Unwidersprechlich war die Subjektbezogenheit des Wissens, sowie ich auf sie aufmerksam gemacht war. Aber es erschien mir unerträglich anmaßend, einen Geist, der das Weltall denken konnte, durch das Possessivpronomen »dein« mit dem Träger meines standesamtlichen Namens zu verknüpfen. Zur selben Zeit wäre ich, wenn ich nicht zugleich fromm und feige gewesen wäre, vielleicht aus dem Konfirmandenunterricht ausgebrochen, als der Pfarrer uns zumutete, Christen dürften nicht an die tierische Abstammung des Menschen glauben, denn im Gegensatz zum Menschen hätten die Tiere keine Seele. Er meinte vielleicht die unsterbliche Seele, aber diese Nuance blieb im Hintergrund und hätte mich verwirrt ohne mir zu helfen. Mit tiefer Empörung fragte ich mich, wie diesem Pfarrer beim Jüngsten Gericht zumute sein werde, wenn er zusammen mit dem Pferd vor Gottes Gesicht werde erscheinen müssen. Trotz dieser Parteinahmen spürte ich die Subjektblindheit der Naturwissenschaft. In dieses Dunkel versprach die Quantentheorie etwas Licht zu bringen, die uns, wie *Bohr* gesagt hat, so nachdrücklich an die alte Einsicht erinnert, daß wir zugleich Mitspieler und Zuschauer im Schauspiel des Daseins sind.

Die ersten 25 Jahre meiner Beschäftigung mit Physik gaben mir ein deutlicheres naturwissenschaftliches Modell der Art, wie wir Mitspieler sind, unter dem Titel der Geschichte der Natur. Meine Arbeit über die Entstehung des Planetensystems konfrontierte mich mit der veralteten theologischen Debatte, in der manche (selbst der große *Newton*) den Schöpfungsglauben aus den Lücken der Naturwissenschaft hatten rechtfertigen wollen. In den Dahlemer Jahren, 1936—42, hatte ich zugleich das Glück, von den besten deutschen Biologen und Biochemikern in die Probleme der Abstammungslehre und der werdenden Molekularbiologie eingeführt zu werden. Ich sah die genaue Analogie der Motive, die hinter der alten Ablehnung mechanischer Theorien der Planetenentstehung und hinter der neueren Ablehnung der Abstammungslehre und vor allem der Darwinschen kausalen Deutung der Abstammung durch die Selektionslehre stehen. Ich überzeugte mich rasch, daß solche Rückzugsgefechte stets verloren gehen, und fühlte mich mit dem jungen *Kant* der Vorrede zu der »Allgemeinen Naturgeschichte und Theorie des Himmels« einig, daß sie einer ungläubigen Theologie entspringen. Alles, was in der Geschichte geschieht, geht irgendwie zu, und die kausalen Theorien sind nichts als Modellentwürfe dafür, wie es wirklich zugegangen sein könnte. Ich meinte, wer Gott, der Seele, dem Leben nicht in den positiven Erkenntnissen der exakten Wissenschaften begegnen könne, der werde sich vergebens mühen, ihnen in den Lücken dieser Wissenschaften einen Raum auszusparen.

Die gedankliche Aufgabe lag aber nicht in diesen popularphilosophischen Debatten, sondern darin, zu begreifen, wie der »Zufall« Ordnung und Gestaltenfülle erzeugen kann. Hier half mir meine Analyse des zweiten Hauptsatzes der Thermodynamik. Zufall nennen wir Vorgänge, die den Gesetzen der Wahrscheinlichkeitsrechnung genügen. Diese Gesetze definieren Möglichkeiten, und gerade weil es Möglichkeiten sind, bleibt undeterminiert, welche von ihnen eintritt. Ich konnte plausibel machen, daß dieselbe Struktur der Zeit das Entropiewachstum und die wachsende Differenzierung der Gestalten zur Folge hat. Anschließend an eine spätere Formulierung von *Picht* kann ich sagen: Das Vergangene vergeht nicht, somit wächst die Menge der Fakten; die Gegenwart der Zukunft ist ihre in Fakten fundierte Möglichkeit; somit wächst die Menge der Möglichkeiten.

Der Darwinismus, gedanklich den frühkapitalistischen Theorien von *Smith* und *Malthus* verpflichtet, ist vielfach wegen der grausamen Art seines Fortschrittsoptimismus abgelehnt worden. Wir, die wir überleben, sind freilich die Erben von Siegern im Kampf ums Dasein. Das Erlebnis des Kriegs half mir, die Kehrseite zu sehen. Wesen, die dem Kampf ums Dasein entstammen, sind zum Tod und, wenn sie subjektive Empfindung der uns bekannten Art haben, zum Leiden verurteilt. Diese große Realität hat vielleicht nie jemand deutlicher gesehen als der *Buddha*. Erst wenn dies erfahren ist, kann man zu begreifen beginnen, wovon die großen Religionen sprechen. Nicht naiver Harmonieglaube, sondern die äußerste Erfahrung von Leiden, Schuld, Sinnlosigkeit ist ihr Ausgangspunkt.

Der Weg der Naturwissenschaft ist mit diesem Stück Geschichte der Natur nicht zu Ende gegangen und der Übertritt zur religiösen Erfahrung ist auch hier noch ein Sprung. Nach dem Krieg kam die kybernetische Denkweise auf. In Göttingen behandelten wir im Seminar kybernetische Modelle des Lebens und des Denkens. Sie berührten sich mit den empirischen Ergebnissen der Verhaltensforschung. *Konrad Lorenz* und *Erich v. Holst* gaben uns einen reichen Schatz an Belehrung. Die Fragestellung war offensichtlich legitim, aber sie stieß an zwei Grenzen. Die kybernetischen Modelle beschrieben das Leben mit der objektivistischen Denkweise der klassischen Physik; die schon geschehene Einführung des Subjekts in der Quantentheorie stand beziehungslos neben ihnen. Und, was noch schwerer wog, eigentlich hatte niemand eine klare Vorstellung von den zu erklärenden Denkfunktionen, wenn diese über das Niveau relativ einfacher Gestaltwahrnehmung und Handlungsfähigkeit hinausgingen. Was ist denn die operative Struktur von Sprache, Begriff, Reflexion? *Chomsky* und *Piaget*, ein Jahrzehnt später berühmt geworden, glauben der klassischen Logik wahrscheinlich mehr als sie verdient. Wir können unsere Rolle als Mitspieler nicht weiter analysieren, solange wir die Rolle als Zuschauer nicht zum Thema gemacht haben.

Das führt zurück in den Kern der philosophischen Physik. Dieser wird meiner Überzeugung nach nur verständlich, wenn man zwei Probleme, die dem herrschenden Methodenbewußtsein streng getrennt erscheinen, als zusammengehörig, ja als letztlich identisch begreift: die inhaltliche Interpretation der Physik, also vor allem der Quantentheorie, und die Frage nach dem Wesen der empirischen exakten Wissenschaft. Jede der beiden Fragen führt, für sich allein genommen, in Aporien, die m. E. eben die Folge der Trennung sind. In dieser Getrenntheit seien sie hier zuerst skizziert.

Konfrontieren wir die Kybernetik mit der Quantentheorie! Darwinismus, Verhaltensforschung und Kybernetik behandeln das Subjekt als ein in Raum und Zeit erscheinendes Ding. Sie geben ein physikalisches Modell des empirischen Subjekts. Wem dieses Ding erscheint, ja daß Sein in Raum und Zeit eine Weise des Erscheinens ist, wird überhaupt nicht zum Thema. Die Quantentheorie nun zerstört die hier vorausgesetzte Ontologie. Am deutlichsten wird dies in der Komposition von Objekten, die sich in dem »Paradoxon« von *Einstein, Rosen* und *Podolsky* manifestiert: wenn ein Gesamtobjekt in Teilobjekte zerlegbar ist, so bedeutet das keineswegs, daß die Teilobjekte existieren, auch solange das Gesamtobjekt nicht faktisch in sie zerlegt ist. Nun muß jedes Objekt strenggenommen als Teil größerer Objekte verstanden werden. Objekte bezeichnen Faktizität, Fakten aber sind Fakten nur kraft der in ihnen angelegten Möglichkeiten. Das einzige irreduktible Gesamtobjekt könnte allenfalls das Weltall sein, aber eben dieses ist kein Objekt, denn für wen wäre es Objekt? Indem ich so spreche,

bediene ich mich in stenographischer Abkürzung meiner eigenen, bisher nur unvollständig veröffentlichten Begriffsanalysen;
sonst müßte ich hier ein Buch über die Sache statt eines Aufsatzes über ihre Spiegelung in meinem Bewußtsein schreiben.
Die Quantentheorie also führt Objekte als Objekte für Subjekte ein. Aber sie beschreibt die Subjekte nicht. Um dieser
Pflicht überhoben zu sein, ersetzt sie sie nach Möglichkeit
durch Meßapparate. Jedoch eben daß diese Apparate nicht
bloß Objekte, sondern zum Messen geeignete Objekte sind,
hält ihren Subjektbezug fest (deshalb müssen sie nach *Bohr*
»klassisch« beschrieben werden). Die Kybernetik kennt, kan-
tisch gesagt, nur das empirische Subjekt, und zwar nicht als
Ich, sondern als existierendes Ding, die Quantentheorie aber
kennt nur das transzendentale Subjekt, und zwar ohne Reflexion auf die Einheit der Apperzeption.

Philosophen der auf *Kant* und den Idealismus zurückgehen-
den Tradition, die in Deutschland herrschend gewesen ist, haben diese Einschränkungen der Weise, in der die Naturwissenschaft bisher das Subjekt aufzufassen vermochte, meist zur Zu-
rückweisung der Kompetenz der Naturwissenschaft für diese
Fragen verwendet. Ich habe diese Reaktion der Schulphiloso-
phie schon als Student, lange ehe ich den Begriffsapparat hand-
haben gelernt hatte, als einen epigonalen Holzweg und als ein
Mißverstehen der Kantschen Fragestellung empfunden. Um
dies aussagen zu können, mußte ich Philosophie lernen — und
nicht nur dazu, sondern weil Philosophie das war, worum es
mir ging.

Wie weiter oben geschildert, begann ich mit dem Positivis-
mus. *Machs* Gedanken, die Subjekt-Objekt-Spaltung von vorne-
herein nicht einzuführen, sondern von Elementen zu reden,
terminologisch als »Empfindungen« bezeichnet, deren gesetz-
mäßige Zusammenhänge nur denkökonomisch als Dinge und
Iche bezeichnet werden, empfand ich als genial; aber die
Durchführung war weder ihm noch einem anderen gelungen.
Was sind Gesetze? Sie regulieren Möglichkeiten. Was heißt
Möglichkeit? Woher kennt man die Gesetze? Aus Erfahrung?
Wie kann Erfahrung Gesetze begründen? Und zwar Gesetze,

die einmal gefunden, in kristallener Einfachheit auf einer halben Druckseite formuliert werden können und sich milliardenfach in der Zukunft bewähren. Wie *Kant* könnte ich sagen, es sei die Erinnerung des *David Hume* gewesen, die mich aus dem dogmatischen Schlummer erweckt hat: wie kann man aus Fakten der Vergangenheit jemals logisch auf Notwendigkeiten der Zukunft schließen? Irgendwann entdeckte ich, daß *Humes* erkenntnistheoretisches Problem von genau derjenigen Struktur der Zeit Gebrauch machte, die ich als inhaltliche Basis der Thermodynamik und auch der Quantentheorie erkannte. Hier wurde mir klar, daß Erkenntnistheorie und inhaltliche Physik nur gemeinsam verstanden werden können.

Man wird mir vielleicht verzeihen, daß ich angesichts dieser Fragen die empiristische Wissenschaftstheorie, die sich zu meinen Lebzeiten entwickelte, nur peripher zur Kenntnis genommen habe. Sie war mir solange nicht interessant, als sie nicht erkannt hatte, daß *Humes* Problem in ihrem Kontext unlösbar bleibt. Auch *Popper* ist nur an den Rand der Probleme gelangt, die *Einstein* und *Bohr* klar vor Augen standen, z. B. daß die Begriffe, in denen wir simple empirische Sätze formulieren, nur im Zusammenhang einer Theorie überhaupt einen klaren Sinn haben. Den wichtigsten Durchbruch hat m. E. *Th. S. Kuhn* geleistet, mit dem ich mich bei dem einzigen Gespräch, das ich mit ihm hatte, sowohl über *Galilei* wie über *Einstein* und *Bohr* spontan verstand. Ich möchte seine Wendung zur Wissenschaftsgeschichte so interpretieren: Wenn empiristische Wissenschaftstheorie selbst Wissenschaft ist, muß sie ihren Begriff von empirischer Wissenschaft empirisch, d. h. historisch-deskriptiv gewinnen. In der historischen Deskription aber hat nicht *Kuhn* mit seinem an sich höchst lehrreichen Begriff der Paradigmen den harten Kern der »wissenschaftlichen Revolutionen« bezeichnet, sondern, schon ein Jahrzehnt vor *Kuhn, Heisenberg* mit dem Begriff der abgeschlossenen Theorien. Gemeinsam ist beiden die Erkenntnis, daß es in der geschichtlichen Entwicklung eine Folge von Plateaus gibt, auf denen sich dann »normale Wissenschaft« entwickeln kann, bis zur nächsten Krise. Mit vollem Recht vergleicht *Kuhn* diese Plateaus den Spezies

in der Darwinschen Evolutionstheorie. Hier zeigt sich wieder
die Strukturidentität einer wissenschaftstheoretischen mit einer
inhaltlich-wissenschaftlichen Erkenntnis. Spezies sind Plateaus,
weil sie einer ökologischen Nische angepaßt sind. Die ökologische Nische einer abgeschlossenen Theorie ist das, was man in
direkter Sprechweise ihre Wahrheit nennt. Und so heißt denn
die Kernfrage nach wie vor: Was ist Wahrheit?

Hier muß ich nun den klassischen Philosophen meinen Dank
abstatten. Es war ein unvergleichliches Glück, daß ich zwölf
Jahre lang in Hamburg die bürgerliche Verpflichtung hatte,
über sie zu unterrichten; ich danke auch allen meinen Studenten und Hörern aus der Stadt dafür, daß sie hören wollten,
was ich zu sagen hatte. Obwohl ich fleißig auch *Aristoteles,
Descartes, Hegel, Heidegger* und die modernen Logiker studiert
habe, hat ein Jahrzehnt nur ausgereicht, um zwei Philosophen
einigermaßen gründlich durchzuarbeiten: zuerst *Kant,* dann
Platon. Beide hatte ich schon als Schüler gelesen. Aber das ist
ja die Erfahrung, wenn wir Philosophen lesen: jedesmal, wenn
wir denselben Text nach fünf Jahren, oder, bei intensivem Studium, nach einem Jahr wiederlesen, enthüllt sich eine neue
Zwiebelschale mit der Einsicht: »Ach, davon war hier eigentlich die Rede!« Das muß so sein, wenn das Wahre das Ganze
ist. Den ersten Satz der Kritik der reinen Vernunft oder ein
ironisches Adjektiv in einer Frage des Sokrates kann nur der
verstehen, der die ganze Philosophie *Kants* bis zur Religions-
schrift durchmeditiert hat, der bis zur Schau des Einen aufge-
stiegen ist. Kann ein vernünftiger Mensch, wenn er sich be-
sinnt, etwas anderes erwarten? Ich weiß, wie weit ich noch
hinter gründlicher Kenntnis und adäquatem Verständnis *Kants*
und *Platons* zurückbleibe, aber ich denke mir, wenn ich ihnen
auf den Wiesen des Hades begegnete, würden sie mich eines
Gespräches würdigen.

Das viersemestrige Seminar über die Kritik der reinen Vernunft, 1960—62, war wohl der Gipfel gemeinsamen Philosophierens, gerade weil ich selbst alles erst zu lernen hatte. Mein
unvergeßlicher Schüler *Peter Plaass* belehrte mich danach über
die Härte des systematischen Anspruchs der Kantschen Theorie

der Naturwissenschaft. Ich kann hier nicht *Kant* auslegen, sondern will alsbald die Härte des Anspruchs anknüpfen, den ich für die Möglichkeit von Naturwissenschaft im heutigen Kontext zu erheben gedrängt wurde. Es gibt (in der Zwiebelschale, in der es exakte Wissenschaft überhaupt gibt) nur *eine* Lösung des Humeschen Problems, nämlich die Kantsche. Geltung der Naturgesetze heißt Notwendigkeit, sonst gelten sie nicht für die Zukunft. Eine unkonditionale Notwendigkeit der Naturgesetze kann man überhaupt nicht beweisen, weder durch spezielle Erfahrung noch durch Metaphysik. Aber ihre konditionale Notwendigkeit läßt sich einsehen, nämlich daß sie gelten müssen, wenn überhaupt Erfahrung möglich sein soll. Erfahrung nun definierte ich im Hinblick auf die Zeitstruktur: aus Fakten Möglichkeiten, aus der Vergangenheit für die Zukunft lernen.

Kant ist am Problem der besonderen Naturgesetze gescheitert. In einer einheitlichen Physik aber, wie sie sich heute anbahnt, gibt es keine besonderen Gesetze. Die Quantentheorie als allgemeine Theorie indeterministischer Wahrscheinlichkeitsprognosen für entscheidbare Alternativen ist eine vermutlich noch vorläufige Fassung der einzigen Gesetze, die überhaupt gelten. Alle besonderen Gesetze müssen Anwendungen dieser Gesetze auf Spezialfälle sein, deren Möglichkeit selbst aus der allgemeinen Theorie folgt. In diesem Sinn ist der Raum selbst die durch die Quantentheorie der Alternative festgelegte Form der Gleichzeitigkeit.

Dieser Entwurf muß in solcher Schärfe formuliert werden, weil er nur so deutlich macht, daß das Grundproblem des Empirismus, die Rechtfertigung besonderer Gesetze durch besondere Erfahrung, überhaupt nicht besteht. Hier muß man die Fragen quid facti und quid juris unterscheiden. Faktisch findet man besondere Gesetze selbstverständlich durch besondere Erfahrung. *Humes* Problem war nur die strenge Rechtfertigung so gefundener Gesetze. Diese Rechtfertigung nun kann nur konditional, aber allgemein, in einer inhaltlichen Physik geschehen, die sich nur durch die Erwartung der Möglichkeit von Erfahrung überhaupt rechtfertigt. In diesem Sinne sind Wissenschaftstheorie und fundamentale Physik identisch.

Die so entworfene einheitliche Physik, das letzte Ziel, auf das ich bewußten Ehrgeiz konzentriere, wäre geschichtlich wieder ein Plateau. Was jenseits dieses Plateaus folgen mag, läßt sich heute nur ahnen. (Ein zentraler Satz einer geschichtlichen Philosophie muß heißen: Wir philosophieren *jetzt*.) Der Begriff der Erfahrung ist, wie *Kant* gesehen hat, durch Gesetze und die nur in ihnen sinnvollen Begriffe erst definiert. In dieser Theorie wird er auf prüfbare Prognosen für entwerfbare Alternativen, also formulierbare Möglichkeiten zusammengezogen. Solche Möglichkeiten bestehen für Subjekte. Wie sind nun die Subjekte selbst zu denken? Hier können wir zunächst die Wissenschaften befragen.

Die Theorie umfaßt der Intention nach zugleich mit der Physik die operative Logik und Mathematik. Seit *Gödel* weiß man, daß — etwas allgemein ausgedrückt — erkennbare Möglichkeiten niemals vollständig formalisiert werden können. Also ist, in bestimmtem Sinne, eine vollständige Theorie der Möglichkeiten zu keiner Zeit möglich; die Menge der Möglichkeiten wächst. Was aber ist der operative Sinn von »Erkennen« und »erkennbar«? Hier müßte eine Kybernetik der Reflexion entworfen werden. Sie wäre eine objektivierende Theorie des empirischen Subjekts, unter mitdenkender Einbeziehung der immanenten Grenzen der Objektivierung, eine reflektierende Theorie der Reflexion. Ich meine diese möglichen Theorien präzise vor mir zu sehen, aber die Verwirklichung übersteigt meine Kraft, und die Weitergabe der Aufgabe übersteigt bisher mein Vermögen, andere zu überzeugen.

Was aber ist das empirische Subjekt? Wer sagt hier ich?

Das von *Descartes* erzeugte Problem der Zweiheit der Substanzen verflüchtigt sich in diesem Entwurf. Wenn sich aus Molekülen Menschen entwickeln, sind Moleküle virtualiter cogitantia, der Möglichkeit nach bewußt. Aber die Vermittlung vom abstrakt Möglichen, das erst im Rückblick erkannt wird, zum aktual Möglichen, braucht im realen Vollzug Milliarden Jahre. Wer weiß, daß wir schon unsere Eltern und Lehrer nicht verstehen, den sollte die Uneinfühlbarkeit in so ferne Vorfahren nicht verwundern; *Freuds* Begriffe des Unbewußten, des Es, mögen dem heutigen Intellektuellen die Einfühlung in solche Zusammenhänge erleichtern. »Materie« heißt, was den Gesetzen der Physik genügt. Wenn diese Gesetze lediglich formulieren, was eindeutig erfahrbar ist, so steht nichts im Wege, das was zugleich Erfahrung machen und erfahren werden kann, als bewußt Erfahrendes Ich, als Erfahrenes Materie zu nennen. Einer wissenschaftlichen Theorie stellt sich dann das Zentralproblem einer strukturellen Abhebung des Ichbewußtseins von anderen Arten der Quasi-Subjektivität. Hierzu gehören Fakten und Möglichkeiten in einem Zusammenhang und die Reflexion, die sie als Fakten, als Möglichkeiten, als Zusammenhang auffaßt (das »ich denke« muß alle meine Vorstellungen begleiten können). Dies ist der transzendentale Entwurf des endlichen Subjekts. Wer ihn denkt, denkt eine Einheit, die mehr ist als die Einheit des endlichen Subjekts. Sie ist auch mehr als die Gesellschaft und die menschliche Geschichte. Sie erscheint hier als die Einheit der Zeit. Wie sich in ihr endliche Subjektivität formt, wird zum diskutierbaren Problem, und so wenig es letzte Objekte gibt, wird man hier erwarten dürfen, daß die Beschreibung eines endlichen Subjekts ein letztes Wort ist. Auf diesem Weg habe ich, nicht immer auf derselben Seite des Bachs, aber unterwegs zur selben Quelle, nur *Georg Picht* zum Begleiter gehabt.

Warum dieser Monismus? Ich meine hier mit den Denkmitteln eines älteren Mannes das zu sagen, was ich als Kind geglaubt habe. Ich sehe aber auch keine andere spekulative Möglichkeit. Pluralismus ist niemals wahr, er ist höchstens aufrichtig, als Resignation gegenüber der Aufgabe, die stillschweigend vorausgesetzten Zusammenhänge zu denken. Zwei oder mehr letzte Prinzipien aber sind nicht letzte Prinzipien, denn ihr gemeinsames Prinzip ist, »letzte Prinzipien« zu sein. Ein einziges Prinzip hingegen scheint die Grunderfahrung unseres Daseins zu verleugnen, unser Geworfensein in die Endlichkeit; Leiden, Schuld, Sinnlosigkeit. Philosophie darf auch bei solchen Paradoxen nicht stehenbleiben. Sie muß fragen, wie es zu Fragen kommen kann, die zu solchen Antworten führen. Eines

ist schon auf dieser Stufe zu sehen: Zeit ist ein unendliches
Prinzip der Endlichkeit. Sie ist jeweils andere Gegenwart, bestehend in diesen Fakten und keinen anderen, diesen Möglichkeiten und keinen anderen, und Möglichkeit heißt, daß dies
oder jenes zur Wahl steht und nicht beides zugleich.

Mit der Frage nach der Einheit haben wir platonischen
Boden betreten. *Platon* ist — wenn es nicht zu anmaßend ist,
so etwas zu sagen — der einzige Philosoph, bei dem ich mich
in der Heimat gefühlt habe. Dieselbe Heimat habe ich seit der
Schulzeit bei *Goethe* empfunden, zumal in seiner späteren
Lyrik. Aber *Platon* denkt, was *Goethe* sagt und verschweigt,
und er überblickt mehr als *Goethe*. Politik und Ethik, Kunst
und Leidenschaft, mathematische Naturwissenschaft, Logik,
Ontologie und Mystik dürfen sich auf ihn berufen. Ich habe
mir seine Philosophie, dem Höhlengleichnis folgend, in einem
Schema von Aufstieg und Abstieg zu vergegenwärtigen gesucht. Der Aufstieg ist die Hinleitung. Er ist das, was man allgemein von *Platon* weiß, die Unterscheidung der Idee vom
Sinnending. Als ich über *Platon* zu dozieren begann, suchte ich
zunächst den Aufstieg dem modernen Bewußtsein von neuem
zu ermöglichen, so in dem Gedanken, daß die Graugans des
Zoologen, präzisiert durch ihre Angepaßtheit an ihre ökologische Nische, eben die Idee der Graugans ist. Es folgt, daß
Ideen das einzige sind, was man erkennen kann. Ich wandelte
die Adäquationstheorie der Wahrheit pragmatisch ab, indem
ich adäquatio als Angepaßtheit übersetzte, nämlich des Handelns an die Umstände. So konnte ich Verhaltensforschung und
Kuhnsche Wissenschaftheorie zusammendenken, und die
Struktur der Wirklichkeit, die die ökologische Nische des Begriffs ist, erwies sich als die Idee. Der Aufstieg zu den höheren
Ideen läßt das sehen, was die Pragmatik ermöglicht und führt
zu den Merkmalen der Idee als Idee: Sein und Wahrheit, die
dem Einen entspringen, das das Gute ist. Die eigentliche Philosophie ist der Abstieg, der zurückführt bis zu den Schatten an
der Wand, *Machs* Empfindungen, die nun verstanden werden
durch das, dessen Schatten sie sind. Auch die Sinnendinge sind
Ideen. Dies ist ein modernistisches Spiegelbild *Platons*, und ich

könnte wohl, wenn ich noch einmal sechs Jahre darauf zu wenden hätte, ein zeitgetreues und viel großartigeres Bild seiner Philosophie ausführen. Das zu tun ist aber vermutlich nicht das Los, das ich mit dieser Inkarnation gezogen habe.

Das Eine ist, wie der *Parmenides-Dialog* lehrt, nicht widerspruchsfrei sagbar. Das Eine duldet kein Sein und kein Sagen als Zweites neben sich, und das seiende Eine ist als solches Zweiheit und damit alsbald unendlichfältig; das ist eben der Abstieg. Es ist das Wunderbare an dieser Philosophie, daß sie die Grenze der Rationalität nicht um einen Schritt zu früh zieht, sondern sie aus einer rationalen Analyse der Bedingungen der Möglichkeit von Rationalität entwickelt. Das Eine ist zugleich das Gute. Das Gute ist das Prinzip der Bewegung. Jede Idee ist gut; sie ist das Maß, an dem alle Dinge, die an ihr teilhaben, gemessen werden. So ist die Idee das Prinzip des Sollens, des Verlangens der erleuchteten Liebe, und eben damit der Bewegung. Sollen und Sein sind in dieser Philosophie nicht Gegensätze. Das Schlechte ist Mangel an Sein. Sind auch diese Gedanken für uns vollziehbar, oder sind sie ein Schmuckstück an der Wand?

Im Bericht über die Politik habe ich die Frage ausgespart, wie ich mich zur christlichen Kirche verhielt. Als Sechzehnjähriger war ich innerlich nicht mehr an sie gebunden, aber ich kam früh zu der Meinung, es diene zu nichts, den Ort zu verlassen, an den gestellt man sich vorgefunden hat; ich bin stets, und nicht unwillig, Mitglied der lutherischen Kirche geblieben. Aber soviel mich das Neue Testament anging, so wenig ging mich, so schien mir zu meiner Enttäuschung immer wieder, die Kirche an. An den Stellen, an denen ich suchte, in der Ethik und in der Mystik, forderte sie mich nicht; sie mutete mir weder die Bergpredigt, noch das Johannes-Evangelium zu. An der Universität hörte ich bei *Joachim Wach* eine Vorlesung über asiatische Religionen. Ich las die chinesischen Klassiker in *Wilhelms* Übersetzung, zumal die juwelengleichen kurzen Texte *Dschuang Dsïs*, und die Reden *Buddhas* in *K. E. Neumanns* Übersetzung, die man so langsam lesen muß, daß der Atem dieser Lehre folgt, »deren Anfang begütigt, deren Mitte

begütigt, deren Ende begütigt«. Ich habe mich seitdem, bei
wacher Bewußtheit der tiefen kulturellen Differenzen, im spirituellen Asien selbstverständlicher zu Hause gefühlt als in
Europa. Ich wußte: dort gibt es Menschen, die sehen und sind.
Der entscheidende religiöse Einfluß eines lebenden Menschen
kam lange Zeit von *Alastair,* einem hochbegabten Künstler,
einem Liebenden und Mystiker, erbarmungslosen Seelenprü-
fer, und einem Menschen, der stets hilfsbedürftig war. Heute,
sechzig Jahre nach seinem kurzen Glanz, erscheinen seine
Zeichnungen wieder auf dem Kunstmarkt; wie er Klavier gespielt, gesungen, getanzt hat, ist der Nachwelt verloren; die
zahllosen Übersetzungen, mit denen er sich jahrzehntelang
unter Blumen und Seide in Pensionszimmern über Wasser zu
halten suchte, sind verstreut wie seine Verse. Ich habe die Aufgabe, die diese Beziehung zu dem um zwei Jahrzehnte Älteren
mir stellte, nicht gemeistert, und habe in ihr schmerzlich gelernt, was ich kaum anders hätte lernen können. Wie viele, die
ihm nahekamen, konnte ich das zu Lernende in seiner Gegenwart weder in Gedanken noch in Taten umsetzen, und so zi-
tiere ich hier Einflüsse, die von geringerer Bedeutung, aber
umsetzbarer waren als der seine.

1938 war ich einmal Gast einer Freizeit der evangelischen
Michaelsbruderschaft in Marburg. Ich sah, daß ich dieser Gemeinschaft nicht angehören konnte, aber ich verdanke der
Woche das Mitleben in einem liturgisch geordneten Tageslauf.
Liturgie und Regelmäßigkeit teilen den tiefen, vom willent-
lichen Verstand nicht erreichten Schichten etwas mit, was jedenfalls für mich ist wie lebensnotwendige Nahrung. Auf per-
manente liturgische Gemeinschaft habe ich bisher verzichtet,
da ich sie nie mit der mir notwendigen Modernität des Bewußtseins verbunden gefunden habe, aber ich übernahm die
Gewohnheit einer allmorgendlichen Meditation. Eine Medita-
tionsschule habe ich nicht durchgemacht, weil mir nie ein
Lehrer begegnet ist, der meinem Intellekt — und vielleicht meinem Unabhängigkeitsdrang — genuggetan hätte. Das ist regel-
widrig, gefährlich und niemandem zur Nachahmung vorgeschlagen. Ich habe nicht versucht, meditativ ins Extrem zu

gehen, sondern habe kommen lassen, was sich meldete. Ohne diese stete Rückkehr zur Stille aber könnte ich nicht leben. Die Meinung mancher Menschen, Meditation sei Selbstbespiegelung und stehe im Gegensatz zum Einsatz für den Mitmenschen, ist ein kaum begreiflicher Irrtum. Freilich gibt es, sehr selten, auch eine kontemplative Lebensweise, die dem Mitmenschen ohne Handeln, selbst ohne sichtbaren Kontakt, mehr Gutes tut als durch Aktivitäten; die Entstellungen dieser seltenen Gabe und die vielen Gefahren der Öffnung unbewußter Quellen mögen jenen Irrtum hervorgebracht haben.

Erst nach dem Krieg normalisierte sich mein Verhältnis zur Kirche, als ich den Alltag würdigen lernte. Den entscheidenden Schritt verdanke ich amerikanischen Christen, die alsbald zur Hilfe in unserem Land waren. Die wissenschaftlichen Kollegen, die alten Freunde (mit Ausnahme *Tellers*) forschten zunächst, ob unser Verhalten unter den Nazis uns neuer Partnerschaft würdig machte; und wer durfte ihnen das verübeln? Die Christen aber wußten: »wir sind allzumal Sünder« und waren da, ohne zu forschen. Liebe erzeugt Liebe, gerade weil sie unverdient ist. Die Beziehung zur Theologie aber verdanke ich fast ausschließlich einem Manne, der kein akademisch ausgebildeter Theologe war: dem Mathematiker *Günther Howe,* den ich 1938 in Marburg kennengelernt hatte. Er sprach mich auf Beziehungen zwischen *Bohrs* und *Barths* Denken an und organisierte nach dem Krieg ein Jahrzehnt lang Physiker-Theologen-Gespräche. Hier lernte ich die Sprache des Fachs verstehen. *Howe* erwartete mehr von der Kirche als ich und litt darum mehr an ihr; an seinem Leiden habe ich gelernt, worum es ging. Nun eröffnete mir die Wissenschaft vom Alten Testament — die glaubwürdigste Form gelehrter theologischer Arbeit, die ich kennengelernt habe — ein Jahrtausend konkretester Geschichte, die uns, zumal in der Bußpredigt der Propheten, noch immer direkt angeht. Sie half mir damit den geschichtlichen Ort des Christentums begreifen. Dies brauchte ich, als ich mit *Howe* in zwei kirchlichen Kommissionen über Ethik und Politik der Atomwaffen saß, erst einer ökumenischen, dann einer deutschen. Ich lernte die kirchlichen Urteile und Verhaltensweisen von der Situation ihrer Träger her verstehen. Ich lernte, vernünftigen politischen Gebrauch von dem gegenüber den Verfilzungen und Konflikten der Interessen distanzierten guten Willen der Kirche zu machen. Und es fiel mir nun leichter, die in mir stets lebendigen Zitate aus den Reden *Jesu* so in ein Gespräch einfließen zu lassen, daß sie zur konkreten Situation paßten.

Nun konnte ich auch die Bergpredigt ein Stück weit auslegen, d. h. mit meinem modernen Bewußtsein verbinden. Es gibt wenigstens drei Wirklichkeitsschichten in ihr. Die äußerste ist die universalistische Ethik der goldenen Regel. Diese ist wohl nie präziser durchdacht worden als in der praktischen Philosophie *Kants*. Sie gebietet nicht dieses oder jenes Gebot, sondern die Form der Allgemeinheit der Gebote. Verhalte dich zu deinem Mitmenschen so, wie vernünftige Wesen sich zu ihresgleichen verhalten können. Die Bergpredigt wird überall verstanden, denn sie appelliert an das, was den Menschen zum Menschen macht. Die zweite Schicht ist die Enthüllung der Gesinnung als Ort der ethischen Entscheidung. Nicht daß ich meinen Bruder nicht faktisch ermorde, ist Erfüllung des Gebots, sondern daß ich ihn liebe. Dieses »Ich aber sage euch« enthüllt unsere Wirklichkeit und ihren Gegensatz selbst zu den von uns bewußt akzeptierten Geboten. Aus dieser unerträglichen Spannung sind wir Menschen immer wieder ausgewichen. Die typische Gefahr der Kirche ist der Eifer der guten Werke, auch des guten Werks, daß man den rechten Glauben habe; den Fluchtcharakter dieses Eifers hat *Luther* erkannt. Die Werke decken auch das Ausweichen aus der Wörtlichkeit, aus der Strenge der universalistischen Gebote. Die naturwissenschaftliche Betrachtung des Menschen schließlich neigt dazu, seiner kausal begreiflichen psychischen Wirklichkeit gegen das Gebot rechtzugeben. Aber das Gebot ist Bedingung der Existenz menschlicher Gesellschaft; es ist die Wahrheit, deren Leib der Friede ist. Die Geschichte ist eine Kette verschuldeten Leidens, weil das Gebot nicht befolgt wird. Und die Erfahrung, die in der Kirchensprache Buße heißt, könnte uns ebenso wie die Erfahrung der Psychoanalyse belehren, daß Heilung gerade dann nicht möglich ist, wenn wir unsere psychischen Zwänge als unser Wesen gelten lassen, sondern wenn wir uns von ihnen als Zwängen unterscheiden und die Schuld als unsere eigene anerkennen. Daß Heilung möglich ist — damit kommen wir in die dritte und eigentliche Schicht, die darum mit Grund in der Redaktion als Prolog vorangestellt ist: den Indikativ der Seligpreisungen. Ohne den Imperativ des Verhaltens ist keine Gesellschaft möglich, ohne den Imperativ der Gesinnung keine Reifung der Person. Aber die Welt der Imperative ist gnadenlos, sie treibt den Sensiblen zur Verzweiflung. Der Imperativ ist nur erlaubt, weil es die Wirklichkeit gibt: Selig sind die Friedensmacher, denn sie werden Gottes Söhne heißen, selig sind die nach dem Geist Verlangenden, denn ihrer ist das Reich der Himmel.

Dies lernte ich sagen und ein Stück weit denken. Aber bis zu meinem vierzigsten Jahr war »das moralische Gesetz über mir«. Ich wußte, was von mir verlangt war, und tat es nicht. Ich wußte, daß die Menschheit in die Katastrophe treibt, und daß ihr nur helfen kann, wer diesen Weg geht. Mit Depressionen quittierte ich, daß ich zur »Stütze der Gesellschaft« wurde. Eine persönliche Krise, in der ich an Menschen schuldig wurde, befreite mich. Mit einem Schlag sah ich den persönlichen Ehrgeiz im Selbstanspruch der Vollkommenheit, im Postulat, der Welt zu helfen. Ich erfuhr, daß es eine innere Stimme gibt, die eindeutig und unmittelbar verständlich lehrt, wenn wir sie unter völligem Verzicht auf Eigenwillen fragen; sie fordert, wo es am meisten wehtut, und sie tröstet, wo wir es nicht erhofft hätten. Ich schränkte mich auf den engsten Kreis der Pflichten ein, opferte den Ehrgeiz der Erkenntnis und der Politik. Und dann kam der erste Durchbruch zur philosophischen Physik und zur politischen Wirkung.

Diesen Bericht über Kirche und Christentum habe ich so nahe an das Ende des Aufsatzes gerückt, weil er Erfahrungen zur Antwort auf die vorher entwickelten Fragen enthält. Die letzte Frage war gewesen, ob *Platons* Philosophie des Guten uns noch etwas bedeuten kann. Den Indikativ der Seligpreisungen kann man auch so interpretieren, daß Sein und Sollen zusammenfallen und das Schlechte ein Mangel an Sein ist. So hat die kirchliche Tradition den Platonismus aufgenommen und hat damit vermutlich tiefer gesehen als die moderne protestantische Theologie. Aber der Blick auf *Platon* entstammte seinerseits der Frage nach einer Lehre vom Subjekt in der geschichtlichen Natur, die zugleich versteht, daß die Natur, die wir kennen, Natur für Subjekte ist. Die empirische Seite dieser Wissenschaft würde man Anthropologie nennen. Eine Anthropologie nun, die die Erfahrungen nicht kennt, von denen ich soeben zu berichten versucht habe, ist wohl eigentlich gar nicht Wissenschaft. Sie kann nur eine Registratur der oberflächlicheren Bewußtseinsinhalte unseres Zeitalters sein, durch zwangsläufig falsche kausale Theorien verbunden. Darum ist in der Neuzeit die anthropologische Relevanz der Kunst, zumal wenn sie nicht »engagiert«, d. h. von gut gemeinten Bewußtseinsinhalten überschwemmt ist, so viel größer als die der Wissenschaft.

Der Bericht über Erfahrungen muß darum noch einen Schritt weitergeführt werden. Vor nun zwanzig Jahren sagte mir ein Besucher in Göttingen, um der hochnotwendigen Verbindung zwischen östlicher Weisheit und westlicher Wissenschaft willen solle ich den Kontakt mit bestimmten indischen Weisen suchen. Ich antwortete spontan, dies sei in mir nicht reif, und kein Willensakt sei hier von Nutzen. Ich sei überzeugt, daß die Inder Wahrheit lehren, und wenn ihre Lehre wahr sei, so sei auch wahr, daß das tiefere Selbst die Bewegung macht, wenn sie an der Zeit ist. Sie würden mir zur rechten Zeit begegnen. In dieser Haltung blieb ich lange. Der in China zum buddhistischen Mönch geweihte Deutsche *Martin Steinke-Tao Chün* brachte mir leibhaft die sprühende Weisheit des *Zen* und wurde mir ein älterer Freund. Der *Königin Friederike* von Griechenland verdanke ich die Begegnung mit Prof. *Mahadevan* aus Madras, der mir die Advaita-Lehre des Vedanta erklärte. Ich sah sofort ihre Nähe, wenn nicht Identität mit *Platons* Lehre vom Einen. Diese Welt der Dinge, der Vielheit, ist nur für die endlichen Subjekte, und diese selbst als Teile der Welt der Vielheit sind nur für einander und für sich selbst; in einer Wahrheit, die allein die meditative Erleuchtung erfährt, ist nur ein Selbst. Das bist du, o Svetaketu – oder wie Herr *Hilmer* in Kopenhagen mich anredete. Am Beginn des Todesjahres 1968 besuchte mich in Hamburg Pandit *Gopi Krishna* aus Kaschmir. Im Blitz einer Sekunde sah ich: hier kann ich hören. Ich will jetzt nicht wiederholen,. was ich ein paar Jahre danach in der Einleitung zu seinem Buch »Biologische Basis religiöser Erfahrung« aufgeschrieben habe. Er ist im Yoga und erst recht im westlichen Denken ein Autodidakt, aber eben ein Augenzeuge. Seine Kundalini-Erfahrung betrifft gerade auch den physischen Bereich, und es ist sein Schmerz, daß die westliche Medizin davon noch nicht wirklich Notiz nimmt. Ich vermute, damit unsere Wissenschaft das hier. Erfahrene denken kann, ist der Weg über die Physik nötig.

Im Jahre 1969 übernahm ich ein Amt im Deutschen Entwicklungsdienst und benützte die Gelegenheit zu einer mehrwöchigen Inspektionsreise durch Indien. Von Elend und Entwicklungsarbeit wäre viel zu berichten, auch davon, wieviel mehr Fähigkeit zum Glück diese Armen haben als wir Reiche. Eigentlich war ich um der einen Erfahrung willen da. Ich sah *Gopi Krishna* wieder, war vierundzwanzig Stunden im Ashram der vielverehrten Heiligen *Anandamayi Ma* in Vrindaban und einen Tag zwischen zwei Nächten im *Aurobindo* Ashram in Pondicherry. *Mahadevan* brachte mich, mit freundlicher Unterstützung des deutschen Generalkonsuls Dr. *Pfauter,* nach Kanchipuram zum Oberhaupt der zweitgrößten Hindu-Gemeinschaft, der Shaivas (Shiva-Verehrer). Wie wird ein indischer Kirchenfürst aussehen? In einer Vorstadtstraße saß in einer lockeren Bambushütte ein weißhaariges Männlein auf dem Boden und sah uns mit unvergeßlichem Blick ein paar Minuten schweigend an; das war die Audienz. Die völlige kulturelle Fremdheit und die fraglose menschliche Nähe waren mir selten so deutlich wie in diesem Augenblick.

Mahadevans Meister war *Sri Ramana Maharshi* gewesen. Dieser hatte als 16jähriger, Brahmanensohn und Schüler einer amerikanischen Missionsschule, ein Todeserlebnis gehabt. Ihm wurde klar: »Was da stirbt, bin nicht ich.« Wenige Monate danach entwich er in die alte Tempelstadt Tiruvannamalai, entledigte sich allen Besitzes und verharrte, nur von erst mitleidigen, dann verehrenden Passanten genährt, Jahre lang in völligem Schweigen, allein mit dem einen Selbst, dessen Gegenwart er war. Später kehrte er zur äußeren Ordnung, zum Essen, zum Reden zurück und um ihn entstand am Fuß eines heiligen Berges ein Ashram. Die in ihm gegenwärtige Seligkeit vermittelte er schweigend, lächelnd, fragend. Diejenigen, die ihn fragten, weil sie in ihm die Gegenwart Gottes sahen, lehrte er fragen: »Wer ist es denn der fragt: wer bin ich?«, um sie dahin zu führen, daß sie sich als dieselbe Gegenwart erkennten. 1950, zwanzig Jahre vor meinem Besuch, war er gestorben. All dies wußte ich, als ich mit *Mahadevan* nach Tiruvannamalai fuhr.

Der Leser möge entschuldigen, daß ich das, was nicht zu schildern ist, nicht eigentlich schildere, und doch davon spreche; denn andernfalls hätte ich diesen Lebensbericht nicht beginnen dürfen. Als ich die Schuhe ausgezogen hatte und im Ashram vor das Grab des *Maharshi* trat, wußte ich im Blitz: »Ja, das ist es«. Eigentlich waren schon alle Fragen beantwortet. Wir erhielten im freundlichen Kreis auf grünen großen Blättern ein wohlschmeckendes Mittagessen. Danach saß ich neben dem Grab auf dem Steinboden. Das Wissen war da, und in einer halben Stunde war alles geschehen. Ich nahm die Umwelt noch wahr, den harten Sitz, die surrenden Moskitos, das Licht auf den Steinen. Aber im Flug waren die Schichten, die Zwiebelschalen durchstoßen, die durch Worte nur anzudeuten sind: »Du«-»Ich«-»Ja«. Tränen der Seligkeit. Seligkeit ohne Tränen.

Ganz behutsam ließ die Erfahrung mich zur Erde zurück. Ich wußte nun, welche Liebe der Sinn der irdischen Liebe ist. Ich wußte alle Gefahren, alle Schrecken, aber in dieser Erfahrung waren sie keine Schrecken. Sollte ich nun immer hier bleiben? Ich sah mich wie eine Metallkugel, die auf eine blanke Metallfläche fällt und, nach der Berührung eines Augenblicks, zurückspringt, woher sie kam. Ich war jetzt ein völlig anderer geworden: der, der ich immer gewesen war. Ein junger deutscher Angehöriger des Ashram führte mich in einen Raum, in dem drei ältere Inder waren. Wir begrüßten uns mit einem Blick und saßen schweigend eine Stunde beisammen. Mein deutscher Freund kochte mir in seiner Stube eine Tasse Kaffee. *Mahadevan* kam, wir gingen durch den großen Tempelbezirk in der Stadt. Ich schlief im sehr einfachen Gästehaus der Ashram und mein Freund begleitete mich am Morgen bei einem Gang zu einer Höhle im Berg unter großen Bäumen, wo der *Maharshi* Jahre gewohnt und manchmal die Kriege der Affenkönige oben im Laub geschlichtet hatte. Dann reisten wir weiter. Mit unendlicher Sanftheit verließ mich langsam die Erfahrung in den kommenden Tagen und Wochen. Ihre Substanz ist immer bei mir. Ohne sie hätte ich die Erstickungserlebnisse jener Jahre vielleicht nicht bestanden.

Der Bericht kommt hier an ein Ende. Offensichtlich nicht, weil die Fragen der Theorie beantwortet wären, wenn auch der Leser wahrnehmen wird, daß ihre Formulierung schon auf die zuletzt geschilderten Erfahrungen zielte. Der Bericht kommt ans Ende, weil er ein Zwischenbericht von einer Wegstation ist. Wohin schnellt die wieder aufsteigende Kugel? Vielleicht darf ich sagen, was ich in der Theorie gerne noch arbeiten würde.

Eine Darstellung meiner Überlegungen zur Physik habe ich versprochen, und ich hoffe sie mit Mitarbeitern noch zu geben. Dabei hoffe ich noch bis zur konkreten Elementarteilchenphysik durchzubrechen. Wenn ich mich nicht im ganzen Ansatz täusche, ist dies die Linie, auf welcher Logik, Erkenntnistheorie und Ontologie konvergieren und eben darum die Basis einer Begegnung mit der überlieferten religiösen Metaphysik. Die Meinung, ein Philosoph entwerfe ein philosophisches System, ein anderer ein anderes, stellt ein vergangenes Plateau der Philosophiehistorie dar, vielleicht eher eine schiefe Ebene. Es gibt nur eine Philosophie, diese ist von der konkreten Wissenschaft nicht ablösbar, und viele Leute arbeiten an ihr in der Geschichte. Wie weit der eigene Beitrag reicht, ist schwer vorherzusehen.

Zunächst von ganz anderer Seite kommt die pragmatische

Forderung, womöglich zu sagen, welchen Weg die Politik der kommenden Jahre in unserem Land und der Welt einschlagen sollte. Hier ist die Schwierigkeit, daß eine tiefdringende Einsicht gegenüber allen bestehenden Praktiken und Programmen kritisch sein muß. Es ist eine mögliche Rolle, nur diese Kritik zu sagen und vorzuleben, eine schwere Rolle, wenn man sie ernst meint. Ich habe statt dessen versucht, in Kenntnis der Kritik praktikable Politiken vorzuschlagen, und sollte aus dem, was mich das Institut gelehrt hat und noch lehren wird, künftig noch Konkreteres und Umfassenderes sagen als bisher. Ich habe aber starkes Verlangen danach, auch eine eigentlich kritische und darum eigentlich aufbauende Theorie noch wenigstens zu umreißen.

Diese kritische Theorie braucht als Fundament den Entwurf einer geschichtlichen Anthropologie. Damit nähert sie sich von der pragmatischen Seite her demselben Feld, zu dem die theoretische Arbeit strebt. Ich werde nicht mehr leisten können, als dieses Feld zu bezeichnen, und denen die es, ohne Scheuklappen gegen naturwissenschaftliche Biologie, linke Gesellschaftstheorie und religiöse Erfahrung beackern wollen, dazu Mut zu machen. Einige *Kant*-Interpretationen können hier einfließen, und es wäre schön, noch eine *Platon*-Vorlesung zu halten.

All dies ist in der Konsequenz der Theorie, und es sollte getan werden. Wir verstecken uns, wenn wir das Denkbare nicht denken. Aber wir werden alle noch durch andere Tore gehen. Vermutlich ist auch die Theorie nur eines der großen geschichtlichen Plateaus. Man kann nicht denken, was man nicht tut. Das äußere Tun steht unter der Ungewißheit der politischen Zukunft. Das innere ist Empfänglichwerden für neue Wahrnehmung. Tun ist hier Geschehenlassen.

C. F. v. Weizsäcker

(Die Bildtafel zu diesem Beitrag zwischen S. 346 und 347 zeigt den Verfasser [rechts] im Gespräch mit seinem Lehrer Werner Heisenberg.)

Lebenslauf

Weizsäcker, Carl Friedrich Freiherr v.
geboren am 28. Juni 1912 in Kiel

1918—29 Schulen in Wilhelmshaven, Stuttgart, den Haag, Basel, Kopenhagen, Berlin.

1929—33 Studium der Physik an den Universitäten Berlin, Göttingen, Leipzig.

1933 Dr. phil. in Leipzig bei Prof. Werner Heisenberg.

1936 Habilitation Universität Leipzig.

1936—42 Assistent am Kaiser-Wilhelm-Institut in Berlin.

1937—42 Dozent für theoretische Physik Universität Berlin.

1942—44 planmäßiger außerordentlicher Professor für theoretische Physik an der Universität Straßburg.

1946—57 Abteilungsleiter am Max-Plank-Institut für Physik in Göttingen und Honorarprofessor an der Universität Göttingen.

1957—69 Ordentlicher Professor für Philosophie an der Universität Hamburg.

1970 Direktor des Max-Planck-Instituts zur Erforschung der Lebensbedingungen der wissenschaftlich-technischen Welt in Starnberg.

1971 Honorarprofessor für Philosophie an der Universität München.

Vom Autor getroffene Auswahl seiner Veröffentlichungen

Die Atomkerne. Grundlagen und Anwendungen ihrer Theorie. Akademische Verlags-Gesellschaft, Leipzig 1937.

Zum Weltbild der Physik. Hirzel, Leipzig 1943.

Die Geschichte der Natur. Vandenhoeck & Ruprecht, Göttingen 1948. (Kleine Vandenhoeck-Reihe 1/1a.)

Atomenergie und Atomzeitalter. Fischer Bücherei 188, Frankfurt/M.

Die Verantwortung der Wissenschaft im Atomzeitalter. Vandenhoeck & Ruprecht, Göttingen 1957. (Kleine Vandenhoeck-Reihe 42.)

Bedingungen des Friedens. Vandenhoeck & Ruprecht, Göttingen 1963.

Die Tragweite der Wissenschaft. 1. Bd. Schöpfung und Weltentstehung. Hirzel, Stuttgart 1964.

Gedanken über unsere Zukunft. 3 Reden. Vandenhoeck & Ruprecht, Göttingen 1966. (Ab 1967: Kleine Vandenhoeck-Reihe 246.)

Der ungesicherte Friede. Vandenhoeck & Ruprecht, Göttingen 1969. (Kleine Vandenhoeck-Reihe 300/301.)

Indiengespräche. Bruckmann, München 1970.
Kriegsfolgen und Kriegsverhütung. Hanser, München 1971.
Die Einheit der Natur. Studien. Hanser, München 1971.

(Vollständiges Schriftenverzeichnis bis 1972 in »Einheit und Vielheit«, Hrsg. E. Scheibe und G. Süssmann, Göttingen 1972.

NAMENREGISTER

SCHLAGWORTVERZEICHNIS

Das nachstehende Register wird ausdrücklich nicht in der Absicht eines umfassenden Sachverzeichnisses geboten. Verzeichnet sind vielmehr ohne Anspruch auf Vollständigkeit lediglich Hauptthemen und -begriffe, denen eine ausführliche Behandlung bzw. Definition zuteil wird. Auf diese Weise möchte der Verlag die Verwendungsmöglichkeiten dieser Selbstdarstellungen besonders für Studienzwecke verbessern und auch einige Querverbindungen zwischen einzelnen Beiträgen sichtbar machen.